生长与收获：

职业院校班级建设实战指南

主编　许本洲　戴珍宏

东南大学出版社
SOUTHEAST UNIVERSITY PRESS
·南京·

图书在版编目(CIP)数据

生长与收获：职业院校班级建设实战指南 / 许本洲，戴珍宏主编. — 南京：东南大学出版社，2018.8

ISBN 978-7-5641-7781-2

Ⅰ.①生… Ⅱ.①许… ②戴… Ⅲ.①高等职业教育-班级-建设-指南 Ⅳ.①G718.5-62

中国版本图书馆 CIP 数据核字(2018)第 104331 号

生长与收获：职业院校班级建设实战指南

出版发行	东南大学出版社
出 版 人	江建中
社　　址	南京市四牌楼 2 号
邮　　编	210096
经　　销	全国各地新华书店
印　　刷	江苏凤凰数码印务有限公司
开　　本	787 mm×1092 mm 1/16
印　　张	16.5
字　　数	323 千字
版　　次	2018 年 8 月第 1 版
印　　次	2018 年 8 月第 1 次印刷
书　　号	ISBN 978-7-5641-7781-2
定　　价	36.00 元

编　委　会

主　编　许本洲　戴珍宏

副主编　王　蓉　王乐云　袁婷婷

编　委　马　越　王映霞　王乐云　王　蓉

许本洲　吕　燕　吴万永　汤巧叶

禹贤玥　钱　莹　陶德林　袁婷婷

戴珍宏　徐　森　聂荣军

前　言

让班级成为学生成长的沃土

班级，既是学校教育、教学工作的基本单位，也是学生学习、生活的基层集体，学生的健康成长离不开优秀的班集体。系统论的整体性原则告诉我们，班级作为学生学习生活的场所，必将发挥着比教师单一教育大得多的作用。

教育经验证明，班级要发挥育人的作用，必须依靠班主任的人格魅力、学识魅力，特别是班主任的经营班级之道。教育部颁发的《关于加强中等职业院校班主任工作的意见》中指出："中等职业院校班主任是中职学生管理工作的主要实施者，是中职学生思想道德教育的骨干力量，是中职学生健康成长的引领者。"颁发的《中等职业院校德育大纲(2014 年修订)》中指出："班主任是组织班级管理和德育的直接实施者。班主任应结合专业特点和学生实际，充分利用家长、用人单位、行业及社区等资源，开展学生思想教育、班级管理、班级活动组织、职业指导、沟通协调工作，发挥学生的主动性和创造性，培养良好的班风学风。"这两段话对中职院校班主任工作的重要性和职责做出了明确的规定。

因此，班级建设不仅是班主任的工作职责，也是班主任进行教育、管理的重要手段、载体和途径。在班级建设中，我们必须遵循班级管理的规律、学生身心成长的规律和教书育人的规律，把班级建设成积极向上的优秀的班集体。

本书秉承"立德树人"的教育根本任务，将社会主义核心价值观贯穿始终，坚持"从实践中来，到实践中去"的宗旨，以大量职业院校班级建设实战案例为素材，期望以此帮助、指导、促进职业院校班主任的班级管理与建设工作，提升班主任的专业化水平。本书名为《生长与收获：职业院校班级建设实战指南》，主要有以下特点。

第一，紧扣生长过程，关注学生成长。

叶圣陶先生说："教育是农业，不是工业。"这就告诉我们，教育就像农作物生长一样，有周期，要进行田间管理，且不同的农作物要进行不同的田间管理；教育不是一个工业产品加工的过程，不能同一个模子，批量生长，整齐划一。所以对学生的教育、管理，必须像对待农作物生长一样，要根据不同的农作物，按照其特点、节气和生长规律，采用不同的种植方法和管理方法。我们只有把教育当作农业，才能把每一位学生当作一粒饱满的种子，才能让班级成为学生成长的沃土，班主任才能是耕耘在这块沃土上辛勤的园丁，才能掌握每种农作物的耕耘之法，让每一粒种子都能生根发芽，茁壮成长，开花结果。

书名“生长与收获”，体现的就是“教育是农业的理念”。全书以植物生长设喻，将学生的成长过程形象地分为播种、出苗、分蘖、拔节、孕穗、开花、结实、收获等八个环节，并以此作为班级建设的思路，在学生成长的各个阶段，根据培养目标和学生成长需求，选择适当的内容，安排不同的活动，采用恰当的方法，促进学生健康成长，以期收获累累的硕果。

第二，抓住教育实践，突出班级实战。

教育实践是人类有意识的以一定的教育观念为基础展开的，以人的培养为核心的各种行为和活动方式。它是以教育的客观世界为前提的，是教育之名下的一切行为。教育实践是教育理论的源泉，也是一线教育工作者真枪实弹的实战体现。教育实践具有情景性和自主性，尤其是班级建设。

班级建设，对于学生来说是校园生活的主要内容，是对德育的实践、体验、感悟和养成，也是学生个人特点发挥、潜能发掘、个性张扬的班级生活。班级建设，对于班主任来说是班级秩序的建立、管理，是对班集体的经营、展示，也是班主任的教育理念和教育智慧在育人实践中的灵活运用，更是班主任专业成长的必由之路。

本书围绕班级教育实践，列举了大量班主任进行班级建设的实战案例，避免了枯燥的说教和抽象的理论。教育实践，它“不仅具有普遍的资格，而且具有绝对现实的资格”，它“以客观世界为前提，作为他物的客观世界走着自己的道路”（黑格尔），是真实行动和相应结果的行为，所以具有较强的操作性。

第三，注重教育实效，贴近生活实际。

中等职业院校德育大纲要求，中职德育工作要遵循“贴近实际、贴近生活、贴近学生原则。要遵循思想道德教育的普遍规律，尊重学生自我教育的主体性，适应学生身心成长的特点，开展富有成效的教育和引导活动，提高吸引力和感染力”。

根据这一原则，本书在内容上，选择了认识自己、读书审美、沟通交往、守规守纪、班集体形成、班干部培养、民主管理、班级文化、心理健康、激励欣赏、成功教育、专业兴趣、职业意识、就业创业创新教育等大量与学生实际生活和时代要求紧密结合的实例与素材；在教育方法上，采用为学生喜闻乐见的活动式、体验式、合作式、交流研讨、情景模拟、案例探讨等方式，注重发挥学生自主教育的主体性，让学生在生动具体的活动中接受教育，进行体验，在体验中感悟，在感悟中内化，在内化中外显，真正做到入耳、入脑、入心、化行，达到自我提升，强化教育的效果。

第四，引领思维发展，追求德育创新。

我们生活在一个万众创新的时代，而这个时代永远会残酷地惩罚那些不会改变的人。创新是不竭的源泉和动力，所以创新势在必行，尤其是德育的创新。本书不但书名有新意，而且八章的标题都充满了哲理和育人的新理念、新思维，也极富诗情画意，体现了作者对育人规律的掌握与遵循。

第一章“播种——人人都是一粒优秀的种子”，是对学生的欣赏、赞美与激励，并期待每一粒种子都能破土而出，体现了班主任们应有的正确的学生观；第二章“出苗——守望着一片葱郁的绿”，是园丁对发芽后成长的幼苗辛勤地呵护、浇灌、守卫、渴望、等待与期盼，体现的是班主任们的敬业爱生的精神；第三章“分蘖——为班级贮存起丰富的养料”、第四章“拔节——给学生注入向上生长的动力”、第五章“孕穗——不能错过关键的机会”、第六章“开花——美得不让人嫉妒”等，是通过植物生长过程中需要大量的水分、养分和阳光等营养以及悉心的管理，将班主任对学生必须具有的关心、爱心、细心、耐心、诚心、善良之心、宽容之心、人文关怀之心和育人的理念、智慧、艺术都涵盖其中，履行了职业院校班主任的工作职责，真正体现了班主任是学生的主要精神关怀者，是学生发展的重要他人，是学生健康成长的引领者。第七章“结实——丰收的籽粒都是饱满的”，植物结果实了，且颗颗饱满，象征着育人的目标达成了，学生成长了，这是班级建设的最后一个环节，也是从更高层面的职业意识、理性思维、创业教育方面回应了第一章的“人人都是一粒优秀的种子”成长为“饱满的丰收的籽粒”。第八章“收获——让感动永远漾在心间”，是全书的高潮，从感恩写起，写到要求学生感恩母校、服务社会；写到撰写班史，留下回忆与感动，总结提升班主任的班级管理；写到指导学生职业生涯规划，帮助学生走好自己的人生路；写到设计班级纪念册，让爱和感动汇集，情感真挚，令人难忘回味。这样的思路有新意，这样的思维的确能引领班级建设的深入与创新。

本书体例结构也有独到的地方，每章开首有“理论探源”，统领全章，告诉读者“为什么”。每节安排了五个模块，从实战举隅——知识领航——活动设计——拓展阅读——班级建设启迪，是遵循了从实践到理论，再到实践运用，再到拓宽视野，运用它山之石的规律，符合认知规律，符合班级建设的规律，符合育人工作的规律，告诉读者“是什么”“做什么”“怎么做”。这样的设计可读性、可学性、可操作性、可思性都很强。

整本书中列举的实战案例，内容新颖，形式活泼，具有校本性和创新性。然而，作者并不想将此作为职业院校班主任工作“画瓢”的“葫芦”，而是在列举分析建设案例的同时,总有简明扼要的“设计思路阐明”和“班级建设启迪”,以期引领班主任成为一位善于思考研究的教育者,一位勇于创新实践的教育者。

在大力发展现代职业教育的环境下,我们职业教育迎来了一个又一个的春天。冬去春来,送旧迎新。我们的班主任送走了一届又一届的毕业生,迎来了一批又一批的新学生。我们的教育对象在不断地发生着变化,教育要求在不断地提升,但我们“立德树人”“教书育人”的初心永远不会改变,我们不但要有“守护一段渠,种好责任田”的责任心,更要有“因事而化,因时而动,因势而新”的教育智慧,不断地创新教育的途径和方法。我们也期待能看到更多的班主任们遵循学生身心发展的特点和规律,按照培育和践行社会主义核心价值观的要求,依据新的国情、社情、校情、生情而创造出教育的新载体、新方法、新途径,从而更好地把“立德树人”的教育根本任务落到实处,“把学生培养成为爱党爱国、拥有梦想、遵纪守法、具有良好道德品质和文明行为习惯的社会主义合格公民,成为敬业爱岗、诚信友善,具有社会责任感、创新精神和实践能力的高素质劳动者和技术技能人才,成为中国特色社会主义事业合格建设者和可靠接班人。”

最后借几句诗表达我们全体班主任对班主任工作、对职教事业的态度与信念:

衣带渐宽终不悔,为伊消得人憔悴;
落红不是无情物,化作春泥更护花;
路漫漫其修远兮,吾将上下而求索。
不忘初心,继续前进!

让班级成为学生成长的沃土,为学生的人生出彩奠定厚实的基础!

江苏省职教学会德育工作委员会副秘书长　李国龙
2017年11月

目　录

第一章　播种——人人都是一粒优秀的种子

章节导读

种子的力量是巨大的——一粒种子能够冲破巨大的压力，破土而出，是出于对光明的渴望，抑或是对黑暗处境的不满和反抗！不管如何，它能够破土而出的前提是对它所需物质进行了足够的吸收，舍此是无法完成质的突变的。

每一位学生都是一粒饱满的、能量巨大的种子，这粒种子正面临着两种命运：一种是不能战胜土壤的压力，将永远被埋在黑暗之中哭泣；一种是冲破黑暗，笑迎光明而放歌。每一粒种子只要多蓄积一点能量就能够实现第二种选择，如果他蓄积的能量是足够的，那么他就会为自己今后的生长抢占先机。关键是自身的努力，关键是在生命的关键时刻，能够有力量战胜横在生命面前的种种障碍，而且其储备的能量越多，其战胜风雨雷霆的能力也就越强，前途也就越光明。所以作为班主任，首先要让学生认识到自己作为一粒种子所具有的巨大能量。

魏书生老师告诉学生："我们的心灵像摄像机，眼睛便是摄像机的镜头。面对社会，面对生活，我们拍下什么录像片在自己心灵的录像带上，全由自己说了算。社会上肯定存在好的东西和不好的东西，关键是我们的心灵摄像机对准啥。"帮助学生通过认识自我，驾驭自我，从而达成教育自我，是学校德育工作的最高境界和追求，也是每一位班主任超前、先进的教育方法和教育思想。

班主任若持续罗森塔尔效应，给学生以赞美、信任和期待，让学生获得积极向上的动力；用成功教育思想带班育人，坚定每个学生都能成功，不歧视和放弃每个学生，为学生提供表现和展示自我的机会，让学生尝试成功；奏响赏识教育的三部曲——"寻找闪光点""赏识激励""树立自信"，促进学生走向成功，那么，我们所有的班主任就能静心期待每一粒种子破土发芽了！

第一节　认识你自己

理论探源

几千年前，古希腊奥林匹斯山上的德尔斐神殿里有一块石碑，上面写着“认识你自己”。“认识你自己”本是希腊德尔斐神庙门楣上的铭文，苏格拉底将其作为自己哲学原则的宣言。他告诉学生，什么样的知识对人来说是最为重要的，那就是“认识你自己”。一个人只有真正认识了他自己，才能知道自己的本性，完成自己的使命，成为一个有德性的人。苏格拉底进一步指出，趋善避恶是人的本性，没有人志愿追求恶或他认为恶的东西，是行善还是作恶，关键取决于他掌握的知识，因而每个人在他已有知识的事情上是善的，在他无知识的事情上则是恶的。

“我除了知道我的无知这个事实外，一无所知。”（苏格拉底语）圣人尚且如此，我们更应该客观认识自己，完善自己。

实战举隅

丁某与郭某因抢零食闹着玩，最终打了起来。第二天，老师知道了此事，丁某尴尬地说：“我们是闹着玩的，但是我们一会就和好了，现在已经没事了。”原以为是小事一桩，事情到此结束了，但是快要放学时，丁某慌慌张张跑来对老师说：“老师，昨天打我的校外青年又来了，守在宿舍门口准备敲诈我。”原来，丁某和郭某发生了矛盾，在冲突中丁某吃了点亏，于是他叫了几个初中同学恐吓郭某。郭某受到恐吓后也不甘示弱，通过同学叫了几个校外青年来教训丁某。先是勒索钱，结果钱没有拿到，就把丁某打了，今天又来敲诈勒索，同时向郭某索取“劳务费”。由于事态紧急，老师先报警把那几个校外青年的问题解决了，再来处理同学间的内部矛盾。两位当事人说：“我们已经长大了，如果还是事事找老师解决，会很没面子，同学们也会笑话我们的，而且我们认为自己能够解决好自己的事情。”

（案例来源：《长大却未成人》江苏省常熟职业教育中心　黄志荣）

“我们已经长大了。”——班主任老师既震惊又困惑，这是班主任工作的疏忽，没有认真、深刻地去认识面前这些学生的心理特点和年龄特征。

这两个同学的矛盾是源于没有正确认识自己。他们在发生矛盾后，认为自己有能力解决问题，如果再依赖老师就会被同学们笑话，所以他们千方百计地向老师隐瞒。结果事情越闹越大，以致于无法收拾。

职校学生多数正处在 16 岁至 18 岁的青春期，无论从生理还是心理来讲，他们算是长大了。他们不再盲从，开始用审视的眼光看待事物，对家长和老师的教育表现出一定的思维批评性；他们的独立性开始增强，渴望被人尊重，渴望自由、独立。心理学上称之为“独立性倾向的自我完善阶段”。但是长大与成人，生理成长与心理成熟，却是不同的概念。他们的心理正处于动荡型向成熟型过渡的时期，既幼稚又成熟，既有独立性又有依赖性，错综复杂，充满矛盾。也就是说他们已经长大，却尚未成人。在处理这个年龄段学生的问题时，要充分分析学生“长大却未成人”这一特点，依据学生品德发展的年龄特征，正确认识学生的心理趋向，理性地帮助他们认识问题，妥善地帮助他们解决问题，坚持尊重与严格要求相结合的原则。

在认真分析了学生的这种心理后，班主任没有简单、粗暴地批评他们，相反肯定了他们想独立解决问题的良好愿望，以保护他们在成长过程中出现的“独立性倾向”。在学生心灵震荡之际，严肃指出他们这种做法的危害性。

“你们好比一辆有着强劲动力，但是又没有很好刹车和方向盘的汽车。这样一辆车行驶在人生的高速公路上，你们自己说危险不危险？要不要老师的正确引导?”在老师这番语重心长的话语中，学生有了深刻反省自己的机会。为了使班上其他学生能够吸取这两位学生的教训，班主任在班级中开展了“成长的征途上”主题活动，加强对学生自我认识的引导。

知识领航

一、认识自我

我是谁？我能做什么？我应该怎么去做？三个看起来非常简单的问题，却时常困扰着现在许许多多的精明人。班主任老师只有帮助学生正确认识自己、了解自己，学生才能在人际交往中做到知己知彼，扬长避短，挥洒自如。

俗话道：知己者明。古希腊人把“认识自己”作为铭文镌刻在德尔斐神庙上。又有古话：旁观者清，当局者迷。在现实生活中，真正做到对自我有明确认识也不是件容易的事。对学生而言，如果自我被夸大，就容易产生虚荣心理，形成自满，使他人避而远之；如果自我被贬低，就容易产生悲观心理，认为自己一无是处，降低自己和别人交往的信心。可见，教会学生正确认识自己在人际交往中是多么重要。

> **智慧语录**
>
> 知人者智，自知者明。胜人者有力，自胜者强。
>
> ——老子

正如笛卡尔所说：“我思故我在。”审视自己，走近自己，其实是一件很容易的事情。关键是我们要有良好的思考习惯，不断反思自己，这样才能正确认识自己。

二、如何认识自我

1. **在自我反省中认识自我**

孔子曰：“吾日三省我身。”班主任只有帮助学生经常进行思考、反省，才能使学生更清楚地了解自己。学生在反省中自我评价，在反省中自我鉴别，在反省中自我裁定。

计算机老师打来电话，周晓阳上计算机课又迟到了，说他两句他还不高兴，跟老师发生了言语冲突。这已经是周晓阳与计算机老师的第三次冲突了。

周晓阳头脑灵活，想法较多，但自由散漫，桀骜不驯。对这样的孩子，先软后硬，一招见效！因为很多任课老师不了解他的状况，就很容易与他起冲突。

“周晓阳，你给我说说刚才怎么回事吧。”“我不就是迟到一会儿嘛，计算机老师说话也太难听了！当着全班同学的面让我难堪，还不给我台阶下！我已经忍很久了，她就是对我有意见！我再也不上计算机课了！”

“周晓阳，篮球比赛的时候，你作为队长，带领大家努力拼搏获得校第一名的好成绩，有队员因为“作战策略”与你发生冲突时，你能以大局为重，站在对方的角度上考虑问题，控制自己的情绪，因为你知道他也是想赢得比赛。你多次迟到、不按时完成作业，你知道要跟我认错道歉，并且努力改正，因为你知道老师是真诚地与你交流，真心希望你进步。”

他激愤的情绪平稳下来，我接着说：“计算机老师比我还年长，你再想想看她为什么批评你？真的是跟你有仇？还是你确实三番五次做得不对？老师是希望你做得更好，还是希望你愈发自由散漫？”

> **知识链接**
>
> 笛卡尔的哲学命题：“我思考，所以我存在。”比较权威的解释是：“我无法否认自己的存在，因为当我否认、怀疑时，我就已经存在！”所以，否认自己的存在是自相矛盾的。而否认和怀疑是一种思考活动，所以他说，我思故我在，并非是平时所说的“我思考，故我存在”！

与他一番细细交谈后，他的烦躁情绪得以舒缓，开始理性地思考问题，接受老师对他的批评教育，并反思自己的行为，思考将如何与计算机老师进行沟通。

当计算机老师给我打电话，说这个孩子主动道歉并正常上课后，我悬着的心放下了。

面对周晓阳的错误，老师一味责骂的教育方法一点都不奏效。而循循善诱、晓之以理就能引导他自我反省，对自己的行为进行评价判断，认识到自己的错误，收到良好的教育效果。

自我反省的能力是人们一种内在人格智力，是认识自我、完善自我、不断进步的前提条件。对成人而言，具备自我反省的能力，就能正确认识自己的优缺点，自尊、自律，有计划地规划人生。遇到困难和挫折时，能够及时调整自己的情绪，积极进取，渡过一次次难关，一步步走向成功。在幼儿时期，孩子尚未形成完备的自我意识，自我反省的内在人格智力还处于萌芽阶段，因此需要家长正确引导。而在中职阶段，学生的“独立性倾向”带有很大的片面性：在学习、生活方面缺乏良好的自控能力；个性发展还不稳定；思考问题和观察社会的知识还很欠缺；看问题往往带着较大的局限性与片面性等。这更需要引导学生进行自我反省，从而引领学生正确认识自己。

2. *在他人评价中认识自我*

当局者迷，旁观者清，往往别人的看法更加客观。不但要听取别人好的评价，更要学会接受不好的评价。兼听则明，偏听则暗。人往往是“不识庐山真面目，只缘身在此山中”。

同学们谈起班长小张，便皱起眉头，不便评价或是直言：不喜欢。私底下，有的人说他自视过高，有的人说他目中无人，也有人说他心高气傲，听不得半点批评意见。对于同学们的这些评价，小张或多或少也有所耳闻，可他并不以为然。在他看来，这只是某些不怀好意的同学恶意中伤罢了。但凡说起这个，他便摇摇头，因为他信奉的至理名言是：任人说长道短，我自放声高歌。小张认为自己肯定无法让所有的人满意，那又何必在乎他人的看法？但渐渐地，小张发觉自己在班级工作中越来越被动，同学们对他的支持也越来越少。他反思，要放下自己一直以来的行事风格吗？

每个人基于对自我的认识，对自我也有一个评价，即“我是一个怎样的人”，具体表现为“自尊心”。同时，作为一个社会人，社会也会对你有一个评价。因此，要将自我评价与他人对自己的评价统一起来，才能表现出强大的社会适应力。小张在对自我评价时，没有将社会的评价纳入参照系，这也直接导致了自我评价和社会评价差距过大，进而影响到其社会适应力。

智慧语录

无论在什么时候，永远不要以为自己已经知道了一切。不管人们把你们评价得多么高，但你们永远要有勇气对自己说：我是个毫无所知的人。

——巴甫洛夫

对于小张来说，他既不需要全然放弃社会评价，也不需要完全妥协于社会评价。但是，如果完全忽略他人的评价，将自己的心门关闭，这属于一种过分的自我保护，也是一种缺乏自信的表现。小张应该发掘自我评价与他人评价差异的产生源，理性客观地看待他人的评价，比如：他人为什么会对我如此评价？他人是依据我的哪些行为样本得出此种评价的？我的这些行为的背后有着怎样的心理依据？总之，只要将自我的行为表现纳入他人可以理解的行为参照系中，就能赢得他人的理解。

知识链接

大臣魏征，能直率地向唐太宗提意见，经常在朝廷上直抒己见，唐太宗也能听取正确意见，所以在唐太宗统治时期，政治清明、社会安定，唐朝出现了经济繁荣、国力强盛的局面。魏征病死后，唐太宗痛哭失声，非常悲伤，下令为魏征立碑，亲自撰写碑文并亲笔书写。唐太宗时常想念魏征，对群臣感叹说：“以铜为镜，可以正衣冠；以史为镜，可以知兴替；以人为镜，可以明得失。”

3. **在与别人的比较中认识自我**

唐太宗有句名言：“以铜为镜，可以正衣冠；以史为镜，可以知兴替；以人为镜，可以明得失。”马克思也曾经说过：“每个人到这个世界都没有自带镜子，是通过别人来看到自己的。”他人是反映自我的镜子，与他人交往，是个人获得自我认识的重要来源。

A. 张某的学习成绩比同学李某好，可是张某的钢笔字没有李某写得好，李某在学校钢笔书法大赛上经常获奖，张某常常因为作业字迹潦草而影响自己的成绩。于是张某暗下决心一定要写好钢笔字，他买了字帖，利用课余时间练习写钢笔字，字写得越来越好，后来他在学校书法大赛上获得第一名。

B. 小丽的家庭生活比较困难，看到别人穿好衣服，心里很着急，家里又没有钱买。于是小丽产生一个念头，到服装市场的摊点上去偷。穿上偷来的衣服，对别人说是自己结交的一个有钱的朋友送给她的。后来她在一次偷窃中被人发现，送到公安机关，受到法律制裁。

我们应该认识到：人与人都是不同的，每一个人都有自己的优势和不足，很多时候一个人在某些方面与别人相比具有优势，但在其他方面却不如别人，这是很正常的。

如果我们能用正常的心态同别人去比较，会使自己不断地进步和提高；如果用不正常的心态去同别人比较，就会使自己走向邪路。

如果你活着是为了取悦他人，为了获得他人对你的积极评价，甚至为了名誉而不择手段，那么虚荣就在害你了。

活动设计

挥洒青春色彩
——特质大搜索

［适应年级］

中等职业院校一年级学生。

［理念阐述］

1. 理论基础

奥尔波特是人格特质理论的创始人。他认为特质是人格的基础，是每个人以其生理为基础的一些持久不变的性格特征，他将人的特质分为三大类：

(1) 首要特质：是影响个体各方面行为的特质，最典型、最具概括性，在人格结构中处于支配地位，如林黛玉的多愁善感。

(2) 中心特质：是决定一个人的一类行为而不是全部行为，能够代表一个人主要行为倾向的特质，是构成人格的核心部分。一般一个人身上可以有 5～10 个中心特质，如林黛玉的清高、聪明、孤僻、抑郁、敏感等，都属于中心特质。

(3) 次要特质：是只在特殊场合下才表现出来的个体的一些不太重要的特质，如某些人虽然喜欢高谈阔论，但在陌生人面前则沉默寡言。

瑞士新精神分析学家荣格认为，一个人的兴趣和关注可以指向内部，也可以指向外部，他将人格分为内向型和外向型。内向型的人格特点是心理活动常指向自己的内心世界，好沉思，谨慎、多虑，爱独处，交际面较窄，有时难以适应环境的变化。外向型的人格特点是关心外部事物，活泼开朗，不拘小节，善交际，情感外露，独立、果断，容易适应环境的变化。

2. 设计理念

本次活动，首先是采用投射的方法，通过描述自己像哪一种动物来投射自己的性格特征。之后让学生能借由其他同学的回馈，了解自己在别人眼中的另一面。

对个人特质的探索，有助于个人对自己性格的了解，能有更多的自我澄清。故本次活动主要是要借由对特质的探索与讨论，帮助学生更加了解自己的特质，并能认同自己的特质。

［活动目标］

1. 了解性格的特征，理解性格的两面性；

2. 了解自己人格特质的倾向性；

3. 认识到自己的特质与兴趣和职业选择之间存在的关联。

[活动准备]

多媒体设备、网络资源、白纸、彩色笔。

[活动设计]

活动环节	活动过程	注意事项	设计意图
暖身活动 导入课题	播放音乐，教师先介绍《七巧手》的七个动作，然后让学生跟着教师和节奏做《七巧手》。引导学生注意每个人的动作都不一样，是与性格特征有很大关系的。 导入活动的课题《挥洒青春色彩——特质大搜索》。		暖身活动，活跃气氛，拉近学生和老师的距离，同时为这堂课的学习埋下伏笔，设置悬念，引发探究的欲望。
挥洒 青春 色彩	1. 发给每位学生一张纸，把纸对折，请学生在纸的上方画一种最能代表自己特点的动物，如果不能画，就把动物名称写出来。再选一支自己想要的颜色的彩色笔，彩绘动物图案，并想想自己为什么这样画。 2. 请学生与大家一起分享自己的作品。	白纸 彩色笔	强调学生的主体性、参与性，其目的是为了使学生通过活动初步了解自己的性格特征，进行体验和感悟。
特质 之旅	1. 让学生把自己画的纸往左边传递。拿到纸的同学，根据平时对这位同学的了解，写出他的优点。在活动中，每位同学都要轮到。 2. 选择一部分学生，请他们介绍自己画的动物以及别人对自己的评价。可以从以下五个方面进行介绍：(1) 自己画的是什么动物？(2) 这只动物的特点是什么？(3) 为什么要画这只动物？(4) 为什么要涂这种颜色？(5) 对于别人对自己的评价，有什么疑问？哪些是自己以前没有发现过的？ 3. 接下来，请每位学生把自己的纸贴在空白海报上，让大家欣赏。 4. 辅导教师进行点评和小结。	播放音乐	采用投射的方法，通过描述自己像哪一种动物来投射自己的性格特征。 播放音乐创设良好、宽松的氛围，有利于学生交流分享。
心海导航 配对游戏	1. 请学生把动物和相对应的个性特点进行连线。 2. 小组讨论下列问题：(1) 人有哪些性格特征？(2) 你认为哪些性格特征比较好？ 3. 教师拿出事先准备好的性格配对挂图(附件 1)，进行归纳说明。强调性格表现大多有两面性，即性格特征中正性的一面和负性的一面，并会在不同的事件面前表现出不同的功效。	挂图 (附件 1)	通过游戏，了解性格的特征，理解性格的两面性。
特质 大搜索	1. 下发附件 2，示范活动方法，请学生在方框中勾选出自己所拥有的特质。 2. 完成后，抽配对牌，请对方帮你在圆圈中勾选出别人认为你所拥有的特质。 3. 两人小组相互分享活动的内容。 (1) 向对方介绍自己有哪些特质，是一个怎样的人。 (2) 询问对方："为什么你觉得我有这些特质？" 4. 全班交流讨论： (1) 你拥有哪些特质？哪些是你喜欢的？为什么？ (2) 哪些特质是自己和别人一致认为有的？ (3) 这些特质在你的生活中对你有什么影响？	附件 2	通过活动，了解自己的人格特质的倾向性。

续表

活动环节	活动过程	注意事项	设计意图
心海扬帆	角色扮演：一位老板想从值得信任的小张、小王、小顾三位助手中，选拔一位财务总管，一位业务推广部经理，一位企划部主任。于是老板想出了一个计划。一天晚上，他安排三位助手下班后留在公司与他一起研究工作，这期间，他故意制造了一起火警，想要看看三个人的表现。 面对火警，小张连忙站起来说："我们赶快离开这儿再想办法。"小王一言不发，马上跑到屋角拿来灭火器去寻找火源。小顾却仍坐在那里纹丝不动，说道："这儿很安全，不可能有火灾。" 老板通过三位助手的不同表现，找到了满意的答案。 问题： (1) 你能猜到这位老板的真正意图吗？ (2) 小张、小王、小顾有哪些性格优势，又有哪些不足？ 教师总结：原来老板想通过一起故意制造的火警，以观察他们三人不同的表现，从而更了解他们的个性特点，以发挥他们的性格优势，在不同的岗位上做到人尽其才。 (1) 小张建议离开危险区，在性格上表现了客观、谨慎、稳重、老练。这种个性非常适合做财务管理工作。 (2) 小王积极向危险挑战，抢先救火，忠于公司，在性格上表现了勇敢、大胆、敏捷、果断和敢于冒险。这种个性非常适合做业务推广工作。 (3) 小顾对公司的安全早有了解和信心，甚至可能才智过人，早已看出这是一出戏，在性格上表现了沉着、深思熟虑和胸有成竹。这种个性非常适合做策划和后勤工作。 结合情境，进行小组讨论： (1) 你觉得性格有好坏之分吗？ (2) 你觉得性格能改变吗？ 教师总结：事实上，性格没有好坏之分，不同的性格有不同的优缺点，关键是通过发挥性格的优势，克服缺点和不足。		角色扮演直观有趣，又能引发学生对人格特质与兴趣和职业选择之间的关联，从而引发学生深入思考。
心动不如行动	由此及彼，自由交流： 1. 请问，你最想从事什么职业？ 2. 从事这个职业，你的性格有哪些优势和不足？ 3. 怎样克服缺点和不足呢？		学以致用，由上一情境自然过渡到学生自己的性格优势和不足，并思考如何克服缺点和不足。这样层层递进，最终达到辅导的目的。
心灵回响曲	在这节课中，你有哪些收获和启示呢？		信息的回馈，可以反思教学的成败。

附件 1:动物与性格特征匹配

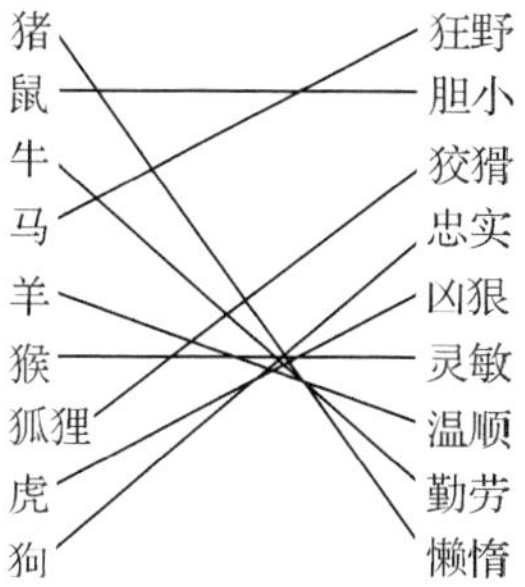

附件 2:特质清单

特质清单	
1. 在“□”中打“√”代表你认为自己是怎样的人。	
2. 在“○”中打“√”代表别人认为你是怎样的人。	
○ □ 1. 爱说话的	○ □ 13. 诚实的
○ □ 2. 热情的	○ □ 14. 有自信的
○ □ 3. 害羞的	○ □ 15. 有恒心的
○ □ 4. 谦虚的	○ □ 16. 有领导力的
○ □ 5. 精力充沛的	○ □ 17. 谨慎的
○ □ 6. 善于表达的	○ □ 18. 爱干净的
○ □ 7. 幽默的	○ □ 19. 依赖的
○ □ 8. 勤奋的	○ □ 20. 节俭的
○ □ 9. 天真的	○ □ 21. 容易生气的
○ □ 10. 勇敢的	○ □ 22. 好奇的
○ □ 11. 迷糊的	○ □ 23. 喜欢助人的
○ □ 12. 人缘好的	○ □ 其他(还有其他特质吗? 写下来)

[活动反思]

本活动旨在帮助学生正确认识自己的性格特征,悦纳自己的性格特质,并能联系自己的性格特征对职业选择做出理性的分析。活动流程生动有趣,学生参与度高。本活动选取的“心海导航配对游戏”以动物形象匹配性格特征,也可以换成其他类似的性格认知游戏。本次活动的关键在于让学生能认识到性格没有好坏之分,要能发挥性格中的优势,克服缺点和不足。

拓展阅读

一个突然的请求

一天早操间隙,班上唯一的男生干部赵某主动来办公室找我。

“老师,你帮我把座位换成一个人坐吧,或者,每逢自修课的时候,你布置一些任务给我做,好吗? 班上的男生总是说要统一行动,中午外出吃饭,自修课开讨论会的时候要聚起来聊天,这已经影响到我,会使我成绩下降。我这个月的专业课月考不是很理想……”

我对赵某的这个要求感到很突然,虽然以前也有学生提出过换座位的请求,但从没有学生会因为自己的学习受到影响而要求换位置,而且居然是“后进生”影响到了“先进生”,这种逆向的负面影响是每个班主任都不希望看到的。我想，这事不能拖，必须处理好。当然，关键是先要弄清楚来龙去脉。

事后，我找了一些对班级事务比较热心的学生做了解，对该怎样引导赵某有了大概的思路。

当天下午自修课时，赵某来找资料，我想是机会跟他好好谈一谈了。

"你说他们会影响你的学习，所以要换成一个人坐，听上去很合理，但你有没有想过，这样就能真正解决问题吗?"

"换个座位，我就能安心学习，把成绩提上去了，没什么问题啊。"大概是我的问题让他觉得奇怪，他回答得很没有自信。

"你平时的自我分析一直挺透彻的，这次怎么轻易就得出结论了呢！如果说他们聊天会影响到你学习，你知道你自己身上存在什么问题吗?"

听着我略带批评口气的提问，他显得不知所措，愣在一旁。

"你想想，他们聊天、外出吃饭，说男生要集体行动，让你参加你就参加了，你怎么没想到作为班干部，他们的行为将要违纪时，你该做的应该是适时制止！还是你已经忘了你的职责?"

说到这里，我的语气不断加重，他的脸越涨越红。

"从这件事上可以看出，当同学在自律问题上出现困难时，你不是去帮助、去解决，而是选择了避让。要知道你的这种避让，是对自己、对同学、对集体不负责任的做法。"

他沉默着，估计有了一定的思考。我暂停下来，想听听他自己的想法。

"我确实从来没有想到过，对于他们的要求，其实我是可以有自己的选择的。"他舒了一口气，缓缓说道，"就像老师说的，我是逃避了自己的职责。"

我趁热打铁："我也问了就坐在你们男生周围的女同学，但她们说你们自修时说话较多，可是并没有感觉自己的学习受到多大的影响，这说明什么呢?"

看他慢慢想通了，我的语气也放轻松了："如果单从班级纪律的角度考虑，我可以批评其他男生，把你的座位换走。可是，这样解决不了本质问题，要知道我们的外部环境是很难十全十美的，你的成绩下滑，你没有好好分析就以为是周围其他男生影响了你，这只不过是你给自己的退步找了个借口。真正能够严格要求自己的学生，坐在哪里都一样，而且应该是以你的优点去影响别人而不是受人影响。"

沉默片刻后，他似乎下了决心，语气坚决地说："我知道了，真正要求上进的话，我会把这件事看作一次锻炼的机会。我收回我的请求。"

（案例作者：无锡机电高等职业院校　蔡妍娜）

班级建设启迪：

班主任在工作中，往往把很多精力花在所谓"差生"的转化工作上，而往往忽视了"优生"的激励和引导工作，这样就会影响到学生对自我的认识，影响到他们的成长。相反，如果由于学生成绩优秀就对其过于重视甚至于过度保护，就会无意中给他们铺陈一条较其他学生相对优越的道路，这样所谓的"优生"通常会缺乏独立性，缺少挫折或失败的体验，心理承受能力就会变差。

帮助学生正确认识自我，就是要让其认知自己的优点，发挥自己的长处，体验成功的感受；明确自己的不足，改变被动的现状，坦然面对挫折。

因此在班主任工作中，我们必须平等地看待每一位学生，鼓励学生全面发展，融入集体，参加多种活动。在活动中，在与他人交流中，帮助学生认识自己，悦纳自己，引领学生走向自信，走向成功。

第二节　读书是一种希望

理论探源

爱读书，是一种美德。世界上有大成就的人，对人类有特殊贡献的人，几乎都是爱读书的人。国务院总理李克强说："书籍和阅读可以说是人类文明传承的主要载体，就我个人的经历来说，用闲暇时间来阅读是一种享受，也是拥有财富，可以说终身受益。我希望全民阅读能够形成一种氛围，无处不在。"阅读对人成长的影响是巨大的，"腹有诗书气自华"，一本好书往往能改变人的一生。苏霍姆林斯基指出：凡是没有学会流利地、有理解阅读的人，是不可能顺利地掌握知识的。他还得出一条结论：学生表达不清、思维混乱，这种智力上的"口齿不清"，正是由于缺乏流利的、有理解的阅读以及边阅读边思考的技能造成的。提高中职学生的读书认识，让学生大量阅读，不仅仅是为了写出一篇好文章来，更重要的是让学生在阅读中丰富知识、吸收信息、增长智慧、陶冶情操、完善人格。

实战举隅

小婷入高中学习才半个学期，她的成绩由班上23名倒退到了53名，现在连卫生工作都做不好，还经常迟到。

小婷更加沉默寡言了，开学时还能跟周围同学说说笑笑，现在几乎成"独行侠"了。

小婷的周记内容更加简短了："还是下雨天感觉好点。""本周没什么事情，还是老样子。"

这孩子是怎么了？成绩退步，人际关系不良，眼神黯淡，沉默寡言，到底遇到什么事了呢？看来，只在周记本上与她交流，只想片言只语给她鼓励，已经发挥不了大作用了。

这样的退步，这样的封闭自我，这样的问题学生，我该放弃还是努力？

原来小婷的父母一直在外务工，她与爷爷奶奶生活，平时也要帮助爷爷奶奶做家务。幼儿园大班时，因为帮奶奶照看烧水的炉子，水开了，奶奶还没有回来，就自己去冲开水，结果打翻了水瓶，烫伤了右边的大腿。虽然进行了治疗，但是腿上的疤痕却成了一个花样女孩子心中所不能承受之痛。我能想象到在生活中，她遭受的好奇与奚落的目光；我能体会到她尝试着融入同学之中，但每每总是落单的孤独。在如此的恶性循环下，这个姑娘怎能不敏感、不沉默呢？

因为有生理缺陷而自卑，而自我封闭，而不能与同学正常相处，不能进行青少年阳光生活的学生在我们老师身边时常出现。正像笔者所疑惑的，该努力还是该放弃？毕竟冰冻三尺非一日之寒啊！若要努力，又该怎样真正走进学生心里，解开她的心结呢？

英国心理学家哈德飞做过一次催眠实验,告诉我们负性催眠和正面良性催眠对人的影响之大。于是,我拿着心理学书,找到小婷,信誓旦旦、一脸诚恳地说:“小婷,你看,当我们负性催眠的时候,我们的力量就减弱到平时的1/3。当一个人认为自己不行的时候,他就丧失了2/3的能量。当你觉得你长得不漂亮、身上有疤痕、家里没钱、学习又不好、同学都瞧不起你的时候,这些东西就变成真的了,实实在在对你起到了作用。当你对未来充满希望,自信、努力的时候,你的前途也会随之向好的方向发展。虽然你腿上有烫伤,但这并不影响你日常的生活和学习。你应该把自己的优势调动起来,自己无论在任何条件、任何状态下,都能适应环境,那么你就会增加1/3的力量,会更加充满自信的。到了夏天,即便是牛仔裤白T恤,也会让你潇潇洒洒,魅力四射的。”

在后来的日子里,我陪着小婷一起阅读实用类的心理学书籍,一起用心理学分析身边人的故事,并不断给她创造表现自己的机会,培养她的自信心。长此以往,她对自己也能有正面的积极认识,也敢在公开场合表现自己。最重要的是,她的人际交往慢慢恢复了正常。

(案例来源:《特别的爱给特别的你》南京六合中等专业学校 袁婷婷)

面对问题学生,老师们有很多不同的处理方式,除了爱心、耐心,引导学生通过阅读心理书籍来提高自我认知的能力,也不失为一种好方法。如果没有老师的引导,中职的学生也许根本不会想到要阅读这一类型的书籍。可见,提高学生的读书意识,不仅是为了提高学生知识、素养考虑,更是为了丰富学生的精神生活,拓宽他们的精神视野,从而让他们学会更好地生活。

知识领航

一、职业院校学生与读书

> **智慧语录**
>
> 书犹药也,善读之可以医愚。
>
> ——刘向

“读书足以怡情,足以博彩,足以长才。其怡情也,最见于独处幽居之时;其博彩也,最见于高谈阔论之中;其长才也,最见于处世判事之际。”“读史使人明智,读诗使人灵秀,数学使人周密,科学使人深刻,伦理学使人庄重,逻辑修辞之学使人善辩:凡有所学,皆成性格。”

每谈起读书,培根《论读书》的经典言论都会萦绕在我们心头,他将“读书”二字做了最详尽深刻的解读。读书不是学习成绩好的孩子才要做的事,不是文化人才能做的事,读书应该是每一个人的权利和福利。人是经验主义的,从过往经历中总结规律、吸取教训,从而摸索出一套适合自己的方式方法。从书本中,我们学习知识,学会道理,学会生存;从阅读中,我们了解世界,畅想未来,感悟社会。阅读带给我们的精神满足与食物带给我们的生理满足是一样的,甚至更重要。

阅读是一个人精神生活中必不可少的一部分。读书于职业院校学生而言,应更显重要。相关调查显示,在职业院校上学的学生,由于受年龄、心理、环境及文化基础等因素的影响和制约,没有深刻认识到阅读的重要性,只有少部分学生能阅读经典名著等优秀书籍,大部分学生阅读的显著特征就是零阅读或者看网络小说，以虚幻和暴力色情小说内容打发时间，虚度年华。沉溺于这些书籍的孩子，他们的人生观、世界观、审美观都将受到负面影响，在错误三观的引导下，学生们怎么能开始阳光、快乐、幸福的生活呢？

要多读名著经典提升文化素养，多读专业书籍提升专业素养，多读日常百科拓展思维视野。我们倡导职业院校学生多阅读，多开卷。多阅读能培养和提升学生的品德意志、责任意识、审美能力、鉴赏能力；能弥补学生知识上的短板、思维上的定式、文化素养上的不足；能帮助学生打开一扇通往更高远的世界大门。

二、培养职业院校学生的阅读习惯

阅读在职业院校学生良好品质的培养中作用非常重大。要使学生形成良好的阅读习惯，就要发挥教师的主导作用，调动学生的阅读积极性，激发学生的阅读兴趣。

1. 以课堂教学为主阵地

课堂教学是教师对学生进行阅读引导的主阵地。在课堂教学中，老师结合课堂教学的内容，对学生进行阅读指导，推荐阅读书目，进行阅读内容的检查或竞赛，那么学生对阅读的兴趣也将得以提升。考虑到职业院校学生的阅读能力，老师们还要适当地指导学生的阅读方法，让学生学会有目的地去读，养成不动笔墨不读书的良好习惯，等等。

2. 把课外阅读作为操练场

课外阅读是学生阅读的关键，在课堂上知道了怎么阅读，激发了阅读兴趣，课后就要让学生充分“演练”，引导学生自觉读书。老师可以通过制定读书要求、组织读书活动等方式强化学生的阅读意识，如：制订好一个读书计划；准备一本读书笔记；每天有一个小时的读书时间；每周读一本好书；每周摘录一句名句名言；每学期每人编写一份读书手抄报；每学期写一篇读书心得体会；每学期在班级做一次读书情况汇报。也可以由老师在某个时间段指定一本书，要求全班同学都去阅读并书写自己的读书心得，进行激励性评比。各项措施集中在一起就是要培养学生自觉读书的习惯。

3. 让书本阅读成为领头羊

阅读的主渠道还应是纸质书本的阅读，因为书本阅读给人以直接的知识接受，同时也符合读书的本义和人们读书的常规。所以老师要抓牢书本阅读的主导性，正确引导学生阅读一些有利于形成自己正确的人生观、价值观的经典书籍和伦理哲学等，同时还要阅读与自己所学专业相关的专业书籍和教材，以丰富知识的全面性。这样，随着阅读量的增加，知识面也在拓宽，学生的谈吐和气质也会随之提升，使职业院校学生不再只擅长自己所学的专业，而是成为能说、会写、懂得现代交际礼仪的综合性人才，在走向社会时更加自信，能更好地得到社会及就业单位的认可和青睐。

智慧语录

立身以立学为先，立学以读书为本。

——欧阳修

4. 网络阅读的正确引导

当前社会，学生的生活已离不开网络。网络传播的文化既有健康高尚、催人奋进的先进文化，也有庸化落后、害人颓废的低俗文化。诸如娱乐八卦、言情武打、网络虚幻小说等在职业院校学生中十分泛滥，直接妨碍当前职业院校学生阅读真正优秀的文学作品，并对青少年形成正确的人生观和世界观产生了很大的负面影响。因此，老师千万不能放松对学生进行网络阅读的正面引导，时刻提醒和推荐学生阅读名人名家的作品、健康向上的文章、反映现实的报道，坚决杜绝阅读低俗文化的不良习惯，从而提升学生的阅读水平，提高学生的阅读品位。

知识链接

鲁迅在南京江南水师学堂读书时，因考试成绩优异，学校奖给他一枚金质奖章。他没有戴此奖章，作为炫耀自己的凭证，而是拿到鼓楼大街把它卖了，买回几本心爱的书和一串红辣椒。每当读书读到夜深人静、天寒体困时，他就摘下一只辣椒，分成几片，放在嘴里咀嚼，直嚼得额头冒汗，眼里流泪，嘴里“唏唏”，顿时，周身发暖，困意消除，于是又捧起书攻读。

5. **显教师阅读的示范性**

老师应在读书上言传身教、做好典范。在教学时，通过出口成章的表述、流利顺畅的语言、知识丰富的展示，使学生由衷地对老师产生敬意，对读书产生兴趣，起到一个“师傅引进门”和榜样示范的作用。

三、开展职业院校学生阅读活动

国务院总理李克强在会见采访十二届全国人大三次会议的中外记者时，谈到了“全民阅读”问题，他指出：“书籍和阅读可以说是人类文明传承的主要载体，就我个人的经历来说，用闲暇时间来阅读是一种享受，也是拥有财富，可以说终身受益。我希望全民阅读能够形成一种氛围，无处不在。我们国家全民的阅读量能够逐年增加，这也是我们社会进步、文明程度提高的十分重要的标志。而且把阅读作为一种生活方式，把它与工作方式相结合，不仅会增加发展的创新力量，而且会增强社会的道德力量。人们不仅在追求物质财富的增加，而且希望有更丰富的精神生活。”因此开展阅读活动，是提高职业院校学生阅读意识，提升职业院校学生阅读素养的不二法门。

1. **诵读类：校园朗读者、师生朗读会**

《见字如面》《中国诗词大会》《朗读者》等文化类节目都获得好口碑。文化生态多种多样，观众需要哈哈爆笑来解压，更需要悠久的文化来滋养。这些有营养的节目，也受到了职业院校学生的追捧。在职业院校内开展这样的文化活动，不仅丰富学生的业余生活，营造文化氛围，也能提升职业院校学生的阅读素养。

南京某职业院校校园广播站开辟了一档新的栏目《青春的声音》，这是一档朗读类的节目，请师生走进电台现场朗读。节目组希望通过朗读，让文字表达情感，让声音传递情感，用声音呈现生命之美、文学之美和情感之美，让师生从朗读中获得心灵的陶冶，在朗读中感受经典永恒的魅力。此外，该校还开展了师生现场朗读会，师生共聚一堂，齐享诵读盛宴。

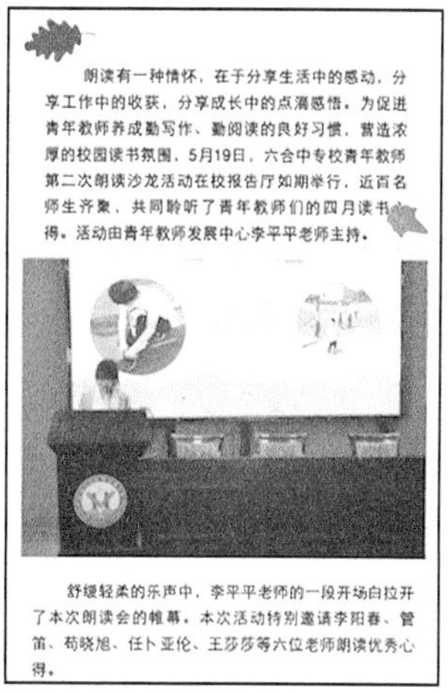

2. **交流展示类：阅读书目推荐、读书心得交流、读书笔记展示、原创作品展示**

这类活动易于举行，对时间、空间的要求不高。课堂上的几分钟，某一节班会课，校园里的某个角落，都可以进行。这些活动对学生的口头和书面表达能力的提升，对学生自信心的培养都有很大的益处。

3. **竞赛观赏类：读书征文演讲、优秀广播电视文学作品欣赏**

不管是朗读类还是交流类，都可以进行竞赛活动。征文、演讲既是较传统的活动方式，也是学生最善于参与的竞赛方式。学生对优秀广播电视文学作品欣赏较感兴趣，但是欣赏的角度和方式需要老师指导。

4. **文化活动类：图书馆、阅览室等阅读开放日；新华书店进校园；班级图书交流活动**

老话说"书非借不读"，不管是借还是买，为学生提供更多接触书籍的机会，营造更浓郁的读书氛围，让学生浸润在书的海洋里，势必会对他们的心身产生积极影响，下图为南京某校"图书进校园"活动现场。

活动设计

南京某中专校“读书节”活动之中华经典诵读比赛方案

一、比赛目的

为传承和弘扬中华优秀传统文化,努力推进全体学生阅读,积极传播校园正能量,通过经典诵读、阅读演讲等形式为全体学生搭建语言学习、交流及展示平台,提高语言表达能力、汉语言文化素养、语文应用能力,体现语文学习中有声语言和书面语言学习的双重重要性,推进学校学生诵读中华经典良好习惯的养成,推动校园中华经典诵读活动的深入开展。

二、比赛主题

中华经典诵读。

三、比赛对象

全校各班学生选手。

四、比赛时间、地点

时间:2017 年 6 月 5 日

地点:学校录播教室

五、比赛要求

1. 诵读内容:选手须使用《中国语文朗读指导手册》里的内容作为参赛作品。

2. 诵读形式:比赛采用个人或多人(最多 3 人)诵读形式。每名(组)选手各诵读自选文章 1 篇,时间控制在 4 分钟以内。选手自行准备背景音乐和 PPT。

3. 诵读要求:选手用清晰的语言、洪亮的声音、充沛的情感、优雅的仪态、丰富的舞台表现力把作品原有的感情展现出来;背景音乐、媒体运用恰当,音量适中,适合经典的意境;仪表得体,诵读过程中举止自然、大方,能体现学生的良好形象和素养。

六、名额分配与报名时间

1. 名额分配:各班级选送一名(组)选手参赛。

2. 报名时间:2017 年 5 月 26 日放学之前将“中华经典诵读比赛报名表”送至学工处。

七、奖项设置

1. 个人奖:一等奖 3 个,二等奖 6 个,三等奖 12 个,优秀奖 20 个。

2. 单项奖:最具潜质奖、最美声音奖、最佳风采奖各 1 个。

南京××中等专业学校学工处
2017 年 5 月 22 日

[活动反思]

本次活动的比赛方案,是面向全校学生的竞赛型活动方案。各班级积极开展经典诵读活动,选拔优秀选手参加比赛,校园内读书诵读氛围高涨,文化气息浓郁。比赛现场,各班选手也表现出良好的形象和素养,无论是诵读内容,还是诵读的配乐、表演的道具都非常丰富。

通过比赛，学生的诵读能力得以提高和展示，学校的读书氛围愈加浓厚。以赛促读颂经典，以读促学承文明。在以后的读书诵读活动中，还可以组织学生进行诵读技巧的指导、诵读书目的推荐，可以将学生的优秀作品进行视频展示，以扩大活动的效果。

拓展阅读

从“问题少年”到“网络高手”

一天，我突然接到一个电话：“老师，我考上了！我考上了！我考上扬州大学计算机系了！谢谢老师……”我的眼睛湿润了，思绪一下子被拉回到四年前。

四年前，一个弱小的身影悄悄地进入我当时所带的大专班。他头发凌乱，身体单薄，一个人默默地坐在第一组最后一排。档案上很简单：吴××，男，17 岁，因过度上网曾受处分。一开始，我对他并不太注意，后来发现该生上课经常睡觉，下课时有些男生围在他周围，他一人坐在课桌上夸夸其谈，俨然一个“老大”样，与他平时上课表现判若两人。

我找到吴××以前的同学，了解到他很不简单，是个典型的“问题少年”。别看他年纪不大，但已有多年网龄，是个网络游戏的“沙巴克”(网络游戏里级别最高的人物)。网络游戏耗费了他大量的金钱、时间和精力，使他视力低下，身体发育不良，精神萎靡不振。他对身边的一切事物包括班级组织的各项活动都漠然处之。除游戏心得外，很少与同学交流，学习成绩急剧下降。我认识到了问题的严重性。

我找来吴××的父亲(吴××本人并不知道)，想了解吴××的详细情况。他的父亲无奈地摇了摇头，说早就知道孩子上网的事。初中时，班主任老师从耐心谈话、启发诱导到严厉惩罚，用了不少方法；家长从苦口婆心地劝说到打、骂、关禁闭；亲朋好友集思广益，采取多种软硬措施。结果，吴××不但没有摆脱网络游戏的缠绕，反而干脆跟班主任及家长玩起“猫和老鼠”的游戏。

我安慰了吴××的父亲，同时也希望他能继续配合学校教育好吴××。

送走吴××的父亲，我不禁陷入沉思：一场由教师、家长及亲朋好友组成的大兵团联合作战，却遭遇了教育的“滑铁卢”。小小的吴××采用了“游击战”“麻雀战”的战术，屡战屡“胜”，愈战愈“勇”，把自己的防线守卫得牢牢的，滴水不漏。他在“大获全胜”之时，自然也对我这个班主任剑拔弩张地做好了迎战的准备。自古兵不厌诈，在认真分析了吴××的性格爱好、家庭状况、思想情况后，我采用了避实就虚、迂回作战、攻其不备的战略战术。

第二天上班会时，我在班上说：“听说我们班有不少电脑高手，现在想请一位同学为班上排一下座次表和编辑卫生执勤表。”

同学们立即在下面小声议论起来，有不少同学对吴××指指点点。吴××的头深深低了下去。我故意惊讶地说道：“吴××，吴××是哪位同学，能站起来吗?”

只见吴××低着头，慢吞吞地站起来。我用鼓励的眼光盯着他说：“吴××同学，你能完成班级交给你的这项任务吗?”他想了想，微微地点了点头。

我再来上课时，吴××把用电脑安排好的座次表和卫生执勤表交给了我。我立即非常高兴地对全班同学说：“我们是不是该给吴××来一阵热烈的掌声，感谢他为班级做出的贡献啊?”全班立即响起雷鸣般的掌声，同学们都微笑地看着吴××。吴××害羞地低下头，但不经意地露出了一丝微笑。见此情状，我顺势提道：“我们班还缺一个计算机课代表，同学们认为吴××同学可以胜任吗?”

“可以!”全班异口同声。

“那吴××同学，你愿意担任计算机课代表为班级做点事吗?”全班的目光都落在吴××身上。吴××慢慢站起来，想了想，然后坚定地点了点头。以后上课时，很少看到吴××睡觉了。即使看见他在睡觉，只要提醒他一下，他也能立即坐好，精神抖擞地听课。

过了一段时间，我把吴××叫到办公室，先表扬了他最近的进步，也点出了他身上还有的毛病。然后我打开一个语文课件，向他请教语文课件的问题，看他会不会。

他皱了皱眉头，摇摇头。

我显出很遗憾的样子，带着协商的口吻说：“老师最近有很多事情要做，你能不能帮老师解决这个问题，完成这个课件?”

“好的，老师。我去试试，过几天拿给你!”他一口答应了。

接下来几天，吴××经常待在图书馆里，还不时地向信息技术老师请教，没过几天就把完成好的课件交给我了。我打开一看，图文并茂，还有动画，做得很好！每到一个班上课时，我都要借适当的机会告诉同学们这个课件的作者就是吴××。同学们不断将这个信息告诉吴××，他的喜悦和自豪感与日俱增，常不时地跟我说：“老师，还需要我做什么，请尽管说啊!”

看到吴××有这样的态度和要求，我就和信息技术课老师商量，请他在班上举办一次计算机知识讲座。讲座中，信息技术老师生动活泼地将计算机的产生、发展及其作用展现在同学们的眼前，为同学们打开了计算机知识的新天地，将吴××的注意力从低俗的网络游戏的天地中吸引了出来。

为了进一步把吴××的注意力转移到学校、班级其他有意义的活动中来，我根据他的身体条件让他参加班级排球队。在排球队一次次的训练、比赛中，吴××变得活泼开朗、遵守纪律了，集体荣誉感、学习主动性也增强了许多。

看到吴××的这些进步，我觉得水到渠成了，于是安排学习委员孙×与他同桌，来帮助他提高成绩。孙×是计算机技能竞赛获奖者，由于家庭经济困难，父亲早年病故，从小养成了刻苦自强、勤俭奋斗、乐于助人的优秀品格。共同的爱好使他俩认识并接纳了对方。两人共同参加计算机培训，一起完成作业，在学习上互帮互助，思想上互相交流，行为上互相促进。孙×也会及时地将吴××的思想情况汇报给我，使我能及时掌控，正确引导。

经过一段时间多方面的努力，吴××最终摆脱了对网络游戏的沉迷，走上了正常的轨道。不少老师做课件都请他帮忙，他在学校已小有名气，被老师们称为“网络高手”。

后来虽几经波折，但吴××还是在对口高考中以优异的成绩考入理想的大学，成为一名健康活泼、有理想有追求、品学兼优的大学生。

（案例作者：东台市职业教育中心校　段杰）

班级建设启迪：

对吴××的转变，既有老师对他的信任和鼓励，更有老师对他阅读方面的正确引导和精心安排。老师有意将难度较大的语文课件交给他去做。在制作过程中，他要查资料、做设计，一方面要不辜负班主任的信任，另一方面要克服语文知识的欠缺，弥补网络技术知识的不足。这样，吴同学就自觉主动地去进行有益的阅读活动。在正确的阅读活动中，他的视野开阔了，才情增长了，思维严谨了，兴趣丰富了，网络游戏再也无法主导他的意志。

“书是一口掏不完的井，是一座掘不尽的矿。走进书里，你就会觉得有一位高尚的人在和你交谈。把书读薄，把人读厚；把书读旧，把人读新。读书，就如同给自己的心灵披上一件件美丽的衣裳，爱读书的人是世界上最美的人！”山西太原三晋小学，校长给学生们的这段寄语让人顿感温馨。所以，教会学生阅读，引领学生阅读，要让阅读成为我们教育学生的有效手段。

第三节　学会用眼睛发现美

理论探源

美来自人类的社会实践，美育主要是通过各种美感形式培养人的审美能力、审美观念、审美情趣和审美理想，构建审美心理结构。职业院校美育是一种情感教育，它的任务是要塑造和形成学生优美、高尚、丰富的感情、趣味、心灵和精神境界。对职校生进行美育教育，对他们的成长有着深远的意义。一切美感都产生于崇高情感，这些情感能激发人的美德。美育可以“以美启真”。美无处不在，学会发现美，学会欣赏美，让学生由内而外散发出美，这是教育的理想境界。

实战举隅

“胡老师，快到班上去看看你的宝贝学生吧！”刚进办公室，一位同事就一脸坏笑地对我说。看着同事那“不怀好意”的笑容，我有些莫名其妙。

我来到班级窗口，同学们正在上数学课，一切都很正常。正纳闷中，我突然发现学生的目光不时聚焦在小哲和小黄的头发上，脸上尽是笑容，就连严肃的数学老师也不例外。小哲和小黄缩着脖子低着头。呀！我看到他们的新发型：后面的头发不触领，前面的鬓角不过耳，刘海也未触眉，旁边头发都修得很短，可是头顶的前半部，却耸立一个锥形！整个形状真是怪异！为了不影响上课，我强忍着笑回到了办公室。

同事看我回来了，笑着问：“你班两宝贝，这下成明星了！你还没法管，人家可没违反校纪班规！”

（案例来源：《欲剪却留的怪头发》南京市职教教研室　胡卫芳）

没违反校纪班规就没法管了吗？这个问题也是很多班主任会纠结的问题。胡卫芳老师认为，判断班主任是否该管的唯一依据是此事对学生的发展是否有害，如果对学生的身心发展有负面影响，那么就该去管。学生理这样怪异的发型，从个体角度来说他们只是通过外貌标新立异来张扬个性，这无所谓对错。但问题的严重性在于学生对自己怪异发型引来的后果未必清楚。除了旁人聚焦的目光可能给他们带来不良影响之外，这也是学生错误的审美观和消费观的体现。

在接下来的班会课中，胡老师没有直接批评这两位学生，而是通过教师教育、同伴教育，让学生认识到生活中什么是美，怎样去实践美；再巧借班集体凝聚力，让小黄、小哲感受到“聚焦”的压力；最后运用欲擒故纵的技巧，利用青春期学生的逆反心理，欲让学生理发，却让学生留发，欲让学生做一件简单的事，却向学生提出了一系列高标准的要求，引导学生自觉自愿达成教师预设的目标。

智慧语录

美育的形式应是多种多样的，不要把美育搞得太狭窄了。不只音乐、美术，还有语文教学、体育训练、各种艺术品的展览、文学戏剧的欣赏、业余文艺的创作，都属于美育的范围。

——周扬

在班主任工作中，我们经常会遇见留着所谓时髦的怪异发型的学生，穿着所谓前卫的非主流服饰的学生，甚至说着被认为是流行的粗俗词语的学生。为此，班主任老师首先要考虑到他们张扬个性的特征，对他们表示理解；其次再对他们进行正确的审美教育，帮助他们树立正确的美育观，这已是迫在眉睫的事情了。

知识领航

一、美育与德育

美育是培养学生健康的审美观，发展学生鉴赏美和创造美的能力的教育，也称审美教育或美感教育，是一种按照美的标准培养人的形象化的情感教育。它以特定时代、特定阶级的审美观念为标准，以形象为手段，以情感为核心，以实现人的全面发展为宗旨。美育要通过各种艺术以及自然界和社会生活中美好的事物来进行。

职业院校美育是对学生进行美学意识的培养、情感教育、审美教育的总称，是以一定的美学理论指导职业院校学生的审美实践活动，培养职业院校学生健康的审美观念与审美理想，陶冶他们的情操，提高他们感受美、鉴赏美以及创造美的能力的教育。美学家帕克说：“美对价值的贡献正如科学对智慧的贡献一样，正像科学使思想普遍化一样，美也使感情普遍化。”美在职业院校学生全面发展中是不可缺乏的“营养元素”。

蔡元培在《普通教育与职业教育》中说道：“所谓健全的人格，内分四育，即体育、智育、德育、美育。”美育以陶冶我们的情操为目的，从而使我们具有美的理想、美的情操、美的品格、美的素养，具有欣赏美和创造美的能力。

俄国哲学家别林斯基有句名言，“美育与德育是亲姐妹”。国学大师王国维认为：美育者，一面使人之感情发达，以达成完美之域；一面又为德育与智育之手段。

近年来，由于多种原因，美育在许多学校已形同虚设，甚至被忘得一干二净。也由于多年来人们对美育的疏远，多数人把学校美育简单地理解为在课表上开设一两节音乐课和美术课(而且这课也一般不上),这样,就使得美育在许多学校里不仅实亡,而且名也不存。

生活离不开美,缺少美的生活就像沙漠缺少绿洲一样枯燥单调,没有生机。从美学的角度讲,德育的目的应该是通过说服、教育、管理、影响、感化等多种方式去把学生塑造成为美的人,使他们既具有相貌、体态、服饰、行为、风度等方面的外在美,也具有精神品质、心灵和情操等方面的内在美,而且培养学生的内在美应是德育的主要目标。由此看来,学生爱美的本性和德育的主要目标应该说是一致的,与美育的目标也是一致的。

美育与德育、智育等相比具有自己明显的特点,它具有形象性,利于认识和理解;具有情感性,容易以情动情,使人们从审美中受到陶冶和教育;具有愉悦性,能以具体生动的形象,激起人们感情上的共鸣,产生审美愉快,在享受中受到教育。要想把学生培养成为有外表美更有内在美的人才,必须把德育与美育结合起来。

知识链接

蔡元培在中国首倡“美育”,并一生以此劝导国人,虽屡有挫折,但终生不渝。他对于美育的译介和呼吁,包含着他对于国家危亡、文化没落进行挽救的努力,有着深刻的创见和持久的影响力。陈望道先生在《美学纲要》一书中对此总结道:“美学的历史很短,不过才产生了一百多年;中国之有美学,实以蔡元培先生提倡为最早……”

蔡元培说:“美育者,与智育相辅而行,以图德育之完成者也。”美育不是德育,美育和德育的结合并不是简单的二者相加,也不是相互代替,而是要运用美育的手段以达到德育的效果。

二、让学生学会发现美

职业院校美育是学校素质教育不可或缺的部分,它存在于德、智、体、劳的教育过程中。实施职业院校素质教育的关键,就是要将德、智、体、美、劳等教育融合在一起。职业院校美育是一种自由形态的教育,它冲破了以往各种不同的教育间的鸿沟,比较容易与其他教育相结合,并渗透到其他教育之中。职业院校美育具有全方位的作用,能够把其他教育带动起来,形成一个有机体。

职业院校美育主要是一种情感教育,它的任务是要塑造和形成职业院校学生优美、高尚、丰富的感情、趣味、心灵和精神境界。在对学生进行德、智、体、劳的教育过程中,美育先行,能达到更好的德育效果。

一般认为,学校美育主要包括艺术美育、自然美育、社会美育,主要培养学生感受美、欣赏美、鉴别美的能力。结合职业教育和职业院校学生的特点,我们可以从以下两方面尝试进行。

1. 在课程教学中渗透美育,尤其注重结合所学的专业特征

一般的文化课堂可以带领学生领略文字、文化之美,自然、艺术之美。在职业院校学生的专业课程中,则可以让学生感受职业美、践行职业美。

小航自进入某职校餐饮管理专业以来，越来越感觉自己选错专业，入错了行。班上38名学生，35个女生。每天的专业课上，老师都会提出形体训练、职业素养这些话题，小航觉得这些都是女生干的事情。有一次，班主任要求大家在班会课上决定班服的样式，小航更是觉得窝囊——满眼都是红马甲、红裙子、花丝巾，仅剩的三个男生毫无发言权，只有黑兮兮的西服供选择。小航想，要是能换个专业该多好：计算机专业的随意自由，想弄什么发型就做什么发型；艺术专业的更好，留一头长发，穿上破洞牛仔，那叫一个范儿；机电、汽修这些专业的好歹拿个工具箱，那也是铮铮男儿本色。可惜我这个"娘娘"的专业，真是丢人啊！

上述案例告诉我们，在实际工作中，经常会遇到班上有不喜欢本专业的学生。因为不喜欢，他们厌学，他们不配合班级管理工作，他们难以参与到班级正常的活动中来。作为成年人，我们知道每一个行业都有自己的独特魅力。作为班主任，我们需要让学生认识到自己所选的专业、自己未来从事的职业独特的美，继而才能谈培养学生的职业素养。

> **智慧语录**
>
> 美是道德纯洁、精神丰富和体魄健全的有力源泉。美育最重要的任务是教会孩子能从周围世界（大自然、艺术、人们的关系）的美中看到精神的高尚、善良、真挚，并以此为基础确立自身的美。
>
> ——苏霍姆林斯基

班主任李老师借助网络视频，带大家一起看了著名餐饮集团的广告宣传片，并利用教学实习的机会，带同学们来到当地的五星级大酒店，切身感受了一把餐饮服务人员的仪态风姿。在这样的活动中，小航感到一种震撼。原来不管老师怎么说，他都没觉得工作制服有多美，没感到形体训练有什么了不起，现在只往酒店大堂一站，他就对那些身姿笔挺、笑容亲切、彬彬有礼的工作人员心生敬意。回校后，李老师让大家说说今天有哪些新发现，有什么新想法，小航的感触是最深刻的了。随后的班会课上，小航也积极参与到班服的搭配、选定中来，他觉得即便是深沉的黑色，自己也能穿出独特的风采来。

除此之外，李老师也有针对性地与同学们讨论了其他专业的工作状态和从业要求，希望大家能明白每个行业的独特魅力，并重新认识自己专业的特色。

2. **开发校内资源，结合学生生活实际，引导学生发现美、创造美**

每个学校都有自己的校园文化特色，每个班级都有自己的班级文化氛围，每位学生都有自己的个性风格特征。若能引导学生关注到这其中美好的一面，让学生沉浸于"美人、美景、美好心灵"中，激发学生"爱美""想美""变美"的情绪，那便是德育的成功了。

其实，在我们的校园生活中，可进行美育、德育的资源有很多——音乐、绘画、书法等艺术美；一花一草一墙一道的自然美；运动会、技能节、"孝心少年"等多种活动的社会美。爱美之心，人皆有之；发现美好，愉悦心情；创造美好，净化心灵。我们班主任要通过引导学生发现美、创造美，来改变目前职业院校学生的几种错误审美观——追求感官刺激为目的的享乐主义；否定有客观审美标准的主观主义；以奇、以怪、以洋、以时髦为美的猎奇心理。老师需引领学生欣赏自然之美、感悟人性之美、创造个性之美。有这一系列美好行为，学生的道德素养也将自然而然随之提升。

雨花石，被誉为“天赐国宝，中华一绝”“石中皇后”，主要出产于江苏省南京市六合区，是六合区一张独特的名片。南京六合中等专业学校（以下简称“六合中专”）将雨花石元素融入校园文化建设，打造了独具地域特色的校园文化，培养了师生“兼容并蓄、至善至美”的品格和争先、坚守、忠贞、包容、奉献的校园精神。

> **知识链接**
>
> 校园文化是以学生为主体，以校园为主要空间，以育人为主要导向，以精神文化、环境文化、行为文化和制度文化建设等为主要内容，涵盖校领导、教职工在内，以校园精神为主要特征的一种群体文化。

雨花石的美体现在品、纹、色、形、质、声、韵等方面，根据这些特点，学校将教育追求总结为“七行诗”：育德当如石之品，润物无声，一枝一叶总关情；校景当如石之纹，序却随机，横竖侧看总相宜；技精当如石之色，悦目如心，行行出彩齐争艳；塑人当如石之形，方圆偏倚，天生我材必有用；治学当如石之质，脆硬润泽，因材施教当无憾；求学当如石之声，铿锵有力，掷地有声意志坚；为师当如石之韵，坚柔稳严，桃李不言自淡然。

在六合中专，你会流连于雨花石文化墙边，徜徉于雨花石文化大道，漫步于雨花石文化长廊，晨读于雨花石实训楼，小憩于雨花石荷池畔，驻足于“天落雨花”雕塑前。如果你有闲情逸致，还可以慢慢欣赏雨花石文化墙上按照淘石、赏石、品石、赞石、藏石、咏石、刻石、颂石等八个主题制作的八块大理石浮雕，以及长廊两边雨花石展示柜里定期更换的雨花石精品……

学校以“雨花竞秀，技创风流”为主题进行校园道路与长廊文化、墙壁文化、雕塑和园林小景等环境的设计和建筑物命名，将雨花石文化镶进浮雕、嵌入石壁，刻进师生的心中。

每周一评的“雨花之星”是学校渗透雨花石文化，促进学生个性完善、品格形成、能力提高而常设的活动，主要挖掘和表彰那些在劳动、学习、管理、志愿服务、道德等方面表现出色的学生，每周一评，每次评选一位。除给予证书和物质奖励外，还在校园广播、校园网、校报、宣传栏等进行同步宣传。学校还对“雨花之星”进行跟踪观察，结果显示，凡是获得过“雨花之星”荣誉的学生在各方面的表现均良好。

其实，在六合中专的校园中，无处不烙下雨花石的印记。如学校先后举办了四届雨花石精品展；将学生社团冠以“雨花”之名，组织与雨花石文化相关的活动，也是校园文化的一大特色。又如将校园龙狮队命名为“雨花魂”，将校园舞团命名为“雨花飞炫”，依据雨花石的意韵编排节目内容；成立“雨花情”志愿者协会，每年为社会提供 5 000 余人次的服务，内容涉及环保、关爱弱势群体、交通安全、义务献血、公益宣传等；校园文学社命名为“石韵”，文学社主办的校报命名为《雨花真彩》，每月一期，集中展现校园文化的精华……

同时，学校还结合雨花石姿态万千、个性独立、本真至善的特质，推行“角色教育”的德育工作模式，引导学生在家做一名好儿女，在校做一名好学生，在企业做一名好员工，在社会做一名好公民。

（《借“雨花石”之名，创校园文化之魂——南京六合中等专业学校融地域特色建设文化校园》　《职业》杂志记者丁锐）

活动设计

美丽语言,芬芳班级
——"语言美"主题活动方案

[学生情况分析]

本班共有学生55人,其中男生27人,女生28人。学生思想活跃,班级凝聚力较强,学校组织的各项活动,全班学生都积极踊跃地报名参加,都想为班级取得荣誉,班风、学风状况良好。但有部分学生的语言、行为举止不够文明,喜欢给他人起绰号,说粗话。

[活动目的]

配合学校开展"以美育推动班级文化建设的研究"课题,在班级开展一系列活动,旨在使每个学生都要学会使用文雅、朴实、健康、向上的语言,用文明语言处理人与人之间的关系,以真正体现班级良好的精神风貌。

[活动主题]

美丽语言　芬芳班级

[活动内容与形式]

1. 活动第一阶段(寒假期间),全体学生讨论、投票,确定班级活动方案各阶段内容、时间。

2. 活动第二阶段(3月至6月中旬)

(1) 开设以"语言美"为主题的班会活动:由三位班长负责。

(2) 开展以"语言美"为主题的手抄报比赛:全体学生参加。

(3) 教室文化布置,通过标语和板报展示语言美:由黑板报小组负责。

(4) 文明礼貌用语大赛:由班干部搜集资料,张贴于教室内供全体同学学习。

(5) 争当文明礼貌标兵:成立语言美督导小组,对全班学生日常语言行为进行督导评价、记录。

3. 活动第三阶段(6月下旬)

(1) 优秀手抄报展览

(2) 评优奖先

对各项活动记录进行统计、评估,进行奖励,凡是负责班级美育文化建设的学生,在期末考核评优中加分,对文明礼貌标兵和手抄报获奖者给予物质奖励。

[活动预期]

使本班每个学生都能使用文雅、朴实、健康、向上的语言,用文明语言处理人与人之间的关系,使班集体充满文明、和美、阳光的氛围。

(本活动方案来自网络)

［活动反思］

本次活动历时长、内容多、范围广，在活动过程中需要营造良好的活动氛围来帮助学生坚持完成活动。活动目标旨在使学生能养成使用文雅、朴实、健康、向上的语言习惯，那就要在平时的学习生活中，时时提醒学生正确用语、规范用语，使主题活动不流于表面。活动结束之后，也要注意将活动成果加以巩固，并对学生的语言行为进行有效督管，以期真正达到美育的效果。

拓展阅读

观众席上的“风度”

运动会接近尾声，最精彩的4×100米接力赛就要开始了，可是偏偏这时天公不作美，居然飘起了小雨，但场上的运动员们没有一个在意的。只见我们班的四个女孩已经站在了各自的跑道上，她们就像弦上的箭一般蓄势待发。此时的我也紧张地攥紧了拳头，发令声响，女孩们铆足了劲往前冲，阴霾挡不住她们前进的步伐，淅淅沥沥的小雨也似乎在她们冲过终点线的时候为她们庆功。

正当我们在为她们欢呼的时候，我转身发现，在我们班的观众席上打起了几把漂亮的雨伞，伞下几个女孩正悠闲地嚼着薯片聊着天，运动场上的热闹和她们的淡定形成了鲜明的对比。和我一起在场边为女孩们加油的学生回到座位，伞下的女孩依然悠然自得地撑着伞在闲聊。雨时下时停，却也在那几把伞上积下了些许雨水，雨水顺着伞骨往下流，滴在了周边学生的头上、肩上、身上，引来周边学生的侧目。这时几个打伞的女孩依然不以为然，还强词夺理道：“不是下雨了嘛，还好我们带伞了！”放眼望去，整片观众席上唯有我们班这边撑着几把伞，甚是刺眼。

冷漠、自私、集体意识淡薄、行为习惯差劲……太多的词汇在我的脑海里翻腾，我想：师者，不在全盘授予，而在相机引导，这不就是一个绝佳的教育契机吗？出于保护学生自尊的需要，我不能当众揭下她们的“遮羞布”，于是我按捺住了怒气。

运动会在欢呼中结束了，此时雨突然又下大了，那几个打伞的学生首先离开座位，其他学生也随之向教室奔去，留下了凌乱的观众席在接受雨水的清洗，上面安静地躺着废弃的饮料瓶、香蕉皮、橘子皮……唉，让人不忍直视！

回到教室，我并没有立刻解散学生，而是邀请所有人来到阳台欣赏风景——雨中的观众席。时间仿佛在那一秒停止了，三十秒、三分钟……我打破沉默，跟全班同学说了第一句话：“同学们，我要送给大家一句话——任何时候别失了风度！”环顾整班，有些学生已经低下了头。我继续说了第二句话：“刚刚我发现我们班好多人因为一场雨失去了风度哟！”又有一部分学生低下了头。接着，我又说了第三句话：“甚至有几个同学因为几滴小雨而漠视在运动场上为集体荣誉而拼搏的运动员，失足了风度。”刚刚撑着伞的几个女孩也低下了头。

说完，我没有多做停留，转身离去。快到办公室的时候，我回头发现，操场上又出现了几把熟悉的雨伞，后面还跟着一批雨伞，伞下的孩子有的拿着簸箕，有的拿着扫帚，有的拿着垃圾袋……在雨水的洗礼下，那些伞显得格外的美丽，伞下的女孩也显得分外漂亮！

都说教师工作的根本就是立德树人，而德之外现就是行为习惯，所有作为学生健康成长的引路人——班主任，必须抓住每个教育契机，旨在引导学生良好行为习惯的养成，处处展现魅力与风度。

（案例作者：常州幼儿师范学校　王蕾）

班级建设启迪：

德育的目的是通过各种方式把学生塑造成美的人，不仅具有相貌、体态、服饰、行为、风度等外在美，也具有精神品质、美好心灵和情操等方面的内在美。案例中出现的状况，不仅是学生的冷漠、自私、集体意识淡薄、行为习惯差的表现，更是学生“美”的缺失。

案例中的王老师发现这一问题后，并没有大发雷霆，马上进行纠错，而是寻找和创造适当的教育时机——邀请所有人来到阳台欣赏雨中的观众席，让学生看到有失风度后的凌乱场景，并用语言告诫学生“任何时候别失了风度”。场景让学生震撼，语言让学生羞愧，王老师的引导起到了事半功倍的作用——学生“有的拿着簸箕，有的拿着扫帚，有的拿着垃圾袋”在雨中打扫运动场。

力至劲则衰，思之详则漏。步步跟进有时会徒增疲惫，适当地留白，让“美丽”“漂亮”的风度展现，这就是教育的智慧，这就是王老师的高明之处。在我们班主任日常班级建设过程中，若时时对学生进行心灵美育，提高学生“发现美”“增强美”的意识，学生各种无意识的“坏毛病”必将达到有效改善。

第四节　心里话向谁说

理论探源

师生关系是教师与学生在教育过程中以“传道、授业、解惑”为中介而形成的一种最基本、最重要的人际关系。良好的师生关系有利于调动师生双方的积极性和创造性；有利于形成轻松愉快、生动活泼的教学气氛；有利于提高教学信息传输的质量和速度，是有效地进行教学活动的必要条件。正所谓“亲其师，信其道”。美国当代著名哲学家、教育学家内尔·诺丁斯提出：教育的目的是鼓励有能力、关心他人、懂得爱人、值得别人爱的人健康成长。她认为关心意味着一种关系，被关怀者对关怀者付出的关怀的接受、确认和反馈，可以促进关怀者的进步，而被关怀者自身也会体会到如何付出关心。在学校教育工作中，教师对学生真挚、深沉、无私的爱，以自己的智慧、品质、学识、育人艺术赢得学生的信任，才能在学生心目中树立起真正的威信，取得良好的教育效果。

实战举隅

开学不久，我发现班上有一个叫晓雯的女生，平时表现很不好，任课老师反映她上课要么看小说，要么睡觉，很少听课。舍长和我反映晓雯不太合群，寝室卫生搞得不好，因为她的缘故班级被扣分了。我把她叫到办公室谈话，可是她一言不发，满不在乎地看着我。我很想训她一顿，但想了想，还是让她先回去。思考再三，我拨通了晓雯家的电话，接电话的是晓雯的父亲，我没有把晓雯在学校的表现告诉他，只是说想了解一下晓雯的家庭情况。从父亲那儿我得知原来晓雯生活在一个重组家庭，她的母亲在她8岁时因病去世，父亲又重新组建了一个家庭。晓雯个性比较敏感，对继母有点排斥，不久继母为她添了一个小弟弟，父母亲就将更多的时间用来照顾小弟弟了。晓雯就觉得父母亲不关心自己，于是在家里很少说话，整天把自己关在房间里面。父亲是关心晓雯的，可是一方面因为工作忙，另一方面也不知道怎样和孩子交流，他很担心晓雯，希望老师在学校能够多关心晓雯。

知道了晓雯的情况后，我又找晓雯谈了一次话，我问她为什么不愿意学习，为什么不和同学们友好相处，是有什么老师不知道的原因吗？晓雯还是不说话，可是眼泪不停地留下来，我揽住她的肩膀，默默地安慰她。哭了一会，晓雯说："我觉得自己就是一个多余的人，在家里多余，在学校里也是多余的，没有人在意我，也没有人愿意与我交朋友，生活有什么意义呢？读书又有什么用呢？我想我妈妈……"可能很久没有这样倾诉了，晓雯情绪很激动。我听着她的哭诉，等她情绪平复下来，拉着她的手说："看你这么伤心，老师也很难过，但老师可以告诉你，你不是多余的，在家里不是，在学校里也不是，任课老师在关注你，所以会担心你的学习；同学们关注你，希望你能和大家交朋友；班主任在关注你，所以找你谈心；你父亲也是爱你的，他很担心你。"我把她父亲的话告诉了晓雯，又和晓雯谈了她身上存在的一些问题，并且告诉她，只要她愿意，老师和同学们都会帮助她的。

经过这一次的倾心长谈，晓雯改变了很多，虽然还是不太说话，但是上课能注意听讲，和同学的关系也改善了许多。她也很信任我，无论是生活中还是学习上遇到了事情总会和我谈谈，我经常鼓励她，希望她心胸能开阔一点，多体谅父母和他人。我对她在学习上的进步在班上公开表扬，帮助她改变在同学心目中的形象，同时还将班级的一些工作交给她去做，帮助她树立自信心，让她觉得自己是个有用之人，同时也应该为班级肩负一份责任。

经过一段时间，我发现晓雯与刚入学时简直判若两人，整个人都有精神了，和父母的关系也亲密多了。她告诉我，现在回去后她经常帮父母带小弟弟，如今小弟弟和她的感情可好了，只要她放假在家小弟弟就会黏着她。感恩节的时候，她给我发了一条短信：感谢这一生能够遇到您，感谢您对我无私的关心和帮助，是您让我感受到了生活的美好和希望，我会好好生活的。谢谢您，老师！

晓雯的故事启示我们，当班主任发现学生的不良行为以后，不要急着批评训斥，而是要寻找行为背后的原因。就像案例中的晓雯，她产生一系列偏差行为的原因都是缺少关爱，对晓雯来说，她最需要的不是训斥与批评，而是理解与关心。如果班主任发现问题不能冷静处理，不与家长沟通，不以人为本，而用简单粗暴的方式进行处理，那么今天晓雯会是什么样子呢？学生在成长的过程中难免会遇到一些问题，也可能会走一些弯路。作为班主任，我们要多给他们一些关爱，要搭起一座沟通的桥梁，感受孩子内心真正的需要，给他们一份宽容，一份鼓励，为他们的每一次进步喝彩，期待他们下一次可以做得更好，同时，还要多一份耐心，等待他们带给你惊喜。

知识领航

一、班主任与学生沟通的重要性

知识链接

在人际关系的规则中,有一条最重要的原则,那就是一个人事业上的成功,只有15%是由于他的专业技术,另外的85%要靠沟通技巧。一项研究表明,在教育工作中有70%的错误是由于教师不善于沟通造成的。师生之间如何沟通,有什么样的品质沟通,决定了教育具有多大程度的有效性。

现在的职业院校学生大多是独生子女,又处在青春期,由于社会、家庭、自身等诸多方面的原因,他们习惯以自我为中心,缺乏合作精神,爱钻牛角尖;不太容易接受老师的批评与指导,有时候甚至和老师顶嘴,让老师下不了台。常听到一些班主任老师抱怨:现在的班主任越来越难当了,学生是越来越难教了。心理学家调查表明:有相当多的教师与学生之间有隔阂,其原因就是教师与学生很少进行沟通交流,缺乏了解与理解,导致学生的“心事”班主任“猜不明白”,而班主任的“柔情”学生也“永远不懂”。因此,在班级工作中,班主任要积极主动地与学生沟通,只有与学生进行心灵沟通,班主任才能真正取得学生的信任,才能与学生打成一片,共建一个团结、活泼、友爱向上的班集体。

二、班主任与学生沟通的基础

1. 深入了解

了解学生是班主任和学生进行沟通的基础,班主任只有深入了解学生的家庭情况,学生在家中的学习条件和生活环境,学生的思想品质、行为习惯,学生对学习、生活、社会的态度,学生成绩和健康状况以及他们的兴趣、特长、性格、各方面能力等,班主任对学生的教育才能更有针对性,更能有效地进行交流与沟通。

智慧语录

不了解孩子,不了解他的智力发展、思维、兴趣爱好、才能、禀赋的倾向,就谈不上教育。

——苏霍姆林斯基

小林同学脾气不好。有一天,小林和同学之间发生冲突,并且还动手打了同学。我非常生气,利用中午时间把他的父亲请来,在办公室进行了交流。下午,我已经上了将近5分钟的课的时候,小林进来了,没有喊报告,而且嘴巴里还骂骂咧咧。于是我就说:“你怎么搞的,上午打人,下午迟到。”小林突然歇斯底里地开始发作了:“怎么了?我就是要迟到!我就是要打人!”我又教育了他几句之后,只见他一激动就将桌子给掀了,拎着书包拔腿就跑出了教室。我在事后了解得知,原来小林的父母在他小的时候就离异了,他跟随父亲生活,他的父亲脾气比较暴躁，只要听说他犯错误就是一顿暴打。小林对父亲的教育也比较反感，和父亲的关系很不好。

案例中由于班主任对小林的特殊家庭背景不够了解，从而导致了和小林之间发生了矛盾冲突。如果班主任能做一个有心人，能及时了解学生的家庭情况，对这个特殊家庭的孩子给予更多关心和帮助，那么矛盾冲突也不会发生了。

2. 情感渗透

苏联著名教育家苏霍姆林斯基说过："没有情感，道德就会变成枯燥无味的空话，只能培养出伪君子。"没有情感，就没有教育。有人曾说过，班主任工作艺术的核心是热爱和真诚的情感，热爱和真诚是班主任工作艺术力的重要"能源"。班主任要对学生自然倾注自己的热情，让学生感受、体会到老师的真挚情感，进而引起学生情感共鸣，激发学生积极的情感，这样才能以心换心、以诚换诚，学生才会敞开内心世界，才会讲真心话，教师和学生才能很好地沟通。

智慧语录

真教育是心心相印的活动，唯独从心里发出来的，才能打到心的深处。

——陶行知

3. 平等尊重

尊重是一种爱，一种信任，班主任只有给学生以尊重，学生才能感受到师生之间的平等，感受到教师对他们真挚的爱，同样，他们也会以尊重和热爱来回报教师。在师生的沟通中，学生往往是先喜欢教师，才会喜欢教师所提供的教育，沟通才会有效，这就是所谓的"亲其师，信其道"。有时候班主任在和学生沟通时，虽然说的话都是正确的，但常常会使学生产生一种老师高高在上的感觉而使其感到难以接受。如果老师在和学生交流时，能让对方感到自己是被尊重的，那么学生就能既在理智上又在情感上接受老师的意见了。

学生因为没做作业而撒谎，老师会有什么反应呢？

教师 A：当着全班学生的面，把他大骂一顿："不做作业，就是太懒，像猪一样。读书不好好读，撒谎倒是学得挺快，你这样下去能有什么出息？"

教师 B：悄悄地把学生叫到一旁，拍拍他的肩膀说："作业没做，补上就可以了，为什么要说谎呢？"

班主任在处理问题、批评学生时，最好不要当着其他学生和老师的面，同时要注意就事论事，不要批评、诋毁学生的品性与人格，这就是对学生的尊重。上述案例中，教师 A 当着全班同学的面批评学生，把学生比喻成猪，这是对学生人格的侮辱，学生不仅不能接受老师的批评，还很有可能会记恨老师，影响到师生关系；而教师 B 采取的方式会让学生感受到老师对自己的尊重和信任，学生会更愿意接受接下来的批评与引导。

三、班主任与学生沟通的技巧

1. 共情

共情也称为移情、同感、同理心、换位思考，就是班主任要站在当事人的角度，客观地理解当事人的内心感受，并且把这种理解传达给当事人，与之产生共鸣。

小张是一名学习成绩很好的学生，在期中考试中未能保住年级第一名的位置，而是考了年级第五，心里很难过，于是找到班主任倾诉。

小张：我觉得自己真是太笨了，怎么能考得这么差，没有保住年级第一，太丢人了！我该怎么办呢？

班主任：你以前一直都能保持第一的好成绩，这次却考了第五，老师能理解你内心的失落，但是，我们要学会面对现实。现在让我们一起来分析，在这次考试中究竟是哪些原因导致你没考出理想的成绩，然后我们再一起想办法解决这些问题！

在和小张的沟通中，班主任恰当地运用"共情"技巧，拉近了师生的心理距离，建立了良好的师生关系，实现了师生间的有效沟通。这样的回应，会让学生有被老师理解、接纳的感受，学生也愿意和老师一起交谈，解决自己的问题，实现师生间的有效沟通。

2. **积极倾听**

班主任在听学生讲话时心不在焉，三心二意，往往是师生沟通失败的重要原因。良好的沟通，需要耐心地聆听对方，了解他心中的感受。教师积极聆听学生谈话的态度，可以使学生觉得受到重视并肯定自己的价值。班主任要避免在学生讲话时，急于表达自己的反应，或注意力不集中在对方的讲话上，打断学生的讲话等。

> **知识链接**
>
> 倾听的"听"字，其繁体字是"聽"，有一个"耳"字，说明"听"字是表示用耳朵去听的；"聽"字的下面还有一个"心"字，说明倾听时要用"心"去听；"聽"字里还有一个"目"字，说明你听时应看着别人的眼睛听；在"耳"的下面还有一个"王"字，代表要把说话的那个人当成是帝王来对待。从"聽"字的结构中可以看出，倾听时不仅要用耳朵，还要用心，用眼睛，更重要的是要把你对面的那个人当成是帝王，充分地去尊重他。

小王数学成绩不好，马上就要期中考试了，她害怕考不好，感觉很紧张。她想把自己的苦恼告诉班主任。

小王：数学对我来说太难了。我……

班主任：其实数学并不难，你的问题是一遇到困难就放弃了，现在你再试试看！

小王：马上就要期中考试了，我感到很紧张，我……

班主任：考试有什么好紧张，学生不是经常要考试嘛，放轻松，你不会有事的！

在这个案例中，班主任不懂得倾听，总是急于打断学生的说话，表达自己，过早下结论，看起来在和学生沟通，但其实这样的沟通往往是无效的，并不能解决学生的问题。

3. **多用鼓励性的语言**

很多教师认为批评学生，追根究底是为了学生好，可是面对严厉的批评时，学生出于维护自己的自尊心，可能就不愿将内心世界向教师打开，从而使得师生沟通出现障碍。如果班主任在和学生沟通时，多表扬、鼓励学生的进步，而少提及学生的缺点，那么，在教师信任和赞扬的情绪下，学生会产生认真、积极的自我评价，感到与教师的要求差距不大，从而变得更加自信，沟通的效果就好。反之，学生的消极情绪高涨，失去了活力与信心，对教师也会产生不满情绪，沟通的效果也就相对较差了。

4. **擅用非言语沟通**

教师的目光、动作、体态、手势都是很重要的沟通语言，而这种沟通语言又称为非言语交流。正确地运用非言语沟通，把有声语言和无声语言协调一致、整体配合，不仅有助于吸引学生的注意力，更能增进师生之间的感情，从而有利于师生的沟通。比如，教师一个温暖的眼神，会让学生信心百倍；一个轻轻的皱眉，则会让学生认为你不满意他，从而自信下降，怨愤顿生。后者的“皱眉”就阻碍了教师与学生的沟通。所以，当学生心情懊丧的时候，班主任可以轻轻地拍一下他的肩头，其效果不亚于言语的沟通，甚至可能会比询问更有感染力和表现力。

智慧语录

教学的艺术不在于传授本领，而在善于激励唤醒和鼓舞。

——第斯多惠

知识链接

有这样一则寓言：一扇大门上挂着一把锈迹斑斑的锁，粗铁棒连撬带砸，费了九牛二虎之力锁还是纹丝不动，而小小的钥匙缓缓地伸进锁孔里，轻轻一转，锁就开了。铁棒不服地问：“为什么我费了九牛二虎之力也不能打开，而你却能轻易打开？钥匙自信地答道：“因为我能深入它的内心深处。”

动作沟通主要包括面部表情、体态表情以及手势。美国心理学家艾伯特·梅拉安比曾经提出一个公式：信息的全部表达＝语调(7%)＋声音(38%)＋表情(55%)。可见，人的身体语言作用之大，其传递的信息之丰富。教师可以通过友好热情的眼神来表达对学生行为的支持与鼓励，对于学生的回答，教师可以用点头、皱眉来表示赞同或者怀疑。

此外，班主任在与学生谈心之前，一定要充分了解学生的心理特点和个性特征，设计出科学的谈心内容和策略，让一切尽可能在自己的掌控之中。我相信，我们所有的班主任都能燃起自己的激情，热爱、关心每一个学生，像一把灵动的钥匙，深入每一个学生的内心，做学生的良师益友，让学生健康成长。

活动设计

沟通增进师生情

[适应年级]

中等职业院校一年级。

[教学目标]

1. 知识目标

认识主动与老师沟通的重要性，学会正确处理与老师之间的矛盾冲突。

2. 情感态度观念目标

愿意与老师交往，克服畏难情绪，积极主动地与老师交往，增进与老师的感情。

3. 能力目标

增强与老师沟通交往的意识，能够与老师进行积极有效的沟通。

[活动过程]

活动环节	活动过程	注意事项	设计意图
暖身活动 导入课题	1. 听歌曲《长大后我就成了你》，并提问：这首歌表达了对老师怎样的感情？ 2. 在我们的生活中，除了父母，老师就是与我们打交道最多的人了。但是，我们对老师有多少了解呢？	播放 音乐	通过歌曲引出课题，营造浓浓的师生情谊，为教育的开展创设良好氛围。
活动一： 实话实说	1. 现场调查：从小学至今，你记忆中有和老师发生过矛盾吗？小组交流分析产生矛盾冲突的原因。 2. 教师总结：造成师生之间矛盾冲突的原因有： (1) 学生的行为不合乎老师的期望。例如：上课不认真听讲，不按时交作业，学习成绩差，不遵守纪律等。在这种情况下，老师就可能会对学生的这些行为进行批评甚至指责，如果不被学生接受，矛盾冲突就可能发生。 (2) 老师对学生的偏见。老师容易从学生的学业成绩和平时表现来推断学生某次的行为，这种偏见导致对学生的不公平评判，容易产生矛盾冲突。 (3) 理念的不一致。		从学生的日常生活出发，创设情境，提出问题，引发学生思考，激发学生的兴趣。
活动二： 情境讨论	1. PPT 呈现三种案例： 同学一：我想和老师说说话，但见到老师却不知怎么说。 同学二：我想和老师交朋友，但害怕老师，看见老师就躲得远远的。 同学三：我想和老师交朋友，拍了老师的肩膀，结果老师不高兴。 提问： (1) 上面三位同学在与老师的交往中遇到了什么问题？应该怎样解决？ (2) 结合自己的经历，谈谈自己是否害怕与老师交往。如果害怕，你担心的是什么？如果不害怕，你有哪些经验和同学们分享？ 2. 学生思考回答问题，分享交流自己与老师交往的经验。 3. 教师总结：与老师沟通的方法有： (1) 主动与老师沟通。 (2) 开诚布公地说出自己的看法，不歪曲事实，不推卸责任。 (3) 当老师有错误或过失的时候，要委婉地提出意见。发生矛盾冲突时，一定要尽量控制自己的情绪，不要当面顶撞，以免问题复杂化、扩大化、严重化。 (4) 提意见要选择适当的场合，不要当众说，最好是单独谈。要选择合适的时机，在老师心情愉快或情绪平复时提意见，对方容易接受。		通过发生在同龄人身上的与老师沟通不畅的案例引导学生主动思考，积极探索与老师有效沟通的方法。

续表

活动环节	活动过程	注意事项	设计意图
活动三：角色扮演	1. 角色扮演：今天我来当老师。 情境一：同学们在下面比较安静，却各做各的事情，如看书、玩手机，就是不关注讲课者。 情境二：同学们在下面非常认真、非常专注地听课，而且频频点头微笑，还不断地记笔记。 情境三：同学们在下面，一会儿说“我要上厕所”，一会儿说“某同学又打我”，一会儿说“我懂了，不要再讲了”。 2. 角色扮演后，请同学们认真想一想： (1) 在不同情境下，作为讲课者，你有什么样的心理感受？ (2) 如果讲课者是老师，同学们也是同样的表现，老师会怎样想？怎样教？ (3) 如果遇到自己不感兴趣的课或不喜欢的老师上课时，要积极配合老师的讲课，你会怎么办？ 3. 通过这个活动，我们体会到了老师的处境和心情，体验了当老师的感受，也理解了老师的良苦用心。我们要学会站在老师的立场上看问题，尊重老师，体谅、理解自己的老师。		通过角色互换，培养学生的同理心，让学生体会老师的想法和心理感受，学会从老师的角度考虑问题，体谅、理解自己的老师，增进师生感情。
活动四：心灵体验	1. 情境再现：PPT 展示，如果遇到这种情境，你该怎么办？ 情境一：历史课上，老师正在讲课，小强无意间插了一句嘴，引得同学哄堂大笑，造成课堂教学无法继续进行。老师在整顿完纪律后，要求小强坐到教室最后面的一个空位上。老师不停地催促，小强气呼呼地坐在原位就是不动。一场冲突即将爆发…… 情境二：昨天，同学们在候选人小凤和小婧中间投票选举出一位参评省级三好学生。班主任田霞把选票收好后，并没有现场组织唱票统计结果，而是拿回到自己的办公室。第二天上课前，田老师通知大家，由于小婧得票高，把她报成省级三好学生了。小凤和另外一名同学找到田老师要求看选票，田老师只说了一句“扔了”。这时小凤和这名同学…… 情境三：物理老师总是拖堂，急得下节课的英语老师在外边团团转，害得同学们连厕所都顾不得上。你是物理课代表，大家委托你去跟物理老师“谈判”，你会…… 2. 各小组同学发挥想象，设计情境对白。 3. 评选最佳对白小组。		通过解决实际问题，检查学生掌握沟通技巧的效果，培养学生通过良好沟通解决实际问题的能力。
自我剖析	以下是 10 个测试题，请你根据自己的实际情况如实回答，检查一下自己做得怎样。 1. 平时进入老师办公室时我通常： A. 先喊“报告”，老师说“请进”时，再进去。 B. 直接推门进去。 2. 遇见老师，通常我主动问好的老师是： A. 现在的任课老师，特别是班主任和主课老师。 B. 只要教过自己的，甚至是只要知道该老师是本校的。		

续表

活动环节	活动过程	注意事项	设计意图
自我剖析	3. 当我们几个同学在一起聊天或玩时，老师走过来了，我通常是： A. 暂时停止谈话或游戏，向老师问好，老师走过去后再继续。 B. 只要老现没有表示要我们停止，我们就继续，但我会向老师示意。 4. 如果我在课外和老师聊天时： A. 可以像知心朋友一样无所不谈，如老师的工资、家庭或个人的一些私事等。 B. 毕竟不能像同学之间一样，只能与老师谈论学习、人生、事业等严肃的话题。 5. 在课堂上讨论问题时，如果自己的观点与老师的观点发生冲突时，我通常会： A. 和老师据理力争，坚持到底，在争论中提高认识，达到统一。 B. 记住老师的观点，认真和气地提出自己的观点，课后找个合适的时间与老师讨论清楚。 6. 我平时向老师提问时： A. 对于关键问题，经过自己反复思考，并与同学讨论后仍无法明白，就请教老师。 B. 为了节省老师的时间，我总是积累几个问题再问，或者只要老师给我说结果就行了。 7. 同学或班干部向老师反映情况，应该： A. 真实、及时，有利于老师了解情况，减少失误，有利于调整教育、教学方法。 B. 及时反映最为不利的情况，努力使自己反映的情况影响老师的一些看法或做法。 8. 同学或班干部在传达老师的要求时，应该： A. 及时、准确、完整地传达老师的要求，然后可以谈一下自己的想法。 B. 经过充分理解后，再按自己理解的情况传达，或者在自己认为必要时传达。 9. 通常我称呼给自己上课的老师为： A. “赵老师”“孙老师”“张老师”等。 B. “英语老师”“语文老师”“化学老师”等。 10. 我获得良好学习成绩的主要原因是： A. 良好的班风、学风和校风；个人的努力和天资；老师的精心教育和培养。 B. 在相同条件下，我学习好，主要是个人的天资和努力，与老师、学校、班级几乎无关。 结合选项，检查一下自己与老师交往过程中出现的日常行为有没有不适当的地方？打算怎样改进？		通过活动，让学生自我反思，检视自己与老师交往的情况。
心灵回响曲	这节课，你有哪些收获和启示呢？		总结所学知识，锻炼学生的归纳能力及了解学生掌握知识的情况。
拓展训练	选择一个自己最不熟悉的或不太喜欢的任课老师，主动上前打招呼，并真诚地请教一个小问题，记录下老师的反应。你有什么感想？		让学生积极主动与老师交往，增进与老师的感情。

续表

活动环节	活动过程	注意事项	设计意图
活动反思	本节课开头通过歌曲营造良好的氛围，以直观形象的画面唤起学生对老师的美好回忆，从而引导学生自然进入本课。在讨论师生冲突的主要原因时，有学生大谈老师与自己之间的代沟，对自己的不理解，把讨论会变成诉苦会。此时，老师要求学生运用以前学过的换位思考的方式，请他站在老师的角度来思考问题，看看有什么感受，通过此举较好地扭转了这一现象。在接下来角色扮演的环节，学生通过情境表演，体验了当老师的感受，理解了老师的良苦用心，同时感受到老师也是普通人，也会有烦恼和犯错的时候，增进了与老师的感情。		

拓展阅读

班主任与学生沟通的方法

一位心理学家曾经说过："孩子的心灵像未干的水泥，只字片语都会对他们有所影响，父母和老师所讲的话，哪怕是开玩笑的戏言，都会在他们的人生中留下严重的后果。"这句话一点也不夸张，老师的一句话，有时能够影响一个孩子的一生。因此，作为与学生关系最为密切的老师——班主任就更应该注意自己的一言一行，尤其是和学生谈心的时候，应该尽量谨慎地使用语言。那么，具体该如何谨慎地使用语言呢？在这里我们根据心理咨询的一些原理，为班主任提出了谈话中的五个"要"与"不要"，作为参考。

1. 要注重情感交流，不要拒人以千里

班主任站在管理者和教育者的角度和学生谈心，很容易把学生推向被管理者和受教育者这个对立面，无形之间就筑起了一道沟通的"高墙"，再好的道理学生也听不进去。"平易近人"这个词，说起来很容易，可是做起来却很难。难就难在许多班主任难以放下自己被传统"架"起来的架子，维护着所谓的"尊严"，把自己的角色神圣化，让自己去扮演说一不二的神，而忽略了自己作为一个人的本质。

事实上，找学生谈心，对方开始时往往并不注意听老师讲的道理，而是看老师对自己的态度和感情。因此，班主任既要把谈心看作是心理沟通的过程，更要把谈心看作是感情交流的过程。谈心不是老师单方面的说教，而是为了达到教育目的和学生的一种互动。谈心要交流思想，但首先要交流感情，只有在相互平等、相互尊重的基础上，才能建立良好的谈心氛围，才能谈得拢、谈得好。

2. 要耐心聆听，不要随意插话

一些班主任在与学生谈心时，更多的是谈话，而不是交流。表现在交谈过程中没有耐心，也没有意愿去倾听学生的想法，即使"听"了，也是在冷漠地听，批判地听，更多的时候是没等学生说完，就劈头盖脸地批评责备，表达自己"恨铁不成钢"的失望心情。即使学生表达了希望交流的愿望，也得不到老师的重视，往往被老师的随意插话和主观评判所打断。这样，谈心的效果自然会大打折扣。此外，在一般的教育性谈话中，班主任往往难以忍受交谈过程中的片刻静默，学生的表述出现停顿时，班主任可能会马上加以催促："你说，快说啊！"这就会使学生感到自己是在被审问，并且产生抵触情绪。但是事实上，班主任并没有意识到，学生的沉默可能正是在寻找适当的措辞来描述自己的感受，表达自己的想法。这时候，班主任的催促或者插话都会使学生产生“老师并不重视我的感受，也不重视我本人”的想法，从而失去了解学生的良机。

3. 要学会接纳，不要一味批评

一味地批评学生时，班主任往往带有自己个人的情绪，使学生感到难以接受。这时候，即使班主任再苦口婆心地批评教导，也只会成为学生的耳旁风，过耳即忘。要想使自己的话能够深入学生的心灵，班主任应该首先学会接纳学生。班主任在谈心时接纳学生、关心学生，是爱心的自然表露。这种爱可以引导学生产生巨大的内动力，去自觉地、主动地沿着老师指出的方向迈进。只有当班主任给学生以真心的接纳，给学生以亲近感、信任感、期望感，学生才会对班主任产生依恋爱戴的心理，敞开自己的内心世界，这时班主任才能“对症下药”，使谈心收到应有的效果。

接纳应该是表里如一的，是建立在人本主义学生观的基础上，从心底尊重学生和相信学生。接纳并不代表认可或同意学生所讲的一切，而只是代表老师把学生看作是一个平等的人，承认其想法和情绪体验的合理性，尽管有时学生的想法和自己的观点很不相同。接纳也不代表班主任不能有自己的观点，而是指虽然老师的观点和学生的意见有所不同，但老师仍然愿意认真听取学生的看法。所以，我们也可以把接纳看成是一种主动与积极的态度。

4. 要支持鼓励，不要同情安慰

学生遇到了挫折与困难，会垂头丧气，有时可能还会伤心哭泣。那么，班主任通常会如何处理呢？一些老师，特别是女老师，很自然的反应便是劝慰和同情，比如会说“好了，别哭别哭，不要哭了”，或者说“这有什么好想不开的？把心思放在学习上就好了”等等之类的话。试想，这种安慰能够帮学生振作起来面对问题吗？相反，可能还会使学生产生自己的情绪被否定了，自己在老师心里是没有价值的这样的感受。

因此，班主任要理解学生，就要放下主观的态度和认识，设身处地去感受来访学生的内心体验，了解其所想所为的动机缘由，不要以自己为参照标准去评判学生的是非得失。班主任感受学生的处境心情并表示关切和支持，以积极的态度对待学生，对学生言语、行为中的积极面、光明面、长处、优点予以有选择的、特别的关注，强调正面的优点，不仅可以使学生感受到被理解的温暖，更可以给予学生面对问题的勇气和力量，促进其主动寻找自我解脱的良策。

5. 要注重引导，不要命令训导

班主任与学生谈心时，基本上采用规劝或说教方式，并总是以帮助学生解决当前问题为直接目标。所以，班主任常常会直截了当地告诉学生目前的问题是什么，应该怎样做。无论学生能否接受，都没有选择的权利。长此以往，学生的主动性和积极性难以得到提高，使学生产生“学好学不好是老师和家长的事”的想法，个人的意愿和主动性被磨灭。

引导是一个以讨论为基础，以启发为目标的积极的思想过程。班主任要学会引导学生积极认识当前的问题，思考其成长中的挫折与障碍，主动地剖析自我，承担责任，协助学生自我管理和自我成长，而不是包办代替，为其安排一切。具体地说，它要求班主任谈心时，多提问题，少加评论；多做启发，少做说教；多鼓励对方讲话，少讲个人意见，以共同探讨代替强制的说理和武断的解释。要记住，培养学生自主的管理意识和责任心，把“要我学”变成“我要学”才是我们教育最终的目的。

（节选自傅宏主编《班级心理健康教育理论与操作》，南京师范大学出版社 2007 年版）

班级建设启迪：

苏霍姆林斯基曾指出：“我坚信，常常以教育上的巨大不幸和失败告终的学校内许许多多的冲突，其根源在于教师不善于与学生交往。”这句话说明了师生交往对教育成败的重要影响。作为班主任，我们平时要多与学生沟通，并注意沟通的艺术性，更要有一颗充满爱的心，尊重学生的人格尊严，这样才能拉近师生之间的心理距离，消除学生的心理顾虑，让学生能够打开心灵的窗扉，愿意向老师倾诉自己内心真实的所思所想，从而形成平等、友好、宽容、理解的师生关系。而在和谐的师生关系下，教师才能真正影响并促进学生成长，才能真正把班级的各项工作理顺做好，才能使班级真正成为一个团结、民主、和谐的团队。

第二章　出苗——守望着一片葱郁的绿

章节导读

播下一粒种子，我们用心浇灌，期待它发出嫩芽；教育一个学生，我们满腔热情，期待他茁壮成长。

教育是什么？教育是关乎孩子前途命运的科学。教师是什么？教师是学生心灵成长的引路人。学校是语言的世界，艺术的天地，是充满书香气息的理想场所，是培育下一代的精神殿堂；教师置身其中不应只是教学的机器，他的一言一行必然会给学生以深刻的影响。

（江苏扬州中学高级教师　陈美彬语）

尽管我们面对的都是祖国的花朵，但生活告诉我们，不是每一朵花都如牡丹、芍药那般光彩四射、美丽可爱，其中还有带刺的玫瑰，有迟开的花蕾，有受过生活伤害的花瓣……然而，凡是花都拥有自己的特色，有的花香袭人，有的粗生粗长，每一朵花都有自己存在的价值，都会绽放出生命的光彩，在未来的社会中找到自己的位置。

（张胜珍《初为人师》）

作为职业院校的班主任，我们可能接受了一群在应试教育的学习中稍显落后的孩子，所以我们的关注点更应侧重于对学生人格的影响，对其职业道路的引领。我们更应该知道教育的作用是激活人的生命状态，改善人的生命意义，提升人的生命品质。对这个世界，职业院校的学生已有了自己不成熟的认知，职业院校的班主任们只有用最最朴实的关爱来引导学生，才能赢得学生的认可和热爱，才能做学生成功路上的守望者。

教育是一门等待的艺术，每个人内心深处，都有一个梦幻的城堡，而每个孩子都是一颗整装待发的种子，只要我们满怀期待，精心浇灌，用心培育，总会看到那一片葱郁的绿。

第一节　没有规矩，难成方圆

理论探源

孟轲说："离娄之明，公输子之巧，不以规矩，不能成方圆。"做任何事都要有一定的规矩、规则、做法，否则无法成功。在学校教育中，做人要比做学问重要，良好习惯比知识积累重要。在班级工作中，给学生先立“规矩”，在学生懂得必要的纪律约束前提下，因材施教，发展学生个性。如果一开始就主张张扬个性，对个性突出的学生不加以必要约束，等到班级乱成一盘散沙的时候，一切教育都会失效。

实战举隅

午休时间班上传来杂乱的吵闹声和泼水声，学生打扫卫生之余玩起了泼水的游戏，教室里乱成一团，地面与水库已无差别。老师出现后，大家都吃了一惊，僵在原地，教室里也即刻鸦雀无声，似乎在等待一场暴风雨的来临。考虑到快要到上课时间了，老师带着怒气让学生整理完教室，好好休息，准备上课，就回了办公室，准备下午放学后再找学生算账。怎料下午第一节体育课，学生又在班上打起了水仗！这夏天的热火和老师心头的怒火一起涌了上来，下午一放学，老师就怒气冲冲地赶到了教室。但是，却发现今天的教室格外干净，而且和往日相比，还多了一丝淡淡的凉意。同学们都一言不发，静静地看着老师。

此时，老师心头一怔：他们是知道错了，并且已经做出了补救，我该怎么处理才好呢？是劈头盖脸骂一顿？还是原谅他们算了呢？站在讲台前，老师注视着全班，心里思忖着……

（案例来源：《一次“泼水节”》南京金陵中等专业学校　曹雪）

午休时间，随意打闹，影响自己，影响他人，典型的无组织无纪律现象。但十六七岁的职业院校学生已经有了思维的独立批判性，能够开始自我教育。同时，他们也有了尊重和爱的需要，希望能够得到别人的认同。如果教师对他们的想法简单、粗暴地加以否定，那势必会让他们产生抵触情绪和反抗心理，反而让事态更严重。所以，面对这样破坏班级规定，影响正常教学管理的行为，我们班主任不妨给学生充分的发言权，对学生的一些观点表示理解，使之被认同，让学生感受到自己被尊重，这会更有利于我们引导学生进行自我教育，教育的效果也会更好。

针对上述情况，该班主任从民族节日“泼水节”入手，让学生畅所欲言泼水节的文化背景，充分发挥民族文化的魅力，消除了学生对老师教育的敌对和抵触情绪。再从理解和关心的角度，让学生说说为什么会在班级开展“泼水节”，给师生建立起一个良好的交流平台。在此基础上，再引导学生通过对他人、对社会责任的思考进行自我教育，将自己的泼水节与真正的泼水节对比，反思自身的错误，继而主动改正。这样的引导教育比单纯的说教效果要好得多。

知识领航

一、班级常规管理的重要性

班级常规管理是指通过制定和执行规章制度去管理班级的活动。规章制度是学生在学习、工作和生活中必须遵守的行为准则，它具有管理、控制和教育作用。通过规章制度的制定，使班级各项工作有章可循、有条不紊，通过规章制度的贯彻，可以培养学生良好的行为习惯以及优良的班风。

> **智慧语录**
> 教师的威信首先建立在责任心上。
> ——马卡连柯

班级中平凡而琐碎的常规工作是最能体现班主任教育智慧的工作。优秀的班主任能将一件件小事做出艺术性,使班级秩序井井有条,学生工作得心应手。而不成熟的班主任,却总是错过一次次重要的教育契机,而导致班级如一盘散沙,学生对老师阳奉阴违,班级管理困难重重。

正如赫尔巴特所说:"如果不坚强而温和地抓住管理的缰绳,任何功课的教育都是不可能的。"学校教育离不开班级管理,点滴的班级常规工作就是高效班级管理的开始。重视班级常规管理,能使班级尽快成为一个集体,让班级工作及早进入正轨。

很多老师不愿意做班主任,最主要的原因就是班主任每天需要做大量繁杂琐碎的常规管理工作,从清晨到下午,从傍晚至深夜,还需要随时准备接听家长的电话,应对各种突发事件……这一切,对班主任来说不仅是体力,更是心理承受力的考验。而越负责任的班主任,承受的心理压力就越大。烦琐的常规管理工作很容易使班主任产生职业倦怠感。而若能高效、智慧地进行班级常规管理,班主任从琐碎的常规工作中解放出来,摆脱这种倦怠感,即可获得职业成就感甚至是职业幸福感。

叶澜教授告诉我们:"没有教师生命质量的提升,就很难有高的教育质量;没有教师精神的解放,就很难有学生精神的解放……"可见,班级常规管理对班级建设、对班主任的工作状态、对学生的成长,都有着至关重要的作用。

二、班级常规管理的艺术性

弗雷德里克·温斯洛·泰勒告诉我们,管理就是确切地知道要别人去做什么,并使他用最好的方法去做。由此可见,班级管理也是一门学问,亦有规律可循。只有掌握班级常规管理的规律,才能让班级高效运转起来。

1. 推行班规,有条不紊

没有规矩,不成方圆。班规是为实现班集体建设目标而设,其根本目的是增强班级工作的目的性,提高工作效率。班主任用明确的班级规定管理班级,学生依此而行,这是一个班级正常稳定运行的基础。

制定班规首先要和学校规定保持一致,其次要考虑班规的可操作性,最后要通过民主程序确认。有以上三个前提,班规才有顺利推行的条件。师生通过民主程序制定出具有可操作性的班规并不难,但是班主任们也会发现,政策执行起来会不断遇到困难,想要坚持执行到底更难。

课堂上,老师正讲到紧要关头,小 A 的抽屉里传来一阵手机铃声,所有人的视线都集中在小 A 身上,老师不得不停下授课,也注视着小 A。小 A 一脸囧相,欲言又止。老师强压住怒火,淡淡地说:"关于手机的使用,咱们班规中强调得非常明确。那么,你就主动把手机交来给我吧!"小 A 低下头,就是不交出自己的手机,班级气氛瞬间冰冻起来。

关于学生不能合理使用手机问题的处理，一直以来都是很多班主任的软肋，虽然很多班主任都会在班规中明确提出这一条，但学生很难遵守住这样的规定。老师不管，手机泛滥使用，对班级管理危害无限大；严格管理，遇到顽拧的学生，处理不好，就会造成师生矛盾，甚至引发师生冲突。睁只眼闭只眼的宽松管理呢？那只会助长了学生的狡黠，助养了他们阳奉阴违的坏习惯。

关于手机使用班规的制定和执行，著名班主任陈宇老师给出了以下建议：

第一步，宣传造势，观察准备。利用班会课宣传带手机到学校的利与弊，强调学校规章制度与要求，让一部分同学从制度层面接受管理。

知识链接

陈宇，享誉网络的“老板老班”和“非典型性”“个性班主任”。陈宇老师是目前国内最著名的班主任之一，在二十年的班主任工作中形成了以“爱心、智慧、阳光”为主旋律的鲜明教育风格。他的“老板老班的博客”每年访问量高达百万以上，是享誉全国的“网络明星教师”。

第二步，尊重民意，制定规则。召开班级大会，学生讨论如何正确使用手机，以及违规使用手机的处理办法，形成准则。

第三步，加强监管，一步到位。每位学生登记手机号码，上课期间，老师随意拨打登记的号码，处于开机状态则视同使用手机。期间，不忘表扬和鼓励，让学生们以遵守规则为荣，以破坏规则为耻；让学生学会权衡利弊，做出趋利避害的选择。

通过这样的处理方案，让学生明确规则与自由之间的巧妙关系，化被动的管理为主动的遵守。

2. 布置任务，落实到人

著名的教育家魏书生，身兼初中两个班的语文课，一个班的班主任和学校校长职务，每年外出讲学 100 多天，他的教学工作、班务管理和学校管理工作都不误，而且各项工作都能取得优异成绩。一个人的精力有多大，如果全凭自己干，就算有三头六臂，一天 24 小时不休息，也难以胜任，更别提能做得出色。难道他是超人吗？

他是怎么做到的呢？他采用的是科学加民主的办法。他认为，班级的事就是大家的事，大家的事就要由大家来做。他把班级的大大小小的事情，从课桌椅的摆放到花草粉笔，从物质保管到精神建设，一一划分为几十项具体任务，分别由同学承包负责，也就是“人人有事做，事事有人做”，同学们个个都以主人翁的姿态对班级负责，彻底改变了什么都依赖班主任的状况。同时，配合公平公正、透明量化的“班规班纪”，班主任基本上能成为甩手班主任，把更多的精力放到研究教育教学工作上来。同学们也在班务工作中增长了才干，培养了责任心，真正感受到自己是大家中的一员。

当然，这样的良好效果也不是一朝一夕就能形成的。特别对于职业院校的学生来说，很多孩子都是缺乏自律性和自主性的。但是班主任在工作任务的布置过程中，把责任落实到具体的人员身上,强化每个个体的职责范围,也是班主任高效管理班级的利器之一。卫生工作,不是每组负责什么,而是某人负责什么;班级物品,不是班委负责什么,而是个人承包什么。

只要我们给每个学生明确的、具体的要求,并假以时日给以指导、提醒和监督,学生们就能将任务变为习惯。

3. **培养助手,势在必行**

在班级常规管理中,学生若能开始各司其职,这已经是班级良性循环的开始。而若班主任再有几个得力的助手,有一群具有建设性的班干部,那整个班级将会向稳定、团结、积极等一系列好的方向去发展,班主任也会从琐碎的常规管理中解脱出来,开始享受与学生相处的过程。

小萌是我班前任班长,他是个留级生,刚来我们班时成绩优秀,在班级很有号召力,我就任命他为班长。一开始他把班级管理得有条有理,但该生有其自身的顽劣,没过多久就暴露出来。如在教室玩手机,拿蛇玩具吓同学,把扫帚放在门上,一推门便砸着同学,同学也跟着起哄,使班级纪律受到严重影响。班长应该是教师的小助手,是品学兼优、德高望重的人,他已经不适合做一个班长了,我就撤掉了他的职务。那么,该另选谁做班长?这也不是一件容易的事。经过我和同学们的商量,大家推选小云做班长。小云学习不错,就是比较文弱,缺乏威慑力,每次学生见我来了才拿起扫帚扫地,只有在我监督下才做操,除了上课,我还要不断到班级转。

这个案例中班主任的经历也许我们都有过。班主任们都知道有一个好的班长的重要性,但到底该如何选择、如何培养班干部呢?

新的班级,往往是老师通过档案了解、自己观察,然后临时选定班委人选,以维持正常的班级运转。等到互相了解之后,班主任制定统一的选拔班干部的标准,采取民主选举制,通过民主选举的方法来选举班干部。由于班干部是通过学生民主选举产生的,所以能得到学生的信赖和支持,有利于他们创造性地开展班级活动,也利于增强班集体的凝聚力。

选定之后,就该精心培养班干部。班干部的才能不是天生就有的,它是在老师支持锻炼、指导下逐步形成的。要求班干部们应以身作则、严于律己,这是必需的前提,但是在具体的班级管理方法上,班主任还是要"扶着走""送一程"。班主任传授给班干部具体的工作方法,帮助他们组织好工作中的"第一次"活动,以此树立他们在班级中的威信。之后就要"放开手",给予班干部信任和鼓励,给他们创设各种条件,让他们到实际工作中去锻炼,去完善自我。当然,在整个过程中,班主任应当适时给以适当的指导。

在班主任的指导下,小干部们逐步掌握了组织班级活动、管理班级工作的各个要领,真正成为班主任的小助手了。

4. **养成习惯,不在朝夕**

约翰·洛克也告诉我们:儿童不是用规则就可以教得好的,规则总是会被他们忘掉的……习惯一旦培养成功之后,便用不着借助记忆,自然地就能发生作用了。

在班级管理中，不管是普通学生还是干部学生，好习惯的养成都不是一朝一夕的事情，这需要班主任的无限耐心和教育智慧。正如叶圣陶先生所说：“心里知道该怎样，未必能养成好习惯；必须亲自去做，才可以养成好习惯。”所以，亲爱的班主任们，不要只是将学校的规章制度、班级的班规条例挂在嘴上反复念叨，这样只会让自己成为学生口中的“老头子”“老太婆”。重复成习惯，习惯成自然，自然成个性，个性最终成命运。良好的习惯是需要不断强化的，让我们运用教育的智慧，坚持强化学生的好习惯，让这些好习惯都成为他们的无意识行为，那班主任工作的成就感、幸福感也就随之而来了。

知识链接

体验式主题班会

所谓体验式主题班会，就是用团体心理辅导的方式来组织班会活动。简单地说，就是以“游戏”“活动”为中介，将被辅导者的内心世界投射出来，并进行辅导的一种方法。这类班会激发学生自我省悟、自我教育和主动改变，在多种价值观、人生观的冲击和交织中为解决问题提供多角度的分析与方法，为观察他人观念及情感反应提供机会。

活动设计

我的班级 我的组

体验式班会——团队建设

［设计背景］

合作学习，特别是小组合作学习已经逐步融入课堂教学之中。更好地进行小组建设，培养学生的团队精神，促进学生的合作意识和合作技能提高，已经成为班主任班级管理的重要内容之一。

根据团体动力学的有关理念，营造一个安全、温暖、开放、共享的团体环境，可以促使成员在其中打开心窗，放飞心灵，学会聆听与共享，反思感悟，共同成长，有利于促进团队归属感、团队凝聚力的形成。

［设计思路］

以能够培养学生团队合作意识的“找领袖”活动开始本次班会，让学生既能快速融入，又能在体验中有所领悟，激发学生的好奇心，增强他们的参与度。

三分钟的小组建设，通过口号和组名以及肢体动作的展示，进一步增强各小组的凝聚力。

本次班会使用的核心技术是“变形虫”，小组成员全部戴上眼罩，不能讲话，在最短时间内用一根长绳摆出老师口令要求的形状，并完成一次变形。因为学生是在被蒙上眼睛并不能交流的情况下合作完成这一任务,所有体验和感触会非常深刻。再加上各小组之间的比较和竞争,会让同学们看到自己小组的不足之处和努力的方向,并由此总结出促进本小组合作共赢的相关规则。

在小组合作竞争的基础上,班会以"众人划桨开大船"体验技术作为升华,让同学们感受到班集体的力量和每个人的价值。班级就是你和我,在班级和小组中每个人都必不可少,团结起来就会有别样的精彩。

[活动准备]

1. 资料:视频歌曲《众人划桨开大船》。
2. 物品:笔、纸、眼罩、长绳、秒表。
3. 环境要求:学生可以席地而坐。

[活动设计]

活动环节	活动过程	注意事项	设计意图
暖身活动导入课题	"找领袖" 导师事先指定班长和一名组长为检察官,指定两名学生为领袖,领袖要带领同学们完成一些自创的动作,让检察官观察、猜测谁是领袖,问到的同学都要如实回答。 检察官只有8次机会,其他同学要积极配合和掩护好领袖。每次时间为2分钟,进行2次,总计4分钟。 结束后,两名检察官和两位领袖分享感受。	保持安静,在活动中不要有语言的干扰。	增进团体气氛,培养团体意识。
变形虫	(一)小组建设 1. 让成员快速围成小组,3分钟练习组名、激励口号和体现小组精神的肢体动作。 2. 各小组展示。展示前,导师强调要注意倾听。 (二)体验活动:变形虫 1. 宣布活动规则:以小组为单位进行,抽签排好出场顺序。整个活动中不能讲话,讲话将取消分数。 2. 每个小组同学戴上眼罩,来到场地中间,用长绳子摆出老师指定的形状,并进行一次指定的变形,要求绳子一定要全部展开。导师要求测试小组完成三角形、正方形、长方形,交互变换。每个小组完成后公布分数。 3. 各小组完成体验活动后,宣布比赛成绩,并对获胜的小组用掌声表示祝贺,同时倡议全体同学为自己团结一心的态度鼓掌,为自己喝彩。	每位同学都要保持沉默,用心体验,积极思考。	增强小组动力,感悟人际交往中理解、合作、认同的重要性,体验和分享合作的乐趣。
表达与分享	先小组内分享体验感受,由一名学生进行记录,再由其他同学代表小组分享感受与收获。 学生分享后安静聆听歌曲《我和你一样》,给自己信心,给自己力量。		强化活动效果
众人划桨开大船	体验活动: 每个人伸出双手,手从前面人的腋下伸过去,扒住再前一个人的肩膀。扒好后,每个人都坐在后面一个人的腿上,伴着歌曲的节奏走起来。 活动中,数步数,不断刷新成绩,振奋同学们的精神!	老师要不断激励学生。	温暖团体气氛,进行情感升华。

续表

活动环节	活动过程	注意事项	设计意图
表达与分享	请学生分享今天班会课的感悟与收获。	给更多学生发言的机会。	强化学习效果。
总结与升华	教师总结： 我们每个人对于自己、对于小组、对于班级、对于家庭、对于这个世界来说都是非常重要的。每个人都能很精彩，每个人都有最美好的未来，大家手挽手一起说：小组荣辱我有责，班级精彩因我在！让我们用自己真诚的双眼，环顾一下我们集体的每个成员，并用我们热烈的掌声相互感恩致谢！		总结活动，升华体验。

（主题班会设计者：呼伦贝尔市大杨树第一中学　张学梅）

[活动反思]

本次活动首先要能营造一个安全、温暖、开放、共享的团体环境，让学生能投入其中，敞开心扉。体验式班会，重在学生的体验，所以老师要用心组织好每一次体验活动，让学生明确活动要求并认真对待。每次体验活动之后，一定要引导学生真诚表达，认真聆听，老师在活动中尽量照顾到大多数同学，给更多同学发言的机会。通过小组合作、团队竞争，学生很容易受到感染，引发思考。老师应抓住契机及时引导，团队凝聚力、团队归属感就会在学生心中升腾。

拓展阅读

一节特殊的班会课

一个周三的下午，一位同事临时有事，让我代她到班级看一下自习。下午第一节课，我如约来到该班级，坐在教室的最后一排，准备上课。刚开始教室里挺安静，可是15分钟之后，一些学生开始熬不住了，有的窃窃私语，有的看小说，有的玩游戏，有的甚至吃起了棒棒糖……

"请大家保持安静，做自己该做的事！"我踱步到讲台前，认真地对学生说。

"有什么事可做啊，无聊！"一些学生不屑地嘟囔着。可能因为我既不是班主任，也不是任课教师，学生们对我有点肆无忌惮。

"真的无事可做吗？各科老师布置的作业都完成了吗？专业都学得很好了吗？"我进一步发问。

"不就是照书上的答案抄抄嘛！"

"这专业我本来就不感兴趣，有什么好学的！"

"学好了又怎么样，六七百万的大学本科生都找不到工作呢！何况我们？"

"就是！"一石激起千层浪，学生们七嘴八舌炸开了锅。

看到学生们这么"嚣张"，我一时还真有点儿气晕了！可是，仔细想想，学生们说的也有一定的道理，这些都是他们心中的困惑与疑虑。如果这些问题解决不好，怎么可能有很强的学习动力与毅力呢？

我微笑着,以一种宽容和理解的目光看着他们。五分钟后,教室复归了平静。

“大家说的我都能理解。可是,同学们,无论现实怎样不尽如人意,无论你怎样抱怨,生活终究还得你们自己去面对,路还得每个人自己去走!如果你改变不了所处的环境,那就改变你自己!”最后一句话,我一字一顿,掷地有声。看到刚才还一脸漠然、不屑的学生眼中的震动与期待,我感到了一种前所未有的责任感。

“我曾经有一个学生,他的名字叫上官××。刚进校时,她跟大家一样,普普通通、平平常常,可毕业仅仅3年,她已经拿到去澳大利亚的签证了!”

故意停顿了2秒钟后,我继续说:“其实,当初我对她的印象也没怎么特别,只不过觉得她比一般的同学勤奋、踏实、纯朴而已,不像一些同学上学没多久就开始‘全身蜕变’:头发越来越黄、衣服越来越少、行为越来越有个性……”说着,我故意调侃了一下,因为这班的学生中就有几个“奇装异服”的。

“哈哈……”果然,话没说完,学生已经笑翻了!

“不过,真正让我刮目相看的倒是一次跟她的个别交流。她很认真地告诉我:‘老师,我将来一定要做一名优秀的发型师!’老实说,从教这几年,她是第一个这么认真、诚恳和自信地向我发表自己宣言的学生。当时,我就觉得这会是一个有出息的女孩!”

一阵沉默。

我话锋一转,直指要害。

“同学们,现在的你们已经是二年级的学生了,你们有这样明确的目标吗?你们有这样坚定的信念吗?”

“也许有人会说,我不喜欢这个专业!可是,到现在你们找到自己真正喜欢的专业了吗?你们又投入了多少精力与时间?还是所谓的‘不喜欢、没兴趣’,只是在为自己找借口?”我进一步反问。

又是一阵沉默,不少学生深深埋下了头!

“从学校毕业后,上官××就考到了四川一个相关的职业学院继续深造人物形象设计。在那里,她参加了一些国际性大赛,产生了要到国外去看一看的念头。不过第一次雅思考试,她考得并不理想,因为底子太差了!大三那年,她被推荐到北京冯小刚剧组担任实习发型师。在剧组期间,为了赶进度有时一天要工作十五六个小时,有时凌晨一两点就会被叫醒……但她还是坚持学习英语,为了防止打瞌睡,她经常在肯德基快餐店看书到很晚。”

“上官××告诉我,她要在30岁之前在澳大利亚开设一家自己的形象设计工作室!同学们,你们相信吗?”我一口气将上官同学的经历讲出来。

“相信!”几乎所有的学生都异口同声地回答。

“为什么呢?”我微笑着问。

“因为她有明确的目标呀!”

“因为她非常刻苦!”

“因为她专业技术非常好!”

“因为她意志很坚定!”

“因为她很……很有远见!”一个瘦瘦小小的男同学,也激动地站起来,涨红着脸说。看得出他是一个平时比较害羞和内向的孩子。

我拿起了粉笔，在黑板上顺手记下了学生们的发言——目标明确、学习刻苦、坚持不懈、不言放弃、把握机遇……

我知道，这个时候的课堂已经不需要我再多说什么了，学生们一个个争先恐后地站起来，他们的表情是严肃的，他们的态度是认真的，他们的脸蛋是红红的，他们的眼睛是亮亮的……

"老师！她家里能够送她继续学习，甚至出国，经济情况一定很好吧！可是，我们绝大多数同学家庭经济情况都不是很好的，我们即使学习再好，目标再大，也没有条件啊！"突然，一个戴着眼镜，白白净净的女孩怯怯地站起来说。

"嗯！"似乎是一语点醒梦中人，刚才还神采奕奕的学生又像被针戳了的气球一样，慢慢瘪了下去。

……

"很好！能提出这样的问题，说明你是非常善于思考，能够发现问题的好学生。"看着这位学生的眼睛，我轻轻招手，示意她坐下，然后扫视了一下全班。

"也许，我们没有她那样好的家庭条件，可以完成进一步的深造，但大家一定要谨记：条条大路通罗马！成功有很多种：在业务上刻苦钻研，进行技术创新；在本职岗位上勤勤恳恳，得到领导的肯定和赞扬；在社会生活中无私奉献，受到老百姓的尊重和爱戴……重要的不是那耀眼的光环或很高的职位、很多的财富，而是我们通过自己的努力，得到了怎样的提升，为社会做出了什么样的贡献，实现了怎样的个人价值和社会价值！我们身边也有很多这样的人：仇××老师，虽然不是计算机专业毕业，但凭着自己的不断钻研，为学校开发了校园办公系统；王××虽然学历不高，但在自己的本职岗位上兢兢业业，受到师生的爱戴和尊重；'三创'学生张×将业务扩展到化工园的周边地区……从他们身上，我们看到了生命的意义和价值……"

就这样，一节课结束了！

第二节课，学生们再也不像以前那样无所事事了，他们有的写作业，有的背英语单词，有的看专业书籍……而我则静静地坐在教室的最后一排继续备课。偶尔，抬头看到学生们那么专注与认真，心里感到非常欣慰！

（案例作者：江苏省扬州商务高等职业院校　唐月慧）

班级建设启迪：

"培养人就是培养他对前途的希望。"职业院校的学生与其他同龄的孩子相比，可能更顽皮、更叛逆、更难以管理，但他们同样有一颗向善和向上的心。"没有规矩，难成方圆"，教师应给予他们犯错误并改正的机会，并及时、适时地给以他们明确的规章制度。教师用宽容与理解，帮助学生走出迷茫、彷徨，教会学生遵守规章制度，并将其内化为自己良好的行为习惯，从而帮助学生找到前进的方向和动力。

"没有自我教育就没有真正的教育。"在这节课上，无论是刚开始的连续追问、当头棒喝，还是身边案例的叙述、榜样的引领和期间的幽默及逗趣，以及最后的顺势引导、对生命意义和价值进行拓展的教育，方法不同、手段各异，但都是正视学生的问题，不回避、不指责，而且激发学生敞开胸怀,自我拷问,自我教育。教会学生懂得规矩,自觉遵守规矩,是教育成功的第一步。教会学生自己教育自己,就是一种最高级的教育技巧和艺术。所有的教育者都应该向着这个方向努力。

第二节　让"家"更温馨

理论探源

胡塞尔认为:每个人都是一个"自我",这些"自我"拥有一个共同世界,世界既是我的,也是别人的,自我与他我通过拥有共同世界而形成一个共同体,单一的主体性也因之而过渡到主体间性,这种主体间性是通过"共现""统觉""移情"而实现的。哈贝马斯也提出:交往是个人之间具有的关系,交往的目的是建立主体间性,形成主体之间的相关性、统一性。职业院校在班集体建设中,要致力将班级打造成一个和谐的共同体。实践证明,良好的班集体始终激励着学生不断进取,让学生心情愉快,充满激情地投入学习、生活中。温馨的环境和积极上进的班集体,犹如"随风潜入夜,润物细无声"的春雨,滋润着学生的心田,对学生的思想、道德、情感会产生潜移默化的作用,对他们的人生观和价值观也会产生巨大的影响。

实战举隅

陈某因患有先天性小儿麻痹症,走路总是一瘸一拐的,虽然我规定不准嘲笑他,要帮助他,但还是有同学偷偷取笑,甚至还跟在后面学他走路的样子。陈某自尊心受到很大的伤害。我思考良久,决定让班上每位学生都当一天残疾人,体验一下残疾人生活的不方便。

那天,我把全班学生分成两大组,体验最简单的手残疾和脚残疾。要求一组学生把一只脚抬起来,不允许两只脚同时着地;要求另一组学生把一只手用绷带吊在胸前。

学生由刚开始的兴奋、哄闹、不安分,到后来由于行动不方便而觉得累和烦躁,并开始安静下来反思自我。到晚自习结束时,我宣布活动结束,很多人出现了如释重负的表情。学生们没有更多的语言,都静静地看着我。我发现他们的眼睛里出现了一种叫做"理解""愧疚"的目光。

(案例来源:《体验身体"残缺"的一天》启东市第二职业教育中心校　何志萍)

尽管中职班主任面对的是十六七岁的青少年,但他们仍然处于心智未成熟的阶段。所以在我们的班级中,经常会出现小团体、小帮派和因为各种原因被孤立起来的学生。这些状况,都会让班级"家"的氛围不那么和谐。所以,让"家"更温馨,打造班级凝聚力,是每一个班主任都要积极主动面对的问题。

面对班级中有身体缺陷的孩子,光是靠说教来要求其他学生给以尊重和帮助,力道上总是有所欠缺的。即便学生们表面上表示理解,但是内心深处并不能感同身受。所以最好的办法就是让学生亲身体验一下残疾人的生活状态。虽然学生们只经历一天的"残疾"生活,但他们已经有所感触了。这时，班主任还要趁热打铁，因势利导，让学生谈谈体验身体残缺一天的感受和体会。最后，班主任再从学生的实际感受出发，既肯定学生们的深刻感悟，也赞扬残疾孩子的极尽努力，既让同学们能团结友爱，又勉励全班共同积极进取。

知识领航

一、班级需要凝聚力

著名的教育家苏霍姆林斯基说过："集体是教育的工具。"确实，一个优良的班集体积极进取，全面发展，必将对每一个学生的个体发展起着巨大的潜移默化的教育作用和激励作用。而要建设一个优秀班集体是非常艰巨的，关键要靠班级的强大凝聚力作后盾。

班级凝聚力是以班级中的人际吸引为基础，是指同学之间的相互吸引以及班级对学生的吸引力。培养和增强班级凝聚力的过程就是增进友谊，增强合作意识和集体主义精神，搞好群体建设的过程。一个班集体的凝聚力来源于每一位成员那份坚定而一致的信念。虽然每个成员有各自不同的性格特征、理想抱负，但是群体成员之间为实现群体活动目标而能实施团结协作，从而对群体目标任务具有信赖性、依从性乃至服从性。凝聚力又是班级发展成熟的标志，凝聚力越强，学生遵守班级规范就越自觉，参与班级活动就越主动，学生之间的关系就越和谐、亲密。

智慧语录

即使是最好的儿童，如果生活在组织不好的集体里，也会很快变成一群小野兽。

——马卡连柯

一个班级，是不能没有凝聚力的。如果像一盘散沙，这个班级也就没有了它本身的意义。也就是说，班级需要凝聚力。同学们互相帮助，这是一种班级凝聚力的体现；为了班级去奋斗，这是一种班级凝聚力的体现；甚至，当班级在公告栏受到批评的时候，偷偷去擦掉公告栏黑板上的批评文字，这也是一种班级凝聚力的体现——虽说有些不太光明正大。在不同的阶段，班级凝聚力的体现也不同。小学时，一个班的学生都完全服从老师指挥，这是一个有凝聚力的班级；中学时，在班级获奖后，全体学生都为自己的班级鼓掌喝彩，这也是一个有凝聚力的班级。

一个班级，如果有了很强的凝聚力，那么它将会无往不胜——团结是最重要的。试想，当一个班级的同学，如果各干各的，不能做到统一规划，那么后果将是完全失败。反之，如果一个班级的同学团结一心，努力奋斗，一切以班级利益为最终准则，那么这个班级将是成功的。

二、打造班级凝聚力的小妙招

1. 做以身作则、真诚公平的领导者

班主任要以身作则，做得正，行得直，使自己在学生中树立威信，赢得学生的尊重、支持。每位班主任的行事风格是不一样的，有的幽默，有的亲和，有的严肃，有的细腻。但不管是哪种风格，班主任都不能只是对学生进行语言教育，更要用自己的行动为学生做出榜样，使学生耳濡目染。比如，大部分学生都有随手乱扔废纸的不良习惯，如果班主任只是一味地去批评、去指责，也许效果并不是很理想，但假如班主任能够弯腰捡起废纸，扔进纸篓，再配以恰当的垃圾管理方案，这样的教育效果会更好。正所谓“话说百遍，不如手做一遍”。

另外，班主任必须要真心对待每一名学生。我们都有这样的感触：班主任爱学生，首先必须尊重学生。尊重学生要以信任学生和理解学生为前提，要将学生当成一个平等的对象来看待。对学生要公平，一视同仁，不能因为学生成绩的不同、相貌的美丑、经济条件的好差而对学生另眼相看。对学生要始终表现出关注和热情，巧妙地对学生进行奖励和批评。

亲其师，信其道。当班主任与学生之间有真情，有关爱，那就没有什么比这更能形成班级凝聚力的了。

赵某，在开学不到一个月的时间里，几乎与每个任课老师都发生过冲突，我也无从幸免。他和我第一次发生冲突是关于作业问题。全班只有个别同学不交作业，别的同学认错态度都很好，只有赵某例外。我说：“你们明天把作业全部交上来，否则，我就要找家长谈谈了！”他却回答：“你们老师就会找家长，我要你管啊，大不了我退学！”随之扬长而去。第二天，我主动找赵某谈话，希望以平等、和善的姿态与他沟通，希望能将错误分析给他听，引导他正确对待学习。他没有拒绝，不吵不闹、老老实实，但却左顾右盼，一副刀枪不入的样子。之后的多次谈话，要么毫无效果，要么不欢而散。

班主任与学生互不了解，学生对老师是排斥、怀疑，甚至是敌对的态度，老师光凭说教已无法与学生有效沟通，更别提解决问题了。这必须是一场“持久战”。

知识链接

木桶定律

盛水的木桶是由多块木板箍成的，盛水量也是由这些木板共同决定的。若其中一块木板很短，则此木桶的盛水量就被限制，该短板就成了这个木桶盛水量的“限制因素”（或称“短板效应”）。若要使此木桶盛水量增加，只有换掉短板或将其加长才行。任何一个组织，可能面临的一个共同问题，即构成组织的各个部分往往是优劣不齐的，而劣势部分往往决定整个组织的水平。

我要有一个系统、周密、严谨的部署。先与家长沟通，了解他的家庭状况及个人情况，找到问题的根源，取得家长的支持；再针对根源，制定解决方案来推倒他与老师之间的心墙。我由此制定了以下步骤：首先，让赵某感受到老师对他的真诚与尊重，鼓励肯定他的优点和长处；其次，相信赵某的自我管理能力，帮助他理性解决与别人的矛盾冲突；再次，让赵某在实践中成长，接受社会的捶打。

（案例来源：《冷水泡茶慢慢浓》南京市玄武中专　周娴）

冷水泡茶慢慢浓，在班主任老师一系列的教育措施下，学生良好的行为习惯才能逐渐养成。走进学生内心，赢得学生信任，我们才能进一步落实我们的教育策略，才能让一个甚至一群孩子紧紧聚拢在我们身边。

2. 让学生在温馨的"家"中找到归属感

要想使班级具有很强的凝聚力，多组织一些活动也是很有必要的。活动是同学们之间互相了解的桥梁，拉近教师和学生以及学生和学生之间的关系。在活动中，学生们可以感受到大家庭的温暖，能以更轻松的心情投入到学习和生活中。通过活动，他们还会不断地鼓励自己，努力改进不足，并能增强自信，为了自己的理想而奋斗。

片段一：生日歌儿响起来

开学之初，我就制定了一个制度：全体同学给"寿星"齐唱生日歌，"寿星"发表感言。如果生日在周末或假期，我们会找合适时间提前过。开始时，是学生齐唱中文生日歌；后来，学生改成前半段中文，后半段英文；再到后来，学生创造出"二声部"和"和声"。"生日感言"也是温馨而调皮。有的感谢第一次这么多同学为他过生日，有的祝福同学们在即将到来的考试中取得好成绩。凑巧的是，我班还有一对同年同月同日生的男女同学，男同学在接受完大家的祝福后，也祝那位女同学生日快乐。

当所有同学为一位同学齐唱生日歌时，那位同学感受到的是一种震撼，一种满足，一种甜蜜，更有一种得到重视的感觉，我肯定他也会感受到强大的集体向心力，他会不自觉地爱上这个集体的，爱上这个"家"。

片段二：给孩子发红包

班级是一个家，那么作为班主任的我就肯定是家长了。马上要过年了，是不是应该给孩子们发发红包呢？

这个红包的选择可不简单：第一，必须富有教育意义；第二，花小钱，办大事。于是，我到银行换出一百张连号的崭新一元钱，买了六十二个红包，写上名字，根据学生的学号把对应号的钱币放到红包里。

在班会上，我首先感谢了各位同学一学期来的辛勤付出，然后卖个关子说要对大家的努力表示感谢。当学生看到红包时，一种意外和激动的表情溢于言表。当他们得知这是根据他们的学号"量身定做"的礼物时，纷纷拿出钱币进行确认，有的同学激动地亲吻着钱币，说这是收到的最有意义和独特的礼物。

这时候，每位同学不是孤立的个体，连号钱币把他们连到了一起，他们都是这个"家"中不可或缺的一员，缺了哪个，这个"家"都不完整。

通过这些小活动，学生很容易就在班级里找到了温馨的感觉，也找到了归属感。不同的老师有不同的教育风格：温馨的活动，严厉的活动；女生的活动，男生的活动；住校生的活动，走读生的活动，等等。只要咱们班主任用心组织每一次班级活动，必会让班级更团结。

3. 依托榜样的力量

科·达勒维耶说过，榜样的力量是无穷的。在一个班集体中，班主任的言行是首要榜样。其次，发掘每位学生身上的优点，使之成为大家努力的方向、学习的榜样，这是一个侧面。打造一支优良的班干部群体，一方面协调师生关系，一方面管理班级事务，使之成为班级的核心力量，这是另一

智慧语录

不管一个人多么有才能，但是集体常常比他更聪明和更有力。

——奥斯特洛夫斯基

个侧面。这样的榜样教育,有点有面,更易渗透进班级管理中。

为了让孩子们学会乐于助人,培养集体荣誉感和凝聚力,吕爱军老师想了一个妙招,那就是评选感动班级人物,树立孩子们学习的榜样。

一天,吕爱军老师要求班里每位孩子都要推荐一名让自己感动的人物,并且要写出200字左右的推荐材料和50字左右的颁奖词。推荐的人物事迹必须真实、感人。学生从中筛选1~6人,作为备选。最后,通过集体投票、公开唱票的方式最终确定5名感动班级人物。另外,还有11名学生获得感动人物提名奖。

最终选出的5名感动人物都是平时班里学生学习的榜样。他们有的是因为身体虽有残疾,但坚强自立而入选;有的是因为努力帮助残疾同学,从不要求回报而入选;有的是因为学习十分刻苦、成绩优异而入选;还有的是因为积极参加学校活动,多次为班级夺得荣誉而入选。

为了鼓励学生们的这种行为,凡是入选班级感动人物的学生都可获得物质奖励和一张表扬卡,获得提名奖的学生也可以获得一张表扬卡。

在班级中树立榜样的方法有很多,如果每位班主任能根据自己班级的情况,充分调动学生的积极性,并能持之以恒地去落实,那么班级管理一定会上一个台阶。

4. **打造共同的奋斗目标**

同样是一群人,如果他们之间不存在共同的目标,那就不能称为班级,只能是一个群体罢了。共同的奋斗目标是班集体形成的基本条件和前提。集体共同的奋斗目标源于个体目标,又高于个体目标。两者的差异又会诱导学生产生新的追求与需要,调整设置新的目标。在一个有良好班风的集体中学习与生活,会有一种优越感和自豪感,使他们向着更高的目标前进。

一个集体有没有共同目标,共同目标的好坏,都能影响班级的班风,影响班级的凝聚力。不管是制定学习上的目标,还是制定参加校内外各项活动的目标,都是打造班级凝聚力的良好机会。共同的学习目标,能让学生互帮互助,共同提高;共同的活动目标,能激励学生团结奋斗,不断进取。

在确立班级奋斗目标时,一定要根据本班具体实际,注意制定的目标切实可行,不要太高以致于无法实现,从而产生不良的影响。还要注意根据不同学生分类要求,做到全班每位学生通过努力都能实现自己的目标,如果每个人的目标都实现了,则班级目标也就实现了。在实施确立的目标中,要注意因人而异地指导,要求各自从我做起,从现在做起,持之以恒,步步到位。有的学生可能在努力的过程中出现反复,那就需要我们有足够的耐心、很好地跟踪和及时地总结。

活动设计

我爱我班

［活动目的］

1. 让学生更加了解彼此，增进友情。

2. 增加班级凝聚力，激发学生班级荣誉感，培养集体主义精神。

3. 使学生学会在团结中竞争，勇于展现自己的特长和魅力，发挥一技之长，为自己、为班级创造荣誉。

4. 让每一个人都有主人翁意识，积极为班级管理献计献策。

［活动准备］

1. 提前一周布置学生写一篇关于自己班级的周记，通过周记了解学生对班级的感情和班级中存在的问题等。

2. 师生共同收集整理班级一年多以来的视频和图片资料。

3. 设计教室前后黑板的内容。

4. 创作一首抒发对班级感情的诗歌《我爱我班》。

5. 确定主持人。

6. 制作 PPT。

［活动设计］

活动环节	活动过程	注意事项	设计意图
回忆篇	由学生回忆自班级组建以来对班级的点滴印象和感受。 播放视频：建班以来，班级活动的精彩剪辑；班级同学互动的精彩瞬间。		引出班级是一个团结向上的集体，生活在这个集体里是很快乐的，由此进入下一环节。
快乐篇	1. 学生讲述班级中一些快乐有趣的事例。 2. 学生才艺展示： (1) 古筝演奏《渔舟唱晚》； (2) 小合唱《勇气》； (3) 跆拳道表演。		展现班级快乐幽默的一面，体现班级学生的多才多艺，激发学生对班级的热爱。
团结篇	1. 学生讲述体现班级团结的事例或感受。 2. 回顾因团结而创造的辉煌(视频)。 3. 诗朗诵《我爱我班》。		引导学生认识到快乐的源泉是团结，团结可以帮助我们创造辉煌。

续表

活动环节	活动过程	注意事项	设计意图
奋进篇	1. 学生讲述班级中存在的一些问题。 2. 学生对班级建设的建议。 3. 任课老师对班级和学生的建议。 4. 家长的期待(视频或现场)。 5. 班长宣读班级目标。 6. 师生互动游戏：比比看行不行。 每组学生站成纵队，排头学生双脚站立，第二位学生右脚站立，左腿抬平，由排头学生抬着，以此类推。在同一段距离中，全组一起走起来，用时最短的组获胜。强调遵守规则，违反规则取消资格。 先教师示范，后各小组一分钟练习。赛后小组分享，说出练习时的内心感受，谈谈比赛过程中得与失带来的感悟。	教师强调清楚游戏规则，注意总结。	将学生对班级的爱转化为建设班级的动力。
总结与升华	班主任发言(结合游戏，引导学生从理论高度认识班级团结的重要性，升华爱家、爱班的情感)。		总结活动，升华体验。

（本活动方案来源于网络）

[活动反思]

每一个学生对自己所在的班级都有一种期待。通过本次主题活动，学生可以展示自己的特长，加深对同学的了解，感受集体的温馨。在这样的环境中，很能激发学生的集体荣誉感，增强班级凝聚力，让学生在集体中找到归属感。准备活动素材时，老师一定要精心选择，精心制作。这些照片、视频、物件是学生成长的轨迹，是班集体形成的标志物。活动中，教师要示范和参与，要及时总结、点题，让学生感受到老师对班级的美好期待。同时，也要让学生多分享，多表达，让活动效果深入人心。

拓展阅读

“我的班级家”形成记

下周就要开运动会了，可是这周班级有几位同学却要请假。我问他们为什么，他们给我的说法基本上大同小异：反正也没有我的比赛项目，在这里也无所事事，还不如回家，三天运动会加上两天周末，相当于过了一个小长假。听到他们的说法，我的心中有点儿难过：到底是新生班级啊，集体观念还不是那么强！

怎么改变现状？有必要做个调查啦！

在班委会上，我详细了解了运动会的班级报名情况及班级同学的思想动态。班长说：“老师，有几位同学想请假回家，我们不知道该怎么办！”其他班委纷纷附和。

“你们觉得应该怎么办呢？”

“当然不能批假咯，如果都走了，就不能算一个班集体了！”

听着班委们的说法，我不禁想起苏霍姆林斯基的观点：“集体”是一种“精神共同体”。它不是人员的简单组合，而是相互间的融合，在此基础上形成的不可分割的整体。

“那我们就分分工，看看怎么做才能让所有的同学都心甘情愿地留下！”

到底是学生干部，工作积极性高，也愿意为同学服务，看着他们热烈的讨论，我内心很欣慰，最起码，我拥有一支高凝聚力的班干队伍。

根据班委会的讨论结果，我们召开了一次隆重的班会。会上先让所有的运动员同学说出了自己参加比赛的愿望，然后我和所有同学一起分享了一个故事《我扮演的是观众》。故事讲完，我特别关注了那几位要请假回家的同学，他们的脸上都露出了一丝愧疚。

班会课结束后，我和班委们一起为每一位同学分工，要求责任到位！我们将全班非运动员分成若干个功能组，有宣传组、备赛组、后勤保障组和啦啦队等四个组。宣传组及时向广播站输送为运动员加油的心声；备赛组陪同运动员检录、报到；后勤保障组负责水、葡萄糖等的供给；啦啦队要选体力好、声音亮的同学……

全班 50 人，人人有事做，事事有人做！特别是在拔河比赛的时候，全班 50 人，一个不落，全部到场。除了参加比赛的 20 位同学，其他同学都作为啦啦队成员出现，加油的声音越来越大，吸引了许多别的班的同学为我们班级一起加油，同时也收获了其他班级羡慕的眼光和赞许的话语：你看人家班，真团结，加油声多大啊！

每天的比赛结束后，我及时到班级进行总结：肯定班级每一位同学为班集体所做出的贡献，也指出还存在的不足，更提出了明确具体的要求。在我的指引下，在班级同学的共同努力下，我们班获得了团体一等奖。同学们在周记中都写到了班集体，也写到了自己为班集体做出的努力，他们将这个班级当成了自己密不可分的一部分。

大合唱比赛要开始了，这一次，我隐身在暗处，看着班委动员大家集思广益，挑选曲目，大家不厌其烦地一次又一次排练、一次又一次磨合。看着他们争吵，但是又很快地和好，投身于班集体的荣誉战中，我的内心充满感动：他们终于将这个班级当成了自己的家，将自己的同学当成了自己的家人！

“周恩来班”，创建活动开始了，这一次，不需要我多说什么，班级的每一位同学都积极参与，出谋划策。从校“周恩来班”到市级“周恩来班”，他们在创建过程中，精神受到一次又一次的洗礼。

这就是我的班级。对于这个班集体中的每一个人来说，这不仅仅是一个班级，更像是一个家。每一次活动，都会让这个家的氛围更为浓烈；每一次活动，都会拉近家成员间彼此的距离。

（案例作者：淮阴卫生高等职业技术学校　张翠）

班级建设启迪：

班主任新接一个班级，如何让班级具有强大的凝聚力？故事中的张老师为我们提供了可借鉴的做法。

张老师以培养学生集体荣誉感、打造班级精神为目标，从调查情况入手，召开班委会集思广益，召开主题班会课统一认识，构建了以班主任为核心、班干部为骨干、全班参与的“班级家”机制。机制正常的运转后，在运动会上取得了“团体一等奖”，“家的氛围更为浓烈”，一个高凝聚力的“班级家”形成了。

整个过程中张老师没有“唱高调”，而是耐心、细致地做工作，平等、信任地依靠学生，大胆、智慧地引领学生，游刃有余，事半功倍，值得班主任学习。

在一个集体里,师生为着同一个目标共同努力,共享班集体带来的快乐、赢来的荣誉,共担集体遭受的批评、遇到的困难。在这个集体里,人人为我,我为人人。这就是具有超强凝聚力的“班级家”。

第三节　火车跑得快,全靠车头带

理论探源

榜样示范法本是教育者以他人的高尚思想、模范行为和卓越成就影响学生,促使其形成优良品德的方法。这种方法妙在将教育行为具体化、人格化,能以生动具体的典型形象影响学生心理,使教育有很强的吸引力、说服力和感染力。在班级建设中注重发挥榜样的作用同样重要,着力点在于发挥班干部的示范引领作用。班干部是班集体的核心,一个班良好的班风、学风的形成,与班干部良好的素质及模范、榜样作用,与他们在班中的威信和工作能力有很大的关系。可以说,一支强有力的班干部队伍,是搞好班级工作的基础。培养一支素质高、能力强、作风过硬的班干部队伍,是班级管理的一项极其重要的工作。

实战举隅

那天是体育课,全班同学按时整队到了操场后才得知体育老师外出开会,改为回班上自习课。当全班准备回教室时,才发现班级钥匙不知丢在哪儿了。全班同学把希望都寄托在班长找我拿到钥匙。班长果然不负众望,花了十五分钟时间跑遍教学楼,问了与我相关的老师后,终于在市级公开课的开课教室找到了我。课堂严肃安静,我也在认真听着课。突然一阵轻声的敲门声响起,门开后,班长站在门口,对着我轻声呼唤:“老班,出来下。”于是,我在近五十位听课老师的注目下尴尬地夹着听课本“落荒而逃”。当我拿着钥匙走到班级门口时,全班同学已经很着急了。见我走来,纷纷向班长投去赞赏的目光,人群中有同学说:“小班真厉害,这么快把老班找到了。多亏了小班,没她我们就要站一节课了……”我哭笑不得……

(案例来源:《尴尬的敲门声》南京金陵中等专业学校　黄欢)

班长是一个班级的领头羊,现在是班长,将来有可能会是团队的领头人。无论什么身份,做事情都需要冷静和慎重。团队对你越信赖,你的责任就越大。很明显,这个班长还是很受同学信任和喜爱的,她也非常热心地为大家服务。但是,有时好心办坏事,考虑问题不周全,因为拿钥匙给班主任带来了尴尬,也影响了一堂市级公开课的教学。所以,作为班干部,做任何决定之前,只凭热情和简单的处事方法,往往不能达成最好的解决效果。

学生干部是班主任的左右手,而来到职业院校的学生大多数没有在初中当学生干部的经历,那就需要班主任去培养。面对班级学生对班长的夸奖,班主任没有立即指出班长行为的问题,而是在组织好同学开始自习后,单独与班长进行了交流,请她自己想一想有哪些地方做得不合适，然后再和班主任沟通。

放学后，班长主动来到办公室。看出了班长的小委屈，班主任首先肯定她的尽职和热情，接着问了三个问题："班级门开不了，是不是只有拼命找老班这个办法？""敲开开课老师的门，这恰当吗？""可能会有什么后果？"在班长的自我反思后，班主任逐一为她解答，让她进一步掌握处理问题的正确方法。事后，班主任要求班长召开一次班委会，把这件事在班委会上说一说，再想一想还有哪些人、哪些事需要提醒和注意。班委会上，班长诚恳地说明了自己解决问题的不恰当，也指出了安全委员的工作不到位，同时放了一把备用钥匙在自己身上。通过这件事，她开始理解了什么叫班长，什么是团队协作，什么是考虑周全、灵活变通。

知识领航

一、班干部的选拔

班干部是班级的核心，是班级这列火车的车头。组建强有力的班委会是班级建设的重要一环，选拔班干部是建设良好班集体的前提。因此，班干部的挑选尤为重要，要培养一支高素质的班干部队伍，应从选拔人才开始。

首先要明确班干部的标准：一是有协调能力、沟通能力与亲和力；二是有较强的组织能力，热衷于班级工作；三是性格开朗活泼，真诚待人，有吃苦耐劳的精神和奉献精神；四是有较好的智力素质和身体素质；五是有号召力，能在全班同学中起到示范和榜样作用。以上提出的五条标准，在实际应用中很难达到，尤其是职业院校的学生，大多在原来初中的学校并不突出，所以在选拔班干部时，要本着用其长处、灵活应用的原则，选择班里相对优秀的同学担任班干部。

智慧语录

美无处不在，我们只是缺少一双发现美的眼睛。

——罗曼·罗兰

在明确标准后，怎样选拔就成了关键。作为班主任，要做的第一件事就是观察。可以观察个性：个性比较开朗的，可以是班长的人选；善于表现自己的学生，则是文娱委员的有力竞争者；如果比较细心，可委任与钱打交道的生活委员。第二件事是创造让学生自我表现的机会。比如，在军训期间故意提出一些要求："这件事情有哪个学生愿意去做啊？"愿意主动承担的，可进一步安排他们一些额外的任务以观其能力。如安排他们成为宿舍舍长，考察他们是否有责任心，能否带领同学按照教官要求对宿舍进行打扫和整理，能不折不扣完成任务的则可成为班干部的候选者。第三件事是收集学生信息。可通过学生档案掌握学生信息，也可以通过写周记进一步了解学生，还可以让他们自愿报名参加班干部竞选。曾经担任过并主动报名的可以优先考虑，这样，不仅能为班干部的选拔提供一些参考，还能了解他们的家庭信息，为后面的工作打下基础。对于班干部的某些不足和短板，在实践中要有意让他们锻炼，逐步克服不足和短板，让他们逐渐走向成熟，逐渐成长为合格的班干部。

二、班干部的培养

在班干部确定之后，不应该让其独立处理各项大小事务，而应该正确培养和任用他们，对他们的工作进行不断的指导和矫正，这是至关重要且必不可少的步骤。要形成一个积极向上的班集体，首先要从班干部着手，从重思想、重制度、重特长、重方法、重协作这五方面对学生干部进行培养。

知识链接

2013 年 6 月，全国组织工作会议召开，习近平总书记提出要大力培养选拔党和人民需要的好干部，并明确提出了好干部的“二十字”标准，从此“好干部”成为党的建设领域高频使用的“热词”。近 5 个月后，党的十八届三中全会提出，“真正把信念坚定、为民服务、勤政务实、敢于担当、清正廉洁的好干部选拔出来”。

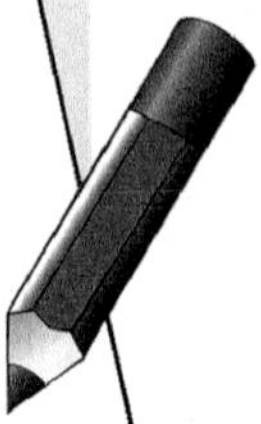

1. **重思想**

职业院校的学生应具备良好的道德素质，要形成有高度的是非感、责任感、义务感、事业感、自尊感、荣誉感及集体主义等情感。班主任应注重对班干部的思想教育，要引导他们：什么样的班干部才是好样的？在新建的班干部队伍内定期开展批评与自我批评，把各自的缺点暴露出来并加以改正。

2. **重制度**

邓小平说过：好的制度能让坏人做好事，坏的制度能让好人做坏事。可见制度的重要性。管理班级时要依靠合理的班级制度，特别是一开始组建班级时，制度一定要严，因为“由严至宽，人感其恩；由宽至严，人怨其酷”。最初制定的班规一定要严格细致，当然严也要有度。在学校规章制度的统领下，班干部结合自己班的情况制定学习、卫生、纪律等方面的班规与规范并加以落实，从而形成良好的班风。班干部带头认真学习班级规范条例，如果哪位同学触犯了条例，首要的惩罚就是要把相应的规范背会。久而久之，这些班规就很少再用了，因为形成一定的良好班风后，就能达到班级治理的最高境界——“无为而治”。

3. **重特长**

通过各项活动着重激发学生干部的兴趣，发挥他们的特长，如读一本好书，写一篇好文章，组建一支篮球队，长期参与一项公益活动等等。班主任应在这方面起主导作用，努力搭建平台，提供机会，做到人人有岗位，个个有事做，真正培养班干部的各种能力，做到“一专多能”。

知识、能力、素质结构

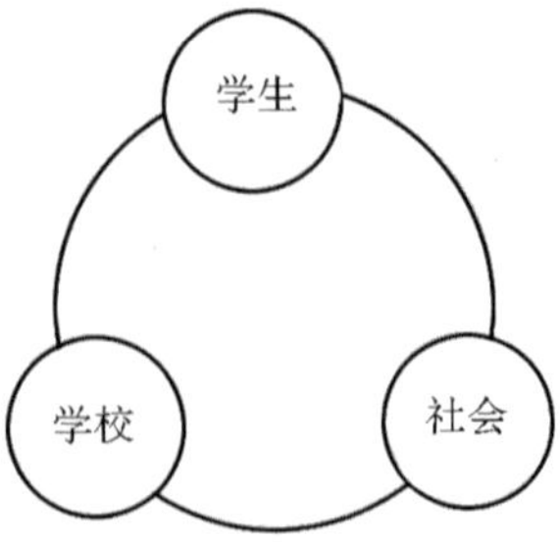

人才培养模式

4. **重方法**

加强指导，教会他们如何工作。有些班干部具有很强的责任心，努力地想把自己的分内工作做好、做出色，可因为以前不曾做过，做什么、怎么做，都不太明了，因此常常处于想做又无从入手、想做又不敢做的境地。另外，班干部毕竟是未成年人，他们的缺点毛病肯定会冒出来，班主任一旦发现班干部的小毛病，一定要随时指出，对班干部的要求一定要严于普通的同学，这样才有利于他们的成长。这个时候，就应该悉心培养，手把手地教方法。

一个星期一的早晨，我与往常一样走进教室。一到班里，我傻眼了，学生重调后的座位并不是原来商定好的“2—4—2”式，而是“4—4”式。我很不高兴，询问班长，他理直气壮地解释说：“我觉得那样坐太挤了。”我对他的擅作主张很生气，立即命令全班同学换过来。回到办公室，平静下来以后，我为自己的冲动暗自后悔，既给同学留下了不好的印象，又影响了班长的威望。再次回到班级，我主动“坦白”了自己的想法：“老师的排位方法之前征求过其他老师的意见，他们也比较认可。如果同学们都觉得“4—4”排法更好的话，老师也会尊重大家的意见。”出乎意料的是，同学们都说“2—4—2”式好，班长不好意思地低下了头。原来班长是自作主张了。这一次，我没有再冲动，心平气和地说：“班长确实欠考虑了，但他的出发点是好的，是为大家着想的。不过还是应该先调查了解同学们的想法，我相信大家是可以理解班长的。”同学们都在点头，班长抬起头，微笑中带着感激与惭愧，目光中多了一些信任，少了一些自大。从那以后，班长以及其他班干部都更加谦虚和谨慎了，他们的心中装进了班级，装进了老师和同学，班级氛围更加和谐了。

只是很小的一件事，也只是很短的一段话，因为想到了班长的威信，班主任用一种委婉、人性化的方式指出了他的不足，并指点他在班干部工作中应该注意的方式方法，这也成为了促使班长认识自我不足，激发他进一步做好班干部工作的契机。班干部毕竟只是学生，要“授之以渔”，给他们改正不足的机会。班主任要及时看到班干部的长处和不足，他们有了成绩要及时表扬，出现问题时更应及时批评和帮助，切不可放任不管。班主任要引导班干部以身作则，不仅要严格要求自己，还要真正服务于同学和班级；要提醒他们自己手中的权力是大家赋予的，不能自以为是、滥用职权，要实现班级管理的民主化。

5. **重协作**

班主任要明确自身的“参谋长”和“主心骨”的地位。全班每一位同学都是班干部的“参谋”，而班主任是“参谋长”。班主任一定要调动全班同学配合班干部的工作，这是培养干部的好途径。有时难免会出现一些特殊情况，这时，班主任要及时出面，维护班干部的地位和尊严。在解决全班重大问题时，班主任一定是全班同学和班干部的“主心骨”。

班里的劳动委员为人真诚，积极性高，热衷为集体服务。之前她主动提出当班干部，我就给了她一个锻炼的机会。但没多久，她就和我哭诉，说不干了，因为大家都不听她的。了解情况后，我得知她制订的值日制度和人员分配不合理，所以才引起大家的不满。一开始，我准备重新制订一份公平合理的值日计划给劳动委员，但是我临时改变了主意。我对她说：“老师想提醒你两个问题：一是每天的值日要责任到组、责任到人，分工明确合理，这样同学们才会信服你；二是问题还得你自己解决，方法要你自己去找。”她还是很犹豫：“老师，他们都不相信我，我怕是不行。”“做好了，自然会得到同学们的认可。”我继续鼓励她。后来，她还是自己去修改了制度，并多次征求我和同学们的意见，改了又改，最终制订出了详细的可行性值日方案。她也因此得到了同学们的信赖和支持，更为班级营造了公平合理、责任到人的氛围。

试想，如果班主任当时将制订好的值日计划直接给劳动委员，她会很容易解决问题，但以后再遇到问题呢？她能协调好与同学们之间的关系吗？将来走上社会，遇到更多的事，谁来帮她呢？如果班干部遇到问题，和同学之间产生不愉快，班主任都全权包揽，那么班主任就变成了幕后“指挥者”，而不是“参谋长”了。班主任不能包揽一切，无所不管；也不能放任不管，完全交给班干部。班主任要做的是，班干部在开展工作过程中，如若不能较好地与全班同学协作，一定要及时给予帮助，给他们建议，让他们自己去寻求更好的途径，得到大家的支持与认可，从而增强班级的凝聚力和向心力。

三、发挥班干部的作用

班干部不是班级的招牌，更不是班级的摆设，能不能发挥班干部的积极作用，直接影响一个班级的整体形象和教学质量。努力调动班干部的工作积极性，充分发挥班干部的积极作用，会使班主任的工作事半功倍。工作中，在积极培养班干部的同时，要尤其注重班干部作用的发挥。

1. 发挥班干部的桥梁作用

班主任不可能直接掌握班级每时每刻发生的事情，要想全面了解班级情况，必须通过班干部的反馈。工作中，可以让班干部轮流值日，记录班级日志，汇报班级情况，做到大事及时汇报，小事当天总结，成为学生和老师的桥梁，为班主任和任课老师提供第一手资料。

2. 发挥班干部的辐射作用

> **智慧语录**
>
> 青年的思想愈被范例的力量所激励，就愈会发出强烈的光辉。
>
> ——法捷耶夫

做好班级工作，不仅需要优秀的班干部，更需要通过班干部的正确影响，发挥其辐射带头作用，不断壮大班级先进分子队伍，这是班主任做好班级工作的关键所在。工作中，可以通过成立班干部牵头的帮教小组，要求班干部不仅要搞好自己的学习和工作，还要一帮一、一带一，广泛接触同学，积极帮助后进生，发掘同学身上的长处，最大限度地引导他们积极上进，勇当先进，从而使班级先进分子队伍不断壮大，班级整体素质不断提高。

3. 发挥班干部的榜样作用

榜样的力量是无穷的。开展班级工作，班主任必须做到口中有典型，手中有榜样。而班干部理所当然要成为广大学生的学习榜样，在德、智、体、美、劳等方面严格要求自己，既要把自己当成普通同学，谦虚谨慎、刻苦学习，又要把自己和普通同学区别开来，处处高标准高要求，事事冲在前面。比如从打扫卫生到集体活动的组织，从完成作业到遵守学校规章制度，从平时的一举一动到各科学习成绩，班干部们都要起模范带头作用。

活动设计

走进训练营

［活动目标］

各班级选拔班干部参加训练营，以帮助他们释放学习和工作中的压力，调节心理；认识潜能，增强自信心；提高自我控制能力，积极应对压力和挑战；培养创新能力和积极进取精神；学会更好地沟通交流、团结合作与协调，优化人际环境；健全人格，培养勇气、毅力、责任心和荣誉感。

［活动设计］

活动环节	活动过程	注意事项	设计意图
暖场活动“喊山”	1. 学生和教师模拟分别站在两个山头，大声喊话：“喂，你们好！我是……” 2. 当学生的情绪被调动起来后，由学生高声呼喊，宣布开营：“某某学校——学生干部训练营——开营喽！”并要求自加创意动作。	教师充分铺垫，亲自示范。采取表扬、鼓励等多种方式，循序渐进。	暖场活动，活跃气氛，拉近学生干部和教师的距离，要求学生干部“放开自己，开放自己”，这也是本次训练营的宗旨。
“小蜜蜂”	1. 学生们围成一团，两人间隔一臂；学生侧平举右臂，手掌向下；左手食指竖起，指尖向上，放在相邻学生的手掌下。 2. 教师说“小蜜蜂”，学生答“嗡嗡嗡”，教师提示“飞”，学生右手掌合拢，抓住相邻学生的手指，自己的左手指要逃出来。		锻炼学生干部的反应、协调能力，进一步活跃气氛。
“你好！”	每位学生与其他所有学生双手击掌打招呼，进行简单问候：“你好！我是某某班的……，很高兴与你一起参加学生干部训练营。”	教师要关注部分腼腆的学生。	通过这个活动让大家相互认识、熟悉，了解学生干部的人际交往能力，便于后面团队活动的开展。
“翻圈”	学生手拉手围成一圈，以其中两名学生为首，牵着其他学生从其对面的两个人中间穿过，同时发出欢呼声，穿越完成后仍然为一个圈，游戏过程中不得松手。	教师可参与其中，起到示范和控制速度的作用。逐步加快速度，过程中应注意安全。	增强学生干部的团结合作意识和责任心，锻炼协作和反应能力。
“同一首歌”	1. 教师散出两种颜色的纸片，男、女生各取一种颜色的纸片，学生任意捡起一张写有要求的纸片，并依据要求大声唱出规定的歌曲，并走到与你唱相同歌曲的同学身边。 2. 学生分为四队后，选取一张硬纸板，该硬纸板上的植物即为队名。 3. 队员介绍本组队名、代表植物的含义，教师进行总结。	每队学生在15秒内选出队长。	培养学生干部的团队建设能力，凸显核心的作用，发挥想象力与创造力。

续表

活动环节	活动过程	注意事项	设计意图
“蜘蛛网”	每组两名队员撑开橡胶圈，模拟蜘蛛网的孔洞。这两名队员双脚不能移动，撑开的橡胶圈下沿不能低于腰部，橡胶圈围成的立面与地面垂直，全队其他学生从橡胶圈所围成的“蜘蛛网洞”中穿过去。	整个过程中，学生身体的任何部位不能触碰橡皮圈，可以有队友接应。一人失误，全组重做。	增强学生干部的团结合作意识，锻炼协作和反应能力，提高自我控制能力。
“解手链”	每队队员围成一个小圈，每人伸出自己的双手，分别握住不相邻的另两名学生的手，一定要在不松开手的情况下，将手牵手的“手链”解开。		考验学生干部的智慧，锻炼他们寻找方法解决问题的能力。
“心情口号”	1. 全体学生围成圈，自愿走入圈中央，大声说出自己的感言并配上动作。其余学生共同喊出其感受，并做出该生的动作。 2. 教师带领大家，重复数次口号，回顾自己之前的表现，反思自己需要改进的地方。		学生干部学会总结并发现自己的问题，能正确面对并加以改进。
“爱心天使”	1. 全体学生围成四边形，先向左转，依次给前一名学生捶背、捏肩……学生再向后转，重复上述活动。 2. 每位学生在左上臂系上绿丝带，连呼三遍“爱心天使”，每人领取一张“爱心项目”单，根据项目安排，为他人服务，服务后请对方签名。	绿丝带表示我愿意帮助别人。	培养学生干部服务他人的意识，在服务中收获快乐。
“人性的证明”	1. 每人领取一份“人性的证明”材料袋，先不打开；闭眼聆听一段音乐，思考：假如面对灾难时，人类会表现出的各种善行；并思考材料袋中可能有什么。 2. 打开材料袋，阅读其中的小故事，关注故事中“人性”的表现。 3. 读完后各小组交流讨论，并选出一名代表向所有学生阐述本队的感悟。	阅读后，可以写下自己的感悟，但只写关键词。小组分享交流时，要善于聆听，不要说话交流。	使学生干部学会挖掘人性中“善”的一面，学会包容，培养创新能力和积极进取精神。
“悄悄话”	1. 每人在背后贴一张A4纸，所有学生在音乐声中在其他人背上的纸上写出想对他说的话。 2. 每人取下自己背上的纸，看看其他人留给自己的悄悄话，选出最感动的一句话，在所有人面前朗读，并说出感动的原因。	音乐营造氛围，悄悄话应是正面、积极、鼓励、赞美的。	使学生干部在学会肯定、赞美他人的同时，也反思自己的不足，感谢每一个鼓励自己的人。
“每一个瞬间”	1. 观看所有活动的电子相册，教师寄语鼓励学生们。 2. 观看视频《从此不再抱怨生活》。		留存美好的记忆，感受成长的历程。
“毕营”	1. 所有人牵手围成一个大圈。 2. 学生们自愿说出一句简短的感悟，其他学生喊出这句话。 3. 全体成员齐声宣布：“学生干部训练营毕营了！”		增强团队凝聚力。
“反思”	每位参与训练营的学生干部撰写活动反思，互相交流。		及时反思、交流，有助于提高学生干部的思想认识。

［活动反思］

本活动为每一位渴望成长的学生干部提供了学习的机会与交流的平台，各班级选拔出的优秀学生干部在训练营活动中表现出了良好的素养，在活动中收获了友情，增强了能力。在生生交流、师生交流的过程中，彼此增进了了解，为今后工作的开展打下了基础。学生也非常喜欢这种生动的形式，所以培训不一定是死板地在课堂上进行，学生的能力要在活动中加以放大。各班学生干部在参加过训练营后，也可以作为引领者，在本班级开展类似的活动，锻炼自己，增强班级凝聚力。

拓展阅读

班长辞职了

提到班长，大家心中一定会出现一位品学兼优的形象，他是全班同学学习的榜样。班长小阮也不例外，她活泼、开朗、积极，成绩优秀，做事踏实，是我的得力小助手。然而，新学期开学，她竟然通过同学偷偷地递给我一份辞职信！我的挫败感油然而生。

第一次当班主任，我对学生的要求很严格。每天早上我会拿一本记录本进班，今天哪位同学迟到了，哪位同学没打扫卫生，又有哪位同学没穿校服……我都会一一记录在案。同样，对于班长的要求，我更严格：不能迟到，上课不能睡觉，考试不能不及格。总之，班长在我心里要是个完美的人。同时，她还要协调管理好全班同学，不能犯一丝一毫的错误。

"小阮，今天早上卫生被扣分，没有拿满分，你看看。"

"小阮，督促下课间的纪律情况。"

"小阮，216 没有拿到十佳，你去问问。"

……

我每天都是这样吩咐着，似乎一切都是那么正常。而她却在拼命地努力着，忍耐着。透过周记，我能感到小阮的左右为难。但当时我一厢情愿地认为，这没有什么，有压力是好事，反而能激发出学生的动力。

终于有一天，事情发生了。一天晚自习，我正在办公室整理一天以来的班级情况，办公室的门突然被撞开，小阮冲了进来，一下子抱住我，哭着说："老师，我不想当班长了！"她哭得很伤心，似乎受到了很大的委屈。我紧紧地抱着她，轻轻拍着她的背，安慰着她。待她情绪稍微平静了以后，我了解到事情的原委。原来，因为小阮经常向我汇报，加上我自己的直脾气，经常会在全班说"班长说昨天为什么没有做好""班长说早上有人没参加早锻炼"，这样就导致了同学们都不愿意和她交往，做什么事都回避她，甚至把她当"间谍"一样对待。这不，今天就给她点"颜色"看了。晚自习前，小阮洗澡后回宿舍，发现舍友们竟然相约提前来到教室，把她一个人锁在门外。看着不停抽泣的班长，我感到了自己的疏忽。我在注意班级各项管理的同时，忽略了小阮的处境。加上小姑娘本身对会计专业不感兴趣，最近学习成绩一直很不理想，榜样的力量就直接变成了她成长道路上的阻力。当压力过大的时候，她就选择了辞职，选择了逃避。

回忆起这段往事，我觉得自己很失败。如果在选择班长时，我能多考虑下；如果在任命班长时，能与小阮多交流下；如果在处理各项工作时，能多为她着想下；如果……这件事，是我教育的遗憾，也是对我以后班主任的警示。

（案例作者：南京浦口中等专业学校　林静）

班级建设启迪:

对于“班长”这个称呼,很多学生只看到它的光环,却没有看到它的重量。作为班主任,既要学会适时、适度放权,把集于自身的一些日常管理工作有步骤、有层次地分派给相应的学生干部,又不能把责任都加在班干部身上,也不能在无行中给他们的工作设置阻力。在处理各项事务时,能为班干部着想,维护班干部的地位和尊严。班干部也是学生,只是在常态中略显优秀的学生,班主任应该努力为他们创设有利的工作环境,协调好全班同学的关系,让班干部更好、更快地成长。每个班干部都是可塑的,班主任要用责任和方法来培养他们管理班级的素质。班主任要抓住每一个影响班干部思想、提升班干部素质的契机,使自己成为他们成长、进步的催化剂。班主任要做好人文关怀,贯彻人本观念,把学生干部当作活生生的、有血有肉的、有丰富内心世界的人来看待。只要从内心深处尊重、关心学生干部,放下师道尊严的传统观念,贯彻民主思想,才能把学生干部培养成为人格健全、心理健康、富有智慧、思维敏捷的优秀干部。

第四节　让我们“齐步走”

理论探源

鲁洁教授指出:物种的持续发展依靠“共生”来维持,人的生存与发展也需要有不同取向,只有异质因素之间相互作用才能实现共生、共荣,才能促使人在成长中不断创造新的价值。这种包括“共生”与“共荣”的价值思维,应成为当下教育的一种时代性思维。在班集体里,个性学生是每个班主任老师不容忽视的学生。个性学生和其他学生一样,也想进步,也希望得到别人的重视。教师要用关爱滋润个性生的心田,唤起他们的自信心、进取心,他们才能和集体靠近,才能产生感情,才能营造一个和谐、平等、上进的学习氛围和良好的班风,也只有如此,班级“共生”“共荣”的生动局面才能形成,“人人出彩”的教育追求才能实现。正如一位哲人所说:爱是教育的桥梁,是教育的推动力,是后进生转变的催化剂,教师的爱是打开学生心灵大门的金钥匙。特殊学生要特殊对待,教师不能消极等待个性生进步,而是要有意识地引导他们,带领他们跟上班级学生进步的脚步。

实战举隅

接手新班级,遇到了小飞。小飞是一个看上去挺文静,其实脾气特别犟,而且不爱学习的孩子。开学后第一次英语作业,我把他找过来面批。看着作业本上一个个蝌蚪样的单词,我心中升起一股无名之火——你这胆子也太大了,头一次作业,就给我来了个下马威!“小飞,你写的是什么!”我提高嗓门,板起了脸。他的脸有点儿涨红了,嘴里嘟囔了一句:“我以前还不做的呢!”这是什么话?要是在以前,我早就把这样的学生作业撕掉让他重做了。

这样的个性学生，我们做老师的总会遇上几个。很多班主任，特别是年轻教师，经常是无法理解，忍无可忍，先痛骂一顿，说教一番，发泄发泄心中的怒火再说。而这样的个性学生往往就是对老师的责骂刀枪不入，甚至是越被骂越抗争、越顽劣。即便暂时解决了问题，但后续一点儿好转的迹象都没有。所以，教育的智慧，就在这时体现出来了。

看到他满不在乎的神色，我转念一想：那样轻率解决的方法能达到好的教育效果吗？我平息了自己心中的怒火，对他说："以前你不做作业，现在做了英语作业，说明你很尊重我，而且与以前相比，你已经有了很大的进步。"说到这里，我发现他脸上有了一丝的惊讶，似乎没有了先前的对立情绪。我想大概是以前没有老师对他这样讲过吧。我接着说："但是你的单词却没有认真写好。""老师，与以前相比，我已经写得够认真了。"他一脸委屈地说。是啊，我怎么能用过高的标准去要求一个刚刚好转的他呢？于是，我肯定地说："是的，从进步的角度，这次我应该给你个优。"于是我在他的作业下面郑重地打了一个"优"，并对他说："这只是一个开始，我希望能够看到你更大的进步。"

（案例来源：《"三言两拍"赢得转变》东台中等专业学校　徐燕）

当然，对一个学生的教育，是不可能通过这一件事、几句话就能够成功的。但是对个性生"特殊对待"，放低标准，让他们跳一跳就能摘到果子，也是恰当的教育方式。

知识领航

一、关于个性学生

> **智慧语录**
>
> 在你的教鞭下有瓦特，在你的冷眼里有牛顿，在你的讥笑中有爱迪生。
>
> ——陶行知

"后进生"在教育词典中的定义是：在班级中经常违反道德原则，或者犯有严重过错的学生。即我们口中那些学习差、纪律差、行为习惯差的学生。过去人们把他们叫做"差生"，现在称为"后进生"，即"后来进步"之意。按照其性质和发展程度，一般将他们划分为三级："学困生""后进生""问题生"。现在，我们将这类学生称为"个性学生"。

一般来说，个性学生表现出以下几方面的特征：行为表现消极、进取心不足；学习兴趣淡薄、自觉性不强；厌学情绪明显、学习成绩持续落后；经常性地犯规违纪、常遭批评；公然与老师作对、不接受教育；直接与家长敌对、不听劝教；自卑、嫉妒心理较重；逆反情绪、过激行为较明显；对不良行为活动感兴趣；与不良学生为伍。具有这样特征的孩子，在职业院校就读的比例远远高于普通中学。

这些孩子往往在中小学期间，就在学校遭受冷遇，备受歧视，常受到体罚、训斥和不公平的待遇；在家庭中受训斥，遭打骂，缺少温暖，没有申辩的权力。他们常常带着心理创伤和精神负担去上学，遭受着种种阻力和困难去学习。他们身心忍受着巨大的伤痛，承受着"亲源性"和"师源性"伤害的双重痛苦和折磨，精神压抑。

俗话说："金无足赤，人无完人。"由于每个学生的家庭环境、社会环境、自身的心理素质和基础不同，他们在校的表现也就不一样。另外，学生的道德品质和学习成绩还会随着年龄的增长、外界因素的影响而变化。正因为学生的个性心理发展受诸多方面的影响，所以不可能每个学生都平衡发展，部分学生的潜在能力在学习过程中不能得到充分的发挥。如果教师将学生后进的责任全都堆加在孩子身上，这对孩子就是致命的打击，也是我们教育的极大失败。

一般来说，我们认为个性学生有以下几种类型：

> **知识链接**
>
> 美国心理学家威廉·詹姆斯有句名言："人性最深刻的原则就是希望别人对自己加以赏识。"他还发现，一个没有受过激励的人仅能发挥其能力的20%～30%，而当他受到激励后，其能力可以发挥80%～90%。

（1）逆反心理型。这种类型的学生往往从小就受到家庭专断式的教育。他们从小得不到家长的呵护，稍有错误就受到家长的训斥打骂，久而久之，产生了强烈的逆反心理：你越说，他越烦；你越打，他越硬。这导致父母与孩子之间没有交流，不能沟通。对这样的学生我们若没有足够的关心，就可能使他产生抵触心理，以致仇视父母，与老师作对，甚至在同学身上寻找报复。

（2）自由散漫型。这种类型学生的家庭，对孩子的教育是听之任之，放任自流，因此养成了他们自由散漫的个性。他们缺乏纪律观念，迟到、早退的事时有发生，自己感兴趣的课就听听，不感兴趣的课就不听或干脆一走了之。因为得不到父母的重视，他们可能厌恶自己的家庭，因此到处游荡，行为散漫。

（3）孤僻冷漠型。这种类型的学生由于受到离异父母的冷落，或从小受到外界过多的批评，因此总觉得自己不如别人，自卑感强，渐渐在心理上建立起情感的屏障。他们不善交流，喜欢独处，自我欣赏，久而久之，就形成一个自我中心，对集体和他人的事漠不关心，麻木不仁，班集体的任何活动都不想参与，集体荣誉也似乎与他不相干。

（4）意志薄弱型。这种类型的学生往往是由于父母对孩子过分不放心，什么事都包办代替。由于受到的外控过多，孩子的身心得不到应有的锻炼，因此自制力差，做事也没有自觉的行动目标，遇到困难不是软弱退缩，就是随波逐流，而不是自己想办法去战胜困难。

了解学生是为了更好地教育学生，我们只有先分清学生后进的类型，才好对症下药。苏霍姆林斯基曾感叹说："从我手里经过的学生成千上万，奇怪的是，留给我印象最深的并不是无可挑剔的模范生，而是别具特点、与众不同的孩子。"教育的这种反差效应告诉我们：对后进生这样一个"与众不同"的特殊群体，教育者必须正确认识他们，研究他们，将浓浓的师爱洒向他们，让这些迟开的"花朵"沐浴阳光雨露，与其他孩子一起健康成长，成功走向升学就业之路。

二、领个性学生"齐步走"

1. 多点关心，多点爱心

对个性学生的教育，切忌简单粗暴。首先，要让个性学生感受到你的真心。作为一名教师，必须主动接触他们，亲近他们，了解他们的内心世界，知道他们目前的家庭情况和个人的想法，教育他们，做他们的朋友，为他们排忧解难，将心比心，只有这样才能使他们扬长避短，看到光明和希望，才能刻苦努力学习，迎头赶上。

入学不久，学校要采集学生父母的信息，而小炎看看表格，双手抱在胸前，就是不动笔。当我问他为什么不写时，他大吼一声"他们都死了"，然后猛地推开桌子，夺门而去。他的举动，使教室里变得鸦雀无声。

到底哪里出了错？

我拨通了小炎家长的电话，对面传来一位老人的声音。原来小炎的生母在他八个月大时自杀了，而父亲再娶后就不管他了，一直以来他都是和爷爷奶奶生活的。更令我惊讶的是，他竟十分怨恨自己的母亲，还曾将母亲的墓碑踢翻。

这时，我终于理解小炎的冷漠是从哪里来的了！

（案例来源：《优秀信息管理员的炼成》昆山第一中等专业学校　华春芳）

当我们遇到这样一幕时，很多老师都会怒气冲天。这样无理的学生，难道不该好好教育一下吗？但是，当我们冷静下来，思考这一切发生的缘由、探明这背后的真相时，我们的怒气早已化为了心疼。对这样"不懂事"的后进生需要付出更多的关心和爱心，是我们解决问题的重要一步。

2. 正确看待，挖掘闪光点

每一个人都有优点，有长处，即使是个性学生也有好的一面。我们不否认个性学生身上的缺点与不足，不回避他们的"后进"，但我们更要努力发掘他们身上的闪光点，抓住这些点去发挥他们的长处，适时给予表扬、肯定和鼓励，帮助他们改变对自己的"后进"定位。班主任应试着把这样的话挂在嘴边："其实你们很聪明，只是自己没有发现自己的长处，把它埋没了，虽然你们学习差，纪律松懈，但是，只要你们努力，相信你们一定能赶上成绩好的同学。"每个教师都要善于去寻找后进生的"闪光点"，哪怕只是一点点的优点，都要去抓住它，使它成为指引个性学生的一盏明灯，指引他们看见自己的长处，增强对自己的信心。

智慧语录

表扬学生微小的进步，要比嘲笑其显著的恶迹高明得多。

——卢梭

3. 加强管理，确定目标

个性学生的管理对于班主任老师来讲是一件最头痛的事。怎样改变个性学生，许多老师的办法各有不同。但"没有规矩，不成方圆"，一个学校、一个班级都要有不同的制度来约束学生的行为。我们在对待学生，特别是个性学生的管理方面，也可以采取"定规矩"的办法。例如：学习《中等职业院校学生公约》，制定一些有针对性的班风班纪，开展"动力加油站""一帮一""功勋墙"等活动。

有了目标才有前行的动力。给个性学生明确的制度约束，还要帮助他们明确前行的方向，确定努力的目标，让他们的求学之路不再迷茫。从开学初的家访，到平时生活中的观察；从同学老师的反馈，到耐心温和的交谈，我们只有通过各种不同渠道了解个性学生的特点，才能帮助他们确定努力的目标,把他们引导到正确的人生道路中来。

4. **诚心相待,耐心等待**

和个性学生谈心、谈话是班主任工作的主要方式方法,但应注意的是与好生相比,个性学生的自尊心更强。因为学习不好或纪律差,长期受冷落、歧视,他们一般都很心虚,对外界极敏感,心里总有一堵厚厚的墙,但在内心深处仍渴望得到老师的关注、谅解和信任。如果你逾越它,那么你就成功了。谈心过程中切忌用“你自己想想……”“是不是”“对不对”等话语。我们可以先拉家常,谈谈自己的过去,不论成功还是失败,甚至有时还抖抖“丑事”,缩小师生间的心灵距离。在这个过程中老师应做到心平气和、以诚对待,以一个朋友的身份与之交流,如果赢得他的一句“老师,我和你好相似”,说明他把你当成朋友了,那以后的工作就容易多了。以诚心赢得他们的信任是成功教育后进生的保证。

如果你的心情不好或烦躁,切莫去做个性学生的思想工作,因为你没有耐心听他的理由,听他的“述说”,更不可能给他机会。意志薄弱、自控力差、行为极易反复无常是个性学生的特点,你做工作之前应抱有“允许犯错”的想法,千万别说“我都跟你说了多少次了,你怎么还……”,更不要动辄就叫家长等等。做个性学生的思想工作不要简单地认为通过一次谈心他们就能彻底改好。遇到个性学生不良行为出现反复,我们一定要有耐心,客观分析不良行为反复出现的原因,要及时发现、抓住、诱导,做到防微杜渐。当然,这里所指的耐心教育并不是消极等待,而是要做有心人,为个性生的转化积极创造条件,古人云:“教也者,长善而救其失者也。”

教师对待学生,特别是对待个性学生,真要拿出“牵着蜗牛去散步”的心态和精神,擅于发现他们身上的闪光点,用教师的爱心、诚心和耐心,带领个性学生与所有学生一起“齐步走”。

活动设计

我想,我可以!

[设计背景]

当学生的学习压力越来越大时,很多学生在相对封闭的环境中越来越不自信,在分数面前、面试过程中越来越自卑。有的学生甚至出现了考试焦虑情绪和恐惧症状:学习时注意力不集中;考试时心慌,脑海中一片空白;面试时紧张,语无伦次。

这次班会活动,旨在让每个学生在相互的鼓励和赞美中体验愉悦情绪,从成功者身上吸取精神养料,在活动中发现自己无限潜能,消除自卑心理,提升自信心。

[设计思路]

本次班会以“词语联想”导入,让同学们根据“我要毕业了”这个词做词语联想,引出“毕业、就业”这个话题。“头脑风暴”环节,通过发现小小回形针用途之多,联想到“原来自己可以更好,可以想出更多的方法克服困难”,帮助同学们开启“认识一个全新自我”的旅程。

班会的重点环节是“我想,我可以……”的能力测试,教师借助视频及图片对多元智能理论进行介绍，帮助学生认识一个多元的自己，绘制属于自己的“七彩智力飞翔翅膀”，树立信心。

［前期准备］

1. 资料：视频《王力宏和李云迪的钢琴演奏〈武林外传〉》；印制学案“我想，我可以！”（附件 1）。
2. 物品：彩色水笔若干盒。
3. 座位安排：分小组围坐。

［设计流程］

活动环节	活动过程	注意事项	设计意图
词语联想	创设情境 班主任：各位同学，请看这句话“我要毕业了”，给这句话加上标点，你会怎么加呢？让你联想到什么呢？ 表达分享：请学生分享，陈述理由。	尽量让不同感受的同学来分享。	引出话题。
头脑风暴	回形针的用途 体验活动：在 1 分钟时间里，你可以想出回形针有多少种用途吗？请写在学案上。 反思与感悟：小小的回形针有这么多种用途，让你想到了什么？请用三个关键词把你的感悟写下来。 表达与分享：学生分享感受。	控制时间长短，启发学生对自身潜能的认知。	正确认知自身的优缺点。
我想，我可以……	讲授多元智能理论（加德纳） 以图片、视频等形式介绍多元智能理论：言语（语言智力）、音乐（节奏智力）、逻辑（数理智力）、视觉（空间智力）、身体（动觉智力）、自知（自省智力）、交往（交流智力）。	选择与学生密切相关的内容进行介绍。	理论知识学习。
	体验活动： 1. 根据每一个智力元素的内涵，给自己的各种智力标注一个水平，用彩笔填涂学案“飞翔的翅膀”（附件 2）。 2. 在小组内分享自己的彩虹图：我怎样发挥我的长处，有哪些方面需要进一步完善。 表达与分享：在班级内分享。	老师巡视，给学生活动指导。	发掘自身潜能。
夸夸我自己	体验活动：学生完成学案“夸夸我自己”。 我不会因为我不擅长……就认为自己不出色； 因为，我可以……所以我喜欢我自己； 我可以……所以我喜欢我自己； 我可以……所以我喜欢我自己！	学生自我反省之后完成此项活动。	学会肯定自我。
总结与升华	班主任总结本次班会课情况，引导同学们从“回形针的用途”中得到启发，从多元智能理论中受到鼓舞，相信自己具有无限潜能。激励同学们相信自己，树立信心。		总结活动，升华体验。

附件 1：“我想，我可以！”学案

同学们，你们好！今天我们将一起讨论有关于潜能和自信的话题，你准备好了吗？

活动目的：

（1）认识到自身的潜能无限；（2）了解自己的多元智力构成；（3）树立自信。

活动(一)

(1) 1 分钟内,我想出了回形针有________种用途,具体是:________________________。

活动(二) 夸夸我自己

我不会因为我不擅长________________就认为自己不出色;

因为,

我可以________________,所以我喜欢我自己;

我可以________________,所以我喜欢我自己;

我可以________________,所以我喜欢我自己!

自信地学习,自信地生活,我们的世界将会更加美丽!

(作者:南京市玄武高级中学 吴杨)

附件 2:飞翔的翅膀

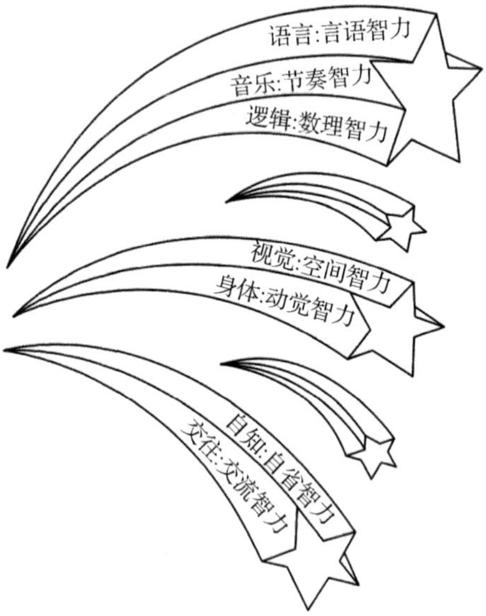

[活动反思]

本次活动的开展要找对时间,找准契机,方能事半功倍。活动氛围的营造很重要,要让学生敢说、肯说。对于多元智能理论,可以提前灌输给学生,让学生对自己有新的认识,增强自信心。活动过程的重点在于活动体验和学生的表达分享,老师要关注班级中不太自信的同学,争取让这部分同学多一些表达的机会,激励他们要相信自己。活动结束之后,充分利用好学案,让学生时时提醒自己"我行,我可以",不断巩固活动效果。

拓展阅读

学会赏识

这学期被安排做一个"老班"的班主任,当我看到班上有个叫张×的学生时,不由得心里发紧。这是个淘气的学生,许多老师都这样评价他:课堂内外经常惹是生非,不写作业,不守纪律……这不,第一次德育课我布置的作业是让大家写一写从小到大有关学习的各种体会,全班唯有他一个人没交。

当张×被我请到办公室时，我见到的是这样一个学生：长发遮住了他的半边脸，宽大的上衣罩到了大腿，整个人萎靡不振。虽有一双很清纯很秀气的眼睛，但是脸上却写满了不在乎。

“你怎么没交德育课的作业？”

“不会写！”生硬的语气，给人无可奈何的感觉。同时，他那冷漠的眼睛不耐烦地向上一斜，透露出“你能拿我怎么样”的神情。

这是淘气学生一贯的伎俩。该怎么让这样的学生心服口服？我思索着并拉过他的手。这一拉手，让我的心里产生了微微的颤抖，他的手上结着厚厚的茧。于是我问：

“暑假帮爸妈干活了？”

“没有。”

“那干什么了？”

“学车。”

“是学三轮车？”

这次，他抬起了头，羞涩地说：“不是，是大货车！”

此时，我忽然发现，这孩子身上有闪光点：能吃苦，有韧劲。于是我问：

“累不累？”

“累。”

“学会了吗？”

“学会了。”

我高兴地赞赏着：“真了不起，这么困难的事你都干得这么漂亮！你的爸妈一定很高兴，相信你是个有志向的孩子。”

听我这么一说，孩子的话也多了，冷漠的表情消失了。

“可以回去把作业补上吗？”

“我不会写。”他低声说。

“我教你。”于是，我把从哪个角度思考，如何组织材料，耐心地讲给他听，并让他晚上把作业补好。第二天早上，他把作业补交上来，居然写了很多：“我在小学一直到三年级都是很优秀的学生，后来功课跟不上，就对学习失去了兴趣，开始经常打架斗殴，惹是生非。本以为到了初中能有所转变，但在班级中的学习名次还是居于下游，于是又一次丧失了信心，破罐子破摔。我打算从今往后改掉缺点，做一个好学生。”

语言很朴实，读起来让人感到真切。我在班上读了他的作业，一方面是让全班学生要谈真情、说真事、讲真话；另一方面也是让他明白，老师并没有放弃他，相反还欣赏他，希望他能很快进步。后来，班上的学生告诉我，张×说自己如果不改正缺点，就对不起老师！在这件事的处理中，我是从著名教育家陶行知的“四块糖果”的故事中受到启示的。张×能够跟我到办公室，就说明这孩子心中有老师，对老师还是尊敬的；能自觉地补好作业，说明他知错就改；能在预定的时间里交上作业，说明这孩子按时守信。既然这孩子身上有这么多的闪光点，必须趁热打铁，让他找回失去的自信，让他看到前途的光明，及时纠正身上的不良习惯。

此后，在我的建议下，他剪掉了长发，变换了装束，脸上那种无视一切的漠然表情都消失了。后来，我有意安排他做小组长，并不失时机地对他取得的点滴成绩予以表扬。他也似乎找到了前进的方向，学习和纪律方面都有了很大进步。

教育是爱的共鸣，是心与心的呼应。老师只有热爱学生，才能公平地对待学生，才能发现他们身上的积极因素，才能因势利导、循循善诱，教育好学生。老师对学生真诚的爱会使学生的智力、情感、个性顺利发展；老师的嫌恶会使学生思维迟钝，精神痛苦，情感畸变。刚开始张×那种冷冰冰的口气会让我有些不耐烦，但在交谈陷入僵局时，我及时拉过他的手，正是这一轻轻的拉手，改变了我，也改变了张×。我发现了他身上"能吃苦，有韧劲"的闪光点，而他也在潜意识中消除了与老师之间的鸿沟，消除了对老师的反感和抵触。学生信任老师、爱戴老师，这就有了教育的基础。

作为老师，我没有因为别的老师对张×的不好评价而人云亦云，而是坚决不放弃每个学生，用真诚善良的心去与张×交流。一个犯了错误的学生来到老师的办公室是承受了一定的压力的，所以他能来也反映了对老师的尊敬。当学生在情感心理上和老师有一些对立的时候，不是揪住他的错误不放，而是适时地转移话题，让情感先行，才能拉近师生之间的距离。

我赞赏他学开大货车，相信他是一个有志向的孩子，他的父母会为他感到自豪。正是这样的赞赏，打开了他的心灵。他的话多了，冷漠的表情消失了，师生之间的隔阂也消除了。

我赞赏他朴实无华但情真意切的作业，并作为典范在全班宣读，使一个长期被老师轻视的学生感受到成功和自豪，树立了自信心，也进一步加深了他对老师的信任和喜欢。对于担任了小组长以后的他所取得的点滴成绩，更是不失时机地予以表扬，这看似小小的激励、赞许成了他找到前进方向，在学习和纪律方面都取得进步的动力。

（案例作者：淮安市高级职业技术学校　刘晓雯）

班级建设启迪：

"金无足赤，人无完人"，任何人都会有缺点，对于老师来说，最重要的是发现学生的优点，尤其是对暂时处于后进的学生。因为从优点入手更能激发学生的上进心，充分调动他们的积极性，使教育事半功倍。从优点入手的教育就是要学会赏识学生。老师赏识学生是引导、帮助和塑造学生的基础。老师应该相信，学生的本性是好的，缺点是可以改变的，后进是暂时的。不能一味用"堵""压"的方法，而是需要通过表扬、鼓励学生，坚持正面教育，发扬积极因素，克服消极因素，让他们化"劣势"为"优势"，"迷途而知返"。

赏识学生既是教育艺术的展现，也是教育思想和理念的体现。青少年学生身心处于关键发展期，尤其需要老师的赏识。因此，教师在教育中要毫不吝啬地、潇洒地、艺术地运用"赏识"，帮助学生树立自信心，使学生产生进步的动力和行为；同时教师自己也在其中不断地提高育人的艺术与水平，实现师生的"双赢进步，共同成长"。

第三章　分蘖——为班级贮存起丰富的养料

章节导读

分蘖是幼苗阶段生长和器官建成的重要组成部分，分蘖发生越早，生长期长，禾苗则越容易成穗。分蘖也是禾苗长期适应外界环境的结果，受水、肥、光照、温度、农业措施等多种条件的影响，条件适当，分蘖就多。可见禾苗在分蘖期需要有丰富的养料、适宜的环境。学生的成长亦是如此，他们会不断地适应周边的环境、不断地从中汲取养分，从而壮大自己、走向成熟。此时，班主任只有为班级贮存丰富的养料，才能充分满足学生的生长需要。

人本主义心理学家认为，人都具有发展自我的潜能，且潜能是通过自我来实现的，"弱的本能需要一个慈善的文化来孕育他们，使他们出现，以便表现或满足自己"，然而"文化、环境、教育只是阳光、食物和水，但不是种子"，自我潜能才是人性的种子，教育的作用在于提供一个安全、自由、充满人情味的心理环境，使人类固有的优异潜能得以激发并成为行为，教师的任务就是为激发学生潜能提供各种学习的资源平台，营建学习的氛围，促进学习的效果。

对于班主任来说，更加需要以学生为中心，成为学生成长的促进者、协作者或者说伙伴、朋友，重视情感、人际关系在教育中的作用，对学生做到真诚、尊重、关注、理解、接纳，在感情上和思想上与学生产生共鸣，为每一位学生创造出营养充足的环境，让班级成为他们分蘖、壮大的肥沃土壤。

专业是职业院校学生未来发展的方向，培养对专业的良好情感就等于提供禾苗持续生长所需的水分；班级文化会对学生的言行举止产生潜移默化的作用，营造温馨、友爱、民主、平等的班级文化就等于提供适宜禾苗生长的温度；心理健康是促进学生全面和谐发展的必要条件，维护学生的心理健康就等于提供禾苗健康生长的阳光；目标和梦想是学生前进的动力，树立明确而远大的志向等于提供促进禾苗生长的肥料。本章就是从培养学生对专业的兴趣、建设班级文化、维护学生心理健康、确立班级和学生的梦想四个方面展开，探索为班级贮存丰富养料的途径。

第一节　喜欢是从兴趣开始的

理论探源

苏霍姆林斯基认为:兴趣的源泉在于把知识加以运用,使学生体验到一种理智高于事实和现象的“权力感”。在人的心灵深处,都有一种根深蒂固的需要,这就是希望感到自己是一个发现者、研究者、探索者。教育有一项重要的任务,就是不断地扶植和巩固学生想要成为发现者的愿望,并借助一些专门的工作方法来实现他的愿望。职业院校学生所学的专业,可能是自主自愿的,也可能是父母要求的,甚至可能是机缘巧合,大部分学生对学习领域都没有太多的情感,宛若一张白纸。若能在班级中采取一些辅助措施,让学生在刚接触时就有良好的体验,顺利入门,感受到成就,便能让他们喜欢所选专业,形成浓厚的兴趣,并更加专注于对本专业的研究。

实战举隅

“你们听说了吗?吴雨萌要退学了!”这条爆炸性新闻在某职校的商务专业二班引起了强烈的反应。全班同学三三两两地聚在一起,热烈地谈论着这个话题,猜测着事情的真相。在他们眼里,吴雨萌退学太让人意外了,因为她是个活泼、开朗的女孩,学习也很刻苦,一直是老师欣赏的学生。况且吴雨萌读的专业是商务英语,这个专业很适合女孩子发展,将来也能有一份很好的工作。那么,究竟是什么原因让她产生了退学的想法呢?

此刻,吴雨萌同学正坐在班主任的办公室里,向班主任讲述着自己的烦恼:她从小就喜欢服装设计,梦想着未来可以成为一名优秀的服装设计师,创建自己的服装品牌。可是,她的父母拒绝了她上服装设计专业的要求,坚持认为他们的选择才最有利于她的发展。就这样,她每天不得不强打精神去学习索然无味的商务课程,来换得父母的满意。平时和同学开开心心在一起的时候,她还会暂时忘记这些烦恼,可是每当一个人静下来,她就会陷入深深的绝望中。她感觉自己是在浪费青春,一个人如果失去了实现理想的机会和奋斗的方向,生命还有什么价值和意义呢?这些想法总是反复萦绕于脑中,以至于她难以入睡,为此她感到痛苦万分,甚至想到了退学……

（案例来源:《心理健康》高等教育出版社　俞国良）

商务英语并不是自己所喜欢的专业,自己喜欢的服装设计专业又不能选择,吴雨萌的学习生活便没有了兴趣、没有了动力,于是想到退学,然而这只是逃避现状,并没有真正解决问题,如果选择退学,她依然不能选择自己喜欢的专业,和父母的矛盾也依然存在。其实,既然无法改变父母的决定,就不如尝试去接受现状,培养自己对商务英语专业的兴趣,从兴趣入手,喜欢所学的专业,热爱所学的专业,最终学好专业,从而提升自己的竞争力。

爱因斯坦说过："兴趣是最好的老师。"如果职业院校学生能对自己的专业产生稳定的兴趣，对自己所从事的学习就会有高度的自觉性，对自己未来的理想也会持有积极的态度，在班级里做任何事也都会精力充沛、乐此不疲、专习致志。

知识领航

一、何为兴趣

在心理学的定义中，兴趣是指个体力求认识某种事物或从事某种活动的心理倾向，它表现为个体对某种事物、某种活动的选择性态度和积极的情绪反应。在日常生活中，当一个人经常主动地去感知、思维某一事物，并竭力去观察、研究这一事物时，我们就说这个人具有某方面的兴趣。人们对某种事物的兴趣一旦形成，那么当他去认识某种事物或从事某种有关活动时，总是伴随着积极的、肯定性的情感，如满意、欢喜和快乐等情感体验。所以，人们通常用"喜欢""愿意"等词语来表述他们所感兴趣的事物。

> **知识链接**
>
> **兴趣的发展过程**
>
> 初级阶段：有趣，这时因好奇心驱使，有一定的愉快情绪但不深刻。
>
> 中级阶段：乐趣，这时与快乐的情感紧密结合且深刻。
>
> 高级阶段：志趣，这时已与个人志向、理想、奋斗目标相结合。

兴趣不只是对事物的表面关心，任何一种兴趣都是由于获得这方面的知识或参与这种活动而使人体验到情绪上的满足而产生的，是以需要为基础的，是对客体需要的一种带情绪色彩的表现，是在实践中形成的。

二、兴趣的意义

> **智慧语录**
>
> 学习的最大动力，是对学习材料的兴趣。
>
> ——布卢姆

人们对感兴趣的事物总是力图去认识它、研究它，从而获得有关方面的知识和技能，所以兴趣在人的生活中有巨大的意义，它能成为人们从事各种活动的一种强劲的动力。兴趣还可以使人的智力得到开发，知识得以丰富，眼界得到开阔，并能使人善于适应环境，对生活充满热情。

兴趣对一个人的个性形成和发展、对一个人的生活和活动有巨大的作用，这种作用主要表现在以下几个方面：

第一，对未来活动的准备作用。对于一名职业院校学生来说，对所学专业感兴趣，就可能激励他积累各种专业知识，练习各种专业技能，为将来研究和从事本专业工作打基础、做准备。

爱迪生一生只上过三个月的小学，他的成功归功于他从小就对很多事物感到好奇，并且坚持不懈，亲自实验。他根据自己的兴趣，一心一意做研究和发明的工作。他在新泽西州建立了一个实验室，一生共发明了电灯、电报机、留声机、电影机、磁力析矿机、压碎机等两千余种东西。爱迪生的强烈研究精神，使他对改进人类的生活方式，做出了重大的贡献。

第二，对正在进行的活动起推动作用。兴趣是一种具有浓厚情感的志趣活动，它可以使人集中精力去获得知识，并创造性地完成当前的活动。职业院校学生只有对所学专业拥有兴趣，才能更加专注于学习，日后在工作中也才会更加敬业。

美国著名华人学者丁肇中教授就曾经深有感触地说："任何科学研究，最重要的是要看对自己所从事的工作有没有兴趣，换句话说，也就是有没有事业心，这不能有任何强迫。……比如搞物理实验，因为我有兴趣，我可以两天两夜甚至三天三夜在实验室里，守在仪器旁，我急切地希望发现我所要探索的东西。"正是兴趣和事业心推动了丁教授所从事的科研工作，并使他获得巨大的成功。

第三，对活动的创造性态度的促进作用。兴趣会促使人深入钻研、创造性地工作和学习。职业院校学生对专业感兴趣，会促使他刻苦钻研，并且进行创造性的思维，这不仅可以使学生的学习成绩大大提高，而且会使学生在本专业的研究和探索中不断创新。

三、培养对专业的兴趣

职业院校学生对专业的兴趣不是与生俱来的，而是以一定的素质为前提，在社会实践过程中逐步发生和发展起来的。有很多职业院校学生就读的专业都是父母安排选择的，这就更需要班主任来帮助他们培养对专业的兴趣。

1. 培养好奇心

好奇是兴趣产生的源泉，好奇心是一种极其宝贵的心理品质，被科学家誉为"人类的第一美德"。学生对专业的兴趣是可以在对专业不断的好奇探究之中培养起来的，班主任要引导学生留心观察一切事物，多对学生提"为什么"，带领学生一起研究讨论专业中的问题，发现新异的事物和观点，感受本专业的魅力。

牛顿在花园中看到苹果落地，就不断地问自己为什么："为什么苹果往地上落而不往天上飞呢？""为什么只看见苹果落地，不见地球飞向苹果呢？""为什么月亮不像苹果一样落到地上呢？"……在这样的思考和钻研之下，牛顿发现了万有引力定律。

2. 增加知识储备

智慧语录

对所学知识内容的兴趣可能成为学习动机。

——赞科夫

知识是兴趣产生的基础条件，因而要培养某种兴趣，就应有某种知识的积累。如要培养写诗的兴趣，就应先接触一些诗歌作品，体验一下诗歌美的意境，了解一点写诗的基本技能，这样就可能诱发出诗歌写作的兴趣来。可以说，知识越丰富的人，兴趣也越广泛；而知识贫乏的人，兴趣也会是贫乏的。

班主任可以从不同角度给学生多提供与本专业相关的知识，并激励学生共同学习、研究，为他们的兴趣培养增添助力。

3. 开展有趣的活动，培养直接兴趣

所谓直接兴趣，就是人对事物或活动本身的外部特征发生的兴趣，是学生对新鲜的事物或内容在感官上产生的一种新异的刺激，这种刺激反应表现强烈但比较短暂。

直接兴趣是对活动本身感兴趣，因而要培养这种直接兴趣，就应使活动本身丰富而有趣。所以班主任可以根据专业特点，带领学生开展与专业相关的一系列活动，例如职业角色体验、专业知识竞赛、操作技能大比拼、小组合作搞发明等，让学生感受到本专业的趣味。

4. 明确意义，培养间接兴趣

所谓间接兴趣，就是人对活动的结果及其重要意义有了明确认识之后所产生的兴趣。这种兴趣是由于认识到学习的意义和价值而引起的求学状态，既有理智色彩，与个人的指向密切相连，又有持久的定向作用，不会偶遇挫折便轻易改变。

李刚和张明是两位好朋友，对英语学习都有着浓厚的兴趣。老师几乎每天都能看见他们在校园的走廊下朗读英语，并练习用英语交流。可是过了一段时间，老师只看见李刚继续学英语，而张明不见踪影。老师忍不住问张明："怎么不见你学英语了呢?"张明无奈地回答："这门课好难，我已经没兴趣了，不想学了。"老师又去问李刚："学英语难吗?""难。""那你还有兴趣吗? 你为什么不放弃呢?"李刚很开心地说："我想再坚持一下，也许会从中找到新的乐趣，果然，我找到了！我发现我可以看懂网络上的一些英文文章、故事，还能看懂一些外国的电影电视，这也让我开阔了眼界。"老师会心一笑，对李刚说："恭喜你，你已经发现了学习英语的意义，相信你会越学越有兴趣，越学越开心！"

直接兴趣靠的是新异的刺激，比较容易激发，但如果没有间接兴趣的支持，也就没有目标，过程就很难持久下去，因此，只有把直接兴趣和间接兴趣有机结合起来，才能充分发挥一个人的积极性和创造性，才能持之以恒，目标明确，取得成功。

班主任要培养学生间接的、稳定的兴趣，就要让学生明确学习本专业的意义，带领学生共同深入地全方位了解自己的专业，并且全身心投入进去。同时，还可以多创设一些能够让学生体验到成功的任务，学生在获得成功后就会有心情舒畅、欢快的情绪体验，也就更加容易产生兴趣。而需要、愿望、理想、信念、责任、义务、荣誉等都是能够转化为兴趣的心理因素，班主任可以多了解学生的这些心理，并加以利用。

5. 根据自身的兴趣特点，培养优良的兴趣品质

由于学生的家庭环境、以前所受的教育及主体条件各不相同，所以他们的兴趣都带有个性特点，因而班主任要根据学生的自身条件进行兴趣爱好的自我培养。例如，有人兴趣广泛而不集中，就应加强中心兴趣的培养；有人兴趣单一而不广泛，就应加强兴趣广泛性的培养；有人兴趣短暂易变，就应加强兴趣稳定性的培养；有人兴趣消极被动，就应加强兴趣效能性的培养。

6. 利用心理暗示的作用

心理学家告诉我们，任何不感兴趣甚至讨厌的情绪都不是先天就有的，而是随着我们对待事物态度的变化而变化，态度变化了，兴趣也就变了。要想让学生对专业产生兴趣，就要让学生持有积极的态度，坚信学习本专业是件有趣的事，这可以通过给学生积极的心理暗示来实现，如果学生从一开始就断定自己对专业没有兴趣，就真的很难培养起兴趣了。

某心理学家曾对三千多名缺乏学习兴趣的青少年进行心理训练。参与训练的青少年选择一门不感兴趣的课程，进行下列练习：

A. 面带微笑，搓着双手，做出摩拳擦掌、跃跃欲试的样子，而且让自己充分感觉到这一点。

B. 心中默想：下面的学习内容将是我能够理解的，我将高兴地学习。

C. 提醒自己：一定要努力地去学习，要比平时更细心一些，要花更多的时间。

结果发现，绝大多数同学对原来最头疼的课程产生了兴趣。这种练习方法非常简单，坚持一段时间，就会改变你的学习心态。

活动设计

我爱我的专业

［适应年级］

中等职业院校一年级。

［理念阐述］

1. 理论基础

兴趣是同人们愉快情绪相联系的积极探究某种事物的认识倾向。兴趣一旦被激发，就会对某些对象给予优先的注意，伴随愉快紧张的情绪和主动的意志努力，去积极地认识某种事物和从事某项活动。在学习活动中，学习兴趣的促进作用表现为发自学生内心的好奇心、求知欲、抱负等等；在外部行为上，表现为对学习活动的注意，从而引发为趋向目标，在活动中表现出兴致勃勃、孜孜以求、津津有味，甚至废寝忘食；在学习过程中，表现为学生体验着攻克难题的喜悦、发现真理的惊讶、对探索对象的迷恋、获得知识的满足等等，使学生感到学习活动本身就是一种享乐。直接的学习兴趣指向学习过程本身，随着过程的发展而发展，学习过程结束时，学习效果就会自然获得；间接的学习兴趣指向学习结果，要得到好的结果，就要深入探索过程本身。所以，不论是直接的学习兴趣，还是间接的学习兴趣，对学习活动都能起到一种推动作用。

学习动机是直接推动学生学习的一种内部动力。学生学习动机的水平和强度，不仅直接影响到学生能否有效地进行学习，而且学业的成败也与教师对学生学习动机的了解程度和激发水平成正比。而兴趣、好奇心等是内在动机（内源性动机）的主要部分，学生学习活动的满足也是以学习活动的直接兴趣为基础。常说“兴趣是最好的老师”，学习兴趣对学习活动起着直接的推动作用，反映学生学习动机的强弱，是学生学习最实际的一种内部动力。

2. 设计理念

本次活动希望从学习活动、外部行为、学习过程这三方面，通过小组分享、大脑风暴、角色扮演及接对子等活动，引导学生认识、分析、培养对专业的兴趣。

［活动目标］

1. 了解兴趣在生活各方面的作用。

2. 了解兴趣在专业学习中的重要性。

3. 分析自身的兴趣热点与盲点。

4. 通过与同学交流、互助，提高对专业的兴趣。

［活动准备］

学生按随机分配原则分小组，提前准备海报纸和彩色笔。

［活动设计］

活动环节	活动过程	注意事项	设计意图
暖身活动	解释活动规则：每位同学都参与，从扮演螳螂（最低等级）开始，并做相应的动作；在队伍中找到同等级的学生，进行石头、剪子、布，胜利者进化到上一级，失败者倒退一级（螳螂为最低级，进化到人类就退出活动）。进化顺序：螳螂—小鸟—猴子—人。音乐声结束，活动马上结束。 引导成员总结“主动出击”“永不放弃”“适应竞争”等活动意义。 老师在活动中仔细观察，发现活动参与积极者与沉默者，开始引入兴趣的存在，并做简单的分析。	游戏活动中播放音乐。	引导成员参与团体活动，营造团体活跃气氛，引出活动内容。
心海拾贝	1. 老师讲述“达尔文”虫的故事。 2. 邀请学生发表对故事的感想，引出好奇心、兴趣的作用。 3. 小组内分享自己的爱好与专长，并说说自己做这些事情时的感受和心情，各组长总结发言，介绍本组成员的兴趣爱好。 4. 老师小结兴趣对从事活动的作用。	故事见附件1。	引导学生认识好奇心的存在，认识兴趣的作用，讨论学习兴趣与学习活动的关系。
行成于思	1. 学生填写表格《我的专业倾向》。 2. 学生在小组内分享交流：针对每一门专业课程，邀请组内喜欢与不喜欢的同学进行辩论，之后由组长总结本组对每一门课程的态度和看法。 3. 各组长介绍本组交流结果。 4. 老师小结：也许你不喜欢的专业课程正是别人所热爱的，那么你可以借鉴别人的视角，看看能否改变自己的态度。	表格见附件2。	引导学生找到自己兴趣的热点与盲点，分析原因所在，并在小组辩论中发现新的视角，找到自己的兴趣点。
业精于勤	1. 邀请每一门专业课程学得比较好的同学分享自己在学习时的成就体验，最后总结出每门课程最吸引人的地方，写在海报上。 2. 大脑风暴：我们的专业将来会涉及哪些行业？在这些行业中能发挥什么作用？ 3. 老师进行小结汇总，将专业的意义写在海报上。	提前准备海报纸和彩色笔。	通过对专业学习的满足体验和对专业意义的探究，激发对专业的兴趣。
学以致用	1. 角色扮演：每个小组扮演一个工作单位，设法将本专业融入进去，讨论和排练后，进行演出。 2. 小组互评：针对刚才的表演，围绕“我们的专业是否被展现得很好？还能有哪些改进？”进行小组互评。 3. 老师进行点评，对本专业进行进一步分析与评价，并强调：即使你以后所要从事的事业不在我们专业的范畴，但现在的学习对你以后的工作也会有很大的帮助，至少对你是一个拓展。		进一步认识专业的未来，看到专业的意义和作用，也明确即使专业与未来工作不对口也能发挥一定作用。

续表

活动环节	活动过程	注意事项	设计意图
互帮互助	老师鼓励每位学生找到值得自己学习的同学，主动向对方表达出求助的请求，并组织他们结为对子，互帮互助，共同提升对专业的兴趣。		寻求他人帮助，加深学生的友谊，提升集体对专业的情感。

附件 1："达尔文"虫的故事

1828 年的一天，在郊外的一片树林里，一位大学生围着一棵老树转悠。突然，他发现在将要脱落的树皮下，有虫子在里边蠕动，便急忙剥开树皮。两只奇特的甲虫，正急速地向前爬去。这位大学生马上左右开弓将其抓在手里，兴奋地观看起来。正在这时，树皮里又跳出一只甲虫，大学生措手不及，迅即把手里的一只甲虫藏到嘴里，伸手又把第三只甲虫抓住。看着这些奇怪的甲虫，大学生真有点儿爱不释手，只顾得意地欣赏手中的甲虫，早把嘴里的那只给忘记了。嘴里的那只甲虫憋得受不了啦，便释放出一股辛辣的毒汁，把这大学生的舌头蜇得又麻又痛。他这才想起口中的甲虫，张口把它吐到手里。然后，不顾口中的疼痛，得意洋洋地向市内的剑桥大学走去。这个大学生就是查理·达尔文。后来，人们为了纪念他首先发现的这种甲虫，就把它命名为"达尔文"。

附件 2：表格《我的专业倾向》

我的专业课程	喜欢	不喜欢	无所谓	原因

（说明：依据自己的实际情况，对于每一门课程在"喜欢""不喜欢""无所谓"中任选一个打"√"，并写出原因。）

［活动反思］

对专业多一些认识和了解，就能激发出更多的兴趣。本次活动就是鼓励学生充分地去感知自己的专业，并且以同伴互助的方式共同探讨如何提升自己的专业兴趣，营造了浓浓的学习氛围。活动过程中还需要注意以下几点：

1. 班主任要注意减少说教，不说大道理，而是充分发挥同伴之间的影响作用，鼓励学生分享和互助。

2. 班主任在活动开展之前要充分了解本班的专业，对专业要有比较全面的认知。

拓展阅读

假戏真做——我居然喜欢语文了

大家好！我是去年刚刚考入人民大学中文系的一年级本科生。说起来，你可能不会相信,我以前是一个绝对不喜欢语文的男生。

我以前非常不喜欢学习语文,你可别笑话我,其实我想谁都不愿意背那些“老掉牙”的古怪东西,所以我的语文成绩一直都不好。虽然谁都知道这样下去是不行的,但是,我对语文就是没有兴趣,也学不进去。这就好像“赶鸭子上架”一样,不知有多难受!

正在苦恼的时候,我遇到了指引我一生的语文老师,她是一个细心周到的老师,看出了我的苦恼,就把我叫到办公室问我是怎么回事,我原原本本地将实情告诉了她。于是,她教了我一个制胜绝招,从此我就改变了。信不信由你!

好,现在我就告诉大家这个绝招。那就是给自己一个心理暗示,也可以叫它假戏真做。你在心中默默地告诉自己——我喜欢语文!我喜欢语文!不停地说,说到自己都觉得喜欢语文了就马上学习。当然,这不可能是一次就成功的,要有耐心。过一阵子,你会发现自己真的喜欢语文了。

今天我对语文已经非常感兴趣了,不然我怎么会考中文系呢?不过,这个经过也挺痛苦的,大家一起来看看我的转变过程吧。

语文老师告诉我这个绝招之后,晚上,我拿起了语文书,心里还是有点烦,不愿意做习题,不愿意看书。这时,我想起老师让我用假戏真做的办法来解决它。反正也学不进去,那就试试吧。于是我拿起书来装装样子,漫不经心地在心里跟自己说:我喜欢语文,我喜欢语文……大概过了半个小时,还是觉得不喜欢。我不管了,然后按照老师告诉我的第二步,拿起书大声地朗读。我读的是欧阳修的《醉翁亭记》,读着读着心里好像不那么烦了,觉得这篇课文写得也挺有趣的。于是,我又读了一遍,接着把这节课后的习题给做完了。在做题的过程中,我发现课后的习题也没有那么难了。第二天上语文课时,老师提的问题我都会,读课文的时候都记住了,结果老师表扬了我,说我学习态度改变了,我也觉得语文课不像以前那样可怕了。当天晚上,我回到家吃完饭,第一件事就是打开语文书,预习下一课。第三天,可想而知,课上老师提的问题我又是都会。这下,我对语文课可就不再讨厌了,每次学习的第一个项目就是语文。渐渐地,我发现自己越来越喜欢语文了,于是,就选择了文科。后来,当我不愿学习的时候就用这种方法,不管它是历史,还是英语,统统有效,屡试不爽啊!

好,接下来给大家讲讲这一现象的原理。心理学研究表明,面对枯燥乏味的课程,你假装对它感兴趣,然后坚持学习,这种学习态度往往会使你的兴趣变成真的,这叫“行动造就心态”。

其实,人的心理感受和行为动作总是相一致的。不信?你想一想,高兴时、充满信心时你就会抬头挺胸,扬眉吐气,走起路来很有精神,步伐快而有力;沮丧时、缺乏信心时,就会无精打采,走路缓慢无力。大家可以利用这个心理感受和自己的行为动作一致的原理,当你不愿意学习时,先“骗”自己喜欢学习,然后再打开书,拿出笔来做最容易做的学习动作,例如读书、念单词等。因为有了这样的学习动作,过一会儿你的心态就能调整过来,进入到学习的状态了。

怎么样?方法不错吧!相信你也一定能做到!

（案例作者:王文）

班级建设启迪:

心理学上著名的皮格马利翁效应告诉我们:一个人期望什么,就会得到什么,人们得到的不是自己想要的,而是自己所期待的。所以只要充满自信地期待,只要真的相信事情会顺利进行,事情就一定会顺利进行;相反,如果认为事情会不断地受到阻力,这些阻力就会产生。成功的人都会培养出充满自信的态度,相信好的事情一定会发生的。这一效应说明了心理暗示的巨大力量,它会使人不自觉地朝着一定的方向、按照一定的方式去行动。因此,如果暗示是积极的,就会带来积极的效果。

想要培养学生对专业的积极情感,班主任一方面要对学生有积极的期待,这是对班主任自己的暗示,这直接影响着班主任对学生的态度,进而影响学生的行为;另一方面也要教会学生常常进行积极的自我暗示,并及时给予赞扬鼓励,以形成良性循环。

第二节　让我们优雅地成长

理论探源

埃德加·莫兰在《方法:思想观念》一书中提出:个人只能在一种文化的内部形成中发展自己的认识,文化也只能通过个人认识的相互作用而存在;个人认识的相互作用使文化再生,文化又使个人认识的相互作用再生。以此观之,在班级建设中如果注重文化的陶冶,那么在班级这片园地上一定会瓜甜果香。优秀的班级应该是一个文化活动频繁、文化领先的班级,是一个精神文明与物质文明同步发展的班级,是一个有凝聚力、有爱萦绕的温馨家园。在班级建设过程中,要做到文化立班、文化强班,通过班级文化符号等多种渠道来打造班级文化的核心和灵魂——班级精神文化;再通过建立人性化的班级制度文化,开展班级特色文化活动,整合家校文化资源,定能让文化成就班级,让班级成就学生。

实战举隅

从1987年9月乐山一中90级高一(1)班学生进校开始,李镇西老师尝试一中崭新的班级管理模式——“法治”管理。他和学生们一起制定了《班规》,内容包括了班级管理中“学习”“宿舍”“值日”“班干部”等各个方面、各个环节。《班规》还专门设了“班主任”一项,对班主任也做了许多规定。《班规》的每一条都写明了执行者,对执“法”不严者也有明确的惩罚规定。

有一次,班级为参加学校歌咏比赛排练节目,担任领唱的晓琳同学不知何故不愿领唱了,李镇西老师反复耐心地做工作,可她仍然不愿意。“你不唱就给我滚出去!”最后,李镇西还是忍不住了。可话一出口,他便意识到自己过分了。晓琳虽然满脸不高兴,但总算唱了起来。事后,李镇西真诚地向学生道了歉,晓琳也真诚地说:“不,还是怪我当时使性子……”这件事也就算解决了。谁料到,李镇西第二天早上走进教室,看见黑板上写着一行大字:李老师昨日发火，罚扫教室一天！班主任李镇西只好认罚，“看来，面对班规，我想赖账也不行！今天放学后，由我打扫教室，而且保证教室清洁分数达到 10 分，否则重扫！”当天下午放学时，李镇西还在市里开会，但他还是匆匆赶回学校，一个人打扫干净了教室。

（案例来源：《“法治”代替“人治”》　摘自《教师成长》）

班级规范是班级文化建设不可缺少的一部分，是协调、团结和组织好班级工作的保证。班主任工作的任务之一在于，使学校制度和教育文化对学生的要求具体化为班级的规范，让班规体现出班级的特色和风格，并内化为学生的行为习惯。班规是班主任个人创造、学生集体创造与学校文化制度相结合统一的结果。

一份完整的班规，既有对学生思想、行为的正面引导，也有对教师的要求，涉及各个方面。班规以制度的形式存在，应体现民主性、规范性、发展性。李镇西老师在班级里实行了“法治”治班、民主治班，而且班主任带头遵守班规，所以班级氛围和风气非常好。李镇西老师说：班级的日常工作基本上不需要操心，一切都交给“制度”。班级制度文化完善，有了规范与制度，保证统一的严格纪律，使集体活动井然有序，才能使班级的目标顺利达成；有了规范与制度，才能使学生在一定的要求下自觉地约束自己的言行，朝着符合班级群体利益、符合教育培养目标的方向发展。

职业院校的学生基础相对较差，来源复杂，其认知能力、身心状况以及家庭背景等个性化差异相比普通高中来说更加明显，管理难度更大。因此，一些班主任认为只要抓好班级管理就行了。至于文化建设，他们认为这是一件劳神费力不讨好的事情，会分散自己对班级管理的精力。事实上，班级管理既是规范化的基础工作，又是系统化的育人工程。尤其在职业院校，更需要管理的人性化、科学化和民主化。有效的班级文化建设能够营造和谐的班级关系，有助于平等互助、团结互信、宽容互享的师师、师生和生生关系的形成；同时，优秀的管理制度文化可以促进班级管理朝着制度化、规范化、民主化的方向迈进；独特的班级活动文化和精神文化可以有效凝聚人心，激发合力，从而形成优良的班风，最终解放班主任，使班级管理达到事半功倍之效。

知识领航

一、班级文化内涵

班级文化是一个班级的灵魂，是班主任、任课教师与学生共同营造的班级软环境，能对师生的言行举止产生潜移默化的作用。先进的班级文化可以让生活于其中的每个学生都能获得最大的发展，使学生的心灵得到净化、心态得到改善、情操得到陶冶、视野得到拓宽。班级文化建设是每一个班主任都需要思考的问题和努力的方向。建设班级文化，应以“文化”为切入点，以文化教育人、感染人、熏陶人。班主任应从美化班级环境、健全班级规范、铸造班级精神三方面着手，将社会、学校对学生的要求和期望转化为班集体的规范、舆论和价值观，使班级的每一个角落、每一条规范、每一次活动都渗透着文化气息，充满着文化意蕴，为学生的学习和生活创造一个充满友爱、温馨、快乐和信任的环境。

知识链接

理想的教室

理想的教室应该充满书香，有一个丰富的图书角。

理想的教室是学生个性放飞的天地，应该有一个学生作品的展示角。

理想的教室应该充满生命活力，可开辟一个生物角。

理想的教室应该向世界延伸，有一个网络角。

当然，理想的教室还应该成为健康之园……

1. **物质文化**

班级物质文化即环境文化。杜威说“要想改变学生，必先改变环境，环境改变了，学生也被改变了”，由此可见环境对于学生发展的重要性。优美的环境是一部立体的、多彩的、富有吸引力的书籍，有着春风化雨、润物无声的作用，它有利于陶冶情操、美化心灵、激发灵感、启迪智慧，对学生具有潜移默化的教育影响力和感染力。

2. **制度文化**

制定行之有效的规章制度是班级文化建设的重要内容。“没有规矩，不成方圆”，“国有国法，家有家规”，班规的建立对于一个班级来说也是非常必要的。良好的班级氛围和学风是离不开班规的约束的，只有所有的学生都良好地执行班级的规定，才能形成优良的班风和学风。

3. **精神文化**

班级精神是班级文化的核心和灵魂，是全班同学的精神支柱和共同信奉的价值准则，具有强大凝聚力。班级精神是一种无形的力量，通过具有共同价值取向的班级目标、班级形象、榜样示范以及集体活动等途径对每一个学生产生影响。

智慧语录

在每个孩子心中最隐秘的一角，都有一根独特的琴弦，拨动它就会发出特有音响，要使孩子的心同你讲的话发生共鸣，你自身就需要同孩子的心弦对准音调。

——法捷耶夫

二、班级文化建设

班级文化的主体是学生，必须在充分尊重学生身心发展规律的基础上进行班级文化建设。班级文化建设是多维的，是多种文化、多种因素的渗透融合，必须创造出符合班级发展实际，符合学生发展实际的文化，才能使其体现价值，发挥应有的作用。在职业院校加强班级文化建设，必须将校园文化、企业文化、职业文化以及安全文化等加以糅合。

（一）加强环境文化建设，发挥环境的陶冶作用

幽雅的人文气息、厚重的教室文化环境对人潜移默化的教育影响是不言而喻的！这种潜移默化的教育往往具有水滴石穿的力量。

1. **营造干净整洁、别具特色的环境**

教室是学生重要的学习和活动的场所，一个窗明几净、体现专业特点的教室是学生们有一个良好的学习条件的最基本的保证，班级的整洁程度也代表着一个班级最基本的形象，是一个班级文明的标志。因此在教室环境的布置上，既要重视教室各区域、各工作板块的外观

设计和空间布置，也要注意其主题确定、内容选择、信息传递，使教室环境能够体现班级理念、反映精神风貌和文化气息，同时还应该结合专业特性和班级特点来进行针对性的布置。

2. 做好绿化，培养学生的责任意识

绿色代表着活力与希望，绿色植物会使人保持一个积极乐观的心态，所以在教室里建立生物角，摆放一些绿色植物，是营造优雅环境的不错选择，可以让教室充满青春活力的气氛，具有生活气息。植物可以交给学生们来浇灌，让他们可以从中学到一些关于植物方面的小知识，也可以培养学生的爱心、耐心、恒心。

冬去春来，万物复苏，又是一个晨读的早上。经过一间间教室，看到窗台上零散的几盆小花、枯草，心中不禁有些失望。但在路过最后一间教室时，忽然眼前一亮——生物角的鱼缸里几尾金鱼自由游弋，花盆里的植物满眼翠绿——教室里顿时显得生机勃勃。带着一丝期盼，走进自己班，却发现原先点缀着教室的那些精致可人的小盆景已经枝叶干瘪垂败地耷拉着，成了教室里不和谐的饰物。看到这样的场景，我问了大家一个问题：养花是为了什么？

养花不仅仅是一个任务，更是一个生命成长的过程。一个班级有了花，有了鱼，虽然可能发生学生把花碰翻、把鱼缸打碎的情形，但这恰恰能够约束学生的行为，激发学生的责任感，培养他们的生活情趣。养花、养鱼对于高中阶段的学生来讲不是难事，但是长期坚持下去，精心呵护这些生命却很不容易。养花即养心——善心、恒心、细心、耐心，用“心”把平凡的事做好就是不平凡，把简单的事做好就是不简单。作为班主任，应利用这样的机会，给学生提供更多感悟成长的方式，让学生学会关爱生命。

3. 建立图书角，营造书香氛围

通过师生捐款买书、订阅杂志、发动学生从家里带书等方式建立班级图书角，由专人负责或全班学生轮流管理。当师生走进书香弥漫的一方小天地时，会油然升起一种庄严神圣的感觉。有了这样的文化背景，班主任更应该引导学生多读书、读好书，让学生体味读书的快乐。班主任安排读书时间，师生共同读书；可以请语文老师对学生的阅读进行指导；帮助学生制订读书计划，通过家校协作强化学生的读书习惯；让学生养成写读书笔记的习惯，读好书更求甚解。通过这些方式，为学生营造读书的氛围。

> **智慧语录**
>
> 我读的书越多，我对世界越加感到亲切，生活对我越加变得明亮和有意义。
>
> ——高尔基

4. 美化装饰，凸显主体意识

对于教室的美化装饰一定要充分发挥学生的主体作用，放手让学生去设计布置。可以让所有同学都参与进来，让他们真正地提出自己的想法，这样不但可以集思广益，选出最优秀的美化装饰方案，而且也能增强同学们的班级集体荣誉感，让他们真正感觉到自己为班级的建设出谋划策，让班级成为学生身心舒展的精神家园。同时，这也为同学们提供了一个表现自己创造力，体现个性化的舞台。

问了全班四十二人，谁以前出过黑板报，没有人回答；问谁的粉笔字、画画好一点，没有人回答。好，既然没有人主动，那这次黑板报就全班一起出吧。主题就是“我自豪，我是17电气班”！每人写一句自己的志愿或感受，并且贴上自己的照片。学生问照片贴哪儿，为了最大限度地发挥学生的创造力和想象力，我说贴你最想贴的地方。虽然这次的黑板报没有其他班精致精美，字迹没有那么俊秀端庄，但这是全班共同努力的成果。

班级中每个成员都是不可缺少的，每个人尽心做好每件事，尽自己最大的努力，班级就会拧成一股绳，团结奋进。其实，每个人需要战胜的是自己，重要的不是结果，而是每天都在进步，是过程，成长的过程。在这个过程中，班主任尽一己之力，让学生收获快乐和喜悦，这应该是每个班主任所追求的。

（二）加强制度文化建设，发挥制度的约束作用

班级制度文化包括班级的文明习惯、规章制度、道德规范、人际交往方式、娱乐活动方式、学习风气等，制定行之有效的规章制度是班级文化建设的重要内容。首先，在制度文化上，可以尝试改变组织结构，引入准企业组织结构。其次，在班级制度的制定和执行上，要注入以人为本的文化内涵，充分发挥学生主体作用，由学生自己讨论制定班级班规并执行，使班级各项管理工作做到有章可循、有章必循，班主任只是起到引导和指导作用并及时处理可能出现的需要善后的问题。著名教育家魏书生的班级管理实践证明，人性化、民主化的班级制度文化可以提升学生的自我教育能力，促进学生自觉规范自身行为，使班级管理达到“无为而治”的最高境界。

中等职业学校学生公约

1. **爱祖国，有梦想。**热爱祖国，热爱人民，热爱中国共产党。志存高远，服务人民，奉献社会。
2. **爱学习，有专长。**崇尚科学，追求真知；勤学苦练，精益求精；不会就学，不懂就问。
3. **爱劳动，图自强。**尊重劳动，勇于创造；艰苦奋斗，勤俭节约；从我做起，脚踏实地。
4. **讲文明，重修养。**尊师孝亲，友善待人；诚实守信，言行一致；知错就改，见贤思齐。
5. **遵法纪，守规章。**遵守法律，依法做事；遵守校纪，依纪行为；遵守行规，依规行事。
6. **辨美丑，立形象。**情趣健康，向善向美；仪容整洁，衣着得体；举止文明，落落大方。
7. **强体魄，保健康。**按时作息，坚持锻炼；讲究卫生，保持清洁；珍爱生命，注意安全。
8. **树自信，勇担当。**自尊自信，乐观向上；珍惜青春，不怕挫折；敬业乐群，勇担责任。

放眼当下，还有相当部分的中职学生自立意识和生活处理能力差，他们依赖性强，缺乏对自己、对父母、对学校、对社会的责任感，表现出一种不负责任的态度，如对学习不负责，对他人不负责，以自我为中心，同学间不会团结协作等。当今社会需要博学多才、有快捷获取信息的能力、有终身学习的观念、有自我发展的精神、有与人协作的意识的人才，所有这一切都离不开责任心的培养。责任心的培养要以实践为基础，在实践中锻炼成长，班级小岗位制

正好能培养学生的这一能力，“小岗位”是学生成长的“大舞台”。

1. 设置小岗位

小岗位的设置遵循“需要”原则，在老师的指导下，由学生根据班级管理的实际需要去设立。设岗的时候，首先引导学生认识：班级就是我们的家，管理服务靠大家。然后组织学生讨论：班中哪些事情需要大家经常去做？学生你一言我一语，会说出许多日常琐事：擦黑板、开关电灯、清洁卫生、整理图书等等。

2. 亮化小岗位

亮化岗位职责，由老师组织同岗的学生一起讨论自己所选岗位的工作职责。比如，班级园丁的职责是给班级植物角里的花草浇水、晒太阳；节能卫士在全体学生离开教室去跑操、实训、体育课时要负责关灯。明确了岗位职责，学生完成任务时就有了方向，就更有利于岗位工作的落实。

知识链接

小岗位设置参考：班主任助理，协助班主任全面管理班级工作；管理类，负责所有服务类岗位的监督、管理工作，如气象员、节能员、保管员、发行员、小园丁、图书管理员、雷锋记录员等；学习类，负责所有学习类岗位的监督、管理工作，如小编辑、小博士、课代表、领读员等；活动类，负责策划、组织和管理班级活动，如金话筒、通讯员、摄影师等；卫生类，负责所有生活类岗位的监督、管理工作，如卫生员、整洁员、绿色卫士、黑板美容师等。

3. 自选小岗位

小岗位的选择遵循“自主性”原则，尊重学生意愿，能最大程度地调动学生的主动性、积极性。岗位设置好后，先由老师确定每个岗位所需人数，再简单明了地向学生提出岗位工作的要求——每天做、坚持做、认真做，随后就让学生思考选择。在学生自主选择的基础上，由老师根据岗位所需人数进行协调、均衡，以确保人人有事做、事事有人做。

4. 轮换小岗位

班级管理应该是动态进行的。根据班级、学生的实际情况，进行小岗位的轮换和岗位设置的调整，不仅能丰富学生的体验，还能促进学生在多重合作中提升互动能力。不同的岗位轮换周期不同。每天轮换的有一个特殊的岗位——举班牌员，这个岗位不属于任何部门，也不用检查评价，这是奖励性质的岗位，天天轮换，老师要做有心人，尽量做到一个学期里至少人人轮到一次，所以要特别关注后进生，挖掘他们的闪光点，给他们机会；每周轮换的有一周值日生，有专门的值日表；每月轮换的有纪律监督员等；更多岗位都是一学期轮换一次，如图书管理员等。

5. 小岗位的多元评价

各部门的岗位要实行交叉检查，这样的检查是针对学生个人进行的。各个部门由班干部负责管理和检查，他们同时还是班级的普通一员，所以每人还有一个小岗位，这样就使得他们在检查别人的同时也能切实接受别人的检查。有检查就要有评比，每个月的月底，根据班干部的日常检查记录，通过全班同学的口头评议，评选出当月的“优秀岗位小能手”，对这些同学颁发奖状。评价既要突出对自己岗位自觉认真完成的同学，又能兼顾到助人为乐的同学，以此积极促进学生之间友好合作、互帮互助氛围的形成。

（三）加强精神文化建设，发挥精神的引领作用

思想决定行动，因此，精神文化是班级文化建设的核心，它对于培养学生健全的人格，健康的情感，积极的人生态度，正确的世界观、人生观和价值观以及凝聚力有着明显的导向作用。

1. **确立班级目标**

在建班初期，班主任就应该着手目标定位的工作，在充分调研的基础上，通过征集个人愿景、小组愿景，最后形成班级愿景，形成愿景链，将个人愿景和班级愿景结合起来，形成利益共同体，从而产生聚合力。同时，在确定目标时必须注意长短结合、难易结合、个人与集体结合，充分发挥每个人的才智，充分尊重每个人的发展需求。只有这样，目标才会具有明确的导向性，才可能提高大家的认同感和归属感。

旅游系普专旅游 14－1 班徽

设计说明：蓝色的圈代表蓝天，茂盛的大树连接褐色的一圈土地代表了旅游专业的我们行走在蓝天之下土地之上去欣赏沿途的风景；树枝上的 31 片叶子代表全班 30 个同学和主心骨辅导员，我们全班团结一心向上，就像大树一样挺拔，努力成长！

2. **塑造班级形象**

班主任应当注重引导激发全体学生的热情，让大家积极参与到班训、班歌、班徽的设计与制作之中，达到凝聚人心的作用。

班训是班级个性、特色的高度概括和班级精神的标志，是师生共同愿景的精神概括、共同价值取向和精神内核的体现，是班风、教风、学风的参照目标，主要是对学生的要求、训导、告诫和防范。

一首好的班歌，旋律活泼，欢快奋进，可以激励学生努力学习、奋发向上，增强班级凝聚力。在班级活动中和学校活动中齐唱班歌，给人以集体的自豪感、信心和勇气，对全班学生来说是一种无形的精神力量和教育力量。

作为班级的象征，班徽在班级宣传和培养学生的集体荣誉感方面有重要作用，是反映班级文化、特征、精神的一种形象、物化的标志。

3. ***建立榜样示范***

可以在班级中评选各类“最佳”或“优秀”，树立典型，鼓舞士气；还可以设立各种“进步奖”，放大后进生的点滴进步，鼓励他们不断进取。榜样具有一种无形的鞭策力量，可以带领相对落后的那部分学生去接受班级的文化，从而带动整个班级形成一种积极向上、奋发进取的风气。

智慧语录

榜样是船，让我扬起希望的帆，带我驶向胜利的彼岸。

榜样是灯，照亮人生的道路，驱走黑暗的彷徨。

榜样是指南针，为我指引前进的方向，让我不再迷惘。

（四）加强活动文化建设，发挥活动的凝聚作用

活动是班级文化建设的主要载体，也是班级文化建设的生命线。活动为同学们展示自我提供了一个很好的舞台，学生的精神风貌在班级活动中可以得到体现，从而增进师生之间、学生之间的理解，增强学生的合作意识和班集体的凝聚力。班集体的凝聚力在活动中产生，在活动中得到加强，班级精神也在活动中深化和积淀。

1. ***在校园活动中渲染班级文化***

班主任一定要善于遵循职业教育规律和职业院校学生身心发展规律来开展教育教学活动，让学生在活动中体验和感悟，提高学生对班级文化的认同感。在班级活动中可以保留学校有特色的活动，如各种竞赛、评比、会演、运动会等，为渲染和创造班级文化构建平台。

一年一度的学校运动会是营造班级积极向上文化建设的大好时机。全班同学在运动会上都有这样一个信念：拿名次、争分数，为班级荣誉争光。场上运动员个个奋勇争先，场下啦啦队人人呐喊助威。有个女同学800米比赛下来没能拿到名次，躲起来一个人伤心哭泣，我找到她，她的第一句话就是：“老师，我没拿到名次，没能为班级争光，您骂我吧。”我告诉她，老师要的实际上已经得到了，我要的就是这种精神，一种敢拼、不服输的精神。正是这种精神的激励，我班取得了多项个人和团体的冠军。运动会后，我在班上首先祝贺全班在运动会上取得的骄人成绩，同时指出运动毕竟是我们的“业余”工作，我们的“专业”工作是学习，我们需要的是团结向上、不服输的精神。今后，我们班一切都要走在全校的前列。

班级活动是班级文化建设的有效途径之一，人的能力在活动中得到培养和锻炼。每一次参加学校集体活动的过程，都是班级学生主人翁意识的体现。学生在活动中体现出的精神风貌，其实就是一个班集体的精神文化的提炼。

2. **在班级特色活动中凝练文化**

在班级内开展多样化的、丰富多彩的班级活动对于班级文化的发扬有很大的帮助,可以参照企业开展劳动竞赛、创新竞赛等活动,结合专业特色和班级理念开展各项文体竞赛、知识竞赛以及技能竞赛,通过竞赛培养团队合作意识,增强竞争意识等。同时,鼓励学生发挥专业特长,积极参加志愿服务活动:电子电器专业可以为师生免费维修电子产品;表演艺术专业可以送艺下乡;美术专业可以免费教小朋友画画;酒店服务专业可以成立礼仪队,为学校大型活动服务,等等。这些活动,让学生既锻炼了动手能力,又增强了社会责任感,对于学生职业道德的养成有着积极的促进作用。

五月的天气宜人,周末的一天,学校电子技术、计算机等专业的同学们组成了便民服务小组,在居民社区"摆摊设点",开展"技能服务社区行"活动,免费为社区居民提供家电检测维修、电脑与手机维护等多项便民服务。

"小伙子技术真不错,这么快就把我家的电风扇修好了!没想到职业教育这么实用。"在家电检测维修台前,学生一会儿工夫就修好了居民李阿姨的电风扇,引得她不停夸奖。

"很久以前买的老式血压计坏了,放家里好久了,一直没舍得扔,拿去请人修,结果都劝我买个新的。今天看这里有免费维修,就拿来试试看,没想到居然修好了,真是太感谢他们了。"秦阿姨兴奋地告诉身边的朋友。

通过志愿服务活动,学生们感受到了自身的价值,向社会展示了职业教育的办学成果。

集体活动有意识、有序地开展,既可以增进师生之间、生生之间的相互了解,有利于形成互助关系,又可以锻炼学生的综合素养,最终沉淀为班级文化的精髓——班魂。有了自己班魂的班级,即使班主任不在学校,班级一样会照常运转,并且始终保持原有的特色,从而实现从个人管理到制度管理,最终到文化管理的管理最高境界。

活动设计

有你·有我

[活动目标]

班级组建初期,让同学之间、师生之间尽快熟悉,有利于形成良好的班级氛围,有助于创建优秀班集体。本次班会利用体验式团体教育模式,通过同学交流、合作、竞争等形式,加强班级文化建设,增强班级凝聚力,为班级发展注入新的动力。

[活动设计]

活动环节	活动过程	注意事项	设计意图
暖场："五指对对碰"	1. 序曲：聆听歌曲《多好呀》。 2. 班主任开场。 3. 五指对对碰。 全场学生自由走动，老师提出五个问题：我叫……；我来自……；我的血型……；我的兴趣是……；我喜欢吃……每人从大拇指开始，和其他人相互碰撞，彼此说出问题的答案。	活动场地的地面铺彩色的地垫，学生们不穿鞋活动，更好地体验放松。	创设情境，营造温馨的气氛；让学生在轻松愉快的氛围中消除彼此的陌生感。
小组建设："在一起"	1. 每组学生自我介绍，选举组长，确定组名和口号。 2. 组长代表全组发言，并带领全组用声音和肢体展示。	小组完成任务，要做时间设置，比一比哪一组有效率、有特色。	组建团队，培养学生的团队与合作意识。
"我的未来"	1. 听音乐放松，引导学生畅想高中生活的画面，音乐停止，画面定格。 2. 每人把自己脑海中定格的画面用彩笔在 A4 纸上描绘"未来"。 3. 表达分享。 (1) 组内分享：在组长带领下，完成组内分享。 (2) 推荐分享：推荐本组一名画面有特色的成员，向全班分享。 4. 情感升华：全班学生起立，欣赏彼此的画，看别人的未来并介绍自己的未来；聆听音乐《相信自己无极限》。	分享是用语言表达画作，不是传阅画作。	学生初步构想未来的学习生活，作初步规划，并且学会更好地与他人交流分享。
合作竞争："比比看"	1. "大比拼"：每组学生站成纵队，排头学生双脚站立，第二位学生右脚站立，左脚抬平，由排头学生抬平，以此类推。在同一段距离中，全组一起走，用时最短的组获胜。然后组内交流，分析小组得失及原因，派一名代表在全班分享。 2. 我们最……：每组在 5 分钟内，用 2 张报纸完成一个作品，全体参与，然后进行展示和讲解。 3. 心有灵犀："一人一笔画"，小组全体成员站成一列，每人画一笔，形成一幅画面；排尾学生讲解画面的主题。	"大比拼"环节先练习，注意安全。	考验小组的合作力、想象力、创造力和默契度，由彼此合作竞争到内在心灵感应，是心灵内化的过程。
"我爱我班"	1. 共同欣赏军训以来班级的一些精彩画面，成员分享：你期待的班集体是怎样的？ 2. 肢体表达：我很棒，你也很出色，让我来帮助你，我们班加油……	提前收集好班级集体活动的照片、视频，做成微视频。	感受在集体中成长，产生心灵的共鸣，激发集体意识，增强凝聚力。
总结升华	1. 分享表达：一加一大于二，是一个富有哲理的不等式。它表明集体的力量不是单个累加之和，最伟大的力量是团队的力量！ 2. 情感升华：齐唱歌曲《有你有我》，师生分享活动心得。	班主任分享，触动人心。 齐唱歌曲时，全班手拉手围成一个大圈。	感受彼此的温暖和力量，拉近彼此的距离。

[活动反思]

此次活动是为了提高班级凝聚力，促进学生的互相了解。活动中，有的组在组长的带领下异常活跃,有些组的组长却起不到很好的带头作用;有些学生的动手能力和想象能力真的很强,有些学生面对画布却什么也没画出来……活动中的遗憾总是有的,但只要每次都是有收获的就够了。学生通过班级活动,参与意识明显提高了,不再把自己看成是局外人,班级凝聚力明显增强。学生也学会了更好地与人相处交往,让自己更加优雅地成长。

拓展阅读

心与心愿,落花无痕

我国著名的教育家陶行知先生说:"你的教鞭下可能有瓦特,你的冷眼里可能有牛顿,你的讥笑中可能有爱迪生……"以前我总不能理解这些话,总觉得有些学生是不可理喻的。然而就是一次冷静后转变方式所处理的学生问题,让我改变了自己长久以来的想法。

"丁零零……"手机响了,看到男生宿舍的电话,我心头一惊。接通后,宿管的声音传来:"尹老师,你们宿舍里发现了几个烟头,你过来看看吧!"挂掉电话,我匆匆赶到男生宿舍。经过检查以后,发现这件事确实是本班住宿的三个男生所为。那三个男生本来就很让我头疼,当时的我非常生气,并表示一定会按照校纪校规严格处理。

回去的路上,路过学校的四方亭,忽然有东西掉在了头上,有点疼,本就生气的我感觉所有事情都在和我作对。伸手拿下掉在头顶的东西一看,原来是朵花。再抬头,满眼的紫藤花,绚烂夺目。仔细想来,原来砸到自己的东西竟也可以变得如此美丽,而我为什么不能换一种心态去面对学生呢?

回到办公室,我极力平复好自己的心情,找来班级的五名男生,其中就包括抽烟的那三名男生,用极为平和但很郑重的语气对学生说:"现在有一项非常重要的任务交给你们五人去做,学校正在进行宣传活动,我给你们两周的时间,你们要利用各种渠道去收集吸烟有害健康的相关材料,做成两块宣传版面,在学校进行公开展览。我希望你们可以做得尽善尽美,为我们班级增光添彩!"这番话很俗套,但我却看到了那三个男生眼神中的惴惴不安。我掩饰了自己的所有情绪,等待结果!

制作宣传版面的两周里,那三个孩子非常认真,百分之八十的资料都由他们搜集整理,并且对版面制作提出了自己的想法与观点;但每次见到我,他们却总是一副欲言又止的样子。我知道他们快憋不住了。

两周后,图文并茂、制作精美的两块班级文化墙引起了全校师生的关注,几个孩子还取了两个好听的名字——"心与心愿""落花无痕"。尤其是那三个孩子通过自己认真地反思,编写出的"中职学生吸烟的十不该"在很多同学中迅速传开,成了学校对中职学生进行"吸烟有害健康"教育不可多得的教育载体,取得了良好的教育效果。

看着自己的劳动成果被许多人肯定,五个孩子的兴奋之情可想而知。这时,那三个孩子走到我的面前,说:"老师,您让我们做这件事情的时候,我们就觉得特别别扭。我们在宿舍抽烟把烟头扔在宿舍,现在我们来认错了,您惩罚我们吧!"我笑着指着宣传版面,说:"这,不就是最好的'惩罚'吗?!"看着几个男生的眼泪,我心里五味杂陈。其实,在你觉得孩子们最不值得被爱的时候,往往就是他们最需要爱的时候。

我不敢断言这几个学生今后将会告别吸烟，但我却可以肯定，这种“美丽的惩罚”要远远好于常规的处理，仿佛无痕的落花，通过班级文化墙的布置，营造了温馨的班级氛围。“不是锤子的打击，而是水的载歌载舞才能让鹅卵石臻于完美。”

（案例作者：南京江宁中等专业学校 尹艳雯）

班级建设启迪：

在班主任工作中，用智慧将教育的真正意图“掩盖”起来，用人性化的方式引导学生，“润物细无声”。通过班级文化墙的布置，营造温馨的氛围；通过班级制度的建立，规范师生的言行；通过班级精神的铸造，引领学生的价值取向。总之，建设良好班级文化，是为了促进班级集体建设，达成育人效果。班级文化建设也分等级，遇到问题做一次提升凝聚力的主题班会来化解问题的，属于低级水平；平时注意维护班级共同利益，树立班级价值观，这种长期经营属于中级水平；高级水平的班级文化建设，是把班级的每一个人都看成有重要价值的人，当班级中的每一个人都变成有价值的人，班集体就会形成经久不衰的正能量，这时的班集体就是“百毒不侵”的一个整体。

第三节 心灵每天都沐浴阳光

理论探源

心理学家马斯洛认为，心理健康的人至少要具备下列品质：对现实具有有效率的知觉；有自发而不流俗的思想；悦纳自己，也悦纳他人；在所处环境中保持独立，欣赏宁静；对平常事物保持兴趣；能与少数人建立深厚的感情，具有助人为乐的精神；具有民主态度、创造性的观念和幽默感；能经受欢乐与受伤的体验。有人说，心理有障碍的学生就像折了翅膀的天使，在他们的成长历程中应该给予更多的帮助与温暖。每一位职业院校的学生都有自己的梦想，在追逐梦想、茁壮成长的过程中，他们难免遇到各种困扰、挫折，也难免感到成长的压力、焦虑，这些都将冲击他们的心灵。只有积极关注学生的心理健康发展，在班级中营造良好的成长环境，才会让班级成为学生快乐生活的大家庭，成为学生茁壮成长的肥沃土壤。

实战举隅

“我不喜欢这个班级，一点儿都不喜欢！”这是小程来向班主任申请退学时反复说的话。这让班主任很惊讶，在她看来，小程一直是个遵守纪律、认真学习的孩子，只是性格比较内向，不爱参与班级活动，不怎么与人交谈。这次来申请退学是小程第一次主动找班主任，班主任在惊讶的同时也开始寻找她退学的缘由。在耐心的交谈中，班主任了解到小程一直和妈妈生活，爸爸长期在外打工，很少回家，但是爸爸很关注她的学习成绩，每次打电话或者回家时和她的交流就是询问学习情况。而她的妈妈除了把她的生活打点好，也不怎么和她交流，她的身边没有小伙伴，所以她从来都不知道如何与人交往，一直生活在自己的世界中，可以说比较自闭。班上有很多同学都很活泼，班级也常常组织各种活动，这样的集体给她带来了很大的冲击，她觉得同学们都笑话自己的格格不入，甚至都在悄悄议论自己不属于这个集体。

可以看出，小程的心理状态很消极，甚至已经偏离正常水平，班主任若是在平时多关注、多找她交流，应该可以更早发现并采取适当的措施。

我们的学生正处于青春期，又称心理断乳期，是生理、情感、自我意识等飞速发展的时期，成长中不可预期的烦恼、对他人目光的敏感、对评价的在乎、对自我的怀疑……种种困惑组合成了五味俱全的青春岁月，许多学生都承受着各种心理困扰、消耗着心理能量。所以，青春期的心理健康尤为重要。班主任作为和学生接触最多、影响最大的老师，需要更加细心、耐心地去发现学生的问题，去关心学生的心理状态，去帮助学生解决他们的困扰，维护他们的心理健康，维护班级的和谐与健康。

知识领航

一、什么是心理健康

> **智慧语录**
>
> 一切的财富和成就，都源于杰出的智慧与健康的心理。
>
> ——C. G. 荣格

世界卫生组织(WHO)对健康的定义是：“健康是一种在身体上、心理上和社会功能上的完满，而不仅仅是没有疾病和虚弱的状态。”从这一定义可以看出，健康应包括生物、心理、社会三个层面。只有当一个人在这三个层面同时都处于完好状态时，才可以说是健康的。

那么，心理健康的状态是什么呢？国际心理卫生大会曾这样给心理健康下定义：“所谓心理健康，是指在身体、智能以及情感上，在与他人的心理健康不相矛盾的范围内，将个人心境发展成最佳的状态。”具体是指：身体、智力、情绪调和；适应环境，能在人际关系中彼此谦让；有幸福感；在工作和职业中，能充分发挥自己的能力，过着有效率的生活。

可以说，心理健康的状态包括两层含义：一是无心理疾病，这是心理健康的基本条件；二是具有积极向上的心理状态，保持和促进心理健康，消除不健康的心理倾向，使心理处于最佳的发展状态，比如遇到困难不逃避、积极主动地调节不良情绪、从积极的角度思考问题等。

二、如何评判心理是否健康

评估心理健康的三大标准，是 1988 年由许又新教授提出来的：

第一，体验标准：是指一个人的主观体验和内心世界的状况，主要包括是否有良好的心情和恰当的自我评价等等。

第二，操作标准：是指通过观察、实验和测验等方法考察心理活动的过程和效应，其核心是效率，主要包括个人心理活动的效率和个人的社会效率或社会功能，如工作和学习效率高低、人际关系和谐与否。

第三，发展标准：即着重对人的个体心力发展状况进行纵向考察与分析。

衡量心理健康时，要把这三个标准联合起来综合考察。

我国著名心理学家林崇德教授提出："心理健康标准的核心是：凡对一切有益于心理健康的事件或活动做出积极反应的人，其心理便是健康的。"主要有以下10条：

了解自我：对自己有充分的认识和了解，并能恰当地评价自己的能力。

信任自我：对自己有充分的信任感，能克服困难，面对挫折能坦然处之，并能正确地评价自己的失败。

悦纳自我：对自己的外形特征、人格、智力、能力等都能愉快地接纳认同。

控制自我：能适度地表达和控制自己的情绪和行为。

调节自我：对自己不切实际的行为目标、心理不平衡的状态、与环境的不适应性，能做出及时的反馈、修正、选择、变革和调整。

完善自我：能不断完善自己，保持人格的完整与和谐。

发展自我：具备从经验中学习的能力，充分发展自己的智力，能根据自身的特点发展自己的人格。

调适自我：对环境有充分的安全感，能与环境保持良好的接触，理解他人，悦纳他人，能保持良好的人际关系。

设计自我：有自己的生活理想，且理想与目标切合实际。

满足自我：在社会规范的范围内，适度地满足个人的基本需求。

值得注意的是，心理健康不是某种固定的状态，它是动态的、变化的，会因社会、心理、生理、家庭等方面的变化而变化。心理健康与否的界限也是相对的，正常与异常更像是连续体的两端，没有明显的分水岭。个体心理健康与否可以与常态人群相比较，年龄相仿的人在心理上应具有较大的相似性；还可以与自身的惯常心理和行为相比较，当反差很大时，则反映现时可能正在受到某种心理问题的困扰。

三、如何保持心理健康

1. 掌握一定的心理卫生知识

中职学生已经开始走向成熟，自我意识已基本建立，对他们来说，最重要的教育是自我教育。因此，班主任应加强心理卫生知识的宣传教育，帮助学生增强心理卫生意识，去除盲点。了解了心理卫生知识，就等于拿到了通往健康心理之门的钥匙，在必要时就可以进行自我调节。

2. 建立合理的生活秩序

许多职业院校学生在入学后容易出现两种倾向：一是觉得苦读初中三年，进入了中职，有了更多的自由，也比较轻松，没有了老师、家长的过多干涉与束缚，于是终日玩乐，不思进取，高呼"60分万岁"，任自己的中职时光荒废过去；二是不太适应中职的学习方式，在学习上疲于被动应付，产生焦虑，进而严重影响其自信心。这两种不良倾向，最终都可能导致学业上的挫折，带来苦恼及自我否认等心理问题。

班主任可利用丰富多彩的校园生活，引导学生合理调整生活节奏，积极参加多样的文体活动。这样既可调剂紧张的学习生活，又可以开阔视野、广交朋友，发现自己在各方面的潜力，增加与他人相处的经验，从而经常体验到愉悦。这种平稳的积极状态，能使中职学生充分发挥其潜在能量，增强自信，劳逸结合，从而提高学习效率，得到最佳的适应。

中职二年级的小杰同学刚刚获得了技能大赛市赛的资格，他既兴奋又紧张，更多的是感到幸运，因为他差点在一年级就退学了。一年级时的小杰没有了学习的压力、没有了父母的管束，在学校除了玩手机游戏，就是和一群新认识的朋友混日子，用他自己的话说："打架、抽烟、逃课……什么事我都干过了。"常常收到各种处分单的他渐渐开始厌烦这样的学习生活，于是想到退学。他的班主任耐心地与他进行了多次长谈，建议并安排他加入了技能大赛的训练队。训练队的老师不断鼓励他、督促他，他的生活重心逐渐转移到训练中，他也在训练中找到了成就感。他说："如果没有参加技能训练队，我应该已经不是这个学校的学生了，现在还能有幸代表学校参加市级技能大赛，真的要感谢我的班主任和技能老师，她们让我的生活有了方向，让我的生活更加充实。"

每个人都有成功的欲望，职业院校学生的这种成功欲望更为强烈。班主任如果能帮助他们找到为之奋斗的生活目标，并且保持自信、向上的态度，那么他们的生活更易变得愉快、有节奏、有意义。

但客观地讲，每个人的能力都有一定的限度，都具有优势和劣势两个方面。班主任应对学生的能力做出客观的评价，并依此帮助学生确定力所能及的奋斗目标，一方面保护他们少受挫折、不对自己过分苛求，另一方面让他们能充分发挥才能、获得成功的体验，这些对于维持心理健康也是极为重要的。

3. **保持健康的情绪**

情绪对于心理健康来说，是至关重要的。几乎每一种心理疾病都有其情绪上的表现。稳定而良好的情绪状态，使人心情开朗、轻松安定、精力充沛，对生活充满乐趣与信心。相反，如果一个人情绪波动不定，患得患失，喜怒无常，处于不良的情绪状态中，而自己又不会调节和控制，就会导致心理失衡和心理危机，甚至精神错乱。职业院校学生情感丰富而冲动，更应学会保持健康的情绪。

首先，要学会合理宣泄。在生活中，人们难免会遇到不良刺激而出现比较剧烈的情绪反应，如愤怒等。这种剧烈的情绪对生理和心理健

知识链接

宣泄不良情绪的方法

倾诉：将自己的心情向知心且信赖的人诉说，或奋笔疾书，向日记本倾诉。倾诉过后，不良情绪会消减大半。

大哭：医学研究表明，流泪可以将不良情绪带来的许多有害的物质排泄出去。当自己被不良情绪包裹时，找一个僻静的地方，或关在自己的房中大哭一场，是一种有效的宣泄方式。

放声喊叫或歌唱：找个合适的场所放声喊叫或歌唱，可以把心中郁积的不良物质释放出去，化解心中的苦闷。

剧烈运动：跑步、打球、拳击等激烈运动，可在释放体力的同时发泄出体内积聚的怒气、不满等消极情绪。

康都十分不利，班主任应引导学生把这种情绪适当地表达、宣泄出来，既不压抑自己，也不放纵自己。找知心朋友或亲人倾诉，甚至大哭一场都不失为调整机体平衡的有效方式，并且在倾诉郁闷的过程中，还可能获得更多的情感支持和理解，获得认识和解决问题的新思路，增强克服困难的信心。所以班主任要积极关注学生的情绪，在恰当的时间主动关心学生，提供一个倾诉和宣泄的平台与场合。

其次，要学会自我调节。对一件令人沮丧的事，总去注意它，就会限制自己的思维，使自己越发低沉。这时，不妨将自己的注意中心转移到别的事物上，暂时离开这件不愉快的事，去看看电影、听听音乐，这样便可从烦闷中走出来。还有一种很好的调节方式就是幽默，幽默能使紧张的精神放松，摆脱窘困的场面，消除身心的某些痛苦，调节和保持心理健康。

4. **建立和谐的人际关系**

人与人之间的关系最易引起人的情绪变化，关系友好，就会引起满意的、愉快的情绪反应，使人心情舒畅。和谐的人际关系，可以增加自信和理解，减少心理上的不适感，实现心理平衡。所以建立良好而真诚的人际关系，是非常重要的心理保健途径。当然，好的人际关系需要耐心、细心的栽培和时时的浇灌，而且要学会付出，有付出才会有快乐。

中职学生都是同龄人，共同点较多，人际关系比社会上单纯。班主任可通过开展形式多样的班集体活动来提供良好的交往平台，营造和谐的交往氛围，让学生在活动中团结合作、友爱互助、促进交往。但现实生活中的每个人都不可能是完整无缺的，在个性、行为习惯、价值观念和情绪状态等各个方面都可能会有各自的优点与不足。因此，班主任还要引导学生对他人持有宽容的态度，不要期望过高，否则往往会产生失望感，其结果是使自己的心理平衡受到干扰，对自己造成更大的不良影响。

此外，班主任还应经常走到学生中去，增加与学生的沟通，用无私的爱来建立良好的师生关系。

一位学生在写给李镇西老师的信中说："那么多的政治课、班会课、团组织生活，可从来不愿谈我们关心的问题，这些问题我们一般也不愿问老师。有一次，我憋得受不了了，鼓起勇气找班主任，他听了我的叙述，便给我讲了一大通'要有远大理想''你的苦闷难道还有张海迪遇到的困难大吗''看问题要全面嘛'之类的套话，真是烦死人了！更气人的是几天后的一次班会课上，老师不点名地批评说'一些同学缺乏远大理想、心理灰暗、思想不够健康……'，这不是把我往绝路上逼吗？……"

这封信的字里行间道出了不被理解，甚至遭到曲解的无奈、苦闷以及愤怒的情感，所以班主任对学生的爱应该是尊重、接纳、理解、共情。在与学生沟通时，班主任应放下自己的参照标准，设身处地地了解和体会学生的思想与感受，从学生的处境来体察其行为，充分表达出对学生的理解，这样才能真正让学生感受到班主任的爱，从而促进师生关系的良性发展，也给学生树立了积极的模范榜样。

活动设计

情绪,心灵的晴雨表

[适应年级]

各个年级。

[设计思路]

经常保持自己良好的情绪状态是使自己心理健康的一个重要方面,但是有些情绪失控的人往往是回避自己的情绪和情感的,而这种回避又往往与自身不能清楚地表达情绪有关。所以要保持良好的情绪,首先要了解自己的情绪,要学会承认、正视自己的情绪体验,并能正确、清晰地表达它们。

[活动目标]

1. 学会辨别各种不同的情绪。
2. 学会辨识自己的情绪,并正视它们。
3. 学会正确表达自己的情绪。

[活动准备]

课前对学生的常见情绪表现进行调查总结,准备一些描绘情绪的词汇;准备“喜、怒、哀、惧”的脸谱。

[活动设计]

活动环节	活动过程	注意事项	设计意图
暖身活动	1. 所有同学围成一个大圆圈,每个人向两侧自然伸开双臂,左手展开手掌,右手握拳伸出食指,并将食指抵到右边同学的左手掌心。 2. 老师讲故事,当故事中出现“乌鸦”时,所有人就要用左手手掌尽量去抓左边人的右手食指,同时也要尽量让自己的右手食指不被抓住。 3. 讲完故事分享体验: (1) 在听故事时,我感觉________; (2) 成功抓到别人或逃过一“劫”时,我感觉________; (3) 被别人抓住时,我感觉________。	故事见附件1。	暖身活动,活跃气氛,同时体验快乐、紧张等不同的情绪,引出主题,并为下个环节“辨别情绪”作铺垫。
情绪脸谱	1. 出示画有“喜、怒、哀、惧”的脸谱各一张,区分这四种基本情绪。 2. 词语接龙,在四张脸谱上分别写出可以描述此情绪的词汇。 喜:快乐、开心________ 怒:生气、愤怒________ 哀:悲哀、悲伤________ 惧:害怕、担心________	提前准备情绪脸谱。	认识快乐、愤怒、恐惧和悲哀四种基本的情绪,掌握描述情绪的词汇,为表达情绪储备知识。

续表

活动环节	活动过程	注意事项	设计意图
采摘情绪果	设想来到一座森林，森林里有一棵情绪树，上面结着各种各样的情绪果。如果有人不小心吃了某一种情绪果，他就不能够发出声音，而只能用表情或是肢体动作表达它所代表的情绪，直到有人喊出这种情绪果的名字，魔力才会消失。 1. 邀请不同的同学上台来采摘情绪果，体验果子上的情景，感受自己体验到的情绪，并将情绪表现出来。 2. 邀请台下同学踊跃猜测，并大声说出来。 3. 教师小结：我们在日常生活中常常碰到这些情景，每个人也都会体验到不同的情绪，我们要正视自己的情绪，并将其清晰地表达出来，这是调节情绪的第一步。	提前准备写有不同生活情景的情绪果，情景应为学生中易出现的。	感受情绪、接纳和正视自己的情绪，并学会以合适、正确的方式将情绪表达出来。
情绪温度计	1. 引导同学回忆自己一周以来的情绪体验，为每一天的情绪确定一个温度，最高温度为 35 ℃，代表非常开心，最低温度为－20 ℃，代表非常不开心，25 ℃代表比较开心，－10 ℃代表不开心。制作出自己的一周"情绪温度表"。 2. 指导同学根据完成的"情绪温度表"，绘制这一周的"情绪走势图"。 3. 邀请同学分享自己的"情绪走势图"，并共同探讨如何让情绪走势走高。 4. 教师小结：每个人的情绪都是有起伏的，这给我们的心理活动增添了许多色彩，也给我们的日常活动增加了动力或阻力。我们在明确和接受自己的情绪之后，就要设法做出调控，比较合理的方式有宣泄、转移、放松、寻求社会支持等。	"情绪温度表""情绪走势图"见附件 2。	回忆自己最近一周的情绪情况，了解、掌握自己的情绪，同时感受到每个人都有情绪的起伏，从而正视自己的情绪，并且学会合理的调控。
放松体验	使用放松指导语带领同学体验放松。	指导语见附件 3。	感受放松的状态。

附件 1：游戏故事

森林里的池塘边住着一只乌龟，它有一双乌溜溜的大眼睛。有一天，一只羽毛乌黑的乌鸦飞过乌云密布的天空来到池塘边，突然，下起一阵大雨，乌鸦就躲进池塘边的茅屋下。乌鸦抬头看到有一个巫婆正在乌龟家门口吓得发抖，乌鸦就张嘴大叫。乌龟听到乌鸦的叫声，打开门看到底发生了什么事。乌鸦看到乌龟就说："乌龟你怎么这么笨，看到乌云就应该知道快要打雷了，怎么不赶快请巫婆进屋躲雨？"乌龟听了乌鸦的话，急忙请巫婆进屋里坐，乌鸦也跟着飞进乌龟家。可是乌鸦看到乌龟家满地污泥，乌漆墨黑，就喋喋不休地数落乌龟。

附件 2：情绪温度表

	情绪温度	原因
星期一		
星期二		
星期三		
星期四		
星期五		
星期六		
星期日		

情绪走势图

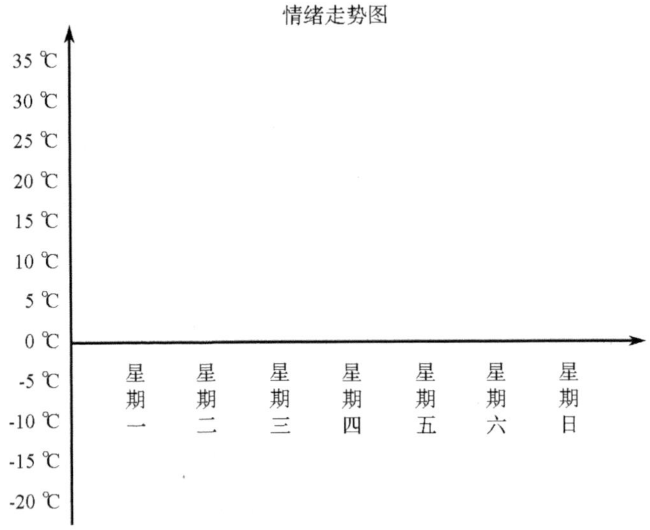

附件 3:放松指导语

请大家以一种放松的姿势倚坐在靠背椅上,轻轻闭上眼睛,然后深深地吸气,慢慢地呼气,把注意力集中在自己的呼吸上,让自己安静下来,对自己说:我现在非常安静、非常放松。然后开始慢慢想象:自己正躺在一块绿油油的草坪上,头顶是一片蓝蓝的天空,天空中有一片白云,厚厚的,洁白的,慢慢落在自己的身上,软绵绵的,感觉舒服极了。慢慢地,感受到自己被白云层层包裹着,白云开始慢慢地向上飘,自己的身体也跟着白云飘起来了。仔细去体会飘起来的感觉,感到自己越飘越高、越来越轻,好像完全失去了重力,这是一种从未有过的放松感觉。

[活动反思]

保持积极稳定的情绪,才能让心灵沐浴阳光。学生在这个活动中能够对情绪有很好的认知,同时也可以学会识别并接纳自己的情绪,这是保持情绪积极稳定的一个前提。整个活动的氛围是轻松愉快的,但需要注意以下几点:

1. 活动设置比较紧凑,需要注意控制时间;

2. 班主任注意保持价值观中立、非指导性的原则,引导学生进行讨论、分享,而不是直接告诉学生需要怎样去做,并且对学生的情绪要给予理解和接纳,不去评价好坏;

3. 放松体验环节需要注意语音和语速,最好提前练习。

拓展阅读

不痴不聋,不做阿家翁

这学期我发现一个怪现象:小张平时的语文课表现特别好,古文默写次次满分,可期末考试成绩勉强及格。为了解开这个谜团,我在默写时特意留心小张并在班里展开调查,终于发现原来小张平时默写时作弊,有时写在桌子上,有时小抄夹在指缝里……简直就是无所不用其极。

小张这样的学生以前我也曾遇到过，不过他表现得更突出些。他是一个十分要强的学生，虚荣心非常强。因为他是班干部，在同学中有一定的威望，所以他不自觉地将自己的目标定得很高，要求处处给同学做表率；但同时他又十分浮躁，目光短浅，自欺欺人，幻想不劳而获。按照心理学原理，其实他这样做，恰恰说明他心虚，是不自信的表现。

以往遇到作弊事件，我一般会直接在班里不点名将事情描述一番，然后全班一起分析原因，指出这种"掩耳盗铃"行为的危害，促使当事者改正，并且要求大家一起监督。另外一种稍微缓和些的做法就是将其叫到办公室，私下交流督促。可是小张个性张扬，崇拜英雄，自认为是班里"最有男子汉气概"的，喜欢说大话，是典型的"顺毛驴"，只喜欢听表扬，越表扬越来劲。我冷静观察他一周，他似乎意识到什么了，刻意表现得很好。既然这样，我决定暂且不揭穿他，先让他"假装"。装的过程就是好习惯养成的过程——"装"习惯了，也就成真的了。这样会帮助他真正强大起来。

为此，我在班会上总结期中考试时，提到有些同学在大考中心理过于紧张导致成绩不理想，并有意识地提到小张，"小张同学平时的语文成绩是咱班的'一哥'，这次考试'马失前蹄'，但是我们大家都相信他的实力。"听到我的这番话，教室里瞪大眼睛的不仅仅是小张，数十双眼睛里满是惊诧。放学以后，我又特意找到小张，拍拍他的肩膀："小张，压力不要太大，我相信你的实力和潜能，你平时默写全都会，这次是太紧张了。看来你要好好调整一下心态，要记住：你是咱们班的学习风向标，不能因为一时的挫折就放弃。我看好你，不要让我失望啊！"这个倔强的男孩都快哭了……我知道，这是我最成功的一次"言不由衷"，但却给他注入了催化剂，我的"善解人意"会使他没有退路。

我的这种做法极大地满足了小张的心理需求，不但帮其掩饰了过失、挽回了面子，而且使其"箭在弦上，不得不发"。如何发？只能拼命学习，充实自己，以达到真正的提高。他后来在周记里写道："我不敢停下来，也没有时间停下来。我是'过河卒子，只能进不能退'，否则等于承认我不但学习不行，而且品质很差，我必须学习、学习再学习，我只有使自己真正强大起来才能弥补以前的过失。语文老师铺天盖地的表扬，班主任满满的期望，同学们质疑的眼神，都鞭策着我克服懒惰、浮躁、虚荣。我拼了！"

接下来让我更得意的是，所有老师都惊讶于小张的表现，他不但踏踏实实地学习，而且为人诚实大度，作业工整认真，上课表现更好，工作做得更加到位。期末考试一举跃到班级前十。如今，他稳稳地位于班级前十，已成长为一个更加理性、沉稳、健康的阳光男孩。

其实，很多时候我们似乎忘记了，每个孩子内心都有"想好"的愿望，这也是他们的"本能"，只不过常常被懒惰等负面因素所蒙蔽。擦亮他们蒙尘的眼睛，激发他们"想好"的"本能"，才是我们教师应该做的事情。我们批评的"本能"只会压抑他们"想好"的"本能"，只会使他们的眼睛越来越黯淡。

两种"本能"其实也就是两种角度，一个是站在自己的角度思考问题，一个是设身处地为学生着想。说到底，教育是科学，也是艺术，更是情感的。当教师真正关爱学生，用心、用情，从不同的视角去解读和对待学生，自然就会主动地克制自己的"本能"，从而激发出学生的"本能"，创造出更多和谐美好的音符。

（案例作者：南京市第五十四中学　张旭欢）

班级建设启迪:

苏霍姆林斯基说过:“教师的教育意图要隐蔽在友好的无拘无束的气氛中。”班主任只有悄然走进学生心灵,才能巧治学生心病。要达到这样的状态,就一定要充分地尊重、理解学生,遇到事情不急于追究过错和责任,而是仔细分析,根据不同学生的心理特点选择不同的方式。当然,这也要求班主任要充分了解班级里的每一位学生,了解他们的家庭、成长方式、性格特点、心理水平等等,并且细心关注他们的生活和学习,及时发现其变化,这也是关注学生心理健康必须要做到的。

第四节　梦在我心中

理论探源

亚当·斯密在《道德情操论》一书中论述:当我们享受最大的快乐时,我们总会发现身体的感觉,即目前这一刻的感觉,只不过是我们的快乐中的一小部分;我们的享受主要来自令人高兴的对于过去的回忆,或者来自令人更加高兴的对于未来的期待;心灵的贡献始终是快乐的绝大部分。在班级建设中,要有意识地打造命运共同体,要为这个共同体筑梦,进而形成共同的愿景。班主任要善于将学生的个人愿景与班级的集体愿景结合起来,形成一种向上的生长力,这样的班级才会生机勃勃。

实战举隅

我曾经教过一名学生叫萌萌,那时她经常完不成作业,我找她谈了几次话,她嘴上保证改正错误,可就是没有行动,作业还是一如既往的不完成。同学们也批评她,疏远她,她的情绪一落千丈,对我敬而远之,不敢跟我说话,有时在路上遇见我就绕道走。

看到此情景,我心里很不是滋味,难道我就像老虎那样凶,叫人害怕吗?我反省自己的教育行为,发现自己对有缺点的学生不能耐心教育,教育方法过于简单,成绩差、有缺点的学生也是祖国的花朵,也是小树啊!他们更需要阳光雨露,更需要爱和鼓励。对于萌萌,我不能这样放手。

后来,我找萌萌进行了一次深刻的交谈,谈的不是作业,不是学习,而是她在学校过得是否快乐,她的家庭情况和她的兴趣爱好。通过这次的了解,我发现她是一个非常爱画画的孩子,因此我选她当班上的组织委员,负责办班上的墙报。我还笑着鼓励她:“好好办,你有这方面的才华,现在锻炼锻炼,长大了很有可能成为一个出色的插画家呢!”谁知一句不经意的鼓励,却在孩子的心里生根发芽。此后的她一发不可收拾,为了办好黑板报,她到处收集有关的材料,比如谚语、名人故事等;为了设计好版面,自己通过买好的插图书来学习,因为她的努力,从高一到高二我们班的墙报在全校的评比中都是第一名,她自己也在各种画画比赛中收获奖项。

她自己有了自信，在其他方面也开始严格要求自己，希望自己更优秀，她慢慢地会自主地改掉一些不好的学习习惯，逐步完善自己的行为，一点点地进步。到了高二年级，她的成绩已跨进班级上等之列，学习再也不用老师操心了。很久以后，萌萌对我说："老师，谢谢您的信任和欣赏，让我有了梦想，我想以后当个画家，我一定会努力，不辜负您。"

（文章来源：陈彪个人博客《每一朵花儿都在阳光下绽放》）

这个案例中班主任老师的做法是值得我们学习的，让我们深刻地感受到鼓励对一个孩子深远的影响。是的，在学生这个最为关键的人生阶段，我们应该起到指路明灯的作用，帮助学生找到自信，学会欣赏自己，发掘自己的优点，树立属于自己的梦想并为之努力。这样，我们才不负"老师"这个神圣而光荣的职业。

有人说过这样一句话："老师不经意的一句话，可能会创造一个奇迹；老师不经意的一个眼神，也许会扼杀一个人才。"老师习以为常的行为，对学生终生的发展会产生不可估量的影响。做一名老师应该经常反思自己的教学行为，不去造就遗憾，不能刺伤心灵，不要遗忘每个学生成长的角落！多给学生以鼓励，多给学生以自信，帮助学生找到属于自己的梦想。

请记住：让每一朵花儿都在阳光下绽放！

知识领航

一、梦想对人生的重要作用

1. 梦想是奋斗的目标

人的生命是有限的，要使我们有限的生命过得更有意义，就必须使人生有明确的奋斗目标，就必须在奋斗目标的指引下沿着正确的人生道路前进，这对人的一生具有决定意义，而在职高阶段树立目标、明确梦想尤为重要。

> **智慧语录**
>
> 梦想一旦被付诸行动，就会变得神圣。
>
> ——阿·安·普罗克特

古往今来，凡是有所作为的人无不注重人生的梦想、目标和志向的确立。三国时代的诸葛亮，倡导人们要"立大志""修人品"，并强调"志当存高远"。无数事实证明，人一旦有了梦想，就会在黑暗中看到光明，在平凡中看到伟大，在困难挫折中充满信心，在暂时失败中坚信胜利。反之，如果没有梦想，就会在生活中随波逐流。

2. 梦想是前进的动力

梦想是激励着人们向目标奋斗进取的不竭动力，是人生力量的源泉。

张某因为中考成绩不理想，便进入职业院校学习，选择旅游专业，她立志以后要走遍世界。在校三年她刻苦学习，钻研技能，以优异的成绩考入大学，在大学期间进入迪拜帆船酒店实习一年，后又发觉自己还有很多需要提升的地方，于是继续攻读研究生。正因为一路有梦，所以一直动力不竭！

有的学生在初中阶段能刻苦学习、奋发向上,在进入职业高中后则放松了学习,生活松松垮垮,行动随随便便。与此相反,也有许多学生进入职业高中后更加刻苦努力学习,在各方面都能严格要求自己。之所以出现这两种截然不同的情况,重要原因之一就是是否有梦想。学生如果一直怀有梦想,便会在艰苦的拼搏中,具有顽强的斗志;反之,如果失去了梦想,就会失去前进的动力,就只能浑浑噩噩,直至虚度职业高中生活。所以,在班级创建管理过程中,班主任老师需就学生的奋斗目标、愿景等做好引导和帮助。

3. *梦想是精神的支柱*

人的幸福感不仅来自物质享受,而且包括充实的精神生活。即便有丰富的物质生活,没有充实的精神生活,我们也不会感到真正的幸福。

而精神生活是否充实,主要表现在是否有梦想,这是一个人的精神支柱。有了这种精神支柱,学生的精神面貌、思想境界、情操兴趣和生活态度都会有极大改变。因此,如果有明确的理想做学生的精神支柱,他们就不会自暴自弃、心灰意懒,被眼前的挫折困难所吓倒,甚至可以始终以饱满的热情、坚定的信念和不竭的勇气,永不停息地向前奋斗。

以上三点告诉了我们梦想对人生的重要作用,所以我们应该帮助学生树立正确的人生理想,特别是处于青春期的学生,要珍惜美好的青春年华,走好青春每一步,为实现梦想打下坚实的基础。

二、教育就是给学生一个未来的梦想

1. *拥有梦想,能收获成功的幸福*

智慧语录

理想是指路明灯,没有理想就没有坚定的方向,没有坚定的方向,就没有生活。

——列夫·托尔斯泰

学生成长与发展是需要梦想的,而正确的教育与引导是最好的催化剂。在学校教育中,是否能够激发孩子的梦想并为孩子的梦想创造必要的发展条件,往往对成功起着至关重要的作用。可以毫不夸张地说,没有梦想就不可能有成功者的未来,而班主任正是那些帮助孩子树立正确梦想的人。

梦想就是一个人对于未来的设计,是一个人人生价值的自我提升,是一个人对于自我潜能的唤醒,是自我超越现实的精神境界,是成功的原动力和发动机。在中国几千年的传统教育价值观中,教师就是一个“传道、授业、解惑”的人物,恪守着教师之道,许多教师重视知识与技能的传授和道德的教育,也乐在其中。

可是中国传统文化中,谦恭做人、低调做事,强调统一、否定个性的观念也深深地影响着教育工作者。再加上现在的升学考试、选拔制度以及用人制度,更强化了人们对于知识的重视,这使得学生在一把尺子的衡量下,渐渐失去自我、丧失了追求。可以说,随着孩子们从幼儿园、小学一直到初高中阶段,其想象力呈递减趋势,他们对于个人的兴趣追求和对未来的思考越来越少,以至于渐趋一致、毫无个性。其实不是孩子智力出现了什么问题,而是教育在孩子一生发展最关键的时期,用统一的生命价值观一步步取代了孩子的梦想与个性。所以,当一个孩子没有梦想时,我们会认为那是个体的问题,而当更多的孩子没有梦想时,那就不仅是一个教育问题，而是一个严重的民族问题。

2. *教师的责任是激发学生的梦想*

如果问一个老师最重要的责任是什么？那就是激发与引导每一个学生的青春梦想。当一个老师把激发学生的梦想，当作自己最重要的职责时，教育者就走进了更高的境界。陈景润的老师在向学生们介绍中国古代的数学成就时说："祖冲之对圆周率的研究成果早于西欧1 000年，南宋秦九韶对'联合一次方程式'的解法也比意大利数学家欧拉的解法早500多年，我们不能停步，希望你们将来能创造出更大的奇迹，比如有个'哥德巴赫猜想'，是数论中至今未解的难题，人们把它比作皇冠上的明珠，你们要把它摘下来！"正是此番话激发了陈景润攀登数学高峰的梦想，并为之奋斗了一生。

西方有这样一句名言：如果你想造一艘船，先不要雇人去收集木头，也不要给他们分配任何任务，而是去激发他们对海洋的渴望。因此，激发孩子的梦想，就是给孩子创造终生发展的机会。

三、帮助学生实现梦想

1. *点燃孩子的梦想，需要教师真诚的爱*

如今由于每一个学生所生活的环境、经历不同，因而他们的人生也就有很大差别。有的孩子由于学习成绩不理想，或者在不理想的学校学习，也或者生活在缺少关爱的家庭……这使得他们没有信心去拥有梦想。而能点燃这些孩子的梦想火把的，就是教师对于孩子那份发自内心的强烈的爱。

赞美、关爱、信任和期待都具有一种能量，它能改变人的行为。当一个人获得另一个人的信任、赞美时，他便感觉获得了社会支持，从而增强了自我价值，变得自信、自尊，获得一种积极向上的动力，并尽力达到对方的期待，以避免对方失望，从而维持这种社会支持的连续性。作为教师，对于学生的爱是一切教育取得成效的源泉。为什么千百年来人们对于教师有那么多的赞美？为什么平凡总是透着崇高与伟大？为什么人们一生可以忘记很多很多，却唯独不能忘记老师？其实这一切都源于爱，那份无私的爱。

2. *用心去理解并呵护孩子的梦想*

正因为梦想成就了孩子，因此教师还应当用心去理解并呵护孩子的梦想。孩子的梦想千差万别，其表现也是各不相同，教育者应当用正确的教育思想与理念理解孩子，并悉心培植孩子追求梦想的精神土壤和文化环境。

对于中国当代的职业教育，很多人还存在误区，觉得孩子就是来混一个中专文凭的，而从某种程度上来说，孩子的"不优秀"会不会也让教师失去了自我？也扼杀了孩子梦想的天性呢？所以，今天的教育在考验着教师的耐心与坚守，也在考验着教师的胆略与智慧。如果我们始终在追逐功利价值，那么教育的真正价值就不可能有实现的机会。

活动设计

相信自己，放飞梦想

［适应年级］

职业院校一年级。

［理念阐述］

本次活动是针对本班大部分学生由于学习成绩不理想导致不自信，以为梦想对自己来说虚无缥缈、遥不可及而自暴自弃，虚度年华；还有一些学生虽然有目标但不够自信，遇到困难就容易退缩，缺乏坚定信念和追求梦想的决心和勇气的现状。通过班级活动，唤醒学生心中的美好梦想，让他们对学习、对未来有更清晰的认识，让他们明白“梦想其实触手可及”，鼓励学生勇敢追梦，用坚定的行动实现梦想、成就人生！

［活动目标］

1. 通过名人名言和梦想成真的故事，激发学生为实现梦想而努力。
2. 通过学校毕业生的寻梦历程，增强学生实现梦想的信心。
3. 通过开展活动，增进同学之间的感情，增强班集体的凝聚力。
4. 通过参与活动，展现特长，让学生在学习生活中更加自信。

［活动准备］

1. 印制“梦想调查表”，初步了解学生的梦想现状；。
2. 充分挖掘学生特长，明确分工，让全班同学参与到活动中来。
3. 班主任搜集整理相关资料，完善活动流程，制作课件。

［活动设计］

活动环节	活动过程	注意事项	设计意图
情境导入，激发兴趣	1. 课件展示：蓬勃生机的嫩芽破土而出的画面，充满希望。 2. 课件展示：名人关于《梦想和坚持》的励志演讲视频，激发豪情。 3. 主持人引言：梦想是一盏明灯，照亮人生的路；梦想又是满天的繁星，点亮了夜；有时候梦想就是暖暖的茶，想起它就会温暖心底，甩掉疲惫，继续前行……		激发学生的学习兴趣
唤醒梦想	1. 名言分享：生命有无数种可能，可你的梦想还在沉睡，为何不唤醒它？——杨澜 2. 播放视频短片：《那一年，我们的梦想》，两名学生朗诵，一名学生弹《天空之城》伴奏。 3. 主持人总结：那一年我们的梦想，有的已经实现；有的已经被我们淡忘；有的已经被我们遗失；有的似乎已经不能实现，而不再被我们想起；可有的梦想的种子，却一直深埋在我们心底，静待开花结果。		通过活动呈现曾经梦想的美好，遗失梦想的失落，以及继续追寻梦想的激情，引起学生共鸣。

续表

活动环节	活动过程	注意事项	设计意图
分享梦想	1. 名言分享：(课件展示)有梦想、有机会、有奋斗，一切美好的东西都能创造出来。——习近平 2. 播放励志微电影：《田埂上的梦》，感受主人公卓君坚持梦想的勇气和力量。 3. 同学们互动谈感想。 4. 主持人总结：每个人都有梦想，都希望梦想照进现实，都会发现现实与梦想有差距；关键在于是否一直在坚持，是否抓住每一个机会朝着梦想的方向一步步努力。		使学生明白实现梦想需要的是坚持与努力。
确信梦想	1. 名言分享：梦想是一定要有的，万一实现了呢？——马云 2. 总结上一周同学们写的梦想清单： 存在的主要问题： (1) 没有明确的梦想； (2) 对实现梦想没有信心。 解决的办法： (1) 认真倾听内心的声音，确定自己的梦想； (2) 相信梦想的力量，坚信自己定能实现梦想； (3) 美好的愿景，让自己为梦想燃烧激情； (4) 实际行动，人的一生至少应该有一次为了梦想拼尽全力。 3. 要求同学们写下自己的梦想清单并收集好装入梦想瓶子。 4. 主持人总结：真希望若干年后的某一天，我们启封这个梦想之瓶的时候，所有同学的梦想都已经实现。	梦想清单	师生共同总结，大胆发出宣言，情感再次提升。
放飞梦想	1. 名言分享：你梦想成为什么样的人，你就能成为什么样的人。你今时今日所处的位置都是基于你所有信赖和梦想的一切。——奥普拉·温弗瑞 2. 请同学分享：《从网瘾少年到被李克强总理接见的90后创业楷模——王锐旭》，同学们互动谈感想。 3. 分享学长学姐的寻梦历程，提出明确要求，指明奋斗目标和方向。 4. 播放班级宣传短片《梦想起航》，全班同学起立合唱《梦想起航》。 5. 宣读班级口号：相信自己，放飞梦想；青春无悔，超越梦想。		明确奋斗目标，激昂学生追逐梦想的斗志与勇气。

［活动反思］

本次活动通过展示名人名言、朗诵诗词、合唱励志歌曲、分享名人实现梦想的故事以及学长们的成长经历等丰富多彩的内容，启迪学生唤醒梦想、确信梦想、实现梦想。做得比较好的有以下几个方面：

1. 精心设计，突出学生主体地位，让全班同学积极参与，增强班集体的凝聚力。

2. 精选素材，充分挖掘学生的闪光点，给予自我展示机会，增强自信。

3. 活动呈现方式多样化，内容新颖，课堂气氛活跃，学生印象深刻。

当然，我们不能指望通过一个活动就解决学生所有的问题，通过一次活动就可以让每个学生都拥有强大的内心和伟大的梦想并不懈地为之奋斗。我们更希望通过一次次活动，在学生的心里埋下一粒粒希望的种子，或许在某个契机下就可以生根发芽，直至开花结果，这才是班级活动的意义所在。

拓展阅读

“我不想考本科！”

今天批改完测试卷发现一些异样，一个印象很好的孩子很反常，很多试题竟然没有做，想起课堂中他上课的情况，觉得近几天他的确有些反常，虽然上课依然很乖的模样，但是明显不像以往主动学习。思考一下，觉得里面一定暗藏着文章。

于是和他的班主任王老师商量，王老师是个热心肠，想想也觉得异常。

王老师立马把他叫到办公室，询问道：“你看看你的卷子，评价一下。”“不好！”一副无所谓的样子。王老师更觉得反常，同时也很生气地说：“你忘了你的学习目标了吗？凭这样的学习成绩能把本科考上?!”“我没有想考本科！”“那你想上什么学校?”“上大专！”语气中分明有了一些怨愤的情绪。

王老师和我觉得更不可思议，但是还是想着“治病救人”，抱着唤起孩子上进心的想法接着问：“你是否已经有明确的方向，将来想做什么？你想上哪一所大专?”“况且即使想上大专也不必考试考成这样。”“说说哪一所大专让你放弃了考本科的渴望?”“没有想好。”语气中能听出很无奈却又有些怨言的迹象。“你要上大专你父母知道吗?”“知道！”“知道?！知道你妈妈还一个劲儿地来学校询问你学习情况，说你在家不太听话，让我多找你谈谈，帮助你明确要考的大学方向?”“他们说我本科一定考不上！”“他们什么时候说的?”“上一周，我说我想多一些去同学家玩的时间，他们就说我就知道玩，说我是朽木，一定考不上！”现在我们似乎触摸到孩子反常的地方，应该是孩子的父母觉得孩子不够努力，想用激将法让孩子说出“你们就认定我考不上?”来促进孩子自己反思一下自己不够努力的地方，同时语气中也许还显露出一些“怒其不争”的失望。而处于逆反期的孩子，曾经类似的挫折可能已经动摇了他的梦想，于是就想反正很容易就有一个大专学校可以上，索性我就不再努力争取向着更高的方向前进。

鉴于此，我们开始开导他：“你想你父母起早贪黑，从老家来到这个地方，难道不是想让你有更好的生活？难道会诅咒自己的孩子考不上梦想的大学?!”“聪明的你，就想不到你父母只是一时恨铁不成钢，你就不会说‘我一定会考上，绝不会让你们失望’?”“尽管你父母说话有欠妥的地方，难道你就没有不对的地方？比如，这次考场上你全力以赴了吗?”“梦想需要坚持，需要一点点不断努力向上，才能实现。都上了十几年学了，这点你早已想明白了吧！”

孩子渐渐低下了头，王老师继续说：“今天这种情况需要我和你父母沟通吗？你说说你准备怎么办?”孩子终于承认了错误，并说出了自己马上补救的话。我们让他回教室去了，但是我们的讨论却没有放下，想想有多少像这样的父母及教育者因为想使用激将法所以说一些违心的话，殊不知有些孩子由于阅历和心态的不成熟，错以为是伤自己的话，反而会适得其反。

所以，请对孩子慎用激将法，小心熄灭孩子梦想的火苗。请让我们在赏识的状态下，注意维护孩子的自信心，去激励孩子们成长壮大，从而推动孩子向上、向善、向美的步伐，实现梦想，成为不一样的他。

（文章来源：德育案例网）

班级建设启迪：

美国著名心理学家詹姆斯说过这样一句话："人性中最深切的本质是被人赏识的渴望。"可是，在传统观念中，人们常把职业院校学生当成"差生"，说他们是"朽木不可雕""顽石不成材"，这就严重损害了他们的自尊心和自信心。在这种情况下，他们往往会形成某种异常的心理和畸形的表现，有的存在对立情绪，不听管教；有的产生自卑心理，消极沉闷；有的疏远集体，回避教育；有的甚至故意违纪，逃课逃学。在这些情况下，哪儿还有梦想可言？

因此，在职业院校学生的教育中，只采取批评和怀疑的方式是不能奏效的，无论是老师还是家长必须对他们多些鼓励，多些沟通交流，并且多尝试着站在学生的角度去看待问题，才能更好地理解他们、帮助他们。相信只有对学生发自内心地给予理解和赏识，才能给他们以最大的鼓舞，才能点燃职业院校学生积极进取、渴望成功的希望之火！

第四章　拔节——给学生注入向上生长的动力

章节导读

拔节是农作物生长期所经历的一个阶段，禾谷茎秆类农作物，从秧苗期经历了较为艰难、缓慢而漫长的初期生长后进入拔节生长期，其生长速度大大提高了，这期间，作物主茎各节都同时按一定的拔节速度在较快地生长。职业院校的学生正处于人生生长的旺盛期，如何让他们茁壮成长，就对职业教育工作者提出了新要求：从小处入手，适时引导，并能根据学生的成长需求，采取合适的教育方式，为学生注入成长的新动力。在班级建设中，要适时引导学生，在充分认识自我的基础上，结合专业特点，准确定位自己的角色，为人生的出彩奠定好基础。正如李嘉诚先生所说："好好扮演自己的角色，做自己该做的事。"

第一节　演好自己的角色

理论探源

布朗芬布伦纳在发展生态理论中提出：个体的发展与周围的环境之间相互联系，构成了若干个系统，即微观系统、中介系统、外部系统以及宏观系统。个体在发展过程中并非是孤立地存在，而是能动地与周围的环境相互依赖、相互作用。家庭、学校、社会、自然等因素时刻发生着千丝万缕的联系，交互产生作用。正是在这种相互联系、相互作用中，个体才从中获得了发展。职业院校不是封闭的内循环系统，当下，职业教育发展强调质量、开放、融合。职业院校的学生在成长过程中也在扮演着多重角色，班主任在班级建设中有一项重要的工作，就是帮助学生对自己的角色进行准确定位，敢于担当，勇于负责。职业院校的学生大体上要扮演四个重要角色：在家里的子女角色，在学校的学生角色，在单位的员工角色，在社会的公民角色。职业院校的学生如果能扮演好每一个角色，必将获得人生的成功。

实战举隅

实习生——人生的又一角色

汤某，来自苏北农村，2010 年 9 月进入我校药剂专业学习，2012 年 7 月经双向选择进入九天连锁药店实习。

在我第一次例行巡视中，她就向我大倒苦水："老班，怎么办啊，我什么都做不好，药品放哪里都记不住，不知道如何和顾客沟通交流，收银时总是手忙脚乱，遇事不敢老问同事，怕别人嫌麻烦。"面对她一连串的疑惑，作为班主任的我知道此时要做好她的思想工作，让她尽快适应角色的转变，做好自己的本职工作。我对她说："从学生到职员，出现困难和挫折是很正常的，但我们要调整心态，做好角色转变，主动学习，以适应工作的需要。"同时我把她的情况和店长作了说明，希望她能多关心和帮助汤同学，从而使其树立信心，适应新环境。

在以后的巡视中，我看到了汤某的变化：不管在言谈举止，还是待人接物以及业务能力方面，她都在不断进步，越来越显得成熟、老练。此时的我心里感到一丝欣慰：她终于实现了由学生向员工的转变，并能扮演好这个角色。在和她的交谈中，她主动告诉我她的实习体会："我深刻体会到，作为一名实习生就要主动学习，大胆请教，敢于实践。实习生经验不足，但只要不断努力去学习和尝试，别人不但不会看扁你，反倒乐意帮助你。"

毕业以后，汤某被调往其他门店担任店长一职。自始至终，她都能保持良好的职业素养，不断增强服务意识，在思想上求"正"、工作上求"精"、素质上求"高"，团结协作，任劳任怨。相信她在今后的社会大课堂上会取得更好的成绩，会有更多的收获，会得到更大的发展。

（案例来源：《教育的承诺与实践》南京出版社　南京市职业教育教学研究室）

从学校走进社会，环境发生了变化，角色也随之改变——由学生变成了员工，同学变成了同事，相处之道也应当随之变化。作为班主任，要让学生从心理上相信自己，用自信开启他们美好的明天；要让学生更多地了解职业，了解职校生的优势，进而深信：只要努力，职校生也大有可为；要通过多种方式和途径让学生学习所需要的技能，在未来的职业生涯中实现自己的梦想；还要积极引导学生进行角色转变，准确定位，在人生的每个阶段扮演好自己的角色。

知识领航

一、职业院校学生的角色观

"角色"一词最初是作为戏曲词汇出现的，是指戏剧舞台上所扮演的剧中人物及其行为模式。1934 年，美国著名的社会学家米德（G. H. Mead）首先运用"角色"的概念来说明个体在社会舞台上的身份及戏剧中的人物行为。后来，"角色"又被引申到其他领域，广泛应用于社会学与心理学的研究。社会学把"角色"定义为：与社会地位相一致的社会限度的特征和期望的集合体。

> **智慧语录**
>
> 真正的价值并不在人生的舞台上,而在我们扮演的角色中。
>
> ——德国诗人　席勒

职业院校学生的角色会因时间、地点的变化而发生改变,在对其进行角色教育时,要有计划地对学生进行有针对性的角色转换教育,帮助其客观地认识社会,正确地认识自我,做好担任新角色的心理准备,为走好从业之路打下坚实的基础。

二、职业院校学生的角色表现

不可否认的是,由于多重因素,当前部分职业院校学生还存在着分不清自己的角色,导致角色错位的现象。

1. 角色淡化

在家里,子女角色被淡化,部分学生不同程度地表现出向父母索取得多,回报得少,体会不到父母的难处,过分关注自己的感受;在学校,学生角色被淡化,部分学生在主观上认为读职校是一种"失败",学习行为时常出现偏差;在单位,职业角色被淡化,部分学生缺少吃苦耐劳的心理准备,在工作中不安心、不尽职,工作成果让人不放心;在社会,公民角色被淡化,部分学生容易接受社会的"负能量",对公民的权利和义务认识不清,发生违法乱纪的行为。

> **知识链接**
>
> **社会角色的定义及要素:**社会角色是指与人们的某种社会地位、身份相一致的一整套权利、义务的规范与行为模式,它是人们对具有特定身份的人的行为期望,它是构成社会群体或组织的基础。社会角色的要素包括角色权利、角色义务和角色规范。

2. 角色模糊

角色模糊是指部分职校学生对自身形象缺乏维护意识,有自我放纵的倾向,从而导致行为出格。例如,有些学生服饰仪表超越了自身的年龄界限,过早地趋向于成人化;有些学生语言粗俗,行为举止怪异,没有学生样;有些学生沉迷于网络等虚拟世界,把学习当作"副业";有些学生在出现纠纷后,不通过正常渠道解决,而采取暴力手段;有些学生对工作挑三拣四,非理性跳槽情况屡屡发生。

3. 角色否定

> **智慧语录**
>
> 世界是个舞台,各种角色都有人扮演。
>
> ——英国剧作家
> 托马斯·米德尔顿

角色模糊程度的加深,会导致一些学生从怀疑自己到否定自己。主要表现为:一是性格狭隘偏执,无宽容互助的人际环境,不利于形成社会主义新型人际关系;二是兴趣低级庸俗,无健康向上的审美情操;三是价值观念扭曲,无明辨是非的判断能力,不能把握人生的航向;四是价值取向动摇,无积极乐观的生活目标。这些均与社会主义核心价值观背道而驰。

在班级建设中,要特别重视消除角色否定的危害,尊重学生的人格、爱护学生、鼓励学生，培养学生树立正确的“四观”。诚如习近平总书记指出的那样：“青年的价值取向决定了未来整个社会的价值取向，而青年又处在价值观形成和确立的时期，抓好这一时期的价值观养成十分重要。”职业院校学生应在认知角色的基础上，通过不断学习，扮演好自己的人生角色。

> **智慧语录**
>
> 生活是一面镜子，你对它笑，它就对你笑，你对它哭，它就对你哭。
>
> ——英国作家 萨克雷

三、树立正确的角色观

在国家提出加快发展现代职业教育，建立现代职业教育体系的背景下，职业院校更要注重内涵发展，塑造人格健全、素质良好、技术过硬的职业院校学生已成为职业教育的重中之重。职业院校学生要形成正确的角色观，加强自身修养，提高自身素质，努力发展自我，为他人和社会服务，实现人生价值，体现人生的意义。

> **智慧语录**
>
> 青春，如同一场盛大而华丽的戏，我们有着不同的假面，扮演着不同的角色，演绎着不同的经历，却有着相同的悲哀。
>
> ——台湾女作家 席慕蓉

每个角色都是由角色权利、角色义务和角色规范三要素组成。职业院校学生的角色定位过程，就是其逐渐认识在中职学校所扮演的职责，弄清社会对其期望的过程。职业院校学生能否成为一名合格的“演员”，能否实现其角色期望值，很大程度上取决于其责任感的强弱。在班级建设中，班主任可以从以下几方面引导学生逐步形成正确的角色观。

1. **在家里，做个好儿女**

人的第一个舞台是家庭，第一个角色是为人子女，作为子女最基本的道德品质就是孝敬父母，尊敬长辈，这也是中华民族的传统美德。作为班主任，要引导学生正确认识自己的家庭角色，要以对自己负责、对家庭负责的态度，树立清晰的家庭责任意识，增强对角色的认同感，身体力行扮演好家庭角色。与此同时，还要引导学生以感恩的心对待家庭成员的付出，以负责的行为承担家庭的义务。

2. **在学校，做个好学生**

职业院校学生要想克服自我意识不强、自律能力差等现状，就要进行准确的角色定位。在班级建设中，要引导学生认识到自身角色的变化：从初中生到职校生的角色转变；从接受基础教育到职业教育的学习方向的转变；从升学到就业的学习目标的转变；从他律到自律的转变。还要引导学生了解所学专业的优势和前景，结合自己的特点和专长，制定确实可行的学习目标、年度计划和实施步骤。只有清楚认识职业院校学生的角色内涵，找准定位，才能提高自我调节能力，增强自我责任意识。

> **智慧语录**
>
> 一个人追求的目标越高，他的才力就发展得越快，对社会就越有益。
>
> ——苏联作家 高尔基

班级建设中，还要帮助学生认清角色期望，践行角色扮演，履行角色职责。对于职业院校学生而言，除了学习文化课，更重要的是学习专业理论知识和技能。良好的文化素质、心理素质和身体素质是一名合格的职业院校学生必须具备的基本条件,这也是职业院校学生角色应该担当的主要责任内容。

知识链接

乐业、勤业、精业,三者相辅相成、相得益彰。乐业是一种良好的职业情感,是爱岗敬业的前提;勤业是一种高超的工作态度,是爱岗敬业的重要体现;精业是一种乐观的工作成效,是爱岗敬业的升华。

人才是我国经济社会发展的第一资源。

3. **在单位,做个好员工**

职业教育强调以就业为导向,在班级建设中,必须强化学生的职业意识,引导学生理解与认同“工匠精神”,在“工匠精神”的感召下追求卓越的创造精神、精益求精的品质精神、用户至上的服务精神。帮助学生认识到,不应仅把工作当作赚钱养家糊口的工具,而是要树立起对职业敬畏、对工作执着、对产品负责的态度,极度注重细节,不断追求完美和极致,给客户无可挑剔的体验。

4. **在社会,做个好公民**

公民角色是职业院校学生社会化过程中最重要的角色,社会化的最终归宿是培养合格的社会成员,它是通过个人的活动与努力而获得的社会角色。班级建设中,要有意识地引导学生自觉承担相应的社会责任,用社会道德规范要求、约束自己的行为。自觉践行社会主义核心价值观,将实现个人梦想与实现伟大的中国梦结合起来,在勤学、修德、明辨、笃实上下功夫。勤学是前提,只有勤奋学习,学好专业知识和技能,才能真正将社会主义核心价值观内化于心、外化于行。修德是基础,只有加强品德修养,注重道德实践,才能真正担起历史赋予的重任。明辨是保障,只有善于明辨是非,善于决断选择,才能正确把握青春奋斗与奉献的航向。笃实是关键,只有扎扎实实干事、踏踏实实做人,一步一个脚印往前走,才能在时代大潮中建功立业,成就宝贵人生。

活动设计

体验母亲

——今天,我怀孕了

[适应年级]

中等职业院校高一年级。

[活动目标]

学生通过体验妈妈十月怀胎的艰辛,让他们深刻体会父母的不易,进而能够从内心爱自己的父母,能用一颗感恩的心对待父母,能扮演好子女角色,增强家庭责任意识,承担更多的家庭角色义务。

[活动准备]

绳子、沙袋、纸笔、电话等。

［活动设计］

活动环节	活动过程	注意事项	设计意图
活动设计背景	通过课堂调查，发现学生在家庭中的角色定位不准，对父母抱怨得多，理解得少；讨厌得多，感恩得少；索求得多，付出得少。 针对这一现象，我决定举行一次“体验母亲”的教育活动。		为了加深学生对父母的理解，培养学生的感恩意识，形成良好的家庭氛围。
活动前认真准备	让学生在课前把从家带来的沙袋一前一后缚在身上，扮演“身怀六甲”的母亲在学校学习生活一天，亲身体验母亲十月怀胎的辛苦。	沙袋要根据学生的实际承受能力，不能太重也不能太轻。	通过体验让学生了解父母的辛苦，感谢父母的给予，扮演好子女角色，构建良好的家庭关系。
活动中尽情体验	1. 最初，学生对扮演的“孕妇”十分感兴趣，大多沉浸在当母亲的快乐中，兴奋不已，各种滑稽、可笑的样子。 2. 随后，兴奋期已过，各种姿势都表现出来：用手扶腰走路；用手扶着沙袋；一脸痛苦地坐在座位上…… 3. 最后，学生都感觉到很累，再也没有人认为怀孕很简单，也更深切地体会到母亲的不易，都有很多话要说。	注意学生的表情、动作变化，适时加以引导，加深对母亲的理解。	在体验过程中，学生能体会怀孕的种种不便，进而理解母亲对自己的无偿付出，产生感激心理。子女不仅要扮演好自己的角色，还要学会理解父母，进而形成良好的家庭关系。
活动后感想倾诉	1. 当我宣布解开绳子和沙袋时，有的在大口喘气，有的用手揉腰，有的在用眼神交流…… 2. 邀请学生走上讲台谈谈自己的体验感受，从他们的眼神中，我看到了成熟、理解和愧疚…… 3. 学生的观点：(1) 真正认识到天下最伟大的爱是母爱；(2) 理解母亲对我在学习、生活中的要求；(3) 因为顶撞母亲要向母亲道歉；(4) 我要做个母亲的乖孩子…… 4. 点评学生的观点，并再次强调母爱的伟大，我们因她而感动，在家一定要做一个好孩子。		通过体验式教学，让学生意识到“啰唆”不再是父母的代名词，我们要做一个孝敬父母、尊敬长辈的好孩子。

［活动反思］

本活动对于职业院校学生理解父母有一定作用，父母和子女角色贯穿于人的一生，如何有效处理这一角色已成为许多家庭教育专家的难题。要想扮演好子女角色，必须在准确定位的基础上，认真履行对父母、对家庭的义务，努力构建良好的家庭关系。

拓展阅读

娇娇的幸福

娇娇是独生女，家庭富有，想要什么就有什么，每天像小公主一样被大家宠着。可是，她从来没有真正开心地笑过，常常愁眉苦脸，觉得自己并不幸福。

一天，一位智者给娇娇一张纸条，并嘱咐她：“只要按照纸条上说的做，你就会感到快乐，获得幸福。”娇娇看过纸条后，做了以下事情：

清晨，当娇娇看到妈妈睡眼蒙眬地为自己准备早餐时，她走进厨房说："妈妈，今天让我为您做一顿早餐吧。"

上学出门时，娇娇对忙着收拾行李准备出差的爸爸说："您在外请放心，我会帮您照看好花草。"

上学路上，娇娇看见一个小女孩望着来来往往的车辆不敢过马路，便主动拉起小女孩的手。

下课了，娇娇把黑板擦干净，并帮老师倒了一杯水放在讲台上。

放学了，娇娇见一名同学为一道难题"孤军奋战"，便热情地说："我们一起研究吧。"

在回家的公共汽车上，娇娇主动把座位让给了一位抱小孩的乘客。

这一天，娇娇获得了从未有过的快乐。从父母欣喜的神态、老师欣慰的笑容、同学赞赏的目光、陌生人感激的话语中，她真切地体会到自己是被人需要的、有价值的，这种幸福感温暖着她的心。

（案例来源：《职业道德与法律》人民教育出版社　焦洪昌　扈文华）

班级建设启迪：

娇娇的幸福感来源于准确的角色定位：在家里，做个孝顺父母、关心长辈的好子女；在学校，做个尊敬师长、关爱同学的好学生；在社会，做个关心他人的好公民。娇娇幸福的一天是善的主观体验，她在生活、学习中，不断提升自己的道德修养，践行社会主义核心价值观，得到了从未有过的幸福和快乐。"爱国、敬业、诚信、友善"，是公民的基本道德规范，是从个人行为层面对社会主义核心价值观基本理念的凝练。它覆盖社会道德生活的各个领域，是公民必须恪守的基本道德准则，也是评价公民道德行为选择的基本价值标准。《娇娇的幸福》再次告诉我们：只有定位好自己的角色，才能扮演好角色。

第二节　搭台与唱戏

理论探源

著名经济学家茅于轼说："思考教育的目的，事关我们下一代的成功或失败，他们将如何塑造我们这个世界。这绝不是小事。"怀特海在《教育的目的》一书中提出：教育是引导个体去领悟生活的艺术，而生活的艺术则是指人的各种活动的最完美的实现，表现了充满活力的个体在面对现实环境时所具备的潜能。职业院校的学生，也许其文化学习力的潜能显现得还不够充分，但我们看到的可能只是冰山露出海面的那一部分。班级建设过程中，我们要善于利用学校各种资源，努力搭建学生各类活动平台，开展丰富多彩的主题活动，调动学生参与的积极性，培养学生的创造性，为学生的终身发展、全面发展奠定基础。

实战举隅

小阳是一个特别安静的女生，总是静静地坐在班级的角落，学习成绩一般般，也不积极参加班级或学校组织的活动，就是静静地上课、静静地写作业、静静地上下学，很多时候仿佛都不会察觉她的存在。

最近学校在举办水果创意拼盘比赛，班级报名的同学不是很多，我便利用早读课的时间在班里宣传，鼓励大家多多参与到活动中来，锻炼自己，提高自己。这时候，我看到小阳抬起了头，看了看周围，一副欲言又止的样子。我便说："小阳，这个比赛交给你参加吧，你好好准备，有什么问题随时问我，我帮助你一起完成。"她十分讶异地看着我，我冲她信任地点点头。

中午的时候，她便给我发来QQ消息，是一张水果拼盘的图，问我："老班，您看这个好看吗?"我回她："很漂亮，小鱼的创意也很好。"晚上她又给我发来消息，依旧是一张图，这次却是她做好的水果拼盘，很漂亮。我十分惊讶，直夸她能干，接着我们一起对水果拼盘又进行了适当的修整。经过精心的准备，小阳的参赛作品获得了一等奖，她十分开心。

这以后，小阳在班级里活跃多了，不仅愿意与大家多交流了，而且也积极参加各类活动了。后来，小阳给我发消息："老班，谢谢你当初对我的信任，让我参加比赛，给了我展示的机会，现在我比以前自信多了。"读着小阳的话，我的心底暖暖的……

案例中的小阳缺乏自信，沉默寡言，而班主任老师通过鼓励的方式，搭建活动平台，让她有机会参与到学校活动中去，继而使其在活动中认识自己、改变自己、提高自己。班主任是学生的铺路者、引导者和支持者，要努力为学生创造和寻找能够促进其发展的各种机会与渠道。作为班主任，要有自己的教育理念、明晰的培养目标，更要为学生的切实发展提供和创造有效的平台。班级建设中，班主任要会运用专业的方法对学生进行引导教育，这样才能够真正为学生服务，让学生成长。

知识领航

教育家赞科夫告诫过我们："没有必要让孩子们把手放在背后，正襟危坐，教室内鸦雀无声。"如今，教育已不再是固守着一支粉笔、一本教参书、一块黑板的传统意义上的教育，而是要形成"搭台与唱戏"的角色关系。"搭台"就是教师要把握时代要求，紧扣培养目标和洞察学生心理，构建适合学生各方面发展的平台与情境，以便更有效地组织学生"唱戏"。

一、通过校园文化活动平台，促进学生成长

校园文化活动是一所学校的精髓和灵魂，是激发学生潜力、发挥学生特长的平台，同时也是彰显学校办学特色的平台。校园文化活动体现了育人性、实践性、特色性的原则，班级建设中一定要充分、有效地利用这一平台，让学生在这个平台上翩翩起舞。

1. 积极参与各种节庆日、纪念日举行的各种主题教育活动

如三月学雷锋、四月祭奠先烈、"五四"文艺汇演、九月"感谢恩师"、庆祝国庆活动、纪念

"一二·九"爱国运动等。在活动的组织过程中,力求注重知识性、思想性、娱乐性和实践性的统一,通过活动的参与,拓宽学生的知识视野,规范其思想行为,增长其活动技能,陶冶其道德情操,培养有理想、有道德、有文化、有纪律的学生。

2. **鼓励学生积极参加各类社团,培养特长学生,发挥学生潜力**

如根据学生的特长和兴趣,鼓励他们参加学校成立的各类学生社团。也可在班级中成立学生社团,积极开展多种社团活动,丰富学生的课余生活,培养和发展学生的个性和素质。

3. **组织学生实施"读书计划",创建书香班级**

积极组织学生开展课外阅读,开阔视野,增长知识,陶冶情操,增加学生的文化底蕴,提高学生的综合素质。以新颖活泼、形式多样的读书活动、写作活动、朗读活动等为载体,积极开展大阅读教育,努力为学生打造一个书香班级,使学生在这样的氛围中,形成浓厚的读书、学习氛围。

二、搭建班级交流平台,实现学生互助成长

> **知识链接**
>
> "博客(blog)":是一种通常由个人管理、不定期张贴新的文章的网站,有着极强的互动功能,而班级博客作为一种方便快捷的新型交流沟通平台自然也就应运而生。

在班级管理工作中,有时存在着管理手段单一、方法老套、学生在班级管理工作中的缺位、信息不对称、抓不住关键等问题。这些问题的存在,制约了班级管理工作效率的提高。搭建班级交流平台,如班级博客、班级微信群、班级 QQ 群等,可以实现信息的适时沟通、观点的相互碰撞、资源的充分共享。

以建立班级博客为例,它是以班级集体为主体的师生、家长共享的网络交流平台,是一个班级基于班级集体利益而由多人(老师、家长、学生)管理、不定期张贴班级各类信息的网站。它为班主任管理班级提供平台,也为学生们提供自我表现、自我管理、多向交流的网络舞台。在班级建设中,全班共同努力,可以将班级博客建设成交流思想的新空间。在班级博客中开设"班级聊天室""班级建议栏"等专栏,可以使每位学生在班级博客上都有发言权,同时学生们还可以利用班级博客记录自己在班级日常生活中的感受、感悟、心得及经验等。在这个过程中,学生们也可以对班级博客、博客管理员的工作方法、班主任的班级管理和任课教师的教学等提出建议,从而形成班级内部平等和谐的舆论环境;可以让班级博客成为体现学生能力的展示场,如让计算机较好的学生担任博客维护员,让写作水平较好的学生担任文字编辑等,同时根据专业特色和需要开设专栏,使班级博客成为展示学生个性、展现班级风采、体现班级特色的窗口;还可以让班级博客成为同伴互助的新园地,通过在班级博客中开设"博客结对"专栏,同学们在这个平台上互帮互助、各取所长,例如利用博客平台实现信息共享,共同创设一个自主学习的新环境等。

三、搭建技能竞赛平台,促进学生成长

创设专业技能竞赛环境,促进学生个人发展。在班级建设过程中,要注重对学生职业素

养的培养，而提高其技能水平是重要的一环，积极组织学生开展技能训练、营造竞赛环境尤其必要。鼓励学生开展各类技能竞赛，可以激发学生渴望荣誉、赞美、被认可的心理。在技能竞赛训练中，学生可以纠正不良的行为习惯，可以加强自我管理，学会自律、坚持，锻炼自己的毅力和刻苦钻研的精神，也可以在与其他学生切磋交流中促进专业技能不断进步，对形成终身学习的意识大有裨益。

发挥技能竞赛积极作用，促进班级常规管理。发挥技能竞赛的导向作用，将技能竞赛与德育教育相结合，培养学生高尚的情操，更好地约束和规范学生的行为；发挥技能竞赛的凝聚作用，提高班级学生的团队观念、合作意识、互助习惯；发挥技能竞赛愉悦身心和享受成就的作用，体现学生的主体性，增强其自知自理的能力，进而促进班风的持续转变；发挥技能竞赛有利于职业素养的生成，既可以在技能操作的规范性、专业性等方面让学生提高认识，也可以在技能操作过程中使学生强化产品质量、流程、安全等意识，改变不严谨的操作习惯。班级建设中，要有意识地将技能竞赛提升到促成学生专业技能水平和职业道德素养全面发展的高度。

常态化开展技能竞赛活动，形成良性发展的班级技能竞赛机制。在开展技能竞赛的过程中，可以做到内容丰富、形式多样，正式竞赛和非正式竞赛相结合，固定竞赛项目和不固定竞赛项目相结合，全员竞赛和技能抽测相结合，选拔赛和擂台赛相结合等等。班级要积极宣传技能竞赛活动，形成良好的舆论氛围，做到学生自觉参与，家长热心支持，学校保障有力。

活动设计

爱心手拉手，成长心连心

[活动背景]

某特殊教育学校有这样一群残障学生，他们只能用他们独特的交流方式生活在无声或者无色的世界里，他们不能感受到这动听与炫彩的世界，我们亦无法感受他们的世界。他们90%来自农村困难家庭，从小受到周围环境的“异样”对待，在他们的世界里，笑容便是一道温暖人心的光。为此，南京某职业院校16幼教班作为学校志愿者协会的骨干成员开展了“爱心手拉手，成长心连心”关爱特校儿童活动。学生结合了他们的专业特长，秉承帮助特殊儿童快乐成长的理念，与特殊学校一个班级的残障儿童“一对一”手拉手、交朋友，为他们提供了力所能及的帮助，成为他们成长路上的贴心小伙伴。

[活动主题]

爱心手拉手，成长心连心。

[活动目的]

1. 让班级学生与特殊学校残障儿童的一个班级结成“一对一”的手拉手伙伴，通过开展一系列的活动增进双方的了解，加深彼此间的友谊，为特校孩子们在学习和生活上提供帮助，促进孩子们健康成长。

2. 通过活动让学生体验到人与人之间的平等、尊重、信任和友善，体会一份真挚的友谊，形成积极的人生态度与丰富的情感体验。

[活动内容]

班级志愿者将以“手拉手”结对活动为载体，深入开展“五个一”帮扶活动：

1. 交一个“手拉手”好朋友。
2. 写一封“手拉手”交友信。
3. 给小伙伴送上一份小礼物(如一本书、一件文具)。
4. 完成小伙伴的一次微心愿。
5. 教小伙伴学一种新知识(新本领)。

活动环节	活动过程	注意事项	设计意图
校内组织筹备	1. 全体同学作为本次活动的主要志愿者，并且在班内募集善款和物品。 2. 在全校进行爱心活动宣传，招募更多的“爱心使者”。 3. 组织全校“爱心使者”开展校园爱心义卖活动，为特校“手拉手”班级募捐爱心资金。		创设平台，师生共同参与。
特校开展活动	1. “手拉手”结对仪式：志愿者们与结对班级举行“手拉手”结对仪式，填写“手拉手友情卡”，赠送善款与物品，并合影留念。 2. 慰问表演：志愿者们为“手拉手”班级同学带去文艺节目表演。 3. 互动交流：志愿者们与“手拉手”班级同学之间相互谈心交流，并与特校孩子们一起进行游戏互动，建立彼此的友谊。	准备好活动物品。	拉手结对，建立友谊，互动交流。
持续互动帮扶	本次“手拉手”结对仪式结束后，“手拉手”双方将持续进行互动交流，为“手拉手”班级的孩子持续进行帮扶。 1. 班级志愿者们将以网络、书信以及定期探望等方式与“手拉手”结对同学保持沟通联系，为他们持续地解决生活和心理上的各种困惑。 2. 两个结对班级的班主任会一直保持联系，定期开展集体交流活动，增进友谊。 3. 班级志愿者们将会通过定期开展爱心募捐、爱心义卖等活动为结对班级募得善款，对其进行持续的资助。	建立网络平台、联系方式。	持续帮扶，爱心传递，增强学生的责任感、使命感。

[活动反思]

通过“爱心手拉手，成长心连心”志愿活动，全校师生共同参与到爱心义卖活动，在义卖中，体会到助人为乐的快乐；志愿者们与特校学生“一对一”结对，在游戏中建立友谊，升华情感；此外，持续帮扶让爱心延续，使学生更有责任与担当！

附：校园爱心义卖倡议书

“爱心手拉手，成长心连心”活动——校内爱心义卖倡议书

为了更好地帮助特校的聋哑儿童健康成长，以帮助他们弥补感情缺失、提高能力素养为

目标，本着“真诚、真心、真爱、真行动”的原则，我班开展“爱心手拉手，成长心连心”关爱特校儿童活动。班级49名同学与特殊学校49名残障儿童“一对一”手拉手、交朋友，为他们提供力所能及的帮助，成为他们成长路上的贴心小伙伴。为了让他们得到更多帮助，我们需要筹集更多的善款，光靠一个班级同学的力量远远不够，我们希望招募更多的校园“爱心使者”，通过校园爱心义卖的形式募集更多的善款。义卖所得的钱款全部捐给特校“手拉手”结对的小伙伴们，为他们在学习和生活上提供帮助，促进他们健康成长。

一、活动时间：4月6日(周四)中午12:20—13:20

二、活动地点：校图书楼广场前

三、活动对象：全校师生

四、活动说明：

1. 本次活动本着公平、公开、自愿、民主的原则，物品有价，爱心无限。

2. 请各班团支部在班级进行动员，班主任协助组织安排。所征集物品由捐赠人本人带至学校，由班级专人负责登记造册。

3. 本次爱心义卖以班级为单位设立爱心义卖摊位，爱心义卖物品由各班级参与爱心义卖的同学自定，可以是书籍、文具、工艺品、装饰品等等，但严禁食品参与义卖。

4. 爱心义卖结束后，各班务必清洁整理好本班爱心摊位，数清并保管好本班所得爱心款项。

拓展阅读

南京某职业院校“星级班级”评比办法(试行)

一、为进一步完善我校德育工作评价体系，促进优良的班风、学风、校风的形成，特制定本办法。

二、评比原则

1. 公平、公正、公开的原则；

2. 实事求是的原则；

3. 民主评定的原则。

三、星级班级评审机构

学校设立星级班级评审委员会，负责组织实施星级班级评比工作。评审委员会设主任一名、副主任两名、评委若干名，具体名单另行确定。

四、评比内容

学校依据《班主任考评细则》和《江苏省六合职业教育中心校学生须知》等规范，结合实际情况，设立“遵规守纪星”“卫生保健星”“学习竞技星”“文明礼仪星”“特色和谐星”共五颗星。

五、评比标准

(一) 遵规守纪星

1. 课堂、晚自习纪律优秀率在95%以上；

2. 升旗仪式、各种集会、学校大型活动纪律优秀率达100%；

3. 宿舍管理符合各项要求；

4. 学生出勤率高，无迟到、旷课现象，能自觉履行请假手续；

5. 能正常佩戴胸卡、团徽；

6. 自觉爱护公物，无人为损坏现象发生；

7. 学生无打架、抽烟、赌博、翻墙外出等不良行为。

（二）卫生保健星

1. 学生能自觉做好卫生保洁工作，班级能经常性开展各类体育活动和心理健康教育；

2. 教室、包干区、绿地卫生优秀率在95%以上；

3. 宿舍卫生整体达到优秀标准，全班宿舍获流动红旗、表扬的总数在评比期内处于全校前五位；

4. 眼保健操、广播操评比优秀率在95%以上；

5. 传播性疾病的预防措施到位，发病率低。

（三）学习竞技星

1. 班级学习风气浓厚，任课教师课堂评价优秀率在95%以上；

2. 全班学生中级工以上技能考核一次性通过率在95%以上；

3. 班级学生参加各类技能训练、竞赛的比例大，成绩突出。

（四）文明礼仪星

1. 日常服饰仪表符合要求；

2. 升旗、各种集会、学校大型活动能做到着装统一；

3. 进出校门主动下车，出示胸卡；

4. 习惯使用文明礼貌用语，能主动与他人打招呼，不随地吐痰、乱扔废物；

5. 班级学生与异性交往时有分寸，无不良记录。

（五）特色和谐星

1. 班级文化建设有特色；

2. 班级能制定出切实可行的班级管理规范，学生均能遵照执行；

3. 师生之间、学生之间关系和谐；

4. 班级能积极参加学校组织的各项活动，获奖多，获奖面广；

5. 班级能自主开展有特色的活动，有一定的影响力，取得较好的效果。

六、评比程序

（一）申星

班级向学校评审委员会提交星级班级评比申请，经评审委员会审核通过后，领取星级班级评比申请表。班主任应充分体现学生的主体地位，根据星级班级评估细则及学生的实际情况，讨论、制订出本班的申星计划。申星时可以申请其中的一颗星或几颗星，也可以申请全部的五颗星。

（二）评星

评审委员会依据评比标准制定“星级班级”评分表，对申星班级进行量化考核。

（三）授星

以考核分数为依据，经评委会审核通过，确定为星级班级。

（四）护星

对评选上的星级班级，学校将实施动态管理，有下列情形之一的，取消“星级班级”的荣誉称号，即摘星：

1. 对照评比内容，班级各项考核指标变差，已低于评比标准的；

2. 家长、学生、教师投诉班主任有侵害学生权益的行为，经查证属实的；

3. 班级学生有严重违纪行为，造成恶劣影响的；

4. 发生重大安全责任事故的。

七、奖励

1. 申星成功，达到星级标准的班级，学校在校园内公示，进行表彰，授予相应的星级班级班牌。

2. 一学年累计三次获“星级班级”称号的，班级将被优先推荐为省市先进班集体，该班班主任获“优秀班主任”称号，并给予相应的奖励。

八、其他

1. 星级班级评比不限名额，达到评比标准，即可授予“星级班级”荣誉称号。

2. 获评“星级班级”荣誉称号的，该荣誉称号有效期为两个月，期限届满后，该班级需继续申星，经再次评估合格后方可保持“星级班级”荣誉称号。

3. 符合规定条件的班级可获适当加分，具体标准见“星级班级”评分表。

4. 本办法自 2014 年 9 月 1 日起试行，由校星级班级评审委员会负责解释。

2014 年 8 月 25 日

附：“星级班级”评分表

“星级班级”评分表

日期　　　　　　班级　　　　　　班主任

项目	总分	考核内容	单项考核		考评依据	申星成功的条件
			单项分数	单项得分		
遵规守纪星	100分	1. 课堂纪律	10 分		教学巡查记录、教学日志	该项总分达到 95 分以上者申星成功
		2. 晚自习纪律	20 分		每日晚自习记录	
		3. 自习课纪律	10 分		教学巡查记录	
		4. 各种集会活动纪律	10 分		学生处日志	
		5. 宿舍管理情况	10 分		宿舍管理员记录	
		6. 出勤状况	10 分		晚自习值班记录、门卫登记、行政巡查记录	
		7. 胸卡、团徽佩戴情况	10 分		学生会检查记录	
		8. 公物维护情况	10 分		总务处每月检查记录	
		9. 无打架斗殴、抽烟、赌博、翻墙外出等不良行为	10 分		学生处工作日志	

续表

项目	总分	考核内容	单项考核		考评依据	申星成功的条件
			单项分数	单项得分		
加分	10分	10. 在突发性事件中为学校做出突出贡献的	6分		行政巡视记录,学籍材料	
		11. 男生比例在80%以上的	4分			
合计		11项	110			
卫生保健星	100分	1. 教室卫生	20分		学生会每日检查记录及学生处工作日志	该项总分达到95分以上者申星成功
		2. 包干区卫生	20分			
		3. 绿地卫生	10分			
		4. 宿舍卫生	20分			
		5. 眼保健操质量	10分			
		6. 广播操质量	15分			
		7. 传播性疾病防控状况	5分			
加分	10分	8. 在突发性事件中为学校做出突出贡献的	6分		行政巡视记录,学籍材料	
		9. 男生比例在80%以上的	4分			
合计		9项	110			
学习竞技星	100分	1. 班级学风情况	20分		教学日志、班级综合考评	该项总分达到95分以上者申星成功
		2. 班级有技能训练队伍,正常开展活动	25分		班级技能训练活动记录	
		3. 教师课堂评价	25分		教学日志	
		4. 中级以上技能考核通过率	15		技能考核名册、证书原件	
		5. 技能竞赛获奖情况	10		获奖证书原件	
		6. 各门学科,学生补考比例低于20%	5		教管处补考记录	
加分	10分	7. 班级有学生获高级工以上技能等级的	2		技能考核名册、证书原件	
		8. 在省级技能竞赛中获奖的	4		获奖证书原件	
		9. 男生比例在80%以上的	4		学籍材料	
合计		9项	110			
文明礼仪星	100分	1. 服饰仪表合格	20分		学生处检查记录的考评	该项总分达到92分以上者申星成功
		2. 升旗、做操、重大活动服饰统一	20分		学生处日志、学生会检查记录	
		3. 进出校门主动下车、主动出示胸卡	10分		教学做实践周记录	
		4. 使用礼貌用语	10分		教学做实践周及学生处日志	
		5. 班际关系良好	20分		班级情况调查记录	
		6. 异性交往有分寸	10		学生处日志	
		7. 无损害校园环境的行为	10		教学做实践周及学生处日志	

续表

项目	总分	考核内容	单项考核		考评依据	申星成功的条件
			单项分数	单项得分		
加分	4 分	8. 男生比例在 80%以上的	4		学籍材料	
合计		8 项	104			
特色和谐星	100 分	1. 班级文化建设特色鲜明	20 分		实地考察、学生处工作日志	该项总分达到 95 分以上者申星成功
		2. 班级规范制定、执行到位	25 分		学生处日志、教学日志、行政巡查记录	
		3. 师生、生生关系融洽，班级有凝聚力	15 分			
		4. 参加学校活动成绩突出	20 分		学生处日志和各次表彰记录	
		5. 自主开展活动有成效、有特色	20 分			
加分	15 分	6. 班级开展的活动获市级以上奖项或在市级以上范围交流的	6 分		获奖证书原件、学生处日志	
		7. 班级获市级以上荣誉称号的	5 分		班级受表彰记录	
		8. 男生比例在 80%以上的	4 分		学籍材料	
合计		8 项	115			

班级建设启迪：

班级建设过程中不能不为，更不能乱为，而应该充分了解学生的需求，结合学生的兴趣爱好与特长为其搭建有利于成长的平台。在建设各类平台的时候，要结合学校工作的整体安排来考虑，既要保持班级的独特性，也不能游离在学校整体工作之外。打造平台一定是在全班同学共同努力之下进行的，平台的维护也是全班同学共同的工作，班主任要致力于让班级的各类平台成为促进学生“人生出彩”的最好舞台。

第三节　最大的敌人是谁

理论探源

瓦尔特·尼克各尔斯基在《道德危机》一书中阐述：坚强的个人性格会在服务于社会组织与社区的过程中展现出来，会在公共生活的良好意志中展现出来。我们这个时代的道德危机意味着，越来越多的人缺乏对自己命运的把握，而这是一个自由人格投入社会时所应当具备的独立、完好的品质。海特海指出，教育的目的就是激发和引导学生的自我发展之路。人生路上，只有人自己去扼住命运的喉咙，才会实现自我发展。职业院校学生在学习生活中首要思考的问题应该是，改变现状先要改变自己，改变的方法虽然多种多样，但让自己自信起来却是治本之策。搬开影响自己成长的路障，去除自身的心魔，阳光起来，克服自卑、胆怯，仰起头来面对前进道路上的一切困难。

实战举隅

姊妹两人是双胞胎，从小就穿一样的衣服、梳同样的发型，但邻居和朋友仍然一眼就能辨别出谁是姐姐，谁是妹妹。因为妹妹从小身体比较弱，父母对她照顾得格外多，比她不过才大五分钟的姐姐也处处让着她，所以导致了两人性格截然相反。姐姐从小就活泼好动、敢说敢笑，妹妹从小就胆小怕事、畏畏缩缩。

20 岁的时候，她们进了同一家房地产公司做销售员。姐姐总是带着自信的微笑去面对上司交给她的任何一项工作、面对同事间的是是非非、面对客户的百般挑剔……很快她就被提升为销售部经理；而妹妹见到上司就胆怯心虚，说话都会突然口吃，看见同事们说悄悄话就以为是在议论自己而感到郁闷，面对挑剔的客户只会着急却不知道如何应对……最终她被调离了销售部。

（案例来源：《职业素养基础教程》 徐飚）

妹妹因为身体状况导致遇事没有主张，最终把性格弱势带到工作中，自然就失去了工作。最大的对手也是最大的朋友。正所谓“小事靠朋友，大事靠敌人”。在一个人的成长历程中，不可能永远是一帆风顺的，要搬开影响自己成才的路障。困难人人都会有，只是每个人面对它时采取的办法不同，挫折能使强者走向一次令人惊喜的成功，而使弱者走向又一次令人沮丧的失败。教育职业院校的学生应该学会悦纳自己，增强自信。

知识领航

一、了解并欣赏自己的心态

> **智慧语录**
>
> 失败也是我所需要的，它和成功对我一样有价值。只有在我知道一切做不好的方法以后，我才知道做好一件工作的方法是什么。
>
> ——爱迪生

自信是建立在对自己的正确认知和积极接纳基础之上的，要常常花一些时间，静下心来去发现自己拥有哪些良好的品质和特点，好好地欣赏它们，在欣赏自己的同时也就是在给自己增添自信了，还能够了解自己的局限，并接纳它们。如果不能接纳自己的局限之处，总是回避它们，那么就永远无法摆脱心理上的负担，自信心也就因此而备受拖累。我们要记住，没有人是十全十美、无所不能的，每个人都会有自己不擅长的方面，都有自己的局限。我们所要做的就是明确地知道自己有哪些局限，进而坦然地接纳它们的存在。如何才能做到这点呢？

1. **充实并完善自己**

不断地学习，扩充自己的内涵。我们知道，越是有内涵的人，自信程度也就越高。我们可以学习的东西很多，除了在学校学习各种学科知识，还要多多地学习如职业素养、社交技能、生活技巧等各类知识，而新闻、热点、时事等也是我们常常需要关注和了解的。其次，培养一至两种精通的技能。可以是艺术方面，如舞蹈、乐器；可以是文学方面，如演讲、写作；也可以是体育方面，如游泳、打球……有很多方面我们可以去发展。有了精通的技能，我们就有了展示自己的资本，也就有了自信的资本。

2. **修炼并提升自己**

养成良好的习惯。心理学家威廉·詹姆士说："播下一个行动，收获一种习惯；播下一种习惯，收获一种性格；播下一种性格，收获一种命运。"可见良好的习惯是多么重要，尤其是对于提升自己、培养信心，有着强大的能量。我们要常常提醒自己，适当地放慢自己的速度，确认自己有足够的能力并已做好充分的准备后，再从容不迫地行动，这会让我们减少焦虑和担心，而增强自信。

二、提高挫折承受力

某种意义上，人的一生就是在与各种各样大大小小的困难和挫折进行斗争，而成功者和失败者的差异就在于他们如何应对挫折。只有经得起挫折的锤炼，才能铸就一个美丽的人生！

1. **坚持四"不"，积极面对挫折**

(1) 不害怕

世界大文豪巴尔扎克说过："苦难对于天才是一块垫脚石，对于能干的人是一笔财富，对于弱者是一个万丈深渊。"古今中外，很多成功的人在成功之前都遇到过很多挫折，他们并没有向挫折低头，最后才取得了成功。

(2) 不逃避

每个人都会面临挫折，而每次挫折也都会过去。当挫折过去，我们还要继续生存，所以我们要从容地面对挫折的来临，坦然地接受挫折的存在。

(3) 不颓废

"阳光总在风雨后，乌云上有晴空，珍惜所有的感动，每一份希望在你手中；阳光总在风雨后，请相信有彩虹，风风雨雨都接受，我一直会在你的左右……"

在挫折面前，自暴自弃没有用，颓废的状态只会让自己更加消沉。正如歌曲中所唱的那样，任何问题都隐含着创造的可能，要相信每次挫折都有着转折点，不论遇到什么困难，请坚信：暴风终会消逝，晴空必然出现；冬雪终会融化，生机必然展现。

> **智慧语录**
>
> 我们应该有恒心，尤其要自信！我们必须相信，我们的天赋是要用来做某种事情的，无论代价多大，这种事情必须做到。
>
> ——居里夫人

(4) 不绝望

如果挫折已经发生，就寻找解决的办法；如果挫折无法解决且已经过去，就将其抛开不再回想。也许你在某件事上是不幸的,但一定在其他方面是幸运的。

是的,当你感到失落悲伤时,不妨换一个关注点,你会发现生活美好的一面。有时,唱一唱激励人心的歌曲,也会让自己远离绝望,重新振作。

2. **自我疏导,逐步淡化挫折**

(1) 宣泄情绪和转移注意

当我们遭遇挫折时会感觉到苦闷、烦恼、压力、抑郁等消极情绪,这些消极情绪需要及时化解和宣泄,途径有很多,可以寻找和选择适合自己的方式。

挫折带来的消极情绪是在挫折的情境中产生的,如果将注意的焦点从挫折情境中转移开,就可以消除或减少消极情绪。我们可以选择一些休闲活动,比如去看电影、唱歌、逛街、旅游等,或是选择自己喜欢做的事情,而不是一味地沉溺在挫折的情境中。

(2) 换个想法

美国著名心理学家艾利斯曾经提出了"情绪 ABC"理论,A 代表事件,B 代表信念,C 代表情绪或行为,也就是最终的结果。一般我们都会认为,某件事情的发生,导致我有了怎样的情绪或行为。而艾利斯的理论纠正了我们的观点,他的观点是,引发我们某种情绪或某种行为的并不是事件本身,而是我们自己对于这个事情的看法和认识。所以在遭遇挫折时,换个想法,就能体会到另一种情绪。

(3) 冷静分析

当消极的情绪被排解后,就静下心来,客观地分析挫折,分析阻力来自何方、目标是否恰当、方法是否稳妥。若是不可改变的因素,如何利用其他方面弥补,或直接将其排除;若是可变因素,如何将其改善,变阻力为助力。此外,还要分析总结出其中的经验,将其作为一种人生阅历的积累。

三、寻求心理援助

"当局者迷,旁观者清",如果发现遇到了自己难以渡过的难关,要主动向阅历更多的家长、老师,或是心理咨询师寻求帮助,借助外力解除心理困惑,恢复心理平衡。

心理咨询工作者有着丰富的心理学理论基础和实践经验,他们可以帮助我们分析挫折产生的原因、调节消极情绪、增强意志力,是我们战胜挫折的坚强后盾。

活动设计

自信助你走向成功

[活动主题]

每个学生成长为今天的自己,是在各种团体中与人相处、相互作用的结果。从家庭团体开始,然后进入学校团体,最后进入社会团体,均是如此。现在,同学们生活在班级团体之中,在团体中学习,在团体中成长,在团体中享受快乐,也经历痛苦。

［活动目标］

让学生理解自信的含义、作用，教会他们培养自信的方法。

［前期准备］

1. 一些视频资料和 PPT。

2. 人数：30～50 人。

［活动设计］

活动环节	活动内容	活动提示	活动目的
暖场活动	“一元五角”活动： 女生代表“一元”，男生代表“五角”。老师说出一个数字，如四元五角或三元五角等，学生根据数字自由组成小组。	1. 本活动可以营造和谐的气氛，使同学们以良好的情绪状态投入班会。 2. 本活动能培养合作意识，训练思维能力和行动力。 3. 要求同学们在组合后，将手叠加在一起，更能活跃气氛，增加团队凝聚力。	暖身活动，活跃气氛，导入主题。
理解自信	先创设情境，观看视频，由学生表达观后感，分小组说说自己对自信的理解，再结合成功者的成功过程，讨论自信的作用。	1. 全班学生一、二报数分成内外圈。内外圈两人一组面对面讨论。可以在讨论 2 分钟后，内圈同学向左转一位，继续讨论。 2. 每个话题可安排几位同学进行分享，班主任要抓住学生表达的细节，对在分享过程中新生成的话题进行适时点拨、引导，使同学们理解自信的含义，明确自信的作用和树立自信的重要性。	理解自信的含义和作用。
培养自信	“找朋友”分组技术：内外圈中相对的两个人，一前一后一次围成圈站好，站在圈内的同学环顾四周，在心中选出一组朋友，当班主任说“开始”时，这位同学伸出手掌指向要找的那组同学，并和同组的同学一起大喊“咦，好朋友就是你”。彼此同时选中的小组组成新的一个组，没有被选中的小组再用同样的方法继续选择。然后，再四人共同找朋友。最后，八人组成一个小组，围坐一圈。	1. 在分组前，班主任要将分组要领叙述清楚，示范清楚。 2. 强调邻组的同学不要相互商量，可以目光交流。 “找朋友”分组技术，主要是培养学生的合作意识，学会彼此悦纳和欣赏以及提高主动与人沟通交往的能力等。	本环节通过具体活动，在大家的互动中，不知不觉增强了学生的自信心。
体验活动	在一张纸上写出自己的三个优点，在另一张纸上写出在学习上、生活中或为人方面让你最佩服的一位同学的三个优点。 强化自我意识，寻找榜样汲取力量。 学生写完后进行分享、表达。 表达后，将这张纸条送给他(她)。	1. 教师巡视，提醒同学要写得客观、具体。寻找写得比较客观的学生，拟定发言人选。 2. 先分享学生自己的优点，然后分享最佩服的同学的优点。分享时要面对面地表达，表达完后彼此以语言、握手、拥抱的形式表达谢意，以达到心灵的沟通与碰撞。	本环节通过写出自己的优点、欣赏别人的优点，使学生进一步认识自己的优势和长处，同时又从榜样身上汲取力量，增强自信。
表达分享	讲述生命中的故事：请同学们分享自己成功的故事，师生共同总结归纳培养自信心的方法。	1. 讲述生命中的故事，同时训练学生当众表达的能力，培养自信心。 2. 对学生不平凡的成功故事，班主任要适时追问、挖掘、点拨与引导，并与建立自信相联系。	升华自信，祝你走向成功的主题。

[活动反思]

本次班会的第一个环节是暖场活动,运用"一元五角"活动,培养合作意识,训练思维能力、自信心和行动力。第二个环节是理解自信的含义和作用。第三个环节是培养自信,这是本次班会的重点,运用了"找朋友"分组技术。第四个环节是体验活动。做得比较好的有以下几个方面:

本次班会,首先运用"一元五角"心理学技术进行热场,有效地达到暖场的目的。"理解自信"环节,通过观看视频,将学生带入一种感人的情境。主人公凭着自信心,顽强地克服各种困难,勇于迎接各种挑战,学会游泳、打乒乓球、演讲等技能,成为世界著名的激励大师,给予人们极大的鼓舞和力量。通过学生分享和教师归纳、小结,使学生理解了自信的含义,进一步明确了树立自信的重要性。

"培养自信"是本次班会的重点。这个环节学生不容易深入,说优点和长处有时浮于表面,这就要求班主任需引导学生从学习、生活、人际交往等方面挖掘、探究,追究其本源,理解其内涵;让学生扬长避短,以积极自信的心态,付出实际行动,克服一切苦难以实现自己的理想。

"体验活动"环节,班主任要做到心中有数,从班级中选出在学习、与人交往、特长发展或自身形象等方面不自信的同学,运用"戴高帽技术",让全班同学帮助他消除自卑,树立自信。全体同学以这位学生为镜,通过给予合理建议、握手、拥抱等形式帮助其培养自信和强化培养自信的方法。这是整个班会的整合和升华阶段,取得了很好的效果。

整节班会目标明确,环环相扣,循序渐进。在学生体验、交流和分享中,搭建学生相互沟通、练习当众说话和培养合作意识的平台,加之班主任的适时点拨和引导,团体中有感动、感恩和感悟,使学生在团体中汲取了勇气和力量,增强了自信,学会了培养自信的方法,增进了学生友谊,提升了班级的凝聚力。

拓展阅读

在风雨中成长

导读:刘墉一家在风雨之中进行了一次环河之游,之后,他就写了这篇文章给他儿子,想要利用这个机会教育儿子坦然地接受人生中的风雨,看到风雨中的美丽,学会苦中作乐,学会自信和悦纳自己。

正文:

我知道你今天有些失望,因为经过长久计划的环河之游,却遇上了难得一见的风雨,虽然我们由甲板移入船篷内,还是被斜斜飘入的雨水淋湿了。

或许你会想,如果不为等妈妈有空,而在上星期风和日丽,学校未开课时去该多好;或许你会想,何不下个月,等我有暇时,再捡个日子前往。

但是你要知道,什么是一家人,什么叫 Family Ties。上星期如果在没有你母亲同行的情况下,我们去游河,当你看到美丽的景色时,会不会想到,如果妈妈也能看到该多好!

而如果我们延到下个月，纽约的天气转入寒冷的暮秋，在你观赏自由女神海湾的景色时，会不会担心，海上来的寒风，会使你八十岁的祖母受凉？

如此说来，我宁愿一家人，在今天的风雨中同行。

况且，风雨中的景色也很美。当密雨像是轻纱般在河面上牵过，远远的帝国大厦，尖端隐入浓云，岂不是比晴朗的日子，更有味道吗？

当自由女神生着铜绿的身躯，被雨水淋透，在后面灰暗天空的衬托下不是更来得明艳吗？

还有当我们穿过哥伦比亚大学的北方，看到哈德逊河时，近处岸边树木盎然的翠绿，与远方凄迷的河谷对比，不是更来得悠远，而令人有一种怆然的情怀吗？

而当我们坐的大游船经过小游船时，特别放慢速度，使水波不致过度激荡；每一艘帆船，都降下一半船帆，使自己不致因为强风，而樯倾桅折的做法，不都给我们最好的教育吗？

你要知道：在我们的生命中，不总是风和日丽的，但是有些人在凄风苦雨里，却能咀嚼出另外一种美，也只有这种人最经得起打击，也才称得上懂得人生的情趣。

记得我在你这个年岁，曾经看过一部叫《日瓦戈医生》的电影，其中最令我难忘的，是当日瓦戈医生的家被充公，只身逃往西伯利亚的途中，车内拥挤嘈杂，日瓦戈却拉开小车窗，静静欣赏外面乌拉山的雪景。

当我初到美国的时候，正逢冬天，有一次站在露天等车，突然下起大雪，我便学日瓦戈医生的苦中作乐，静静欣赏附近枯树在雪中的变化，还有小鸟们如何不断抖动翅膀、扑落雪花的样子。而当车子在四十分钟之后，从密雪中缓缓驶近时，我才发现自己竟已陷入半英尺的雪中。

所以，我爱今天这样的风雨，也希望你爱它，因为我们都要经历雨雪风霜，才能长大。

班级建设启迪：

在风雨中游河，却看到了风和日丽时无法看到的美景，感受到了万里晴空时无法感受的情怀，得到了风平浪静时无法得到的教育……这些都源于刘墉对于风雨的接纳甚至是喜爱。当我们在人生中遭遇风雨时，应抛开影响自己向上进取的路障，以一个包容、接纳甚至是欣赏、感激的心态去面对它。在班级建设中，我们中职学生更应该去实践、去传承工匠精神。第一，学习必须具有正确的态度和科学的方法，对待学习要具备将不懂的内容先学懂再学精的态度，要勇敢地攻坚克难，并且学习中要注重方法，尽力学好所学知识。第二，学习必须要专注，一天的认真学习很简单，一个月、一年也不难，把每个平凡的事做好就不平凡，坚持下去才是“工匠精神”的真实体现！第三，学习要勤奋，不仅要勤于专业知识，还要学习其他方面的知识，这样才能将各种知识结合起来，发挥“工匠精神”。追求工匠精神，追寻的是一丝不苟，精益求精，一以贯之。

第四节　你值得赞美

理论探源

美国哈佛大学教育研究院的心理发展学家霍华德·加德纳(Howard Gardner)在1983年提出了多元智能理论。加德纳在研究脑部受创伤的病人时发现他们在学习能力上有差异,从而提出本理论。传统上,学校一直只强调学生在逻辑——数学和语文(主要是读和写)两方面的发展,但这并不是人类智能的全部。不同的人会有不同的智能组合,例如:建筑师及雕塑家的空间感(空间智能)比较强,运动员和芭蕾舞演员的体力(肢体运作智能)较强,公关的人际智能较强,作家的内省智能较强等。这一理论用在我们职业院校学生的评价上,就是要从多方面来看待一个学生,他们虽在文化学习上略逊一筹,但在其他众多方面还是各有千秋。班主任要从多方面激励学生,让他们健康快乐地成长。

实战举隅

第一张奖状

从小学到初中,我从来没有拿过一张奖状。老师每次发奖,我总是注视着那逐渐减少的奖状,直到最后一张,还仍然在期盼:这张或许是我的。但每次都沮丧地发现,没有属于自己的奖状。渐渐地,每到老师发奖状的时候,我就默默地看书,心里挺不是滋味,但我仍然盼望着有一天有一张属于自己的奖状。

有时我常常独坐一旁发呆:为什么始终没有我的奖状?爸爸说:“不管怎样,手里没有奖状就不是好学生。”我承认我学习不好,可我总觉得自己不是坏学生。我没有违反学校的规章制度,没有打骂同学,没有顶撞老师,也想不出哪一次做过损害学校和班级形象的事,甚至可以说,除了学习,自己其他方面还是不错的。随着年龄的增长,渐渐地我不去想奖状不奖状的,反正我也拿不到。

今年年底发奖状,我仍然平静地“看书”,心里却翻江倒海,总觉得丢人,脸上火辣辣地发烧。当我的名字被老师念了三次的时候,我才反应过来,慌忙接过那张久违的奖状,老师正微笑地看着我。我不知道是怎样走回座位的,只觉得心里发酸,如果学校不改革评优方式,天知道今天会有一个什么样的结果。直到放学了,我还在想:这是属于我的奖状吗?

回家的路上,我既激动又惭愧,我终于拿到了有生以来的第一张奖状,可我能对得起它吗?

回到家,我没有立即把它拿出来,在父母的一再劝说下,我才把它方方正正地贴在家中最显眼的地方。看看这张奖状,再看看我的父亲母亲,那一天我实在不知道是怎样过的,只是拼命地读书、写字、做题。晚上,当父母带着满意的心情入睡的时候,我哭了,这也是第一次。

我可以在病痛的时候咬紧牙关，我可以在愤怒的时候遏制情绪，但这一次，我没能止住泪水，静静的夜晚里，我想了很多，想了很久……

第二天，我又小心翼翼地把贴好的奖状揭下来，夹进了我用过的课本里，我默默地告诉自己：贴它，我还不够资格！等我学习上去了，我会把它拿出来的。

（摘自：《加德纳的智力多元论探究》）

让老师流泪，让老师深思！我们的教育行为，我们的教育评价，还需要做些什么？本案例是DIC国际合作项目——“借鉴多元智能理论，开发学生潜能的实践研究”课题实验学校的一个案例。该校借鉴多元智能理论，改革了课堂教学，改革了学校的评价制度，让学生重新认识了自我，重新鼓足了学习和做人的勇气与信心。多元智能理论，改变着教育，成就着学生。

知识领航

一、值得别人赞美，你要具备什么

每个人都有优点和缺点、长处和短处。每个人都值得赞美。一旦你学会突出自己的优点和长处，自卑感就会消失。“我能行”三个字将使人转败为胜，把弱点转化为力量。成功对所有人来说都是自己与自己较量的胜利，是自己与命运抗争的成功。“我能行”的人是最懂得生命价值的人。

对，要值得别人赞美你，你就要自信起来。自信是潜能的放大镜，自信是成功的推进器，自信是快乐的催化剂。职业院校的学生一定要自信。

什么是自信？李开复先生是这样定义的：“自信，就是要在认识自我的基础上充分相信自己：相信自己可以在面对困难与挑战的时候，将自己最大的潜能释放出来，相信自己可以在理想和兴趣的引导下坚定不移地走向成功。”

如何才能使自己自信起来呢？

1. 要认识自己

在认识自己的基础上，尊重自己，相信自己。有这样一个故事：有一个美国经理，因为世界大战，其企业无法获得原材料，被迫宣告破产。他为此大为沮丧，并离开妻子儿女，成了一名流浪汉，甚至想到了自杀。一个偶然的机会，他看到了《自信心》这本书，于是找到作者，想从作者那里得到鼓励。但这本书的作者却说没有能力给他帮助，仅仅把他带到了一面高大的镜子面前，并对他说了这么一段话：“我虽然没能力帮助你，但这个人可以帮助你。在这个世界上，只有这个人能够使你东山再起。除非你坐下来，彻底认识这个人，否则，你只能跳到密歇根湖里去。因为在你对这个人作充分的了解之前，对于自己或这个世界来说，你都将是个没有任何价值的废物。”这个人朝镜子走了几步，用手摸着他那长满胡须的脸孔，对着镜子里的人从头到脚打量了好一会并大哭了一场，终于想明白了很多的事理。几天后，那位作者在街上碰到这个人，发现他的步伐已变得轻快有力，头已经抬得高高的，还说将来要带给作者一张支票，很好地感谢他，是这个作者让他认识了真正的自己。

一个人在之前自己认识，对于自己和这个世界都是没有任何价值的废物。说得真好！

我们只有充分认识了自己是个什么样的人、自己具有什么优势和特点、自己需要什么、自己将能做什么、自己最适合在哪些方面或哪个方向发展,我们才能找准自己的定位,才能找到自信,尊重自己,不再认为自己无能为力,才能实现自己的梦想!

2. **要开放自己**

人们对自己的认识,一方面可以通过自我反思、深刻自省获得;另一方面是要以他人为镜,从与他人的交往、合作、共事中,从对照他人长处和缺点来反观自身,去清醒地认识自己。李开复先生说:“2004 年杀害同学的马加爵说‘同学都看不起我。’其实,如果他有勇气向他信任的同学求证,他也许就会发现自己错怪了同学,也许就会发现交错了朋友,也许就会证实同学确实看不起他并了解其中的原因,然后自我改进。坦诚的交流,结交真心的朋友或许都可以帮助马加爵,避免悲剧的发生。”开放自己也有利于充分展示自己的才能,锻炼自己的意志,并获得他人的帮助,使自己不断走向成功,从而变得更加自信。

3. **要超越自己**

超越自己就是要发挥自身优势,改进不良习惯,超越过去的自我,成就更大的辉煌。只有今天的我比昨天的我有了进步和发展,我们才会有实现自我的快乐和超越自我的自信。超越自我要积极主动,不能被动应付、随波逐流或自我满足、“小富即安”。超越自我要从善如流、见贤思齐,超越自我更要大胆突破,敢于创新。

相信、更期待我们的职业院校学生把自卑、自怨、自贱、自弃的心理阴影抛到九霄云外,在自信中取得事业成功,在成功中构筑人生幸福!

二、向他人学习,也值得赞美

1. **值得别人赞美,先得虚心学习他人**

正常情况下,我们可以通过父母、老师、书本、社会这四种学习途径获得知识来帮助自己成长。

向父母学习。父母是我们第一任老师。父母的影响非同一般,不仅感染我们人生的全程,而且还会渗透到骨子里去,父母的言行对我们有决定性的影响,其榜样的作用不言自明。他们的人生积淀是值得我们去模仿和学习的,学习他们人生中的成功之处,吸取一些教训,避免多走弯路。

向老师学习。老师属于第二层影响人生的途径。一位行为堪称楷模的教师、一个管理文明的学校,都会给学生无穷无尽的精神财富。教会自己不懂的知识的人都是自己的老师,都是值得学习和借鉴的师长。

向书本学习。一个人应养成读书的习惯,读书的真谛在于:为自己塑造一个有血有肉的人生。书籍不仅是人类进步的阶梯,也是精神的家园。一年要计划读 6～10 本专业内外的书籍,通过文字载体学习文化知识与科技知识,为人生发展与取得成功储备精神食粮。“学而不思则罔”,学习的目的是为了应用,不能只是埋头读书,还要学会新知识的整合应用,举一反三,做到活学活用、学以致用。

向社会学习。社会是个大学校,谦虚好学者对世事感兴趣,善于观察和思考,会有很多学习机会,比一般人的知识积累要多得多。社会学习的途径分支很多,除父母、老师、书本以外,同学、同事、战友、朋友、领导等都是学习的对象,要善于向周围的人学习。“三人行必有我师”，比自己懂得多的人都是自己的学习对象。

2. **值得别人赞美，还得善于赞美和悦纳他人**

某职业院校一次班会课上，班主任谢老师问了同学这样一个问题：你们哪位同学会经常赞美别人？同学们很快就定下各自的人选，很幸运女生小敏等 4 人被同学们选定了。

> **智慧语录**
>
> 尺有所短，寸有所长。物有所不足，智有所不明。
>
> ——屈原

既然是赞美别人，当然要善于发现别人的优点吧！小敏在心里快速盘点着每位同学的优点。谁知这时谢老师却让 4 个被选出的同学暂时到隔壁教室。小敏开玩笑问老师：“难道我们被遗弃了吗？”谢老师诡谲地笑笑。4 位同学满腹狐疑地离开教室。

坐在隔壁教室，不时听到教室里传来讨论的声音，小敏意识到自己才是被评价的对象，好奇心更是被激发出来。

大约七八分钟以后，谢老师招呼小敏等人回去。教室里师生们的脸上都洋溢着灿烂的笑容，小敏等人则一脸的茫然。老师拿着 4 页纸说：“这里是同学们给你们的评语，亲自读一下吧！”哦，原来如此！原准备去赞美别人，没想到却成为被赞美的对象了。

小敏等人依次宣读有关自己的评语，其余同学非常兴奋，并时时给予热烈的掌声。小敏是最后一个读的，同学们给了她很多的赞誉，诸如：热心、乐于助人、豪爽、知性、时尚、热爱生活（在宿舍养花）、尊敬老人（去敬老院看望老人）、漂亮、身材好等等，夸得小敏都有点不好意思了。

最后，谢老师说：“赞美、欣赏他人，其实人人都会。但关键是你能否真正发现别人的闪光点，并根据这些闪光点给予真诚的赞美。刚才同学们给予的赞美多属于泛泛之词，缺少实质性的东西，比如说某某同学口才好、学习好之类。但也有同学得到的评语比较具体，比如说乐于助人等。同学们一定要学会悦纳他人，善于悦纳他人，这是与他人建立良好交往关系的前提，也是进行合作学习、工作的重要保证。更重要的是，我们在悦纳他人的过程中还能收获一份独特的快乐。”

> **智慧语录**
>
> 人最高的智慧就是认识自己。认识自己的过程，其实就是解剖你自己的过程。
>
> ——苏格拉底

事实说明：一个会悦纳他人的人，也会被他人所悦纳。

你是否因为他人的赞美而倍感欣慰？你是否因为他人的掌声而更加卖力？你是否因为他人的喝彩而在旅途上更加坚定呢？是的，这就是为他人喝彩的力量。

有这样一篇报道：中国选手丁俊晖在斯诺克中国公开赛上一举夺冠，但我们都高兴不起来，原因是在丁俊晖和外国选手决赛的关键时刻，当对手正要击打台球时，有人对着他打开相机闪光灯，嘈杂声四起，当对手打出坏球时，有人则高声喝倒彩；而当丁俊晖击球时，我们的观众屏声静气。在如此大的国际比赛上，如此低劣的观众表现,不仅让外国选手很不高兴,而且我们也觉得不光彩,虽然我们赢得了比赛,但却输了观众。

难道为别人喝彩真的难以启齿吗?不是的,约翰逊说:“赞美如同黄金钻石,因为稀有而变得有价值,在不经意间奉上一句赞美,就像一杯香浓的奶茶,没有人能抵得住诱惑。”国际比赛中为对手喝彩体现的是一个国家的素质和水平,生活中为别人喝彩也是一种高尚情操和美德,更能促进人与人的交往。匈牙利少年李斯特在维也纳音乐会中表演出色,坐在台下的贝多芬激动不已,连连对旁人说:“这个少年太优秀了,他做得太好了!”贝多芬多次上台和李斯特拥抱、握手,还热情地鼓励他。此后,他俩成为音乐上的挚友,共同创作曲目多达1 000多首。正因为贝多芬慧眼识英雄,正是一句“你做得太好了”,成就了一对志同道合的朋友,为人类音乐史写下了不朽的篇章。

悦纳他人,为别人喝彩,是智慧,它让我们真诚地面对人生。悦纳他人,为别人喝彩,也是一种人格的自我磨砺,更是人际关系的润滑剂。今天你为别人喝彩了吗?让我们击响自己的双手,敲响心灵的钟声,慷慨地为他人喝彩吧!

活动设计

天生我材必有用

[适应年级]

职校高一、高二年级。

[活动目标]

增强学生自信,找到自己在班级中的位置,为将来就业做好心理准备。

[活动准备]

多媒体。

[活动设计]

活动环节	活动过程	活动形式	活动目的
心灵有约	1. 师生问候 口号:健康人生　进取人生　快乐人生 2. 欢迎走入心理健康课堂 3. 观看“心灵故事”视频	师生互动,面带微笑走进课堂。	活跃气氛,情境导入课题,让学生带着神秘感进入今天的活动。

续表

<table>
<tr><th>活动环节</th><th>活动过程</th><th>活动形式</th><th>活动目的</th></tr>
<tr><td>心海导航</td><td>1. 学生自我评价：
(1) 自我评价过高。这类人往往自视很高，总以为“我是天才”“别人都不如我”。
(2) 自我评价过低。这类人往往对自己缺乏信心，总觉得自己“一无是处”“低人一等”。
(3) 自我评价利己化。这类人凡事都喜欢将过错推给他人，不愿承认自己的不足。
(4) 自我评价相对客观。这类人接受自己、悦纳自己，并及时调整自己。
你习惯的自我评价方式是：____________。
2. 他人评价
每个学生写出对别人的评价。</td><td>学生在提供的内容上进行“自我评价”和“他人评价”。</td><td>使学生通过活动知道：
(1) 偏听则暗，兼听则明，学会听取他人的意见。
(2) 正确看待别人对自己的评价，学会拿别人的意见与自己的评价相对比。
(3) 要对自己有信心。</td></tr>
<tr><td>心理体验</td><td>写出 20 句“我是怎样的人”，要求尽量选择一些能反映个人风格的语句，避免出现类似“我是一个男生”这样的句子。
我是一个________________的人。
我是一个________________的人。
……</td><td>学生独立完成。</td><td>人生成功的开始。能创造奇迹的人，只有你自己。你就是自己的圣人！</td></tr>
<tr><td>成长
工作坊</td><td>准备一张白纸，把纸纵向均匀地折成四部分，按以下各项依次写出：
<table>
<tr><th>项目</th><th>真实的我</th><th>理想的我</th><th>别人眼中的我</th></tr>
<tr><td>身高</td><td></td><td></td><td></td></tr>
<tr><td>体重</td><td></td><td></td><td></td></tr>
<tr><td>相貌</td><td></td><td></td><td></td></tr>
<tr><td>文化程度</td><td></td><td></td><td></td></tr>
<tr><td>性别</td><td></td><td></td><td></td></tr>
<tr><td>人际关系</td><td></td><td></td><td></td></tr>
</table></td><td>学生独立完成。</td><td>原来，每个人对自己的评价和自己的理想之间，都会有很大的差距。对于不能改变的事物，捶胸顿足、怨天尤人也于事无补。要想保持心灵健康平和，重要的原则就是对那些我们所不能改变的事物坦然接纳。这不是消极的宿命，而是积极的达观和智慧，千万不要小看了接纳自己外表不完美这件事，它是接纳万物的门票。</td></tr>
<tr><td>拓展
训练</td><td>思考：
——想过去
(1) 我的幸福往事；
(2) 一件最让我伤心的事；
(3) 我最害怕回忆什么；
(4) 被老师表扬的情景；
(5) 去年我获得的最大成功；
(6) 至今也不肯告诉别人的秘密；
……
——想现在
(1) 我是什么样的人；
(2) 我的最大优点；
(3) 我的最大缺点；</td><td></td><td></td></tr>
</table>

续表

活动环节	活动过程	活动形式	活动目的
拓展训练	(4) 我是自卑的还是自信的 (5) 学习的意义 (6) 我有哪些才能 ——想将来 (1) 我将去向何方 (2) 我会有哪些成就 (3) 我的形象会不会改变 (4) 我会为了什么而忙碌 (5) 我的生活将如何 (6) 我能够活到多少岁 (7) 我的目标是什么 (8) 我准备在何时实现目标 ……	对照内容，说出自己的想法。	通过活动，明确我就是我，一个自信的我，一个真实的我，一个潇洒的我，一个执着追求的我。

［活动反思］

该活动设计按照"心灵有约—心海导航—心理体验—成长工作坊—拓展训练"五个环节，采用美国心理学家加德纳(Howard Gardner)反驳传统智力理论的观念，让学生评价"真实的我""理想的我""别人眼中的我"，知晓个人对自己的评价和自己的理想之间会有很大的差距。对于不能改变的事物，捶胸顿足、怨天尤人于事无补。要想保持心理健康平和，重要的原则就是对那些我们所不能改变的事物坦然接纳。这不是消极的宿命，而是积极的达观和智慧，千万不要小看了接纳自己外表不完美这件事，它是接纳万物的门票。做得比较好的有以下几个方面：

1. 师生问候，让全班同学积极参与，增强班集体的凝聚力。

大家通过"健康人生—进取人生—快乐人生"的口号进入心理健康课堂，让每个同学深刻感受到自己置身其中，教育效果自然也会较为理想。

2. 精选素材，充分挖掘学生的闪光点，给予自我展示机会，增强自信。

心海导航和心理体验是学生直接参与的环节，通过评价和写出来的方式，展示了自己和同学内心世界的真实想法，每个人都有自己的优点、缺点，有效地避免了盲目自卑和过度自信。

3. 内容新颖，课堂气氛活跃，学生印象深刻。

加德纳多元化评价学生的理论，强调了"天生我材必有用"，这是我们在教育中对"个性学生"错误认识的一种纠错。"个性学生"在职校普遍存在，也与我们的教育惯性冲突较多，教育和发挥好他们的特长，是职业院校班主任在实战中要重视的问题。

拓展阅读

美丽的风景

苏联教育家阿莫纳什维利说过："谁爱儿童的叽叽喳喳声，谁就愿意从事教育工作；而谁爱儿童的叽叽喳喳声已经爱得入迷，谁就能获得自己的职业的幸福。"

我是一名职业院校的班主任，我所教的学生都是十六七岁的少男少女，在他们身上我再也看不到孩童般的天真烂漫，更听不到悦耳的叽叽喳喳声，更多的只是老师和家长的无奈。面对这样的学生，我还能找到我的职业幸福吗？

在我的班上有这样一个学生——亚平，个子很高，长得很瘦，似乎一阵风就能吹倒。可是，他的能量却很大，打架、抽烟、迟到、旷课。这不，才军训的第二天，就有同学来向我反映："老师，亚平分菜的时候都把肉分到他自己和他朋友的碗里，我们只能吃蔬菜。"当我走进餐厅，请他端着碗出去的时候，我看到了他眼里的愤怒与憎恨。出了餐厅，他把食物都倒了。我强压住怒火打电话给他妈妈，妈妈说："老师，真对不起，这也是我的责任。平时我一个人带两个孩子，别人给什么菜，我就烧什么菜，肉我很少买的。不过，老师，亚平他会做菜的。"电话这头的我良久无语，现在都什么年代了，居然还有人整天在为吃肉而发愁！我为自己刚才简单粗暴的处理方式感到后悔，我什么都没有说，拉着亚平的手把他带到教室军训基地的办公室，泡了一大碗泡面外加一根火腿肠。他犹豫了片刻，接着一口气全部吃掉。等他吃完，我对他说："孩子，吃肉没问题，但一定要学会分享。"

军训回来后，我在班级召开了一个"关爱他人，学会分享"的主题班会，并烧了一大碗红烧肉给亚平带回家。我对他说："听说你会烧菜，老师想请你品尝一下。"自此以后，虽然亚平还是会迟到旷课，可次数明显少了。

"一二·九"表演，学校要求各班级排练舞蹈，班级同学每天放学后都在操场上紧张地训练着。可是，录音机的声音太小，只要队形一散就没办法听到声音了。这时，亚平主动"请战"："老师，我来放音乐给他们听。"于是，只要同学们跳到哪儿，他的录音机就拎到哪儿。那一刻，我觉得我的眼眶湿润了。多好的孩子！在他的内心不仅有上进心、集体荣誉感，更有一颗感恩的心。我们的舞蹈获得一等奖，我不仅表扬了跳舞的孩子，还表扬了亚平，并请他做班级的体委。也许正是这种表扬点燃了他心中的激情，也许正是这种表扬抓住了教育的契机，他真的变了。一篇导游词，别人四五天才能背下来，他一天下来就背得滚瓜烂熟。班级的广播操被他抓得有声有色，下课铃一响，全体同学在一分钟之内全部到达操场，我们班的广播操已经成为学校一道亮丽的风景。是的，在我眼里，他们就是美丽的风景。一学期下来，亚平被评为"三好学生"；一年后，他做了班长；两年后，我的班级被评为"南京市先进班集体"。

有一位教育专家曾经这样说过："请不要把学生当垃圾，因为，垃圾只是放错了地方。"我想说，请不要把职业院校的学生当"垃圾"，因为在我的眼里，他们都是美丽的风景。

（案例：南京下关中等专业学校　赵银凤）

班级建设启迪：

美国心理学家加德纳反驳了传统智力理论的观念，他认为构成智力者乃是以下八种能力：语言智能、数学逻辑智能、空间智能、身体运动智能、音乐智能、人际智能、自我认知智能、自然认知智能。这种多元智能理论是值得我们今天的职业教育工作者关注和学习的。教育的目的就是在于让不同孩子的潜能最大限度地发挥出来；孩子接受教育目的，也是寻找最真实的自己。不必总让自己的孩子与别人家的孩子竞争，应该在乎的是你孩子的明天要比今天更棒！让每个孩子都值得赞美。

第五章　孕穗——不能错过关键的机会

章节导读

卢梭认为,“教育即生长,生长就是目的,在生长之外别无目的”。“教育即生长”,言简意赅地道出了教育的本义,就是要使每个人的天性和与生俱来的能力得到健康成长,而不是把外面的东西,例如知识,灌输进一个容器。中学时期是人的心理发育和形成的关键时期,是一个人从不成熟到基本成熟的时期。中学生的成长犹如作物之生长,有自己的物候期。孕穗期是作物生长的关键时期,这一时期作物的生长情况直接决定了果实的数量和质量。在中学生成长的孕穗期,班主任的工作重心应该由促进学生知识的增长、技能的提高向提高学生自我管理能力、提升学生职业素养、培养学生的自信心方向转移。

学生是教育的客体,是自我教育和发展的主体,是发展中的人。在班级建设中,班主任需要积极构建民主平等的新型师生关系,针对职业院校学生的特点,有针对性地开展班级管理工作,培养学生自我管理、自我提升的能力,不断丰富教育的形式,突出实践教育的优势,帮助学生正确认识到自己的缺点和优点,通过系列教育活动,把握、创设良好的机会和条件让学生去尝试新事物,发现自己的潜能,让他们在一个个小的成功中,不断地提升信心,树立起不畏困难、成就精彩人生的勇气和信心。

在生长的孕穗期,班主任应充分发挥班集体的作用,帮助学生吸取足够的养料,培养出面对社会的能力与信心。唯有如此,方能蓄势待发,静待花开。

第一节　你的建言很有价值

理论探源

班级建设中,班主任不能像保姆一样,总是想搀扶着学生向前走,也不能像个独断的指挥员,总要求学生按照自己的意愿行事。优秀的班主任总是试图引导学生开展自我教育。苏霍姆林斯基强调:只有能够激发学生去进行自我教育的教育,才是真正的教育。自我教育就是从这里开始的:让一个人去关心另一个人,力求看到自己身上的好的东西在另一个人的身上表现出来;培育学生的心灵,这就意味着使每一个学生把自己的精力、智慧、意志、发明创造精神投入到劳动的物质成果中去，从自己的双手和智慧所创造的东西中“看到自己”。成就一个优秀班级，就应该强化学生的自我教育，就应该最大限度地在班级中发扬民主，充分调动学生参与班级管理的积极性，提高班级管理的效率。重视发挥每个学生的主观能动性，培养学生的自我管理能力，让学生在自我教育的指引下逐步增强自主管理班级的意识。

实战举隅

班委改选的通知发下去后，要求学生推荐新班长。有 26 人推荐了小蕾，有 26 人推荐了小飞，这个结果出乎我的意料。我让两位同学准备发言稿，写出目前班上存在的问题，以及他们若当上班长如何处理这些问题。我打算看了他们的文章后再定班长人选。还没等结果公布，就有两位班委来到我办公室询问结果。在得知我的想法之后，他们很惊讶：“老师，那是我们的民主权利哟，怎么能由您一个人决定呢？还是投票决定吧。”作为班主任，我当时感觉面子上有点过不去，但事后想：在这种情形下，真的需要班主任来做最后决定吗？既然先前已经让他们投票选举了，现在再由班主任决定，不是有点虎头蛇尾吗？不是会给学生造成虚假民主的印象吗？并且我的班主任权威会不会受到挑战呢？

事后有位同学在周记上写了这样一段话：“就在我们都以为老师要决定班长人选的时候，老班却让我们再次投票选举。我很感动，因为这是老班对我们的信任，我认真地比较了两位候选人做出了自己的选择，我们需要负责的班长把这个集体带好，共同发展。我们的老班真不错。”

在班主任扮演的诸多角色中，一个很重要的角色便是学生行为、教育教学质量的评价者。班主任要成功地扮演好这个角色，就要处理好两个问题：一是合理把握班主任权威的度，不能滥用权威；二是发扬民主教育，适当放权。

知识领航

一、实施班级民主管理的必然性

德育是对学生进行思想品德教育，是中职学校教育工作中极其重要的一部分。《学记》中就有“师也者，教之以事而喻诸德者”。随着现代社会对技术型人才的要求越来越高，中职教育的重要地位也越来越凸显。要成为合格的技术型人才，首先必须保证有正确的思想道德观念，具备积极向上的健康心态，而作为学校、社会、学生之间的“纽带”——班主任，对学生实施德育就显得尤为重要。班级管理若不注重发挥学生的主动性、独立性和创造性，忽视学生自我教育与自我管理能力的培养，则会导致培养出来的学生缺乏主体性，缺乏鲜明的个性，缺乏创造意识和能

> **智慧语录**
>
> 民主的教师，必须能够虚心、宽容，与学生共甘苦、跟民众学习、跟小孩学习。
>
> ——陶行知

力等等。相对于保姆式管理，民主管理有很大的优越性。班级民主管理要求师生共同管理，实现班级目标，实现知识的建构与生成，能集师生的共同智慧，培养学生的民主参与意识与行为，充分调动班级各成员的积极性，实现师生的相互管理。只有实施班级民主管理，激发学生的兴趣，挖掘学生的潜力，才能让学生对课堂产生向往和眷恋，使他们快乐学习、感受幸福。因此，改革传统班级管理，坚持“以学生为本”的管理理念，实施班级的民主管理已势在必行。

二、实施班级民主管理的意义

教育就是一棵树，根是大大的“人”。人的成长只能在实践中得以实现，并通过实践来创造更多的发展空间。

1. 班级民主管理能提高学生的能力

陶行知在《学生自治之》中谈到自治的四点好处：“第一，学生自治可以为修身伦理的实验。第二，学生自治能适应学生之需要。第三，学生自治能辅助风纪之进步。第四，学生自治能促进学生经验之发展。”班级各项活动永远是以学生为中心，让他们成为自己行动的管理者，能最大限度地发挥他们的作用。班级组织中存在着最基本的人际交往和社会联系，存在着一定的组织层次和工作分工。所以，实施班级民主管理不但能使学生成为学习自主、生活自理、工作自治的人，而且还能使学生进行社会角色学习，获得认识社会、适应社会的能力，而这对于学生的人格成长是极其重要的。

知识链接

李镇西的“平等中的首席”：在“对话”和“共享”过程中，教师是“教学共同体”中与学生平等的一员，然而他是平等中的首席，他不是知识的灌输者，不是行为的约束者，不是思想的主宰者，但他在“对话”和“共享”中发挥着其他参与者（学生）无法与之相比的“精神指导”和“人格引领”作用。

2. 班级民主管理有助于形成良好的班风

实施班级民主管理能调动班级成员参与班级管理的积极性，能帮助学生克服不良生活学习习惯，共同建立良好的班级秩序和健康的班级风气，使整个班级的所有学生同心同德、好学上进，形成集体主义、爱国主义等诸多优良品质，并最终打造团结、上进、充满活力的班集体。

3. 班级民主管理有利于建立民主、和谐的师生关系

在师生双方关系上，魏书生认为：“师生关系应该是互助关系，教师帮助学生发展、完善自己，使人生更有意义。师生关系和谐了，班集体便有力量克服前进中的阻力。”教师只有民主、平等地对待学生、管理学生，学生才能在民主、和谐的教育环境下激发自我、超越自我、管理自我。当一切围绕着“学生”而发生时，我们就会发现教育的一切就变得生动、简单、有意义了。实行民主管理，能最大限度地拉近师生交流和沟通的距离，也进一步增进了师生情谊。

4. 班级民主管理有利于教师的专业成长

实施班级民主管理能够使教师从繁杂的班级管理事务中解放出来，腾出更多的时间来研究教学、改进教学，从而达到轻松地教、愉快地教、幸福地教。

三、班级民主管理的实现

班级民主管理是班主任在“民主、公平、公开”的原则下，科学地将管理思想进行传播，协调各组织、各种行为达到管理目的的一种方法。因此，相对于权威式、保姆式的管理方法，它更符合学生的心理需求或“以人为本”的管理思想，也是班主任所追求的管理艺术。它能使学生在无意识中接受管理，唤醒其主体意识，弘扬其主体精神，发挥其主体能力。

知识链接

最早的民主制产生于古希腊。当时城邦的公民大会由年满 18 岁的全体男性公民组成，公民大会对国家政策有最终决定权，执政官由公民大会选举产生。它重视公民的个体自由和责任感；铸就了希腊人渴求知识、乐于探究的民族性格，其民主氛围创造的空间，使古代希腊在众多文化领域取得了辉煌成就。

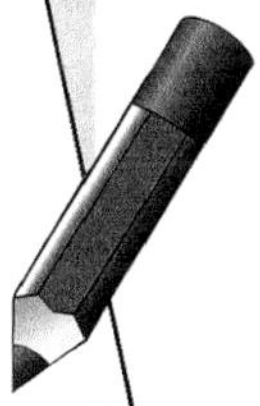

1. 利用各种手段，贯彻民主思想，塑造民主意识

民主思想，是进行民主管理的前提，没有民主思想，班级民主管理就是纸上谈兵。在开学之初，就利用各种机会向学生贯彻民主思想，使之具有管理意识，为民主管理奠定思想基础。

在教学中宣传民主思想，既是学生学习新知识的过程，也是学生思想逐渐成熟的过程。在教学过程中进行民主思想教育、塑造民主意识，有利于学生的民主思想的形成。为此，要联系任课教师利用学科特点和教学内容适时进行民主思想教育。例如：在教学中的问题讨论、测试等尽可能机会平等，使学生感觉到自己是班级不可缺少的一员。

利用班会提高学生的民主意识是进行班级管理、思想教育的主要手段。要充分利用班会进行民主意识宣传教育，首先结合当今社会现象，宣传民主管理的优越性；其次让学生讨论班级采用民主管理的可行性；最后整合学生的讨论意见，形成管理方法。这样会促进学生的民主意识提高，班级管理的责任感增强，使学生意识到班级管理不单是班主任、班干部来管理他们，也是自己管理自己。由此，主人翁的意识得到增强。

定位师生关系，贯彻民主意识。教师、班主任要重新定义师道尊严，要放下身段与学生平起平坐，与学生平等交谈，了解学生的所思、所想，知道学生眼里的班级模式，从而制定适合学生的班级管理方式，使学生在管理和被管理中形成民主意识，在尊重和被尊重中参与管理班级。

2. 民主选举班干部、建立领导机制和监督机制，实施民主管理

思想决定行为，行为强化思想，实现真正的民主管理，不能做口头文章，必须实施，才能实现真正的民主管理，让学生成为班级管理的主人，真正实现“人人有事做，事事有人做”。

民主选举班干部，建立监督队伍，实施班级民主管理。班干部是班级管理的最基层的组织者、实施者，是班主任最得力的助手。在进行班干部的选拔中，先通过民主提议或自我推荐的方式提出候选人,再让他们进行竞选演说,然后进行分组或分片评议参选人员,最后通过民主投票的方式推选出责任心强、善于管理的最佳人选担任班干部,同时也推选出监督队伍。由于班干部和监督人员是大家推选出来的,所以学生信任他们,愿意在他们的管理下进行学习、生活并参与管理,同时班干部也得到监督,实现了真正全面的民主管理。

建立民主管理机制,构建科学管理网络。魏书生老师经常说这样一句话:“凡是学生能干的事,班干部不要干;凡是班干部能干的事,班长不要干;凡是班长能干的事,班主任不要干。”因此在实施班级管理中,根据班干部的特长和民主评议进行明确分工、强化责任、各司其职。班主任根据学校的要求和布置,结合班级实际,科学地将工作分配给班长,班长再根据班干部的分工进行分配,班干部再进行合理安排。每个组织者都分担一定的责任并且相互协调,形成一个科学合理的责任网,班级工作在民主机制中顺利完成,也使各层次的成员都有任务,都能体验成功的乐趣,逐步树立“集体光荣我光彩,集体落后我耻辱”的思想。

利用民主测评,优化管理队伍。民主测评是对管理队伍进行优化的一种方法。利用班会对班干部的管理方法、手段及班级管理成果进行评价,对一些做事不尽力,或不负责,或不能胜任的班干部进行调整或提出警告,强化其责任心,对不合理的管理方法及手段进行修正,使其符合大多数学生的意愿,这既符合现代班级管理理念,也使学生认识到班干部管理我的同时也接受我的管理,避免“我管你服”的现象。这样,班级管理队伍的民主管理意识和能力才能得到加强和提高。

利用师生监督,优化班级管理。监督能增强班干部的责任心,也能使其看到管理工作中的成功和失误。在班级管理工作中只要充分地发挥监督作用,就能优化班级管理。另外,还要充分发动任课教师、学生对班级管理工作进行监督,及时指出工作中的优点和缺点,而后进行总结、分析、归纳和反馈,对班干部的成功做法予以鼓励和表扬,对不足之处予以纠正并提出建议,对一般的做法予以优化,做到事前鼓励、事中引导、事后总结。

3. 民主讨论、制定、评议班级管理制度,强化民主意识

班级管理制度是班级成员人人需要遵守的,其使用程度直接影响班级管理的效果。要从以下几个方面讨论、制定、评议班级管理制度。

自主设计,个人制定班级制度。由于学生是班级的成员,每个人都有自己的看法、想法、做法,在制定班级制度时,可以“我理想的班级制度”“什么样的制度适合我”等为题征集学生的意见。提升学生的民主参与意识,引导学生结合自己的情况进行制定或讨论,积极发表自己的见解,提出适合自己的班级制度,从而实现班级的民主管理。

集中讨论,民主制定班级制度。根据学生讨论、制定的情况,利用班会进行集中讨论。先分小组讨论,把各小组成员的不同意见进行整合,形成小组意见,再把小组意见整合形成班级制度,放在班会上进行讨论,最终确定班级制度。这样就形成了符合全班大多数学生意愿的制度,包括班训、班规、班级目标等。由于班级制度来源于学生又实施于学生,学生很愿意用这种制度来规范自己、鞭策自己,从而努力为集体贡献力量,倾注心血,加深对班级的情感。

活动设计

我的班规我做主

［适应年级］

中等职业院校一年级。

［活动目标］

1. 激发学生自主管理的积极性，制定符合班级的班规。
2. 培养学生守规则、用规则意识。
3. 提高学生关心集体、建设集体的积极性和热情。

［活动过程］

活动环节	活动过程	注意事项	设计意图
朗诵诗歌，营造氛围	1. 通过询问，了解学生对班级的热爱程度。 2. 朗诵诗歌《我爱我家》，用声音表现出对班级的热爱。 3. 提出班规由谁来制定的问题。	利用多媒体播放图片、音乐，营造爱的氛围。	创设情境，营造爱的气氛；让学生在朗读中增强对班级的认同感。
班规谁来定	1. 看漫画：这是什么？水为什么会流出来呢？ 2. 假设我们班就是这个木桶，每个同学就是其中的一块木板。请分组讨论一下：怎样才能让我们的木桶装更多的水呢？ 3. 木桶要想装更多的水，必须每块木板足够长。同样的道理，我们班级要想整体提高，必须每位同学努力提高。怎样提高？那就得有班规来约束我们。这样的班规由谁来制定更合理呢？（相机完善板书：我的班规我做主。）	提问设疑，小组讨论。	激发学生自主管理的积极性，培养学生的团队与合作意识，增强学生的自我发展和主人翁意识。
班规我来定	1. 全班分成 4 个组，分别围绕学习、劳动与清洁卫生、两操与集会纪律、安全及其他，来讨论制定相应的班规。（板书：学习、劳动与清洁卫生、两操与集会纪律、安全及其他。） 2. 要求：用简短的语言制定合理的班规。人人参与，避免重复。 3. 全班交流，评出优胜组。 4. 教师总结、归纳、补充。 5. 教师小结：这样的班规就全面多了。同学们，一个优秀的班集体的形成，靠的是全体成员的团结与奉献，每个人在平时的学习与生活中应以实际行动自觉执行班规，维护班级的荣誉。	小组完成，全班交流，教师小结。	充分发挥学生的主观能动性，增强学生的民主管理意识，提升学生的自我管理水平，制定符合学生意愿的班规。
班规的执行	1. 学生读读 3 个小故事。 2. 找学生表演 3 个小故事。 3. 小组评价：说说故事中谁违反了班规？违反了哪条班规？谁做得好？ 4. 怎样才能让我们每位同学自觉执行班规呢？谁来出出主意？	学生自读、表演，小组完成评价。	培养学生守规则、用规则意识，提高学生关心集体、建设集体的积极性和热情。

［活动反思］

唐代诗人白居易曾说:“仁圣之本,在乎制度而已。”同理,个人的成长、班级的良好运转也离不开班规的约束和保障。学生是教育的客体,是自我教育和发展的主体,是发展中的人。在班级建设中,班主任需要积极构建民主平等的新型师生关系,要管理好一个班级,就应该最大限度地发扬民主,充分调动学生的积极性,提高班级管理工作的效率。班主任的作用是发挥每个学生的主观能动性,培养学生的自我管理能力,使他们逐步形成自主管理班级的意识和行为。

拓展阅读

班规究竟谁说了算?

俗话说“国有国法,家有家规”,班规对一个班集体来说自然必不可少。刚被委任为班主任后,逯老师头脑中马上想到的就是“没有规矩不成方圆”的古训,他决定以制度建设为抓手,来促进学生行为习惯和良好风气的形成。因为找到了班级管理的思路,对即将开展的班主任工作,逯老师充满了信心。

经过几天的深思熟虑和明察暗访,考虑到班级生活所涉及的方方面面,逯老师煞费苦心拟制的一份长达 60 条近 3 000 多字的班规终于出炉了。它内容详尽——学习、纪律、劳动、卫生等等无所不包,而且措辞严密,没有漏洞,这应该是一份不错的制度吧。逯老师暗自想着。为保证制度落实,逯老师给每个同学都复印了一份班规,要求学生首先自学,又利用班会课时间集中学习了两次。两三个礼拜过去了,按说学生应该接受得差不多了,班级面貌也该焕然一新了吧!可结果却令逯老师大跌眼镜,不仅没有出现想象中的大好局面,就连常规的仪表检查都接连遭到扣分,其余的如自行车摆放、值日卫生、课堂纪律等就更不用提了,在年级都倒数了。

为什么有了规矩之后反倒还不如从前?究竟是哪里出了问题?逯老师拿出班规反复琢磨,虽然都是“七不准、八禁止”之类的条条框框,但每一条都要求到位呀!再说了,学生的行为如果不被规范,课堂和学习的秩序如何保证?学生之所以不接纳,是因为他们还小,认识不到制度的重要性,应该加强教育。苦苦思索之后,逯老师似乎找到了问题的答案。

定下基调之后,逯老师开始了下一步的工作。利用晨会时间逯老师让学生拿出班规,他亲自做了解读,并再三强调其意义和重要性。可是,在进行了苦口婆心的劝导后效果并不好,许多学生明显心不在焉,有的脸上写着无可奈何,还有的更是把抵触和厌烦情绪毫不掩饰地表现出来。当天晨会结束后,逯老师就收到了一张匿名的纸条,上面写着几个疑问:

1. 谁的班规?谁说了算?老师在定规矩时,考虑过同学们的心愿吗?

2. 班规内容太多,谁能全部记得住?难道还要天天随身携带来对照自己的一言一行?

3. 班规全部是不准、不许之类的条款,显得冷冰冰的不近人情。而且有些要求太高,普通同学难以做到,怎么办?

看到纸条,逯老师陷入了深深的沉思。

又一次班会课来临了,逯老师走进班里,再次让大家拿出班规,教室里立刻发出不满的声音。逯老师不慌不忙地说:“此次学习的主要目的是充分发挥大家的主人翁意识,看一看有哪些班规需要改进?不适合的,就予以删减。”

如同平静的水面投下石子一样,学生们将信将疑地看着逯老师,逯老师接受了大家疑虑的目光,肯定地点点头。学生的兴趣一下子被调动了起来。有人说第三款的第二条必须简化;有人说第四款的第一条已经过时,应该删掉……听着大家七嘴八舌互不相让,逯老师趁机宣布两项任务:一是每人都要在规定时间内为班级设计一条班规,大家择日交流。二是每组挑选一个同学组成“班规建设委员会”,由他们征集大家的意见,决定讨论修订日程。

自从那天开始,班里的气氛就变得十分活跃,设计什么样的班规成为同学们下课之后最热门的话题。两周后,“班规建设委员会”负责人通知逯老师下周一利用班会课表决新班规。带着疑惑和一些担忧的复杂心情,逯老师旁听了此次表决,令人意想不到的是新班规虽然减少了条款,却更为实际和有操作性了。例如其中有一条是针对值日生的,“拖把攥干净,以提起不滴水为宜”。原来,他们听说最近其他班接连发生了学生湿地滑倒的现象,就进行了专门调查,调查结果是由于值日学生怕弄脏手从而导致拖把攥不干净,于是学生们便针对这种现象做出了明确要求。有的规定则充满了孩子们才想得出的灵气,如为了防止学生迟到,他们组织了“根据地”(根据居住地域结成小团体),利用电话、楼下叫喊等“招法”进行帮“困”。新班规顺利通过了,因为是全班同学共同劳动的成果,遵守新班规也成为了每位同学的自觉行动。两个月下来,全班竟然没有发生一起违反新班规的行为,班级的各项工作也很快走在全年级十个平行班的前列。

(案例作者:无锡机电高等职业院校　蔡妍娜)

班级建设启迪:

接班之初即着手制定班规,重视制度建设工作,在制度执行不力的时候,认真听取学生意见,改变了自己关于制度建设的理念。尤其值得肯定的是,逯老师在布置任务时是深思熟虑的,他并没有让学生当时提交,而是让大家先充分思考,再择日交流,给了学生一个充分思考的机会。这样征集上来的班规,当然是比较成熟的,是理性的思考而不是感性的冲动,也更具有操作性和人文气息。

在班规制定和执行过程中,应充分认识到学生建言的价值,尊重学生的主体地位,并且给学生提供足够的机会和活动空间,不仅让每个学生为班级提出切实可行的班规,为制度建设献计献策,而且要把制定和仲裁的权利都充分交给学生,体现出民主、平等、参与等现代教育精神。

第二节　梦在开始的地方

理论探源

德国教育家凯兴斯泰纳十分重视“劳作”在个人生活和公民教育中的价值,认为其在培养学生动手与思考能力,训练学生意志力、判断力和应变力以及陶冶性格、掌握知识等方面具有突出的作用。他指出:教育需要靠劳动获得。只有通过劳动,精神作用才能全部形成,而且更有创造力,更有说服力,更能坚定地朝向目标努力。只有在劳动获得中,思想与道德修养才得以锤炼和提高。因此,在班级建设中,要摒弃“书本学校”的禁锢,为学生创造实践条件与机会,丰富学生的实践体验。班级实践活动是学校教育活动的重要组成部分,是班级集体教育的经常性形式,在培养学生理论联系实际、创新精神和实践动手能力等方面有不可替代的作用,对于加强班集体建设具有重要意义。

实战举隅

为了加强学生的法制教育,增强学生遵纪守法意识,推进学校“在社会做个好公民”的教育,南京某中等专业学校 4 名班主任组织 100 多名学生前往学校法制教育基地——某区看守所,接受警示教育。

在班主任的带领下,同学们来到了看守所,了解了看守所的基本情况、功能和性质以及在押人员的生活学习情况。经过严格的安全检查后,同学们在管教民警的带领下分批次参观了监控中心、监舍、值班室和医务室。同学们还现场聆听了一名与自己年龄相仿的在押人员的忏悔,他用自己的亲身经历告诫同学们要多学法,自觉守法,不要等到失去了自由才后悔。看守所领导李所长随后给同学们提出了殷切期望。首先,他希望同学们遇事要冷静,三思而后行,自己不能解决的问题要向家长和老师求助,不能意气用事,否则要付出沉重的代价,因为大多数同学已经成年了,在法律上要自己承担起责任;其次,要谨慎交友,多交益友,不受他人蛊惑;第三,要珍惜现在的大好时光,认真学习,做一个对家庭、对社会有用的人。

此次参观实践活动,帮助同学们增强了法制意识,使他们深深体会到自由的价值,也深深体会到只有牢牢守住遵纪守法的底线,才能做个知法守法的好公民。

中职学校学生的心理还不成熟,其逻辑思维辨别能力还处于发展阶段,有时分辨不清真伪和美丑,经受不住社会压力和诱惑,再加上心理承受力、耐挫力极其脆弱,又处于青春期,因此极易冲动,对自我及他人生命不知道珍惜,传统的说教似乎收效甚微。该校的班主任在学生思想工作内容及方式途径等方面有所突破,积极创新实践教育,取得了良好效果。

知识领航

一、创新实践教育是新形势下职业院校德育的必然要求

创新是指人们为了发展的需要,运用已知的信息,不断突破常规,发现或产生某种新颖、独特的有社会价值或个人价值的新事物、新思想的活动。其本质是突破,即突破旧的思维定式、旧的常规戒律。创新活动的核心是新,在内容和形式等方面有创造性。

魏书生说:“一件事至少要有 100 种做法,这样才能有所创新。”创新是一种智慧,这种智慧是在日常工作中积淀形成的。班主任的工作需要思想的创新。纵观那些著名教育家的教育思想,无不闪烁着睿智的光芒。

但长期以来，我们的教育缺乏创造性，教出来的学生缺乏创造性，我们的班级管理缺乏创造性。

学生提着酒到敬老院学雷锋

［晨报讯］　昨天下午，江宁禄口镇上一支400人的学生队伍引起了路人的瞩目，一问竟是送礼品去镇上敬老院学雷锋的。一位家长说，今年学雷锋，学校要求孩子带桂圆、大枣、酒等食品去敬老院看望老人。

……

一年级一个姓李的小学生很自豪，说他家买了一箱橘子、一箱苹果，还有一包蛋黄派。他说，那些没带东西来的学生就要吃苦头了：罚打扫卫生，甚至还要打手心。

随后，记者找到一年级组老师的办公室。跟随记者前去的陈先生指着礼品问某位老师："我家太穷买不起这些食品，小孩看到别的同学都大包小包的，他难为情，都不想上课了。"该老师说："是难为情啊，我们就是要教育小孩从小要做好事，家庭条件好的就多带点，不好的就少带点，不带也可以。但是人家带了，你不带，脸面上过得去吗？"至于打学生手心的说法，该老师坚决否认了。

学校说这样做主要是为了在3月5日学雷锋纪念日对学生进行思想品德教育。今年只以五年级400多个学生为单位，代表全校2 000多个学生向敬老院送礼。

（原文载于《南京晨报》2006年3月4日，有删改）

类似的新闻报道，想必大家并不陌生。网上有这么一段对话——

师：3月5日是一个有意义的日子，你们知道吗？

生：知道，是学雷锋纪念日。

师：是不是只有一天学雷锋啊？

生：不，学一个星期。

在我们会心一笑之余，我们是否反思过我们的教育究竟在哪里出了问题呢？我们究竟该用什么样的方式去对学生进行思想教育呢？每个班主任想必都组织过学雷锋这样的经典活动，或许因为年年都是做好事、到敬老院等老一套，学生们早已没有了热情、没有了新鲜感，老师也不再有激情，仅仅把它当作是完成学校的一项任务，于是才会出现上面的新闻。

知识链接

苏霍姆林斯基《论个性的全面发展》：当人的世界观统帅着他的思维、感觉、意志、活动等一切精神生活领域时，知识就变成了起作用的东西。在创造性劳动中培养思维，这是教学技巧的重要表现，凭借这种技巧，教养使人变得聪明起来。

形式主义的教育在我们身边实在太多，以致于学生对学校、班级、活动渐渐失去了热情，失去了兴趣。我们面对的世界日新月异，教育环境更是今非昔比，唯有创造性地开展工作，才能保证不被时代所淘汰。在强调课程知识体系创新、学生能力创新的同时，我们也要在班主任工作的思想、内容、方式、途径等方面有所创新。

二、创新实践教育，实现学生成才梦想

班主任工作要善于创新，要善于把握每一次教育契机，把握每一个教育环节，不放过每一个教育细节。学生的激情需要教师去点燃，但是仅凭枯燥的说教是没有用的，他们需要真实的生活体验，需要不断变化的活动情境，需要教师在工作中不断凝练出教育智慧，让学生对学校生活的每一天都充满向往。

陶行知先生说："'行是知之始，知是行之成'是教人从源头上去追求真理。工学团或集体主义之自我教育是在团体生活里争取自觉之进步。"他还说："最好的教育，要想它有效，须是教、学、做合一；最坏的训练，要想它有效，也是教、学、做合一。教、学、做合一，是最有效力的法子。""在做中教，乃是真教，从做中学，才是实学。"追求"知、情、意、行"的统一，才能克服德育的空洞说教。

创新实践教育案例：

在实践中成长

"教、学、做实践周"是南京某中专校"雨花情"志愿者在校内的主要活动平台。志愿者们根据分工，按照各自的岗位和职责参与学校的常规管理工作，向全校师生展示主人翁的姿态。

1. 开展校园常规管理，增强学生管理能力

组织升旗仪式。每周的升旗仪式，旗手由不同的"雨花情"志愿者担任，从旗手选拔到升旗培训、从升旗练习到正式升旗，让更多的普通同学感受到作为旗手的光荣，体会到升旗过程中的那份爱国热情。

> **智慧语录**
>
> 教、学、做是一件事，不是三件事。我们要在做上教，在做上学。不在做上用功夫，教固不成为教，学也不成为学。
>
> ——陶行知

负责门卫执勤。"雨花情"志愿者承担门卫的执勤工作，检查进出校门学生的胸卡、服饰仪表，对迟到学生进行登记；负责分发信件、报纸；提醒进出校门的老师和同学车辆减速，依次推车进出校园；对于校门内外出现的意外情况及可能存在的安全隐患，负责及时向学校相关部门汇报。

参与食堂管理。"雨花情"志愿者与管理教师联合对学校食堂的卫生进行监督并记录公告，就餐时间以文明监督员的身份提醒就餐的同学文明就餐，养成节俭的习惯。

公共场所管理。"雨花情"志愿者负责整个学校公共场所的卫生保洁、开放运行等工作，如负责车棚管理工作的同学会提醒老师和学生依次整齐地放好车辆；负责教工之家工作的同学会严格按照作息时间进行管理，做好活动器材的保养工作；负责校史陈列室的同学在做好管理的同时，对到此参观的同学或来宾要做适当的解说。

校规校纪管理。“雨花情”志愿者必须带头遵规守纪，发挥示范作用。在此基础上，还要负责对全校学生实施纪律检查和管理，包括课堂纪律巡视、课间违纪监督、午自习与晚自习纪律检查等。

文明礼仪示范。“雨花情”志愿者有一个共同的要求，就是所有的成员都是“文明的使者”，见到老师说“老师好”，见到同学就“微微笑”，接待来宾时“懂礼貌”，处处要彰显校园文明。除了“慎独”之外，文明监督岗的同学对全校师生的不文明行为都有权力去劝说和制止，可用相机拍下校园的文明和不文明行为，定期在学校内公示于众。

“雨花情”志愿者深入到学校的常规管理中，增强了自己的主人翁意识，在实践中强化了行为规范和文明礼仪教育，培养了自己的管理能力。

2. 参与学校民主管理，彰显校园主人风范

“雨花情”志愿者在做好校园常规管理的同时，还积极参与学校民主管理，定期开展“校园对话”，与校领导进行面对面的交流，做到下情上达，上情下达，使学校处理问题的针对性更强，学生及家长的满意率不断提高。学校将“雨花情”志愿者的各类检查结果作为对各工作考核的重要依据，这既肯定了志愿者们的劳动价值，提高了他们的工作积极性与责任心，又在一定程度上减轻了学校的管理压力，节约了管理成本。“雨花情”志愿者还不定期地召开“校园听证会”，让学生自主表达他们的诉求，推进校园人性化的管理。近 3 年来，通过“雨花情”志愿者组织，学校共召开了 4 次“校园听证会”，开展了 19 次“校园对话”，收到了 93 条合理化建议并一一落实。学生参与学校民主管理，让校园处处吹拂着清新自由之风。

知识链接

（苏联）赞科夫：人性的发展，在孤独和隔绝中是不可能的，只有在儿童集体的内容丰富而形成多样的生活中才有可能；集体生活要有应有的思想方向性，而同时也要反映出学生的动因、愿望和意向。

3. 投身创业实践管理，点燃学生创业激情

在“雨花情”志愿者组织的倡议下，校学生会成立了学生创业服务中心，下设 11 个创业项目，如创源超市、青苹果广告艺术中心、创艺手工坊等。“红马甲”志愿者直接参与创业中心的经营和管理，切身经历创业项目运行的全过程，分享创业带来的乐趣，培养创业思维，为培养具有不屈不挠、敢于探索、富于创新精神的创业人才奠定了初步基础。学生创业服务中心成立 5 年来，做到经济效益与社会效益并重，营业收入突破 400 万元，净利润突破 30 万元，支付创业中心员工创业津贴 10 万余元（员工由在校的贫困生组成），运用 5 万元创业盈余成功孵化 2 个新的创业项目，有 9 名参与校内创业实践的学生毕业后成功创业。学生觉得创业不再遥远，创业也在改变着他们的思维，拓展着他们的视野。

4. 组织各类实践活动，提升学生实践能力

为了实现教、学、做的完美统一，丰富志愿者活动的内容，增强活动的主动性和实践性，“雨花情”志愿者结合班级特点、专业特色开展了一系列的主题实践活动，主要包括校内主题教育活动、校外社会公益活动和公民教育实践活动等三种类型。如电子专业的同学开展义务家电维修活动,计算机专业的同学开展电脑义诊活动,动漫专业的同学进行现场形象设计等。走出校门,方知天地的宽广。为了拓展实践空间,增强"雨花情"活动的社会性和公益性,志愿者们时常会走出校门,迈向社会,开展活动。如前往社会福利院照顾老人和孤残儿童,到聋哑学校关爱聋哑儿童;走上街头做义务清洁工作;为争创文明城市,走向城市各个路口担当交通卫士;对区内河流受污染情况开展调查,提出整改建议;对区内电动自行车存在的安全隐患进行研究,写出报告;对超载渣土车造成的交通设施和环境损害进行社会调查,向交管部门反映,等等。

创新实践教育重在提高学生的创新意识和实践能力,使知识传授、能力培养和素质拓展融为一体,使学生拥有扎实的知识基础、广阔的知识视野、合理的知识结构;使学生具备主动学习、主动思考以及主动创新的能力;使学生树立良好的合作意识、团队精神和社会责任感,培养正确的人生观、价值观和世界观;使学生培养起承受挫折和抵御压力的健康心理。

活动设计

角色,责任,未来

[适应年级]

中等职业院校高三年级学生。

[活动目标]

1. 正确认识中职学生的角色内涵,增强学生集体荣誉感,增强班级凝聚力。

2. 学生进行自我剖析,发现自己存在的不足之处。通过向榜样学习,不断改善自身行为,履行自己所承担的责任,为将来的发展打下基础。

3. 增强学生文化底蕴,培养学生的责任意识,立足于一生做人。

[活动过程]

活动环节	活动过程	注意事项	设计意图
活动准备	1. 制作调查问卷《责任感测试》。 2. 准备好"最美学生"视频。 3. 布置教室及座位。 4. 准备好班级任课教师对同学们的祝福视频。 5. 准备好绘制生命线的纸笔。	班主任和班委集体商讨制作《责任感测试》。 事先准备好相关视频材料。	锻炼学生的动手能力和组织能力。
我的角色	1. 展示图片,主持人提问:他们在社会中扮演什么角色?担负什么责任? 2. 学生自由发言:说说你将来希望扮演的角色。 3. 优秀毕业生事迹介绍。 4. 展示班级优秀同学视频。 5. 播放最美学生视频。 6. 优秀学生向同学们介绍自己成功的经验——引出"责任"。	图片导入,引导学生思考。	激发学生兴趣,引发学生思考。 引导学生思考怎样更好地承担自己的责任。

续表

活动环节	活动过程	注意事项	设计意图
我的责任	1. 责任感测试:测测你的责任感。 2. 主持人统计,选出 6 位得分最高的同学,并进行评价。 3. 大家谈:有责任感的事例。	邀请任课老师参加。	通过责任感测试,自我剖析,发现自己存在的不足之处。正确认识中职学生的角色内涵,懂得作为一名中职学生的责任和义务。
我的未来	1. 学生绘制自己的生命线:十年后的我。 2. 班主任点评学生作品并小结。 3. 班级任课教师对同学们的寄语视频。	班主任点评应以激励为主,突出未来与现在的关系。	引导学生畅想十年后的自己,激励学生为了未来努力拼搏。
课堂小结	1. 齐唱班歌《我相信》。 2. 班主任总结。	发挥班歌的积极作用。	培养责任意识,为自己的未来做好计划。

[活动反思]

通过身边事例的熏陶,激励学生向榜样学习,围绕“我的角色,我的责任,我的未来”的主题,指导学生明确自己所扮演的角色,履行自己所承担的责任。学生绘制自己的生命线,畅想今后十年的生活,鼓励学生为未来奋勇拼搏、永不放弃。

拓展阅读

同学,请挺直你的脊梁!

欢快的下课铃响了,所带的班级刚刚结束的是一节数学课。备课组里正好有老师在听课,一般情况下有老师听课时,班级学生会比平时更听话、更配合一些。但是听课老师刚进办公室就气愤地对我说:“你们班小军同学怎么回事?根本不尊重老师,傲气十足,简直目中无人!”我赶忙询问数学老师,原来小军同学在数学课上不时“指出”老师几何图画得不够精确、随意发表意见、言谈间流露出一种轻视,根本不像一个学生上课时的状态,像在故意为难老师似的……唉,又来了,真让人头疼!

小军同学是我们班的体育委员,可是最近一段时间,在行为规范方面实在不敢恭维:不少课上随意言谈;课余喜欢拿粉笔、废纸团、洁具等在教室里追赶打闹;对同学言行恶劣;对集体不太关心,做事随意且缺乏责任意识等。经常能看到他的“表演”,同学和任课老师也常常来“告状”,虽然每次都及时对他进行制止或批评指正,也对他进行过耐心细致的说服教育,但收效甚微,他依然表现出一副随心所欲、目中无人的样子。

因此再提到他,第一反应就是头皮发麻,这些事情如果分别出现在不同的学生身上可以说不奇怪,但却都集中在一个担任班级干部的学生身上,且屡教屡犯,作为他的班主任,我的失败感在不断增强。

被愤怒控制的我立刻打电话通知他的家长,让他把孩子带回家,这样的孩子我教育不了。话筒那边顿了好久,才传来小军父亲满含愧疚的沙哑声音:“实在不行,就让他回来和我一起去工地上当小工吧!”小军父亲的回答,出乎我的意料,我原以为他会为他儿子求情,让我再给他一次机会，可没想到，答案会是这样！即将摆脱这个几乎让所有任课老师头痛不已的学生，作为班主任的我，却丝毫没有如释重负之感，相反，一丝愧疚却在我的心里滋长：我就真的没有办法了吗？年幼的他，将会因为我的放弃，而过早地承担起繁重的劳作……“他每次放假回家，都会一个人呆在屋里，对着他以前最爱的篮球发好长时间的呆，喊他也不应。”正当我沉思之时，话筒那边又传来小军父亲的声音。听到小军父亲的话，我感觉可能找到了问题的根源，立即决定再试一试。

这次，我并没马上找他来谈话，而是冷静思考，并站在他的角度思考：出生在农村家庭，学习成绩也是中等偏下，或许会有自卑感；但他以前却是另外一个样子——遇到老师能主动问好，穿着整洁，大会上发言也较从容，可以说对一些同学起一定榜样作用。他热爱打篮球，担任班级体育委员，是我们班的主力运动员，而且篮球技术较高，甚至还有自己的铁杆“粉丝”，这些让他又找回了一些自信。但是在今年校运会前夕的一次练习中，他的左腿腿骨粉碎性骨折，医生建议不要做剧烈运动，以后不能再打篮球了。

想到这里，我得出一个结论：小军可能有较深的自卑感，他平时表现出来的那种无所谓、傲慢，甚至挑衅，其实是为了遮掩自己的自卑。

第二天，我招呼他到办公室，没有批评他，而是较放松地亲切聊天，先表扬他在家能孝顺体贴父母，周末回家主动做家务，家里来了客人能很好地帮助父母招待别人，作业本上的字写得很漂亮，虽然不够工整，但有自己的特色。然后我举了牛顿、司马迁、史铁生等人的例子，告诉小军这些人都曾经深深地自卑过，但最后还是发现了自己的独特之处，成就了人生。接着又诉说了自己当年也有过自卑心理的事，告诉他虽然不能在篮球上发挥特长，但也还有很多优点等他去发现，相信他一定能成就一个新的自我。最后，请他担任班级篮球队的教练，帮助同学练好球技，争取在接下来的校园篮球比赛中取得好成绩。另外，还请他参加班级的板报小组，发挥他写字漂亮的优点。

谈话结束时，我从小军的眼睛里可以读出一种信任，一种决心。他认真地点了点头，真诚地表示：要按照我所说的方法去尝试，努力把工作做好，搞好与同学、老师之间的关系，一定注意自己的表现，积极改正，争做一个受欢迎的好学生。

虽然小军不能马上彻底改掉长期以来形成的一些习惯，但值得欣喜的是，从这以后，小军上课时对老师的态度好多了；有时可以发现他突然意识到什么，努力克制自己；当正在进行的错误被指出时，他能马上停止，愿意接受批评，人也虚心多了。

班级建设启迪：

我国著名的教育家陶行知先生说：“真的教育是心心相印的活动，唯独从心里发出来的，才能打到心的深处。”从先生的话中，我们不难领会，离开了情感，一切教育都无从谈起。怎样才能使教育的过程成为师生情理互动的愉快过程，进而收到良好的育人效果呢？实践经验告诉我们，最重要的一条原则就是：尊重学生，以情动人。这是教育成功的一把钥匙。

陶行知先生还说：“你的教鞭下有瓦特，你的冷眼中有牛顿，你的讥讽中有爱迪生。”心理学家发现：如果学生生活在敌视和讥讽中，他会好斗或捣蛋；如果学生生活在受欢迎的环境中，他会钟爱他人，积极向上。这就需要我们这些教育者手捧一颗爱心，用智慧的眼睛去发现学生的优点，用温暖的双手帮他们树立起信心，将阳光洒向学生的心头，使其焕发出耀眼的光彩，挺直精神的脊梁！

第三节　小成功孕育大希望

理论探源

黄炎培先生在阐述职业教育的宗旨时提出了三个主张：为个人谋生之准备；为个人服务社会之准备；为世界、国家增进生产力之准备。陆费逵先生亦认为：职业教育，则以一技之长，可谋生活为主，所以使中人之资者，各尽所长，以期地无弃利，国富民裕。陆先生还认为：学生天资高下，性情宜否，与职业有莫大之关系。其宜者乐此不疲，成功自易。在班级建设中，班主任应在人本主义核心教育理念的引领下，关注学生的个体差异，注重开发人的潜能，以"适合的教育"方式，为每一位学生创造成功的机会。从平时的每一个教育环节做起，低起点、小步子、多活动、快反馈，不断给每个学生创造更多成功的机会，让学生感受到成功的快乐，提高学习的兴趣和自信心，以达成先贤们对职业教育之殷殷期望。

实战举隅

美丽的花篮

某班有一个女生，学习成绩一般，但是心灵手巧，能用丝带编出各种装饰物，而且总是在教室里编东西，吸引很多学生观看，影响到学生的课间休息，甚至于课堂学习。如果严厉批评，勒令她不准在学校编丝带，可以很容易地做到；如果和家长联系，要求她在家里也不玩，也可以轻易地做到。但是，不玩不等于学习，而我的目的不是阻止她玩，而是要引导她学习。如何做到既尊重她的特长，又让她把精力用到学习上来呢？经过反复思考，我决定采用正面引导的方法。恰好元旦将至，我让她利用周末时间组织女生给每一位老师编一个小花篮作为新年礼物，这样一来她可有了用武之地。她用灵巧的双手编织出一个个精美别致的小花篮，送给每一位任课教师。我提前告诉各位任课教师，让他们配合我教育这个学生，所以每个老师看到这么精美的小花篮，都向她表示真诚的谢意，同学们也向她投来赞许的目光。事后，我和她谈了很多，并对她说："你很聪明，能把一根平直的丝带编成美丽的花篮。那么，为何不把你的聪明才智用到学习上，为自己编织出一个美好的未来呢？"听了我的话，她陷入了沉思。后来她有了很大的改变，学习成绩有了明显提高。

现实生活中，类似的职校学生有很多，班主任要努力为他们创造机会，让他们都能展示自己的才华。如让擅长朗诵的学生参加演讲比赛，擅长体育的学生在运动会上大显身手，写字漂亮的学生出黑板报，机智幽默的学生做联欢晚会的主持人，高大英俊的学生做旗手，声音甜美的学生做广播员……这样，每一个学生都能找到尽展自己才华的舞台，他们的精力都用到了积极而有意义的活动中。这既增加了同学之间的了解，促进了班级的稳定、团结，也使学生增强了自信，使他们觉得"我能行"。

知识领航

一、小成功孕育大希望

> **智慧语录**
>
> 一次小的成功可以成为巨大成功的基石。
>
> ——马克斯威尔·莫尔兹

网络上流传着这样一道励志计算式：$(1+1\%)^{365}=37.783\,4$。这道计算式有着独特的含义：如果假设现有的学习水平为“1”，如果每天在这个基础上多努力1%，获得的小成功就是“1+1%”。一年365天，如果每天坚持这么做，也就是“$(1+1\%)^{365}$”，365天下来的收获就会从原来的1增长到37.783 4。

从量上来说，1%是个微不足道的数字，每天多做1%，对谁来说都不是难事。但若是坚持下去，每天如此，那么一年之后，这个毫不起眼的1%将会使一个人的成绩从1增长到惊人的37.783 4。

同时，在励志计算式的反面，也有一条“消志计算式”：$(1-1\%)^{365}=0.025\,5$。也就是说，如果每天懈怠一点点、少做一点点，那么365天下来，成绩就会从原来的1，缩水到可怜的0.025 5。

从表面看，“1+1%”与“1−1%”的差距并不大，不过是2%而已。但是，随着天长日久的演化，这两个数字带来的结果却有天壤之别。算算看，37.783 4÷0.025 5=1 481.57。这就意味着，多做一点所取得的成就，将是少做一点的一千四百多倍。如此巨大的差距，令人震惊，也更加令人深思。

> **知识链接**
>
> 任何事物的发展都必须从量变开始。
>
> 既然量变是质变的必要准备，质变依赖于量变，那么在学习和实践中就必须首先做艰苦的量的积累工作，要有脚踏实地、埋头苦干的精神，要一点一滴地做细小的事情，反对急于求成、立竿见影、拔苗助长，须知欲速则不达的道理。

二、如何给学生创造成功的机会

作为班主任，应充分认识到职校学生都有强烈的自尊心，都渴求得到赞扬。赞扬能满足他们的心理需要，让他们产生快乐的心理体验，从而增强他们的自信心，推动他们的自我教育。若还能积极创造条件，给每一个学生以成功的机会，并对学生取得的进步适时地给予赞扬，就能很好地促进学生进步。

1. 努力用欣赏的眼光看待学生

职校学生都渴望取得进步，都希望得到老师的肯定。班主任要善于把握学生的这一心理，经常运用欣赏与期待的眼光看待自己的学生，这样才能最大限度地调动学生的学习积极性。

不同的学生，其现状及发展潜力都是不一样的。如果我们居高临下，用成人的要求、普高生的标准看待一般的学生，看到的永远只能是一无是处的学生。如果我们蹲下身子平视学生，我们就会发现学生是多么的了不起，学生在我们的心目中就会变得高大。有了这种感觉，我们对学生的肯定、鼓励就会发自内心，学生自然就能从我们的言谈举止中感受到这种真诚。

学生都是有个性的，其发展的能力、方向都不完全相同，对于同样的问题或是同样的结果，放在不同的学生身上，其价值是不一样的。如果教师换个角度想一想，就会发现学生各有特点，如有的学生善于组织，有的学生善于表达，有的学生善于表演。

每一个学生都是具有发展潜力的，只是我们有时缺少伯乐的眼光，也缺少可供千里马自由驰骋的天地，学生的才能无法得以展示。因此，我们要为学生搭建展示他们风采的平台，让学生大显身手。

在班级管理中，班主任仅对学生严格要求是不够的，还必须具备宽容之心。首先因为他们是孩子，他们正处于成长的过程中。在这个过程中，他们需要一步步地去认识世界，一点点地学会生活和做人的本领。有人说老师要允许学生犯错误，允许学生有不足，要接纳学生的错误与缺点，这话很有道理。宽容接纳学生，就不能以成人的眼光来看问题，不能以成人做事的方式去要求学生。要认识到学生就是学生，要以欣赏的眼光去看学生的幼稚。

学生的心灵是单纯的，他们的复杂是成人强加在他们身上的。不同阶段的孩子会做不同阶段的事情，孩子的发展应该有自己的自然规律。从某种意义上说，成人和孩子是生活在不同的世界，班主任不应该过早地把成人世界的规则和规范套在孩子身上。班主任应该对学生们处于不同阶段所犯的错误进行具体指导，而不是一味地指责，更不应该呵斥。我们要用发展的眼光看待学生，多给学生一些宽容与激励。

2. 积极营造条件，并给每个学生成功的机会

每个学生都渴望成功，都渴望表现自己，这一点在新生中表现得尤为明显。好表现自己是青少年的一个特点，如果我们能合理加以引导，就可以把学生的表现欲转变为学生的学习动力。我们要充分了解每一个学生的特点，尽量为每一位学生创造成功的机会。

> **智慧语录**
>
> 成功者与失败者之间的区别，常在于成功者能由错误中获益，并以不同的方式再尝试。
>
> ——卡耐基

我的班里曾经有一个计算机“天才”，他对计算机非常精通，几乎到了痴迷的程度，于是我就特别安排他担任电教委员。他还是一个摄影爱好者，经常拿数码相机拍摄一些新闻图片。由于他的思想比较幼稚，不能全面客观地分析问题，以致常常以偏概全，得出不合实际的结论，甚至觉得社会一片黑暗。怎样引导他走向正确的人生之路呢？我决定利用他的特长，聘请他为班级特约小记者，让他把班级的好人好事拍下来，制作成班级相册；编辑班级杂志，记录大家成长的历程；把《班级之歌》制成视频，留作永久纪念。他非常高兴，尽职尽责，班级的每一次活动，同学间的每一个动人瞬间，都在他的相机中变成了永恒。看到同学们的一张张笑脸，他感到生活充满阳光。渐渐地，他的视线转移了，由寻找“阴影”变成了关注“阳光”，再也不像以前那样偏激了，思想也成熟了许多。

3. **及时肯定学生的每一个闪光点、小成功**

知识链接

卓别林的母亲是剧团的演员，一次演出时她突感身体不适，无法登台，一时又找不到替补，迫不得已下，众人想到了只有六七岁的卓别林，他自小就有卓越的才华。冒着可能砸场的风险，卓别林顺利完成了表演，经久不息的掌声说明了一切。从此，最伟大的喜剧大师宣告了他的时代的到来。

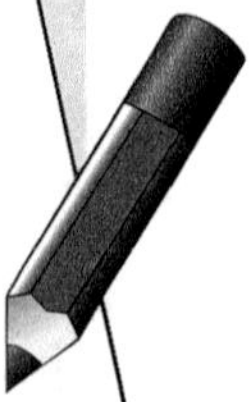

职校学生已经学会了沉默，表面上对老师的表扬满不在乎，实际上他们特别希望听到老师的表扬。针对这一心理特征，班主任需要努力寻找每一个学生的闪光点，并给予及时的表扬，让他们感受到老师对他的重视。课堂上，一位学生举手发问而且声音洪亮，我说：“因为你勤学好问，声如洪钟，所以我认识了你。”一位学生主动要求做我的数学课代表，我说：“我不会忘记勇敢者的名字。”当学生在学习中取得优异成绩时，班主任应及时给予最真诚的激励：“你的表现很出色，你是最棒的！”老师的肯定会使学生在心理上获得极大的满足，在享受成功喜悦的同时，也产生更加努力向上的愿望。

人需要自信浇灌，但同时也要清醒地知道，任何的安慰、鼓励、赞叹也不及成就感所带来的奋斗的马力。举个例子，你成为作家的梦想很遥远，成长中一次次的投稿杳无音讯，此时即使演说家也未必能挽救你准备放弃的念头。然而，若有一天在报纸一角出现了自己的文章，就算只是自己辛苦写作一大摞中的一篇，也足以撑起你折翼的希望。

古人讲，愈挫愈勇。我是相信的，不过，这只是短期的，日子一长，再利的锐气也锈蚀了。特别是在现代社会，不是人人都具备英雄百折不挠的韧性。不可小觑小成功的力量，既不要因为这不是大成功而暗自落寞，也不要因为这只是小成功而不屑。或许某天你到达了成功的顶峰，才发现原来崎岖荆棘的山路上布满了小小坚实的细微成功，那是促成巨大成功的加速度。

众多艺术家在追忆往昔之时，不免提到“首秀”，“首秀”的成功奠定了璀璨星路的开端。最初的小成功不仅为他们带来无数的鲜花与褒奖，更肯定了他们努力的方向与成果，肯定了实现理想与人生价值的正确方式。

在竞争激烈的发达国家市场，有一席之地确实艰难。起初，德国经销商不认可中国产品。海尔人心生一计，把海尔生产的 6 台冰箱撕去商标，与德产冰箱混合，让几十位家电代理商从中挑选，被选中的，全部是海尔产品。于是，海尔人第一次将国外 2 万台冰箱订单收入囊中。2 万台订单的成功振奋了员工的积极性和自信心，推动他们奔向下一个拼搏关卡，而前一次的成功让他们无畏并坚持。如今，海尔已跻身世界家电前十强。

总而言之，每一个学生都是一颗尚未打磨的宝石，如果我们打磨一下，他们定会光芒四射。班主任要善于发现和捕捉学生闪光的瞬间，把瞬间之光化为永恒的光芒；要溢美学生的小成功，支持学生的小成功，为学生的小成功喝彩；让学生相信自己的小成功，珍惜自己的小成功，为自己的小成功奋斗。成功的滋味香甜醉人，尝过一次的人就会竭尽全力去尝第二次、第三次……

活动设计

小成功孕育大希望

［适应年级］

中等职业院校一年级学生。

［活动目标］

1. 切实掌握实现目标及理想的方法，促进自身的发展。

2. 让学生了解实现目标、达成成功是一个循序渐进的过程，小成功孕育大希望。

［教育形式］

讲述、讨论、实验、游戏等。

［活动准备］

多媒体设备、网络资源、白纸、彩色笔，收集案例、故事及游戏所需物品、背景音乐。

［活动设计］

活动环节	活动过程	注意事项	设计意图
导入主题	假设有一大块香喷喷的牛排放在你面前，你根本无法一口吃下去，请问你会放弃吃它吗？面对诱人的牛排，当然谁都不会选择放弃，那么你会怎么办呢？你会说：“连小孩子都懂得的问题你还问我？当然是把它切成一小块、一小块，一次吃一小块，不就吃完了吗？” 实际上，不论多大的牛排你都能吃完，只要分割得细，并给自己一个合理的期限。这就是我们今天要进行的主题——小成功孕育大希望！		活跃气氛，拉近学生和老师的距离。
出示调查表	教师出示一份专家长达25年的跟踪调查报告：那些有清晰的长期目标的人，朝着同一个方向不懈地奋斗，25年后几乎都成了社会各界的顶尖人物。那些有清晰的短期目标的人，大都生活在社会的中层。那些目标模糊的人，一般生活在社会的中下层，他们能安稳地生活，但是没有突出的业绩。那些没有目标的人，都很不如意，有的还常常失业。看完这份报告，你认为目标对人生有多么重要呢？		使学生初步了解目标对人生的重要性，并有所感悟。

续表

活动环节	活动过程	注意事项	设计意图
讲述 教育案例	1984年，在东京国际马拉松邀请赛中，名不见经传的日本选手山田本一出人意料夺得了世界冠军。当记者问他凭什么取得如此惊人的成绩时，他说了这么一句话："凭智慧战胜对手。"当时，不少人都认为这个偶然跑到前面的矮个子选手是在"故弄玄虚"。 10年以后，这个谜底终于被揭开了。山田本一在他的自传中是这么写的："每次比赛之前，我都要乘车把比赛的路线仔细看一遍，并把沿途比较醒目的标志画下来。比如第一个标志是银行，第二个标志是一棵大树，第三个标志是一座红房子……这样一直画到赛程的终点。比赛开始后，我就以跑百米的速度，奋力地向第一个目标冲去，过第一个目标后，我又以同样的速度向第二个目标冲去。起初，我并不懂这样的道理，常常把我的目标定在40千米外的终点那面旗帜上，结果我跑到十几公里时就疲惫不堪了，我被前面那段遥远的路程给吓倒了。"		结合实例，帮助学生认识目标的重要性。
讲述 教育故事	有这样一个故事：《一只鲸的奇迹》。一只8吨多重的鲸竟能跃出水面6米多高，并能为观众表演各种动作。训练师透露了创造这一奇迹的奥妙：在开始时他们先把绳子放在水面上，使鲸不得不从绳子上方通过，鲸每通过一次它就会得到鱼吃，也会有人爱抚它跟它玩耍一会儿。当鲸的成功多于失败的时候，训练师便会把绳子提高一些。不过提高的速度必须得慢，否则，它就会因屡屡失败而丧失信心一蹶不振。就这样，那条鲸从跃出水面几厘米开始，一下一下跳出了吉尼斯世界纪录。 训练师的成功告诉我们两条经验：一是给予鲸的是鼓励而不是压力；二是不能急于求成，手中的绳子不要抬得太快太高。低级动物的鲸是如此，高级动物的人也不例外，教育学生又何尝不是如此？		结合实例，帮助学生进一步认识目标的重要性。
实验	组织三组人，假设让他们分别向着10公里以外的三个村子进发。 第一组的人既不知道村庄的名字，也不知道路程有多远，只告诉他们跟着向导走就行了。刚走出两三公里，就开始有人叫苦；走到一半的时候，有人几乎愤怒了，他们抱怨为什么要走这么远，何时才能走到头，有人甚至坐在路边不愿走了；越往后走，他们的情绪也就越低落。 第二组的人知道村庄的名字和路程有多远，但路边没有里程碑，只能凭经验来估计行程的时间和距离。走到一半的时候，大多数人想知道已经走了多远，比较有经验的人说："大概走了一半的路程。"于是大家又簇拥着继续向前走。当走到全程的3/4的时候，大家情绪开始低落，觉得疲惫不堪，而路程似乎还有很长。当有人说："快到了！快到了！"大家又振作起来，加快了行进的步伐。 第三组的人不仅知道村子的名字、路程，而且公路旁每一公里就有一块里程碑。人们边走边看里程碑，每缩短一公里大家便有一小阵的快乐。行进中他们用歌声和笑声来消除疲劳，情绪一直很高涨，所以很快就到达了目的地。		认识目标的导向作用。

续表

活动环节	活动过程	注意事项	设计意图
感悟	请学生们谈谈以上的教育案例、教育故事及实验说明了什么问题? 启发学生了解:当人们的行动有了明确目标的时候,并能把自己的行动与目标不断地加以对照,进而清楚地知道自己的行进速度和与目标之间的距离,人们行动的动机就会得到维持和加强,任何大的成功都是从小的成功开始的,大目标的完成是小目标完成的累加。 其实,要达到目标,就像上楼一样,不用梯子,一楼到十楼是绝对蹦不上去的,相反蹦得越高就摔得越狠,必须是一步一个台阶地走上去。就像山田本一一样将大目标分解为多个易于达到的小目标,一步步脚踏实地,每前进一步,达到一个小目标,使他体验了"成功的感觉",而这种"感觉"强化了他的自信心,并将推动他发挥稳定,挖掘潜能去达到下一个目标。 大成功是由小目标所累积,每一个成功的人都是在达成无数的小目标之后,才实现他们伟大的梦想。不放弃,就一定有成功的机会,如果放弃,就已经失败了。不怕艰苦,不懈努力,迎接自己的便将是成功!		适时总结并引领学生思考。
游戏	1. "串珠游戏" 请5位同学将零散的20颗珠子迅速串在一起,看谁能在最短的时间内完成。引导学生:明确要迅速将20颗珠子串起来,这一大成功,是在串好每一颗小珠子的基础上完成的(小成功),所以要实现任何目标,达到成功,最重要的两个原则是:第一,目标一定要分割;第二,目标一定要有期限。 2. 剥洋葱 请6位同学剥洋葱。从剥洋葱这个游戏当中你能得到什么启示?启发学生:学习成绩的提高,每一个大目标(大成功)的实现,其实就像剥洋葱一样,需要将大目标(大成功)分解成若干个小目标(小成功),再将每个小目标(小成功)分解成若干更小的目标(成功),一直分解下去,直到知道现在该去干些什么,完成每一个小目标。		再次引发学生深深地思考。
小结	许多高远的目标,起点常常很低;许多辉煌的业绩,起初往往只是源于一些小小的成功。先学会把手头的小事做好,就是在不断地积蓄着成就大业的资本。泰戈尔曾说,旅途的疲惫不是来自目标的遥远,而是来自鞋中的沙粒。是的,成功的道路是目标铺出来的;伟大的目标构成伟大的心灵,伟大的目标产生伟大的动力,伟大的目标成就伟大的人物,但目标的制定及实现都充满丰富的内涵,每个人确定自己的目标并不难,难就难在对目标的实现。其实成功很简单,就是源自每一次小小的成功,它是由无数颗小珍珠最终串起来的珍珠项链。		信息的反馈,可以引起学生的反思。
结束	背景音乐《爱拼才会赢》。	播放音乐	

[活动反思]

现在的学生常常梦想成功而又不结合实际,总想一劳永逸,获得巨大成功,根本不明白大的成功是从小的成功开始的。通过这次活动,让学生明白了实现目标、理想是一个循序渐进的过程,不积跬步无以成千里,不积小流无以成江河。

大成功是由无数次小成功累加而得来的。大目标分割成多个中目标,中目标分割成许多小目标,小目标又细分成更多细小且容易实现的简单目标,于是实现目标成了简单任务。简单目标当然容易实现,小目标既然实现了,中目标当然也能实现;中目标实现了,实现大目标也就不是很难事了。实现任何目标不是问题,问题是你分割了没有,分割得够不够细。

大目标的实现是基于小目标的累积,大成就的达成是基于小成就的累积。成功就是把每一件小事做好。因此,认真地做好今天的事,就是在给明天奠定基础,成功就是这样一步步走出来的。

只有做有目标的人,才是活得有意义的人,能看重人生本身这一过程并把握住过程的人,才是活得充实而真实的人。让我们都来做活得有意义、活得充实而真实的人吧!

拓展阅读

一名职业院校学生的创业故事

“现在年薪10万,比起一些其他领域的成功者,我们只能说是刚起步而已。”第一次采访到谢展鹏时,他的谦虚给记者留下了特别的印象。谢展鹏,今年32岁,2002年毕业于峨眉山市职业技术学校(原名为峨眉一职中)电子专业。他告诉记者,当初选择中职是因为自己的文化成绩在初中班上并不出色。而想学一门出色的技能,是当时自己的另一个愿望。“我的父亲告诉我,既然成绩不好读不了大学,不如趁早学一门技能。有技术在手,很快就能在就业中找到定位。”谢展鹏说,自己当时并不理解父亲的这一番话,但当自己从峨眉山市职业技术学校毕业后才懂得,原来每天枯燥的专业课是为他今后的就业打好了基础。

“刚毕业时,我们只能在一些私人企业做用电设备的安装、维护等工作,其实就是电工工种,后来就到了犍为县某电器设备厂工作。”2003年初,谢展鹏带着憧憬从峨眉山市来到了犍为县。作为电子专业的技能好手,刚到这家电器设备厂不到半年时间,他就成为了这群年轻人中的技术尖子。当时谢展鹏的工资只有900多元/月。

“作为一名电工,我感觉自己对于电子仪器的判断嗅觉是与生俱来的,可能是天生就喜欢的原因。”谢展鹏谈道。大概在2005年5月,谢展鹏决定离开这家电器设备厂,去外省开拓下眼界。他一人前往浙江义乌的某电子产业基地试水。“那年去浙江的决定对我今后的创业带来很大帮助。”谢展鹏说,当他带着满腔热情前往浙江时,他在义乌找到了一家负责承接农村太阳能电器安装、仪器电工应用与维护的公司,这家公司当时特别需要谢展鹏这类有经验的电工人才,也给谢展鹏开出了3200元/每月的工资,每年还有2万多元的年终奖金。当时这样的待遇着实让谢展鹏感到惊讶。

在2005年至2008年期间,谢展鹏开始在浙江带领着一批刚从中职学校毕业的电工专业学生一同下农村、走乡镇,安装太阳能热水、取暖设备等。在此期间,谢展鹏看到这一领域的商机,加上自己又拥有安装技术,想自己创业。

“当时创业的念头非常强烈,同时也深知其中困难重重。”谢展鹏向记者回忆道。首先,由于自己手里资金不够,再者就是对四川各地农村太阳能产业的发展并不了解。于是,他在浙江到处寻找投资商,希望和他一起来做这件事情。

功夫不负有心人，谢展鹏在义乌找到了两家太阳能设备公司愿意与其合作，承诺可以先为其铺货，以半年结账的形式让他代理这些太阳能设备，而加盟保证金让谢展鹏也能够承受。“记得当时是2009年的11月，那年特别冷，我带着简单的行李和头一批设备回到了峨眉山市，和几个过去的朋友开始筹划起了我们自己的创业项目。”谢展鹏说，“我们从市场调查开始，几个人分批同时进行。将前期市场调查、下农村走访了解、做好产品宣传等工作明确分工。很快在一年后，太阳能产品开始进入乐山周边的一些农村乡镇。当时我们不仅销售产品，我还亲自带领工人下去安装，调试维护。只要是我亲自带领去安装的设备，至今都没有任何问题。现在回想起来，那几年真的特别辛苦。”谢展鹏向记者回忆时，长叹一口气。他说如果没有自己当时义无反顾的坚持，或许就没有今天的成功。从2010年到2013年，谢展鹏的公司已经发展成为川南地区的区域代理，谢展鹏也从当时亲力亲为的老板兼工人摇身变为旗下拥有80多名员工的管理者，他们公司也在成都拥有固定办公点，谢展鹏年薪突破10万也自然不在话下。

“我要感谢职业教育让我有了这份特殊的经历，并打开了我的视野，让我如今能够发展壮大。同时我希望现在选择中职教育的学弟学妹们能够认真学好自己的知识和技能，将来走向社会后才能更好地加以运用。”

班级建设启迪：

给学生创造成功的机会，是指在“一切为了每一位学生的发展”的核心理念的引领下，关注学生的个体差异，注重开发学生的潜能，设计适合每个学生发展的教育教学过程，为每一位学生创造成功机会。谢展鹏选择中职是因为自己的文化成绩在初中班上并不出色，而又想学一门出色的技能。他通过在职校的学习，最终成为电子专业的技能好手。教师要低起点、小步子、多活动、快反馈，不断给每个学生创造更多的成功机会，让学生感受到成功的快乐，不断改变职校学生对专业课、文化课错误的认识，使其理解今天的学习是为他们今后的就业打下基础。

从中职毕业走向社会，职校学生用历练和技能找准定位。在市场中摸爬滚打，经过多年的就业经验积累，不少优秀的中职学生或已踏上了管理阶层，或是成功创业。“一个人的成功绝不是偶然，付出一定是必然的。”谢展鹏告诫现在的职校学生，绝不能养成浮躁心态，必须厚积薄发，规划好职场生涯，在就业过程中找准定位和契机，这样才能获得成功。

第六章　开花——美得不让人嫉妒

章节导读

中学生是国家未来的建设者和接班人，是建设和谐社会的重要力量。培养他们的互助情怀，增强他们的公平竞争意识，帮助他们树立正确的世界观、价值观和人生观，从而拥有快乐出彩的人生，对于推动我国的精神文明建设和法治国家的实现都具有很重要的现实意义，也是建设和谐社会的必然要求。

职业教育是以就业为导向的教育，通过三年的培养，绝大多数学生将走向各个工作岗位，成为一名员工、一个公民。作为一名好员工，需要有过硬的技术技能；作为一名好公民，需要具有互助的情怀、公平竞争的意识以及良好的心理素养。因此，班主任在学生成长“开花”的物候期，应加强学生的公民教育，通过实践活动帮助学生从关注身边的小事做起，逐步增加小公民意识，关注社区的公共问题，了解相关的公共政策，以自己小公民的角色立足社会，体验生活。通过实践活动和问题研究，培养学生观察问题、思考问题、参与社会生活和实践的能力，传播公民知识，培育公民意识，张扬公民权利，呼唤公民责任。

第一节　帮助别人，快乐自己

理论探源

乐善好施，助人为乐，是中国人民的传统美德。帮助别人，是正直善良的人怀着道德义务感，主动去给他人以无私的帮助，并从中感到快乐愉悦的一种道德行为。一个人在助人为乐的道德实践中，会自然地使思想道德境界得到升华。正如列夫·托尔斯泰所说：“一个人给予别人的东西越少，而自己要求的越多，他就越坏。”世界是个展览，我们从人品的“展览”中看到：世间的助人者皆为乐者，都不是庸庸碌碌、自私自利之徒。

实战举隅

在这春暖花开的季节里，“雨花情”志愿者协会的志愿者们又一次出现在特殊教育学校，

55 名志愿者师生来到这里，开展“爱心手拉手，成长心连心”志愿活动，为特校的孩子们送去一份温暖。

志愿者们一进校门，就受到了特校师生的热烈欢迎，看到身穿红马甲的志愿者，孩子们高兴地围绕在志愿者身边，喊着“哥哥姐姐，你们好！”特校赵老师说：“孩子们看见人多就高兴，因此每次有爱心人士来校都感觉很温暖。”在欢快的氛围中，志愿者师生和孩子们手拉手，在室外开展互动活动，红马甲们用自己的才艺给孩子们带来精彩的表演，欢声笑语响彻操场。随后志愿者哥哥姐姐还教孩子们折起了千纸鹤，万千的情意，万千的祝福，都包含在了这一只只小小的纸鹤里。志愿者们还将事先准备好的礼物交到了结对孩子们的手上，感受着孩子们的雀跃和激动，他们也露出了笑容。正如 1621 班志愿者林青青同学所说：“这些特殊孩子应该得到社会上更多的关爱和重视，希望他们能够更加快乐地成长，也希望更多人能加入我们的队伍，让孩子们能有更灿烂的笑容，得到更多的关爱。”

（案例来源：《爱心手拉手　成长心连心》南京六合中等专业学校　孟青）

德育工作贵在帮助学生在实践中体悟、涵养道德，做到知、信、行的有机统一。践行社会主义核心价值观，贯彻落实中等职业院校德育大纲有关积极开展学生志愿者活动的要求，积极开展志愿服务活动，大力弘扬“奉献、友爱、互助、进步”的志愿者精神，日益成为学生奉献友爱、培育互助情怀、构建和谐社会的重要途径。

班杜拉的社会学习理论认为，行为习得有两种不同的过程：一种是通过直接经验获得行为反应模式的过程，另一种是通过观察示范者的行为而习得行为的过程。志愿者互助实践活动正是把“通过直接经验所进行的学习”和“通过示范所进行的学习”有机结合起来，帮助学生在教育实践活动中反省内化、自觉生成，从而获得德育实效。互助活动，让德育变说教为疏导，由外化促内化，帮助学生学会共融共处、丰富生活体验、获得实践认知、强化道德自觉，让学生在体验中做到行为得当、处事理性，从而能巩固德育成果，实现德育目标。

一位印第安长老说：“以一种理性的自觉唤起心灵的觉醒，以一种温暖的力量培育强大的心灵以抵御现实的承重。”赶赴乡村，慰问空巢老人，为老人们洗衣，打扫卫生，亲切地唤他们为“爷爷奶奶”，温暖老人们的心；前往特殊学校，为孩子义务表演，和孩子一起交流、一起玩游戏，给孩子们带去欢乐；深入敬老院、福利院，探望孤寡老人和孤残儿童，走进社区，为困难家庭送上爱心捐款；汇入人群，为赈灾募捐，奉献大爱；拥抱失去儿女的父母，为失独家庭带去慰藉……在参加这些活动的过程中，同学们慢慢懂了那位印第安长老的话，“奉献、友爱、互助、进步”的志愿精神也似乎在脑海中渐渐清晰起来。

知识领航

一、教师引导，培养自立

自立是做人的根本，如果不能自立，何以能助人？

责任感就是自觉地把自己的事做好的认知。一个人的责任感强烈与否，很大程度上决定着他的独立生活能力的形成，只有树立强烈的社会责任感，一个人才能敢于面对生活的挑战，独立承担责任，并很好地生活、生存下去。

1. 在生活中培养学生的劳动观念

> **智慧语录**
>
> 对人来说，最大的欢乐，最大的幸福，是把自己的精神力量奉献给他人。
>
> ——苏霍姆林斯基

劳动观念不是一朝一夕就能形成的，而是在点点滴滴的小事中，在长期的生活实践中逐步培养的。因此，我们要充分利用各种机会，发挥学生双手的作用，不管是在学校，还是在家中，我们都要让他们做一些力所能及的体力劳动，使他们较早地深切感受到劳动的艰辛和劳动成果的来之不易。从内容上来说，要尽可能丰富多彩，赋予劳动新的内容和新的内涵。从形式上来说，要尽可能生动活泼。学生由于注意力集中时间较短，他们喜欢的东西要求新颖、生动、有趣、活泼，因此在形式上，一定要有新意，不落俗套，否则不仅学生失去兴趣，而且以后也较难再把他们吸引过来。

2. 在学习生活中培养学生独立思考的能力

独立思考问题，是独立解决实际问题的前提条件。独立地学习生活要求我们要善于独立地思考问题。独立思考并不等于刚愎自用，而是要善于对问题做出分析，做出正确的判断和选择。学生心理还不成熟，他们对问题的本质看得不深、不准，他们所做出的判断往往容易被表面的现象所蒙骗。因此，我们在教育学生的过程中要教会学生剔除表面的现象，抓住问题的实质，一步一步，从简单到复杂，使学生独立思考的能力在学习生活中得到锻炼和培养。

> **知识链接**
>
> 牛顿小学时体弱多病，性格腼腆，有些迟钝，学习成绩不佳。但他意志坚强，有不服输的劲头。据说，一次班上功课第一的“小霸王”欺侮他，踢了他的肚子一脚，牛顿被迫鼓起勇气与他较量，同时暗下决心在功课上一定要超过“小霸王”。他告诫自己说：“无论做什么事情，只要肯努力，是没有不成功的。”经过刻苦努力，牛顿超过了“小霸王”，一跃成为全班第一。

3. 在意志毅力方面培养学生不怕困难、顽强拼搏的精神

任何事情都不可能是一帆风顺的，因此，我们要对学生着重进行意志和毅力的培养，培养学生顽强拼搏的精神，遇到困难始终不低头、不气馁，而是百折不挠、不达目的誓不罢休。顽强拼搏、不怕困难是自立形成的基础条件，如果缺乏这样一种精神，自立的品质将难以培养形成，要想成就的事业就会半途而废。培养学生的意志品质，可以通过古今中外杰出人物的感人事迹对学生进行教育，用活生生的例子、令人钦佩的精神感染他们。

二、小组分工合作，培养互助

1. 明确小组内的分工

小组合作容易出现“争抢”和“坐等”等不良现象，不利于小组互助意识的增强。治疗这些病症的良药就是明确小组内每个人的分工，使每个人都有事可做。我们可以在小组中设置组长、记录员、操作员、监督员、管理员等角色，这些角色并不是孤立的，而是相互关联、相互补充的，比如小组长也可以是发言员、操作员，记录员也可以是发言员、监督员等。这些角色也不是终生的，会定期轮换。通过一段时间的训练，学生逐渐形成良好的合作互助意识，掌握一定的合作互助的基本技能。

2. **加强合作中的交流**

交流在活动中主要表现为表达、倾听和讨论。学生如果没有交流欲望或交流意识，怎么可能全身心地去与同伴交流、相互了解呢？所以在活动过程中应注重创设好的情境，组织有趣的游戏等，来激发学生的交流欲望。

3. **培养帮助的技巧**

学会倾听，相互尊重。只有尊重他人，他人才会尊重你，这是互助交流的前提。如果学生相互不尊重，相互排挤，相互讽刺，怎么会有好的互助交流意识呢？因此要教育培养学生相互尊重的良好品质。认真仔细倾听同组同学的意见，这对互助活动的有效开展也有重要作用。学生只有善于倾听他人的意见并进行反思，达成的互助效果才会更好。

学会讨论，共同探究。讨论是合作互助的重要方法，在讨论中，学生既可以自由地表达自己的思想，又可以使自己的思维得到锻炼，个性得到张扬。这样交流的效果才会更好，学生才能更好地帮助他人。

注意方法的多样性。方法不能单一，如果帮助的形式老是一个模式、一种方法，学生难免感到厌倦。针对不同的内容，方法可以灵活多样。

爱的链条没有断裂

一个名叫布赖恩·安德森的穷困潦倒的人，在一个寒冷昏暗的天气里，帮助一个老妇人更换轮胎后，老妇人问他，应该付给他多少钱，多少钱对她来说都不为过。但布赖恩对她说，如果她真想回报的话，那么下次看到别人需要帮助的时候，伸出援手帮助别人就可以了。

老妇人驱车走了几英里后，看到一家小咖啡馆，她想吃点东西暖暖身子再走完回家的最后一段路程。当她看到女服务员有了近八个月的身孕仍然面带甜美的微笑丝毫不改变她的服务态度时，她想到了布赖恩。老妇人用餐后给了服务员 100 美元。当服务员拿回找的钱时，老妇人已经离开了，在餐巾纸上留下了这样的话："有人曾经帮助了我，就像我帮助你一样。如果你真想回报我，那么请你这样做：不要让爱的链条在你这里终结。"在餐巾纸下，有四张 100 美元的钞票。结尾，你也许猜到了，这个服务员就是布赖恩的妻子。

布赖恩帮助老妇人更换了轮胎，虽然他为此蹭伤了指关节，弄脏了衣服，但他始终是微笑着的：一颗高尚的爱心和贫穷无关。他拒绝了老妇人的回报，尽管他的生活很拮据，但是帮助别人是崇高的，爱心是无价的。

他不但没有因为拒绝而损失，相反，他的爱心以另外的方式得到了回报：他的爱的链条没有断裂。

三、注重营造氛围，培养自评

叶圣陶指出："尝谓教师教各种学科，其最终目的在达到不复需教，而学生能自为研索，自求解决。"要达到这样的目的，必须使学生具有自评和自我反思的能力，即能够按照既定的目标和标准，对自己的行为进行自我检测，自我反思，做出正确的评价，促进自己能力的提升。长期以来，我们在教学过程中只重视教师对学生的评价、教师的自我反思，而忽视了学生的自我评价及自我反思能力的培养，学生只是被动的评价客体，没有评价的主动性和积极性，这种评价造成学生对教师的依赖，影响了学生的主体地位及主观能动性的发挥。因此，将学生的自我评价和自我反思作为学生互助活动的一个部分，使自评与反思成为促进学生形成主体意识、提高能力的一种有效手段，让学生在自我评价和反思中不断地改进自己，提高自己的能力，变被动为主动。

活动设计

共同托起明天的太阳
——青少年公益活动

［设计背景］

由学生、家长、老师、青年志愿者成员共同参与，旨在通过一系列体验活动，营造“真诚、团结、激情”的活动氛围，架起孩子与家长、老师之间沟通的心桥，让孩子们在活动中培养“参与、信任、互助、友爱、欣赏”的意识与情怀，树立积极向上、助人为乐的人生观，让“隔阂”少一点，让“联结”多一点，让社会更加和谐与美好！

［设计思路］

分享交流篇——活力展现篇——感恩嘉许篇——少年立志篇。

［前期准备］

1. 物资要求：各种类型的背景音乐，不同颜色的马甲，胸卡，呼啦圈，画板，白板笔，水粉颜料，工具水桶，蓝丝带，午餐等。

2. 环境要求：体育馆内提前张贴好用于分组的圆圈及序号，悬挂气球，背景墙、标语，音响等调试好。

3. 特色要求：穿着运动服或休闲便装及运动鞋，所有参与活动者必须注意现场安全，防火、防止踩踏等。

［活动设计］

活动环节	活动过程	注意事项	设计意图
人员定向到位	1. 义工定向：各人将自己所负责的板块进行确认，和团队成员做好沟通，检查所有活动用品。 2. 学生、家长、教师定向：每个人根据自己的身份穿上对应颜色的马甲，并佩戴好写有自己名字的胸卡。 3. 签名墙留言：在签名墙上签名，并写下对本次活动的寄语。		做好充分准备，确保活动顺利开展。
暖场活动	1. 义工们列队鼓掌欢迎大家入场，引导大家双手搭肩排起长龙，在“城门”中穿梭。 2. 现场播放动感音乐，所有人随音乐舞动，积极投入活动。		活跃气氛，调动情绪。

续表

活动环节	活动过程	注意事项	设计意图
代表致辞	1. 所有人员根据要求进行分组，坐下。 2. 活动负责人致辞，阐明活动意义，提出要求和希望。 3. 志愿者代表致辞。	家长不能和自己的孩子在一组，同班同学不要在一组。	阐明活动意义，提出要求和希望。
青年志愿者展示	1. 青年志愿者逐一自我介绍，并表演舞蹈《我要飞》。 2. 引导全场共同呼喊，大声、自信地喊出："我们承诺创造一个团结、互助、友爱的世界！"	从内心发出呼喊，投入到活动中。	志愿者们充满激情的表演，感染着台下所有的人。
打招呼	1. 两名志愿者演示：两人面对面站立，同时伸出右手搭在对方肩上，面带微笑，相互做自我介绍。 2. 请台下10名人员自愿上台演示。 3. 音乐声中，大家找身边的陌生人打招呼，做自我介绍，努力认识对方。 4. 小组内分享打招呼的过程与感受。 5. 请在活动过程中，认识的人较多的同学上台谈谈自己的感受。	如果身边有害羞的人，请主动与其打招呼，帮助别人融入活动，消除紧张感。	通过活动欢乐的体验，让每个人更真诚、开放地与身边的人快乐相处，同时培养自信、互助的品质。
呼啦圈	1. 志愿者演示活动方法。 2. 每组成员领取大小呼啦圈各一只，所有人手拉手，共同围成一个圈，大小呼啦圈从两个方向分别开始向内传递。两只呼啦圈传到终点后高举，游戏完成。 3. 各组总结，并请获胜组队员上台分享感受。	总结时，要引导大家感悟：团队互助和创新的重要性。	锻炼自主创新能力，增强配合意识，深刻体会团队协作的伟大。
大拼图	1. 小组商量，选择拼图，并进行分工。 2. 各组成员从别组寻找本组需要的图片，并带回来贴在背景衬纸上，整张图拼完整为完成游戏，拼好后举起拼图。 3. 各组总结游戏中的经验教训。	引导参与者思考分工与合作的重要，相互配合和支持才能共赢。	认识到互助、共赢的重要性。社会是平等的，在帮助别人达到目标的同时也能为自己达到目标做好铺垫。
心灵对话	1. 冥想：在导师富有感情的引导中，组内相邻的两人（成人与孩子）面对面盘腿而坐，相互拉着对方的手，安静地闭上眼睛聆听。 2. 把对面的陌生人当成倾诉的对象，把心里最想说的话向他（她）倾诉。		通过真诚交流，消除隔阂，拉近彼此的距离。
感恩的心	1. 请愿意向父母当面表达的同学上台倾诉。 2. 学跳手语舞蹈《感恩的心》。		启示大家：懂得感恩的人是最幸福的。
小组建设（午餐时间）	利用餐后休息时间，各组制定本组的组名、组长、口号，排练组歌等。		
风中劲草	1. 在小组成员中选一人作为"劲草"，其他人围成一圈。"劲草"两手握拳交叉，闭眼向后倒；其他人托住"劲草"，推给下一个人，使"劲草"在组员的支持下旋转一周。所有组员依次做"劲草"和"风"。 2. 活动结束后，共同分享作为"劲草"和"风"的感受。	"劲草"要充分信任自己的组员，要保持身体绷直，不可弯曲。	感受团队对自己的支持和信任，同时相信自己可以克服一切困难。

续表

活动环节	活动过程	注意事项	设计意图
漫漫人生路	1. 志愿者用桌子和椅子搭成错落的“人生路”。 2. 父母和自己的孩子配成一对，孩子戴上眼罩，由父母牵着手，走过不平坦的“人生路”。 3. 交换角色，孩子牵着父母的手，走过不平坦的“人生路”。 4. 选择歌曲《牵手》作为背景音乐，配乐朗诵。		人生路途漫长，父母总在为孩子付出，帮助孩子成长，孩子也应该在父母需要帮助的时候，相携相伴。
理想影画	孩子们在白布画卷上作画，画出对美好生活的向往，对人生理想的追求。		激发内心对美好理想的憧憬，淋漓尽致地表达爱，引发老师、家长对孩子心灵成长的关注。
蓝丝带	1. 家长在外圈，学生在内圈，面对面站立，彼此手拉手，闭眼聆听《蓝丝带的故事》。 2. 嘉许学生，父母给孩子系上蓝丝带。 3. 感恩家长、老师、义工，用蓝丝带表达谢意。 4. 学练手语舞蹈。		懂得理解、感恩。
少年立志	家长、学生、老师、义工、志愿者共同大声朗诵《少年中国说》(节选)。		升华“共同托起明天的太阳”的意义，唤起社会各界共同关心、帮助职业院校学生的成长，努力创造互助、团结、充满爱的世界。

[活动反思]

此次活动让学生、家长、老师三者犹如一个团队，放下平日自己的身份、年龄、角色，回到人与人之间最根本的平等关系，通过一系列不同形式的体验活动，进行心与心的沟通，接纳、欣赏和关怀别人，让学生发挥自信，激发个人潜力及领导才能，体会帮助他人的重要性及社会责任感。爱心与真诚是没有界线的！众人拾柴火焰高，滴水汇成大江，碎石堆成海岛，或许我们每一个人的善意之举就是他人最大的幸运。

拓展阅读

阳光义卖　真情互助

春天是温暖的季节，更是充满爱的季节。四月的校园更是暖意融融，我们班精心组织的校园爱心义卖活动在学校图书楼前广场上正式拉开了帷幕。全校师生以饱满的热情参与活动，让爱的暖流在校园里四处涌动。

中午十二点，每个小组的义卖成员拿着样式繁多的物品来到指定场地进行布置。每个小组还专门设计了活动海报，以吸引更多人的眼球。活动开始不久，广场前就人潮涌动，同学们将自己闲置的学习用品、书籍、毛绒玩具、手工艺品、饰品及创作的书画作品等纷纷捐献出来，十多个爱心义卖摊位各出奇招，引得大批学生驻足观看。有的展位前摆满了各式各样的精美小饰品；有的则将精心栽培的多肉盆栽呈现给大家；这边展出的是同学们自己创作的绘画作品；还有那里，摆出了极具时尚潮流的“周边”物品……真是应有尽有，琳琅满目！

义卖现场，每个小组打出了“义卖有价，爱心无价”“义卖一分等于爱心一份”“阳光义卖，温暖他人”等宣传口号，各展台前人头攒动，同学们挑选着心仪的物品，不少老师也被热闹的场面吸引，积极参与到活动中来，尽己所能奉献爱心。广场上的吆喝声不绝于耳，参与活动的师生们更是热情高涨，整个义卖现场人气聚集、交易火爆，整个校园充满了浓浓的爱意。滴水成渊，聚沙成塔，展位上的商品一件件地在减少，而爱心款一点点在增多。金钱有价，爱心无价，我们班本次义卖活动所筹得的所有爱心款将全部捐给特校的残障儿童，帮助每一个需要关爱的人。一位参与爱心义卖的同学说道：“我觉得开展这样的活动特别有意义，大家不仅‘淘’到了自己称心如意的物品，更伸出了援手，培养了我们的互助情怀，为特校孩子们奉献了自己的一份爱心。”

赠人玫瑰，手留余香。义卖互助活动，让班级里、校园里、社会中涌动着爱心和真情，不仅继承发扬了友爱互助、扶弱济困、乐善好施的中华民族传统美德，也培养了学生关爱他人的品质，营造了温馨和谐的校园环境。

（案例作者：南京六合中等专业学校　聂荣军）

班级建设启迪：

陶行知先生说：“‘行是知之始，知是行之成’是教人源头上去追求真理。工学团或集体主义之自我教育是在团体生活里争取自觉之进步。”公民教育实践活动应该是学生德育教育的重点，可以从促进校园民主管理、参与社会公共事务等方面开展活动。通过开展一系列公民教育实践活动，增加学生的公民主体意识和责任意识，也在实践中提高了学生的社会实践能力，培养互助情怀。在每一次参与活动的过程中，学生总是以最敏锐的听觉，感应最微弱的声音；以最温馨的行动，闪现着人性中向善的光辉。当然，在实践活动的基础上，我们还可以有更高的追求，那就是逐步将爱心互助活动上升为一种“班级文化”，并以行动引起行动，以灵魂唤醒灵魂，让道德教育“跃动”起来，在师生群体中产生持久而自觉的道德使命感，为社会传递正能量。

第二节　百舸争流千帆进

理论探源

当今社会是一个竞争与合作并存的社会，每个人都应该有积极的姿态主动参与各类竞争、迎接各种挑战，以适应时代发展的需要。同时，现在的学生群体中，大多数独生子女习惯了以“我”为中心，常常以放大镜看别人的缺点和自己的优点，这是他们自我成长的主要障碍之一。作为一名教育工作者，在教育教学中培养学生的竞争与合作意识，是摆在我们面前的一项重大而艰巨的任务。

实战举隅

学校举行专业技能比赛，我班同学有绝对的实力取胜，同学们都很兴奋。可决赛时，由于大家轻敌，对手实力也确实很强，所以我班有些落后，同学们情绪有点焦躁，而且我班在观赛区加油助威的同学又遭到对方的无故起哄。虽然同学们都很生气，但是当对方比赛时，我班助威团的学生还是报以热烈的掌声，同时以更卖力的呐喊为场上的同学加油，比赛选手也在奋力地拼抢，力争缩小与对手的差距，可是结果还是输了。看着同学们泪流满面，默默无声地坐在地上，没有互相埋怨，而是牵着手向教室走去，我心里很难受，也很感动。

“我心里很难受，也很感动”，班主任老师难受的是同学们如此努力但却没有得到最好的回报；感动则在于同学们在竞赛中所展现出来的公平竞争的意识，即便对方没有为自己加油，甚至在一旁起哄，但仍然表现得十分大度，以热烈的加油与呐喊回报对手。

16～18 岁的职校学生，尚处在个性鲜明张扬、叛逆的年纪，个性要强、以自我为中心的他们遇事容易愤起、偏激，所以在日常教学和与学生相处的过程中，如何更好地引导学生看待公平竞争的问题，培养学生的公平竞争意识十分重要。

技能竞赛不仅能锻炼学生的专业技能，而且能健全学生人格，是促进班集体建设的有力措施。因此，我们要正视技能竞赛在班级建设中的教育功能，类似的集体性活动项目是需要同伴的相互配合才能得以完成的。通过同学的配合，学会与人相处的艺术，学会奉献爱心，学会公平竞争，学会宽容，学会忍耐，学会遵守规则，摆脱以自我为中心的意识。透过技能竞赛，可以看到每一个学生在赛场上的拼搏进取，看到大家对勇敢、公正、友谊、和平、进步的向往。此外，技能竞赛也能促进班风、学风的形成和巩固，提高学生的全面素质，对形成良好班集体会收到事半功倍的效果。

知识领航

一、竞争的意义

竞争是我们生活中一个非常普遍的现象，它通常是指一种激发自我提高动机的活动形式。在这个活动中，个体为了取得更好的成绩而与别人展开较量。

> **智慧语录**
>
> 一匹马没有另一匹马紧紧追赶并要超过它，就永远也不会疾驰飞奔。
>
> ——歌德

1. ***在竞争中可以增强学生的自信心***

在竞争中学生的好胜心、动机都比较强，精力充沛、精神振奋，可以最大限度发挥潜能，学习效率高。通过竞争，学生可以从中发现自身的优点，变得更加自信；同时也看到自己存在的不足之处，看到山外有山，从而会更严格要求自己不断进取。

在校运动会中，张同学打破了学校保持了 30 年的 100 米纪录。赛后，班主任问他怎么能打破纪录的。他说：“我和隔壁班的小林是好朋友，运动会前我俩经常一起训练。他跑百米 14 秒，我要跑 13 秒 5。他不服气，练了一段，跑了 13 秒，又超过了我。我也不服气，继续练，慢慢地成绩就能进一步提高了。”

学习也是一样。例如两个人学成绩相同的班级，一班同学竞争意识很强，每个同学都你追我赶地学习，谁都想超过比自己强的前一名同学。考完试以后，同学们能认真研究自己和新的竞争对手之间的差距，鼓足力气，奋力赶路。这班学生每个人的平均成绩都会明显提高，尤其是后进同学的成绩提高得会更多。而二班则是另一种景象：大家把学习竞争视作显示自己的手段，甚至讽刺挖苦勤奋的同学。结果一年以后，全班平均分比一班低了好多分，原来排在全年级前 50 名的有 10 名同学，现在只剩下了 2 名。由于缺少竞争意识，每位同学都受到了伤害。

2. 竞争还有利于人才的成长

竞争的环境和行为无论对人们个性品质还是智力、能力都有积极的促进作用，是激发自我完善的动力。列宁说过：“竞争在相当广阔的范围内培植进取心、毅力和大胆首创精神。”由于竞争是智慧的较量、能力的角逐，因而，一个人是否是良才，只要到竞争场上一比高下，即见分晓，也就是中国古语所说“是骡子是马拉出来遛遛”，人才只有通过竞争才能被社会所发现和承认。

知识链接

西班牙人爱吃沙丁鱼，但当渔民们把刚捕捞上来的沙丁鱼放入鱼槽运回码头后，用不了多久沙丁鱼就会死去。为了延长沙丁鱼的活命期，后来渔民将几条沙丁鱼的天敌鲶鱼放在运输容器里。因为鲶鱼是食肉鱼，放进鱼槽后，鲶鱼便会四处游动寻找小鱼吃。为了躲避天敌的吞食，沙丁鱼自然加速游动，从而保持了旺盛的生命力。如此一来，沙丁鱼就活蹦乱跳地回到渔港。这就是“鲶鱼效应”。

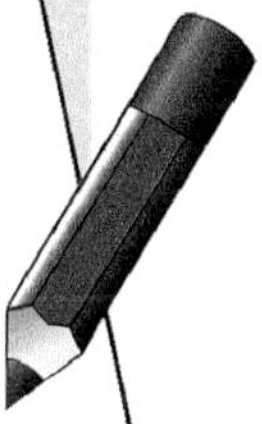

3. 正确引导学生面对在现代社会生活和交往中的突出问题——公平竞争

班主任要正确引导学生敢于竞争、参与竞争、善于竞争、公平竞争，正确面对个人与个人、团体与团体之间的竞争关系。这些既是一个理念、认识的问题，更是一个实践的问题。

美国《幸福》杂志曾做过这样一个调查：在你和对手之间竞争时，你最渴望得到的是什么？发出了 100 份问卷，一个月之后返回了 99 份。读者做出了完全一样的选择——公平。不用多说，这些读者当然知道，没有绝对的公平，只有相对的公平。由此可见，渴望公平在人们的心目中处于举足轻重的地位。

早读课上，班主任宣布近期学校要举办朗诵比赛，每个班级只有一个参赛名额，所以周五班会课要在班级里进行选拔。课后，小涵找到班主任要求能够被“保送”至学校的比赛，班主任笑问：“看到你这么积极老师很高兴，可是，老师如果直接内定你，别的同学会怎么想呢?”小涵看着班主任说：“老师，在班里我可是朗诵最好的呀！”看着如此希望参加比赛的她，班主任说道：“嗯，老师也觉得你很不错呢，可是我们也要给别的同学公平竞争的机会啊。这样吧，咱们先在班会课上进行一次朗诵选拔赛，你看怎么样?”小涵羞愧地点点头。

我们在传播知识的同时，要做的是使学生知道竞争能力不仅仅是学习书本知识的能力，更重要的是能够积极参与社会实践,将学习与实践结合起来。我们要鼓励学生学会主动参与竞争,培养自身的竞争能力,尤其是树立公平竞争的理念,为将来走上社会打下坚实的基础。

二、如何培养学生的公平竞争意识

公平竞争意识与自我意识紧密相连,清晰的自我意识是在与他人的比较之下才显现出来的。中职阶段是学生自我意识发展的关键期,为了发展自我的个人心理,需要拥有与别人区分开的、独特的、私有的经验,从而显示出自己的独立人格。

为了在不同对象面前表现自己,学生需要了解自己的言行将会如何影响自己在别人眼里的形象。竞争意识的萌芽,正是学生自我意识发展的重要表现,老师与家长应及时予以支持与正确引导。

1. 培养和发展学生的个性

智慧语录

高尚的竞争是一切卓越才能的源泉。

——休谟

有些学生需要竞争的刺激才能把他们的潜力发挥出来,此时,如果能把握正确竞争的意识,就可以成为尽力把事情做好的动力。心理学研究表明,个性与竞争能力紧密联系,具有良好个性的学生,对待竞争问题会更积极、更理智。老师与家长要从学生本身的性格特点和兴趣特长出发,培养学生完善的人格,使其具备更强的竞争能力。

除了个性原因外,特别注重自我、忽略别人感受的学生,往往还没学会怎样与他人相处。他需要知道:如果他为了争第一而令别人不开心,就可能失去别人的友谊。而班主任需要让学生明白:永远不要只着眼于和别人争高下,应该向自己的能力极限挑战。

2. 端正学生竞争的心态

最近班上要竞选班干部,很多同学都摩拳擦掌,小芬也十分心动。在她看来,无论是班长还是班委,就算是一个收发作业本的普通课代表,在同学们面前都格外神气,更何况老师不在的时候还能代替老师行使权力。所以,这次竞选小芬可是铆足了劲,不仅要求爸爸帮忙写演讲词,还给朋友送礼物"拉票"。但小芬的妈妈却深感疑惑:孩子这么小就追求名利,做家长的是不是要反对呢?就算要参加竞选,也应该凭借自己的能力,家长插手去帮忙,是不是包办太多了?

如果我们对学生竞争欲望过强感到忧虑,应该先帮学生端正心态,要让学生明白竞争是展示自身实力的机会,是件美好的事,要用正确的心态看待超越和被超越,不应充满妒忌和愤懑。而参与竞争的意义之一,就是学会有风度地接受失败,并且真心实意地祝福对手。作为班主任,需要告诉学生:在竞争中得到胜利固然值得骄傲,但同伴之间的团结合作精神,也是我们生活中不可或缺的重要品质。

3. 鼓励学生相信自己

鼓励学生勇于表达自己的内心感受,用自己的价值观判断是非,相信自己有足够的能力可以去实现所追求的目标,而不是只能通过竞争来体现自我价值。要让学生明白,自己在尽了最大努力之后,能做一个继续努力的赢家或是毫不气馁的输家,而不是过分注重竞争本身。

作为班主任,我们无法避免学生间的一些不正当竞争,但我们可以降低竞争的激烈程度，让学生把更多的精力集中到有意义的竞争层面。虽说这不能通过调整结构来解决，但可以通过提供更多的保证措施来缓解，一是提高学生的认识，二是订立更缜密的制度来防止不公平竞争的蔓延。

竞争，对人的发展和社会进步有促进作用。它让我们可以鼓起勇气、直面现实去追求目标，也赋予我们压力和动力，能最大限度地激发我们的潜力，提高我们工作和学习的效率；使我们在竞争中，能客观地评价自己，发现自己的不足之处，提高自己的水平；能让我们的集体更富有生气，增添学习和生活的乐趣。

活动设计

公平竞争

［适应年级］

中等职业院校一年级。

［理念阐述］

由身边事为切入点，激起学生对竞争的感知。在各个环节中，师生互动，以同学们喜闻乐见的形式来引导学生阐述自己的观点，同时以阅读故事的形式培养理解能力和发散思维，以竞赛的形式来激起学生的好胜心，以小组讨论的形式培养团队协作意识。再加上班主任的及时点拨，主题的凸显就水到渠成了，这样就避免了将观点强加给学生而使其出现逆反心理，顺理成章地明确了主题——公平竞争。

［活动目标］

1. 使学生认识到竞争在现代社会中都必不可少，生活处处有竞争。

2. 使学生在生活中发挥各自的优势，积极参与公平竞争，把握竞争机会，提高自己，锻炼自己。

3. 为学生形成正确的竞争心理和竞争氛围打下良好基础。

［活动准备］

图片、心理测试题、游戏器具(凳子等)。

［活动设计］

活动环节	活动过程	注意事项	设计意图
生活处处有竞争	1. 课件展示生活中各类竞争图片，自然界竞争、科技竞争、军事竞争、教育竞争、政治竞争、经济竞争、体育竞争，引出主题“生活处处有竞争”。 2. 学生举手说说自己知道的生活中的竞争实例：征文比赛、演讲比赛、技能比赛…… 3. 大家谈谈面对这么多的竞争，心理感受是什么？ 4. 引用名言小结：达尔文的“物竞天择，适者生存”。	播放音乐	明确生活处处有竞争，这是人类永恒的话题。

续表

活动环节	活动过程	注意事项	设计意图
竞争力量大	1. 故事导入：新龟兔赛跑，乌龟对兔子说："以前老在地上比，这回我们下水试试？"体现竞争的公平性，以及乌龟在竞争中的改变和强大。 2. 情境表演：五指论英雄 从前，有一位长者听到五个手指在议论： 大拇指说："我最粗，干什么事都离不开我，别的四个手指都没用。" 食指说："大拇指太粗，中指太长，无名指太细，小拇指太短，他们都不行。" 中指说："我的个子最高，顶天立地，只要我一个人就能做很多事。" 无名指说："真讨厌，大家都不给我一个名字，我真不愿意和他们在一起。" 小拇指说："他们长得那么长、那么粗，有什么用？我是小而灵，不知道浓缩的是精华吗？我的作用最大。" 长者听了他们的对话，语重心长地对他们说："你们都说自己最有用，那么我就请你们来比一比，看看到底谁的作用大。"于是这位长者拿出两只碗，其中一只里面放了一些小豆子，要求五只手指分别把这些小豆子拿到另一只碗里。 (1) 结果怎么样？ (2) 这个故事让你明白了什么道理？ 3. 小故事，大道理：鹿和狼的故事 国外一家森林公园曾养殖几百只梅花鹿，尽管环境幽静，水草丰美，又没有天敌，但几年以后，鹿群非但没有发展，反而病的病，死的死，竟然出现了负增长。 后来人们买回几只狼放置在公园里，在狼的追赶捕食下，鹿群只得紧张地奔跑以逃命。这样一来，除了那些老弱病残者被狼捕食外，其他鹿的体质日益增强，数量也迅速地增长着。 4. 众说纷纭话竞争：运动会上，我们和别的班级竞赛，奋勇拼搏，挥汗如雨，在裁判公正的裁决中，我们获得佳绩，找到了自己的价值，找到了自信和勇气。 学习竞赛中…… 小结：竞争力量大，可以促使自己变得越来越强大、越来越自信，不断刷新自己的历史纪录，成就崭新的自我。	情景表演	本环节用故事导入与情景表演，了解竞争的积极效果，能够使得竞争双方不断强大。
竞争要公平	1. 学习上的竞争 情景表演： 情景1：小婷和小云是好朋友，在小学时，小婷成绩一般，小云家虽然贫困，但她的成绩在班里却是名列前茅，小婷就在心里暗下决心，要赶上小云。经过一个学期的努力，小婷终于如愿以偿，赶上了小云，而且直到上初中两个人的成绩也是不相上下，在班里数一数二。 问：(1) 小婷为什么能成功？(2) 正当竞争对我们每个人有什么好处？ 情景2：可是上高中后，两人的成绩渐渐拉开了差距。小婷无论如何努力，数学总是不如小云。一天，小婷趁小云不在教室，偷偷地把她的数学书拿走，扔到了厕所里。 问：(1) 小婷为什么会这么做？(2) 你怎么看待小婷的行为？(3) 换成是你，你会怎么做？(4) 想一想不正当竞争		

续表

活动环节	活动过程	注意事项	设计意图
竞争要公平	还会带来哪些危害？ 2. 社会上的竞争 A. 小小评论员：当麦当劳遇上了肯德基。 B. 大家议一议：当可口可乐遇上了百事可乐。 3. 小结：竞争的利与弊 A. 竞争的利： ① 竞争给我们现实的追求目标，赋予我们压力和动力，能最大限度地激发我们的潜能，使我们提高学习和工作的效率； ② 竞争能使我们客观地评价自己，发现自己的局限性，提高自己的水平； ③ 竞争能使集体更富有生气，丰富我们的生活，增添学习和生活的乐趣。 B. 竞争的弊： ① 竞争可能会使获胜者骄傲自大，使失败者丧失信心，产生自卑感； ② 竞争的压力可能引起我们心情的过分紧张和焦虑； ③ 竞争者可能会出现怨恨别人超过自己的忌妒心理。		通过学生学习和生活中的实例，揭示竞争的要求——公平。
勇于竞争真英雄	1. 下发心理测试（附件），考考你 小结：竞争既是智慧、才能的比赛，也是品德、人格的比赛。在竞争中，竞争者一方面要不畏强手，力求争先；另一方面，又必须采取正当的方式，坚守自己的人格。 2. 体验游戏：抢凳子 “抢凳子”游戏规则：一组人与比人数少 1 的一组凳子，在音乐声中，大家齐围着这组凳子走或跑，当音乐声突然停止时，每人奋力抢坐到凳子上，未能抢到凳子的人被淘汰，抢到凳子的人再组成新的一组，并减少一个凳子，再次游戏，坚持到最后就算赢。 3. 大家分享自己参加各类竞赛的经历和感受：技能竞赛、征文竞赛、运动会比赛…… 4. 分享励志名言，与大家共勉 欲穷千里目，更上一层楼。　　——唐・王之涣 江山代有才人出，各领风骚数百年。　　——清・赵翼	测试题、凳子	通过心理测试与体验游戏，使得学生明白要勇于竞争。
总结成功秘诀	在夺取胜利的道路上，有无数的坎坷与障碍需要我们去跨越、去征服。人们通常走的有两条路：一条路是侧重攻击对手的薄弱环节，找出对方破绽，给予致命的一击，用最直接、最锐利的技术或技巧，快速解决问题；另一条路是全面增强自身实力，更注重在人格上、在知识上、在智慧上、在实力上使自己加倍地成长，变得更加成熟、更加强大，使许多问题不攻自破，迎刃而解。		全班同学共同总结收获，升华情感。

［活动反思］

本次活动通过图片展示、故事启发，创设情境、游戏活动及心理测试等丰富多彩的内容，帮助学生明白生活处处有竞争、竞争所带来的巨大力量以及公平竞争的重要性。做得比较好的有以下几个方面：

1. 从身边小事入手，贴近学生生活，更利于学生接纳、融入课堂，产生共鸣。

2. 运用大量故事、生活实例及游戏体验，使学生在参与过程中获得深刻体会。

3. 全体师生共同总结,在总结中获得情感的升华,达到主题班会的最终目的。

附件:心理测试题

1. 在一次考试中,有一名同学比你考得好,你会(　　)。
   A. 感到压力很大,开始奋起直追
   B. 暗自生气,背地里骂他
   C. 无动于衷,认为他考好跟我没任何关系
2. 在竞选班干部的时候,你落选了,而一个一直比你差一点的同学竞选上了,你会(　　)。
   A. 背后说他坏话,妨碍他的学习
   B. 跟他做好朋友,学习他的优点,并且比他更努力
   C. 非常沮丧,不想再竞选了
3. 假如你是一公司老总,现在你手下有十个员工,除了发放基本工资,还有一笔钱作为奖励,你会(　　)。
   A. 把钱十等分,平均发放
   B. 把钱十一等分,其中两份奖励最优者
   C. 把钱九等分,最差者无奖励
   D. 其他

拓展阅读

选举班委会风波

开学不久,班上的同学们向我请求:要重新选举班委。正好,学校刚开展了"公平竞争"的宣传教育活动,何不把这次选举作为一次实践操作呢?于是,我把选班委的权力交给了全班同学,只给他们定下了"公开、公平、公正"的原则,要让同学们自主推选自己信任的新一届班委。

是的,一些大道理只能靠实践才会有体味。这不,全班顺利地完成了先投票再根据票数的高低选出11位候选人的程序。班委的当场选举就放在一节班会课上,由原来的正、副班长主持,我今天就"让贤"一回了。

选举会开始了。首先,由上一届班委对自己的工作进行总结并表达了他们愿意继续为班级工作、为同学服务的心愿,同时也谈了对新班委的希望。接着,又有同学毛遂自荐,表示愿意为班集体奉献自己的一份力量,也希望自己能在工作中得到锻炼,取得进步。最后,采用无记名投票的方式开始选举。一切都非常顺利:发选票、全票收回、唱票、监票、统计票数,班委的入选人员名单出来啦!选举工作顺利结束,选票被我随手扔进了垃圾筒。

意外就在这时出现了,有几个同学冲到办公室找我,反映他们对最后的统计票数有怀疑,认为有些同学的票数统计可能出了差错。我狐疑地看着他们,觉得自己听错了,因为计票、唱票、监票都是我信得过的学生,而且一切活动都在老师和同学的眼皮底下进行,怎么可能会错?!然而,他们再次坚持自己的想法。

难道要重新计票?作为班主任,我们平常经常教育学生要充分行使自己的权利,此时我

若怕麻烦就用强权解决问题，那么，选举就没有实际意义了。既然他们对选票有异议，我应该有所交待。只有这样，同学们才能更好地理解“公开、公平、公正”原则的意义，体味每个同学行使管理班级的权利。于是我决定，那就再来一次吧！选票虽已丢入垃圾箱了，那也不能怕脏、嫌麻烦，我们从垃圾箱中将选票一张一张找出来，41 张一张都不少。

为了公正，就要考虑回避有关人员，于是换了几个普通的不任职位的同学重新在班级里唱票计票。

结果，真的发现前面的统计出了差错——小李的票数原来有 32 票，现在只有 25 票！班上所有同学的目光都转向小李，小李满脸通红。随即所有的目光又转向了我，大家等着我公正的答复。怎么办？说实在的，当时我一下子也懵了，该怎么办？狠狠批评？轻描淡写？我知道全班都在等着我的处理，我决定选择小李的事先“轻描淡写”，并力求做到公正。尽管按票数来算，25 票也能进入班委，我想了想后，还是告诉全班同学，小李暂不安排进班委，其他事情，等老师问清楚再说。

几名男生怎么算得如此准？下课后我先把他们叫进办公室。原来，他们几个觉得小李以前担任副班长、课代表，发作业本时态度不是很好，对订正的人推推搡搡，于是十几个人就约好，都不要选他。当票数出来后，他们下课一碰头，谁都没有投他，于是就认定小李作弊。可是看到小李刚才的窘困相后，他们已经有一丝后悔了，觉得自己太过分了。尽管如此，我还是批评了他们：“搞小团体拉票，这可是很不好的，同学有错误可以当面指出，我相信他会接受的。”

之后，我再把小李叫到了办公室，他始终低着头，这时再追问他有没有作弊，我觉得已没有必要了，于是轻轻地对他说：“老师知道你一直干得很努力，但你细想一下，可能太忙了，是不是有些地方就做得比较粗心了？哪里跌倒就从哪里爬起来，放下‘包袱’，做个敢做敢当的真正的男子汉。”他没有多说什么，只是点了点头。“还是有这么多同学投票给你，同学们还是很相信你的，缺点每个人都有，改了，就可以了。老师相信你以后肯定能做好，到时候再竞选班干部，怎么样？”他又点了点头。我想，对此时的班级来说，“冷处理”应该是最好的方式。因为我清楚，学生的态度会随着老师走，如果我把小李“一棍子打死”，学生也会跟过来。我要帮小李重树威信。

学习生活又重新开始了，选上班委的同学工作也做得确实不错，不过，我还是希望小李能够有显著的变化，为班上做些什么。我在思考着……

（文章来源：德育案例网）

班级建设启迪：

案例中的班主任让学生自己主持选举，当出现问题时，班主任老师同意学生的做法——二次重来。这是对学生的一种信任，也给了学生一个修正的机会，体现了一种工作作风——实践一定可以检验真实，更体现了公平竞争的工作理念。

我们在班级常规管理工作中，要从自身做起，以身作则，践行社会主义核心价值观——平等、公正，行为规范，而不是一味地去单纯教育学生公平竞争，那远不如在实际生活中让学生自己去体验感受，去修正自己的错误。正如朱熹先生所言：纸上得来终觉浅，得知此事要躬行。

第三节　快乐不在于事情，而在于我们自己

理论探源

苏联教育家赞可夫说过：“了解儿童，了解他们的爱好和才能，了解他们的精神世界，了解他们的欢乐和忧愁。”无论面对什么样的学生，我们必须用全新的教育理念去塑造他们，让他们在“快乐中学会快乐”，让他们的学习与生活能充满快乐和欢笑。

实战举隅

某天上午，我正在办公室备课，突然手机振动，拿起一看，是实习生小唐的电话，可是现在这个时间点不是应该在上班吗？我疑惑地接听了电话。电话那头的小唐激动地说：“老班，我想辞职，我不想实习了！”我十分惊讶，因为前几天去企业看她们的时候，她还特别兴奋地告诉我实习得挺不错的，咋才过了两天就闹着要辞职呢？

“怎么了这是？别着急，跟我说说呢？”我耐心地问道。小唐接着便竹筒倒豆子似的将事情的前因后果讲给我听。原来，她觉得领导分配任务不够公平，总是将重活交给她干，在调休时给她出难题，不让她休息，她在那边呆得很不愉快，所以就萌生了辞职的念头。

待她叙述完，平复了点心情，我问道：“领导对所有人都这样吗？还是只针对你呢？”小唐气愤地说道：“她只针对我。”接着我又笑着问：“那你是哪里做得不对吗？为什么她只针对你？”“我怎么知道，我觉得我做得挺好的啊，就是最近太忙了，我真的觉得太累了。”小唐无奈地说。“那到底是最近太累了受不了，还是你觉得领导针对你受不了呢？”电话那头出现了短暂的沉默。“老班，实习真是太累了，我每天都有很多负面情绪，还会跟同事们为小事闹情绪，你知道我的，开心与不开心都直接表现出来，所以我才觉得领导针对我！”至此，我也终于明白了小唐的症结所在：不能适应实习生活，产生大量负面情绪，不能正确对待身边的人和事。于是，我针对这个问题跟小唐聊了很久……事后，又及时与企业联系，加强双方沟通，针对小唐采取了更多积极引导的方法。

现在，小唐已经学会了克制和收敛脾气，和同事们也越走越近了。那天，我问她：“最近和同事们的关系怎么样？”她自豪地说：“很好啊！”继而她笑了，那笑是发自心底的快乐，穿透了曾经的阴霾，驱散了心中的乌云，是那么的淳朴、阳光……

案例中的小唐是职高三年级的学生，在经过两年半的专业学习以后，进入企业顶岗实习。作为实习班主任，我们总会遇到各种棘手的问题：学生嫌实习太苦、实习工资太低、工作时间太长、不自由等等。这些问题的出现主要源于学生在实习的过程中要实现从消费者向劳动者转变、校园生活向职业生活转变，而在顶岗实习期间，学生对新角色的认知偏差会导致他们产生紧张烦躁的心理，工作强度过大会带来挫败心理，人际交往能力缺乏导致产生孤

独心理。当这些同时出现的时候，如果没有积极的心态去面对，学生便会产生强烈的负面情绪。

对于处在心理断乳期阶段的学生出现心理不适是正常的，案例中班主任老师的做法是值得学习的，及时地对学生进行心理疏导，加强学生的角色认同、人际交往技巧和挫折教育，让中职学生学会积极地看待自己所处的职业环境，增强自信心，缓解焦虑和负面情绪，在实习企业中找到自己的位置，处理好新的人际关系，收获属于自己的职业感和幸福感。

知识领航

“快乐不在于事情，而在于我们自己。”该语出自德国音乐家理查德·瓦格纳，大意是：一个人如果想要快乐，不是因为所面对的事情是不是使人快乐，而是在于是否有好的心态，心态好了，遇见什么事情都能够妥善处理，生活当然快乐了。

智慧语录

快乐，是人生中最伟大的事！

——高尔基

我们的学生正处于青春期，在生活中、与人交往方面都没有很强的处理能力或面对突发事件的能力，一遇事便冲动急躁，极易出现负面情绪。作为班主任，我们也常听见学生说：“我不开心”“我过得不快乐”“我不想读书了”……那么，到底该如何引导学生学会控制自己，感受快乐呢？

一、性格测试

在看待事物上，每个人比较倾向哪一面呢？积极或消极？

“半杯水是半空还是半满”——是最常被提出用来分别消极悲观与积极乐观看法差异的简单比喻。消极者看到人家给他半杯水，会抱怨“只”剩半杯水，而积极者则高兴“还”有半杯水。

同样对于学生来说，这半杯水，他们愿意将眼光定位于拥有的还是失去的那一半呢？这个选择对学生们的一生将有极大的影响。

世界上最会赚钱的民族是犹太人，这或许和他们一向积极乐观的态度有关系。有段犹太俗谚是这样说的：如果断了一条腿，你就该感谢上帝不曾折断你两条腿；如果断了两条腿，你就该感谢上帝不曾折断你的脖子。拥有积极思想的人对任何事总抱着乐观的态度，即便遇到挫折，也会认为那是成功前的考验。

学生张某，19岁，在顶岗实习期间，因作息、饮食等改变，劳动强度大，工作节奏快，加班加点等原因，出现过敏及湿疹，反复不能痊愈，对实习环境和企业产生失落感，便萌发了旷工和提前终止顶岗实习的想法，进而出现消极挫败心理，严重影响工作效率和身心健康。

罗曼·罗兰曾说过：“积极的性格不仅可以使自己经常保持心情愉快，而且可以感染你周围的人们，使他们也觉得生活充满了和谐与光明！”快乐是能相互感染的，快乐与幸福，可以带动、温暖周围的人！

更为重要的是，良好的心态对学生学习效果的影响也很大。倘若学生经常处在不良情绪的环境中,则易分散精力,影响学习效率,还易产生孤独感或任性行事,乱发脾气,由此造成人际关系的紧张。班主任在与学生的接触过程中,对暴躁型学生的教育应避其锋芒,注意体察学生的心理状态,善于选择有利于学生悔过认错的教育时机,采取和风细雨、以理服人的方式,耐心细致地摆事实、讲道理,稳定学生情绪,促使学生转变思想、提高认识,使问题得到解决。总之,培养学生加强自我调控的能力,以积极乐观的心态面对每一项学习任务,学习兴趣和学习效率将会随之提高。

所以,正确引导我们的学生做个快乐的人,快乐地生活,快乐地学习,快乐地成长,让他们能够明白:一步一个脚印,一步一滴辛勤的汗水,即使再难、再痛苦的事,一个笑,或许远远大于那份苦……

二、如何帮助学生形成积极乐观的心态

智慧语录

自信人生二百年,会当击水三千里。

——毛泽东

凡事都有两面性,我们在班级管理中,应建议学生们多看积极的那一面,通过一些方法,帮助学生形成积极乐观的心态。

1. 要有良好的自我观念

"自我观念"在心理学里又叫"自我概念",指一个人内心深处对自我的评价。一个人在自我概念中的正面评价越多,心态就越积极;相反,在自我概念中的负面评价越多,心态就越消极。你们每天照镜子时,是越照越开心,还是越照越不开心?是越照越满意,还是越照越不满意?我估计很多人都是越照越不开心、越照越不满意,因为看到的都是缺点,都是不完美的地方。

高一开学有一段时间了,小林从不参加学校开展的任何活动,无论什么时候,在班级里她总是一个人默默地坐在角落里,好像也没有什么朋友。

关注了这孩子一些时日后,我找到了她,笑着问:"小林,从初中升到高中有一段时间了吧,有没有习惯?"小林略有些忐忑地看向我。我找了张椅子让她坐下,拍拍她的肩膀说:"没关系呢,跟我说说怎么样?"踌躇了一会儿,小林嗒嗒地答道:"还没完全习惯。"我欠身笑着说道:"嗯,哪里不习惯?我看你都不怎么和班里同学说话呢。"小林想了一会儿,似乎是鼓足了勇气,说:"老班,我平时和他们交往不多,因为我总觉得我中考进来的分数不高,在班级里排在末尾,而且他们好多都是城里的小孩,平时也都很时髦,我跟他们比是又笨又土,都有些自卑了。"

案例中的小林就是这样一个总是只看到自己缺点和别人优点的学生,职高的孩子也正处在这样一个敏感、多疑、心思重的年纪,我们的身边也不乏类似的学生。所以我们要引导学生换一种思维方式,不要总是先找自己的缺点和不足,不懂得去欣赏自己、肯定自己。大自然物种万千,但没有两片叶子是一模一样的,我们每个人都是独一无二的,你能找到第二个你吗?所以,我们要充满自信,勇于接纳自己的容貌、身材、性别等等。学会:人必先自爱,而后人爱之;人必先自助,而后人助之;人必先自信,而后人信之;人必先自尊,而后人尊之。

2. 要提高道德修养水平

道德修养能影响一个人的健康及寿命的长短。明代名医张景岳说:“欲寿,唯其乐。欲乐,莫过于善。”意思是说要想长寿,就必须要乐观;要乐观,莫过于乐善好施。古人还说:“有德则乐,乐则能久。”也明确指出有高尚的道德,才可能有快乐的心态;有快乐的心态,才可能健康长寿。现代医学、心理学也证明了:道德高尚的人经常满腔热忱地去帮助人、扶持人、爱护人、援救人,人们也会投桃报李,给以热情的回报。这种良性的反馈,必然使人欣慰,受到鼓舞,使人愉快,获得欢乐,从而保持良好的情绪状态,促进身心健康。正如古人所说:“善者善,祛病而得后福。”

因此,我们应教育学生在生活中要讲究道德修养,勤于付出,乐善好施,见义勇为,多做好事,这样可以使他们保持良好的情绪状态,获得欢乐,有益于身心健康。

3. 要善于自我激励

知识的激励。因为现在是知识经济的社会,知识信息大爆炸,所以我们要鼓励学生不断学习,但务必多去接受正能量,而不能受到负能量的“冲击”。用积极的眼光看世界能把坏的事情变好,用负面的心态看世界能使好的事情变坏。世界是无限美好的,充满希望的,我们的生活也充满阳光,要用知识武装自己,激励自己。

情绪的激励。情绪就像一台发动机不可能永远高速运转,发动机没有油了就必须加油,所以我们要多去关注学生,哪怕是一点点改变,及时去帮助学生调整自己的情绪,防止他们被恶劣、低落的情绪所困扰主宰。此外,班主任也可以提供一些情绪管理和情绪激励的方法来帮助学生进行自我调节,比如培养多方面的兴趣爱好、结交志同道合的好朋友等,这样在情绪低落时,学生就可以寻找到各种支持。

一天,有人问三个正在砌墙的泥瓦匠说:“你们在干什么?”第一个人没好气地说:“你没看到? 在砌墙。”第二个人心平气和地说:“我们正在建一座高楼。”第三个人喜气洋洋地说:“我们正在建设美好生活。”10 年过去了,第一个人仍在砌墙,做泥瓦匠,第二个人成了一位工程师,而第三个人成了这两个人的老板。在人生的路上,保持乐观的心态十分重要。只有拥有客观健康的心理才能避免让自己陷入困境,正如第二和第三个泥瓦匠,正因为对待生活有正确的心态,所以他们收获了别样的人生。

很多时候,我们无法选择生活的境遇,但我们却可以选择自尊而坚强的态度;我们不能选择生活给予我们什么,但我们却可以选择积极而乐观地回报生活什么。在生活中,一个问题接着一个问题出现,就如同织毛衣一般,虽然过程很累,但最后竟成为一件杰作。这便是活着的真实,织不完的结,也是乐趣,一切全在于我们的心态。

培养勤奋学习的好习惯。读书学习能使人掌握知识,提高素质,懂得人生的真谛;使人热爱生命,具有积极的人生态度;使人树立正确的人生观、价值观;也能使人正确地认识和对待挫折、对待名利、对待人生和前途。然而,我们必须正视的事实是:在现实生活中,一些职业院校学生存在着厌学情绪。他们把读书学习视为一种痛苦、一种压力、一种负担,对学习没有热情,毫不感兴趣,他们反感、厌恶甚至憎恨学习。这种强烈的厌学情绪使职业院校的有些学生自暴自弃,破罐破摔,悲观厌世。因此,我们必须解决学生的厌学问题,努力培养他们的学习兴趣，调动他们的学习积极性，使他们能在健康的轨道上发展。

帮助有心理误区的学生转变，使他们能形成乐观积极的心态，不是一朝一夕的事。班主任对职校学生心理健康教育更应树立强烈的责任感，千方百计地疏导他们，给他们心理抚慰，并且严格要求，厚爱他们，锲而不舍，持之以恒，是一定会大有成效的。

活动设计

快乐伴我们成长

［适应年级］

中等职业院校一年级。

［理念阐述］

1. 快乐是良好的情绪体验，有益于学生的身心健康。我们有必要引导学生去发现愉悦的东西，去寻找身边的快乐，让他们成为情绪的主人，而不做情绪的奴隶，让快乐伴随他们成长。

2. 本节课以“快乐”为线索，设计了“情境导入，激发兴趣——交流快乐，感受快乐——寻找快乐，赶走烦恼——快乐宣言，永远快乐”四个环节。在快乐中开始，在快乐中结束，初步教给学生寻找快乐、调节情绪的方法，使学生受到要用良好的心态去面对学习和生活的教育。

［活动目标］

1. 通过书写快乐、诉说快乐、分享快乐等活动帮助学生认识、接纳和把握自己的情绪，增强对快乐情绪的体验。

2. 进一步学会更多的寻找快乐的方法，学会更好地调节自己。

3. 培养乐观的情绪和生活态度，学会在生活中找“乐”，让自己变得更快乐。

［活动准备］

1. 多媒体课件。

2. 写快乐事、烦恼事的两张小纸片，故事录音。

［活动设计］

活动环节	活动过程	注意事项	设计意图
情境导入，激发兴趣	1. 教师问：同学们，《幸福拍手歌》大家一定很熟悉吧？让我们一起随着音乐热热身好吗？课件出示《幸福拍手歌》，师生共同活动。 2. 活动结束后，教师接着问：同学们，你们快乐吗？你们想要快乐吗？这节课就让我们一起去寻找快乐，好吗？		师生共同活动让课堂充满快乐的氛围，使学生以快乐的心态来对待本节课，激发学生的学习兴趣。

续表

活动环节	活动过程	注意事项	设计意图
交流快乐，感受快乐	1. 教师问：同学们，我们每一个人在学习、生活中，在与同学和老师的交往中，在集体活动中都会有快乐的时候，现在就让我们一起来分享你们的快乐，好吗？ 2. 学生拿出事先写好的自己的快乐事，先小组交流，然后汇报交流。 3. 教师小结：原来我们同学有这么多的快乐，老师也被你们的快乐陶醉了，快乐的感觉真好啊！但是，我们的生活中是不是随时都充满快乐呢？肯定不是，那我们能不能从生活的烦恼中去寻找快乐呢？下面，请大家先听一个故事。	快乐事的小纸条。	给学生充足的时间交流快乐，在交流中切实地体会快乐这种愉悦的情绪。
寻找快乐，赶走烦恼	1. 听故事。教师播放录音故事：从前，有一个老太太，她有两个儿子，大儿子卖草帽，小儿子卖雨伞。两个儿子都很孝顺。照理说老太太应该很开心，可是她却每天愁眉苦脸，为什么呢？原来，雨天的时候，她愁大儿子的草帽卖不出去；晴天的时候，她愁小儿子的雨伞卖不出去。于是她晴天也愁，雨天也愁。后来有一个人告诉她，你可以这样想：晴天的时候，大儿子的草帽有人买了；雨天的时候，小儿子的生意一定不错。后来她总是这样想，从此就过着快乐的生活。 听完故事后，学生思考：从这个故事中你受到了什么启发？ 2. 教师小结：快乐其实很简单，快乐与否就看我们自己怎样想：你往积极的方面想，你就快乐；你总是有许多消极的想法，你当然就会烦恼了。老师这里还有一些快乐的秘籍可以让我们将烦恼拒之门外，你们想不想知道呀？ 3. 快乐的秘籍。在日记中倾诉、转移注意力、参加运动或小游戏、用名言警句鼓励自己等，师生互动两次，学生小组互问互答，进一步巩固排除烦恼的方法，以更好地运用到自己的实际中。 4. 烦恼一边去。请学生想想自己近来遇到的不愉快的事情，或者还未解决的烦恼，在音乐的伴奏下，静静地打开自己心灵的大门，结合今天学到的第四种方法（用名言警句鼓励自己）试着解决它。播放轻音乐，学生闭眼思考。 5. 学生相互交流，教师根据实际加以引导。交流结束后，教师小结：同学们，解决烦恼的方法有很多，遇到不同的事情大家要灵活地采用不同的方法，一定要赶走烦恼，留住快乐。	烦恼事的小纸条。	通过听故事，让学生体会“快乐——不快乐”的情绪，让学生了解快乐的秘籍，并运用秘籍解决自己生活中的烦恼，将烦恼拒之门外。
快乐宣言，永远快乐	1. 教师总结：烦恼是个纸老虎，乐观面对快乐多。快乐是我们生命中的重要因素，有什么样的心态，就有什么样的人生。老师还有一句快乐宣言要送给大家。 2. 教师课件出示快乐宣言，和烦恼说 BYEBYE，让快乐永相伴！并对学生说：请大家起立，大声地把宣言对自己读出来，连读两遍。学生大声朗读。 3. 教师总结：同学们，让我们带上快乐窍门，记住我们的快乐宣言，向快乐出发吧！		师生共同总结，大胆发出宣言，情感再次提升。

[活动反思]

本次活动通过情境导入、交流快乐、寻找快乐、快乐宣言等环节，融入趣味性故事及大量师生互动，启发学生如何以积极的心态看待事物，如何及时调整状态，向快乐出发。做得比

较好的有以下几个方面:

1. 师生互动《幸福拍手歌》,使学生完全放松下来,可以更好地融入班级活动中。

2. 学生书写、诉说、分享快乐,增强对快乐情绪的体验;同时故事引入,更好地帮助学生寻找到快乐的方法。

3. 集体朗读快乐宣言,使学生情绪再次高涨,画龙点睛。

拓展阅读

女儿向父亲抱怨,最近她遇到很多棘手的问题,事事都很艰难。她不知如何应对生活,好像一个问题刚解决,新的问题又会出现,她有些厌倦。父亲是一位厨师,把她带进厨房。他先往三口锅里倒入一些水,然后,放在旺火上。

不久,水开了。他在第一口锅里放一些胡萝卜,第二口锅里放入鸡蛋,最后一口锅里放入碾成粉状的咖啡豆。20分钟后,父亲把火关了,把胡萝卜捞出来,放入一个碗内,把鸡蛋捞出来,放入另一个碗内,然后把咖啡舀到一个杯子里。父亲转身问女儿:"孩子,你看见了什么?""胡萝卜、鸡蛋、咖啡。"她说。他让她靠近一些,摸摸胡萝卜。她注意到它们变软了。父亲又让女儿拿一个鸡蛋,打破它,剥掉壳,这是一个煮熟的鸡蛋。最后,父亲让她喝了一口咖啡。尝到香浓的咖啡,女儿笑了,怯声问道:"父亲,这意味着什么?"

父亲说,三样东西面临同样的逆境———煮沸的开水,但其反应各不相同。胡萝卜入锅前是强壮的、结实的,放进开水,它变软了、变弱了。鸡蛋原来是易碎的,薄薄的外壳保护着液态的内脏。开水一煮,内脏变硬。粉状咖啡豆则很独特,进入沸水,它们倒改变了水。

在艰难和逆境前,可以学胡萝卜、鸡蛋或是咖啡豆,可以屈服,也可以变得更坚强——甚至,可以改变环境。

父亲说:

你改变不了环境,但可以改变自己;你改变不了事实,但可以改变态度;

你改变不了过去,但可以改变现在;你不能控制他人,但可以掌握自己;

你不能预知明天,但可以把握今天;你不能样样顺利,但可以事事尽心;

你不能左右天气,但可以改变心情;你不能选择容貌,但可以展现笑容。

是的,心态有时比什么都重要。

班级建设启迪:

在班主任工作中,经常会听见有学生抱怨"老天不公",悲叹自己"命不好""运气不好""处境不佳",没有遇到什么值得快乐、令人高兴的事,相反的,却经常遇到一些令人烦恼、倒霉的事。于是乎成天闷闷不乐,精神不振,意志消沉,虚度光阴。

面对这样的学生,班主任就应从生命存在的意义这一角度入手进行教育,让他们明白每一个人的生命都是一个极其偶然的存在。因此,我们要鼓励学生珍惜它、热爱它,通过自己的努力,让他们的青春开出绚丽的花朵。同时,我们要让学生明白:人生道路上要经历无数风雨、坎坷,这是谁都避免不了的。但是,只要我们始终坚持自己的信念,带着乐观的态度,追求自己的目标,积极地去努力、去奋斗、去拼搏,就会发现人生的天空如此广阔,青春的鲜花如此美丽,生活在世上真是一种幸福!

第七章　结实——丰收的籽粒都是饱满的

章节导读

从播种、出苗、分蘖到拔节、孕穗、开花，终于结实了。这个过程是艰辛的、漫长的，但也是幸福的，因为最终还是有所收获，终于结出了我们想要的果实，而且结出的果实都是饱满的，健康的。对于学生的教育也是同样的道理，从一开始的慢慢教育，渐渐地看到学生开始成长，最后获得成功。在真正获得成功的道路上，我们还需要付出更多。首先，要对学生进行必要的职业意识培养与教育，让学生知道什么是"职业意识"，同时能够培养良好的职业习惯，在毕业时，更是要将"职业意识"装进自己的行囊。然后，还需要教育学生要做个"聪明人"，充分利用一切对自己有效的资源，不拒绝任何需要的东西。最后，还要具备一定的创业理念，心怀梦想，不断前行！

第一节　检查我们的行囊

理论探源

职业是指个人在社会中所从事的、较为稳定的、以其报酬为主要生活来源的工作。意识是大脑的一种属性机能，是对客观现实能动的反映，是大脑里进行的一种活动；而所谓职业意识，是指从业者在特定的社会条件和职业环境影响下，在教育培养和职业岗位任职实践中形成的某种与所从事的职业有关的思想和观念，是从业者在职业问题上的心理活动，是自我意识在职业选择领域的表现。职业意识的形成不是偶然的，而是会经历一个由肤浅趋于深刻、由模糊趋于鲜明、由幻想趋于现实的发展过程。马克思在《青年在选择职业时的考虑》一文中指出：我们的使命绝不是求得一个最足以炫耀的职业，因为它不是那种使我们长期从事而始终不会情绪低落的职业，相反，我们很快就会觉得，我们的愿望没有得到满足，我们的理想没有实现，我们就将怨天尤人。在本文中马克思还谈到：能给人以尊严的只有这样的职业，在从事这种职业时我们不是作为奴隶的工具，而是在自己的领域内独立地进行创造；这种职业不需要有不体面的行动，甚至最优秀的人物也会怀着崇高的自豪感去从事它。最合乎这些要求的职业，并不一定是最高的职业，但总是最可取的职业。班级建设过程中，帮助学生逐步形成良好职业意识是一项很重要的任务，只有这样，当学生毕业准备走上工作岗位，在检查自己的行囊时才会发现里面更加充实。增强了职业意识，才会为自己的人生出彩奠定更加坚实的基础。

实战举隅

有一位护理专业的学生在一家大医院进行护士毕业实习。实习期满，如能让院方满意，就可留下当正式护士。一天，来了一位生命垂危的伤员，实习护士被安排做主刀医生的助手。手术从清晨一直做到黄昏，眼看患者的伤口即将缝合，这名实习护士突然严肃地盯着主刀医生说："我们用的是12块纱布，可您只取出来了11块。""我已经全部取出来了，一切顺利，立即缝合！"主刀医生头也不抬，不屑一顾地回答。

"不，不行！"实习护士高声抗议道："我记得清清楚楚，手术中我们共用了12块纱布！"主刀医生没有理睬她，命令道："听我的，准备缝合！"这名护士毫不示弱，大声叫了起来："您是医生，您不能这样做！"直到这时，主刀医生冷漠的脸上才浮起了一副欣慰的笑容，他举起右手心握着的第12块纱布，向在场的人宣布："这是我最满意的助手！"于是这名实习生成了这家大医院的正式护士。

这名实习护士的举动，绝不仅仅是认真，还体现了她作为一个医务工作者强烈的职业意识，是职业意识使她成为了这家大医院的正式护士。如果医生真的在手术中没有数清患者身体内的纱布数量，真的直接关腹，也并没有案例中这样一位护士从旁提醒，那后果必然不堪设想。从这里我们可以看出，职业意识对于一个人的事业、对他人、对社会，是多么的重要！

所以在社会高速发展的今天，各项科学技术不断发展，人所受到的教育程度也越来越高，而职业意识的培养还远远达不到社会所需要的水平，尤其对于我们职业院校来说，大部分学生将来是要直接走向工作岗位的，所以我们更应该注重对他们职业意识的培养。让他们在毕业前，检查自己的行囊时，发现自己也是拥有"职业意识"的，这也是为未来更好地在自己的工作岗位上发光发热打下坚实的基础。

职业意识至关重要，职业意识需要尽早培养。

知识领航

随着社会的迅速发展，社会对劳动者的综合素质要求在不断提高，不仅对专业知识、专业技能提出了较高的要求，对从业者的职业道德、敬业精神也提出了严格的要求。因此，为了让职业院校学生毕业后能够被社会认可、接纳，在中职学校的德育工作中，教师要有意识、有目的地对学生进行职业意识培养，加强职业道德教育。

职业意识既影响个人的就业和择业方向，又影响整个社会的就业状况。职业意识由就业意识和择业意识构成。就业意识是指人们对自己从事的工作和任职角色的看法；择业意识是指人们选择职业的基本看法。

职业意识是人们对职业劳动的认识、评价、情感和态度等心理成分的综合反映，是支配和调控全部职业行为和职业活动的调节器，它包括创新意识、竞争意识、协作意识和奉献意识等方面。

职业意识是职业道德、职业操守、职业行为等职业要素的总和。职业意识是约定俗成、师承父传的。职业意识是用法律、法规、行业自律、规章制度、企业条文来体现的。职业意识是有社会共性的。它是每一个人在工作岗位中最基本的要求，也是必须要牢记的。

> **知识链接**
>
> **职业意识**
>
> 职业人所具有的意识叫职业意识，以前叫做主人翁精神。具体表现为：具有基本的职业道德。

那么，学生职业意识养成与职业能力培养的路径到底有哪些呢？

1. **更新教育观念**

通过情感认知、角色体验、主动发展三个阶段来培养学生的职业意识和职业能力。在情感认知阶段，要让学生正确认识“职业”，也就是要深入了解自己的“专业”，这也是养成良好职业意识的前提。正确认识自己的专业是培养学生职业意识的关键，这种意识应该是自觉主动做好相关专业工作的一种愿望和观念，它发乎于内心，表现于行动。角色体验是通过模拟实训和到具体单位实习，让学生感受工作环境、学习工作内容和工作环节，将理论与实践更好地结合起来，磨炼意志力，提高操作能力，强化职业能力，在学校与对接单位的配合下，树立起学生的职业意识。主动发展阶段要培养学生终身学习的意识，通过主动学习，不断发现自己的不足，跟上社会进步和行业发展的脚步。

> **智慧语录**
>
> 行业尽管不同，天才的品德并无分别。
>
> ——巴尔扎克

2. **采用灵活多样的教育形式**

首先要加强对学生的常规教育。近几年来，职业院校学生素质普遍不高，又刚从初中进入职业院校，对新的学习环境不适应，同时思想不成熟。因此，培养职校学生的职业意识，要从平时的常规教育入手，从高一进校就开始强调职业意识的重要性，逐渐使这种意识深入脑海。同时要在班集体中适时组织关于“职业意识”的主题班会，不仅对学生进行思想教育，还要注重对学生的能力培养。而这些主题班会，都应该由班委及同学们共同协商，共同围绕“职业意识”确定最终的主题和活动形式。最后，还应该督促学生参加各项专业活动，在活动中加深对自己专业的认识，从而使“职业意识”渗透到学生的思想中。

3. **创新课程体系，改进教学方法**

学生的专业学习以课堂教学为主，职业意识的养成和职业能力的培养有赖于课程体系的创新。专业课程的教学，应注重课程体系设计，突出专业特色课程的设置，与各门专业主干课程有机结合为一个整体，将学生应具备的职业意识和能力融入日常教学及实训中，从而达到培养职业意识和能力的目的，使学生在学习中成长起来。在日常教学中可采用多种方式方法开展教学，注重学生专业能力的培养，将理论与实践结合起来，如项目化教学法、情景模拟教学法、案例教学法等。

4. **注重对学生进行职业行为养成教育**

> **知识链接**
>
> “养成教育”，就是培养学生良好的行为习惯、语言习惯和思维。

各种专业课中均应渗透职业意识教育，注重职业能力培养，有针对性地渗透职业行为养成教育。在课程教学中，有计划、有系统地渗透职业意识教育，实现教学内容的突破、教学理念的升华，让专业课教学充分反映相应行业的现状、需求，增强教育内容的现实性和具体性，使课程变得丰富充实、形象生动。对于职业院校学生职业行为的养成教育必须渗透在平时的课程教学中，同时还需要通过定期组织校级、班级的相关活动来帮助学生养成良好的职业行为习惯。培根就曾说过："习惯真是一种顽强而巨大的力量，它可以主宰人生。"是的，没有人天生就拥有超人的智慧，成功的捷径恰恰在于貌似不起眼的良好习惯。那么对于职业院校学生来说，良好的职业行为习惯更需要从中职阶段就开始养成。教师应通过本阶段的相关课程及活动，帮助学生逐渐养成良好的职业行为习惯，而各项活动又是最容易吸引中职学生的，所以尤其要注意利用活动课来对学生进行职业行为养成教育。

5. **督促学生进行职业生涯规划**

职业生涯规划是指个人在了解自己的基础上，与自己所学的专业相结合，对自己的兴趣、爱好、能力、特长、经历及不足等各方面进行综合分析与权衡，确定自己的职业倾向、奋斗目标，并为此而做出的行之有效的职业管理体系。有了明确的职业规划，学生才能更好地进行相关课程的学习。教师应该不断地引导学生树立与其专业相适应的职业目标，并制订出近期、中期和远期规划，这样有利于学生发挥潜能，筹划未来，为整个职业生涯成功奠定基础。职业生涯规划也为学生在学校的知识学习和能力培养指出了方向，为学生将来走出校门尽快适应社会、融入实际工作打下基础。

> **知识链接**
>
> **职业规划**
>
> 职业规划就是对职业生涯乃至人生进行持续的、系统的、计划过程。一个完整的职业规划是由职业定位、目标设定和通道设计三个要素构成。

6. **深入企业实践锻炼**

学生进入企业开展实践锻炼是遵守职业纪律、磨炼职业意志、培养职业能力的有效途径。组织学生用半年到一年的时间，走出课堂，一次或多次进入企业开展顶岗实习活动，可使学生增强职业适应性，了解相关的工作环境和状况，为将来走上社会做好准备。学生进入与自己所学专业相对应的企业的各个部门，开展独立工作，深化对自己所学专业的了解，可以进一步熟悉企业各部门的日常工作，深刻感受职业精神、工匠精神和岗位规范,实现从学校到社会的跨越。现代社会瞬息万变,中职学生只有多和社会、企业接触,才能感受到职业跳动的脉搏,接受企业的洗礼,践行行业规范。

7. **检查行囊,装好"职业意识"**

学校要重视校企融合、产教结合以及企业文化进课堂等方面的工作,可以运用工学交替的模式,帮助学生将理论知识运用于实践,在实践中进一步熟悉专业技能,在实践中培养职业意识。同时,作为学生,应该要学好专业知识,不断培养良好的职业习惯,在毕业前最后检查自己的行囊,不要忘了带上"职业意识"。

实践证明,职业意识教育培养必须贯穿于整个中等职业院校教育的始终,与专业教育紧密结合,相互促进,共同发展。

活动设计

我们都是好员工

[适应年级]

中等职业院校三年级(会计专业学生为例)。

[活动目标]

培养学生的职业意识,认识到自我规划的重要性与必要性,增加对学习的兴趣;让学生了解到树立正确的职业意识对自己未来职业生涯的指导作用,培养学生做"好员工"的意识。

[活动准备]

PPT、白纸和笔。

[活动设计]

活动环节	活动过程	注意事项	设计意图
导入课题	视频导入:我是谁?我学的什么专业?我未来要做什么?我准备好了吗?带着问题进入今天的主题班会——"我们都是好员工"。	播放视频	通过视频和几个问题直接点出本次活动课程的主题。
认识自我	我是谁?我能做什么?我应该怎么去做?三个问题看起来是如此简单,却是时常困扰着现在许许多多学生的问题。通过反思、他人的评价以及自我的评价来正确认识自我。在认识自我的基础上,进一步发现自己在专业学习中的优势与劣势。		通过讨论,激发学生参与的积极性与主动性,促使每一位同学都能畅谈自己的想法,真实地认识自我。
认识自己的专业	我们以会计专业班级为例。会计是以货币为主要计量单位,运用专门的方法,核算和监督一个单位经济活动的一种经济管理工作。会计属于管理学领域,所以学习会计专业,我们需要培养自身管理能力的职业意识。		说明专业特点,帮助学生进一步认识自己的专业。

续表

活动环节	活动过程	注意事项	设计意图
模拟情景体验	1. 以出纳这个会计工作岗位为例，创造模拟情景。在模拟情景中，学生分组体验，实际感受一名出纳人员的工作。 2. 通过模拟情景体验，可以看出不同的同学面对相同的出纳岗位会有不同的反应，让其他同学对比，找出其中做得好与做得有欠缺的地方。进一步深化同学们对做一名“好员工”的认知。 3. 请相关企业人员来学校给学生们讲解，作为一家企业到底想要什么样的员工，进而总结什么才是企业愿意要的“好员工”。	学生体验	创设模拟情景，引导学生积极体验，从体验中真正了解到底何为“好员工”。
职业意识的养成	通过模拟情景体验以及企业人员对“好员工”要求的具体讲解，学生再做以下思考并写出自己的答案： 1. 我们的专业(会计)到底需要什么样的职业意识？ 2. 作为一名即将走上实习岗位的毕业生，我是否已经具备了该有的职业意识？ 通过学生对问题的回答，老师进行总结：必须拥有一定的“职业意识”，才能真正成为一名“好员工”。	思考并写下想法	帮助学生养成良好的职业习惯，同时形成正确的职业意识。
活动小结	最后总结，希望即将走上工作岗位的每位同学都能在自己的行囊中装上“职业意识”，未来都争做一个“好员工”。		走上工作岗位之前，检查行囊，装好“职业意识”。

［活动反思］

本次活动旨在培养学生的“职业意识”，尤其采用模拟情景体验的方式，让会计专业的学生尝试完成出纳的相关工作，在体验中感受“好员工”应具备的素质，同时由企业人员来做相关讲解，帮助学生尽快做好走上工岗位的准备。但活动过程还是有些不到之处，比如体验的岗位有限，并且因为课时限制，并不是每位同学都能体验到，所以以后还需要再次开展类似的活动，通过活动来培养学生的职业意识。

拓展阅读

在教学中如何培养职业院校学生的职业意识

摘　要　本文主要从职校学生普遍存在的学习积极性缺乏、职业意识淡薄、心理素质差等问题入手，阐述了中职学校及教师应如何激发学生的学习积极性和培养他们积极向上的职业意识，养成良好的自我心理调控的习惯，使他们尽快适应企业的需要。

关键词　中职学生　技能　信心　职业习惯　心理健康

职业院校学生在职校期间是职业意识形成的重要阶段，为使学生尽快树立坚定的职业意识，调动学习的积极性，尽快形成爱职校、爱专业、懂就业、快成才的良好学习氛围和职业意识，教师在教学过程中的主导作用是非常重要的。因此应从以下几个方面培养学生的职业意识：

1. 增加对学生的了解和关爱，使学生形成初步的职业意识

要分析、了解学生，“师者”要成为学生职业意识形成的引路人。

进入职校学习的学生或多或少都有一种挫败感，他们已在应试教育的竞争中遭遇了滑铁卢，他们带着“中考”的失落和无奈走进中职校门，对中职学校的培养目标和教学管理方式感觉陌生，容易产生学习和生活上的诸多不适应。在学生中相当一部分人学习基础较差，难以承受繁重的专业理论学习和实习训练，学习情绪低落。因此，教师在学生职业意识的培养中所起的作用尤其重要。

“师者，传道授业解惑也”，教师应该用自己的学识和道德言行去感化学生，真正从心底关心学生，爱护他们，以人为本，善待学生，真正成为学生的知心朋友。“只有亲其师，才能信其道。”只有教师与学生心心相印，教师的行为才能成为学生的楷模，教师的知识才能成为学生探索知识的磁铁，使他们愿意跟着教师一起学习，一起交流，一起克服学习中的困难，从而引导学生以正确的态度认识自己，以正确的态度对待自己选择的职业。

2. 帮助学生树立自信心，使学生具有职业尊严感

教师在教学中，要让学生掌握一定的知识和技能，树立学习的自信心，让他们做一个有尊严的职业人。

要树立学生学习的自信心，首先要让学生学明白该学习的知识。因此，在各学科教学中应运用不同的方式进行教学。

在基础文化课的教学中要考虑学生学习基础参差不齐的实际情况，在施教过程中绝不能搞一刀切，要按照低起点、缓爬坡和不断加密的原则，集中时间和精力强化补习初中文化课，由浅入深地逐步导入新课，为学生清除学习障碍。

在专业理论教学中要按照学生可接受的程度组织和选用紧贴本专业的精干教学内容，精讲多练。在教学中应丰富教学手段，更多地采用直观教学，让学生学明白，逐步建立学生的学习兴趣和自信心。

精湛的专业技能和实训操作技艺，是学生的立业之本。因此，在实习训练中要致力于培养学生的实训动手能力和解决实际问题的能力。要根据各专业的不同，强化相关工种技术操作基本功的训练，加强专业技能等级的考核。培养综合运用所学理论知识解决实际问题的能力，使学生在专业训练中增强克服困难的勇气，使学生学有所长、学有所能、学有所获，不断提高对所学专业的认知程度和职业热情。在培养学生实训能力的同时，更要培训学生专业技术的创新能力，使学生在接受已有知识的同时有所创新，有所创造，增强学习热情和专业成就感，从而进一步增强学习的自信心、对今后就业的自信心和成就感。

3. 加强对学生职业道德的培养，使他们养成良好的职业习惯

俗话说“一国有规一国兴旺，一校有规一校兴旺，一家有规一家兴旺”，没有规则意识的人将无法在社会立足。因此，培养职业院校学生的规则意识、责任意识和执行意识，养成良好的职业习惯是中职教育所要承担的重大责任。

我在上会计专业的《出纳》课时，从第一节课开始就让学生知道作为一个出纳人员最基本的素质要求：(1) 熟悉并认真执行相关财经法规、政策和制度。(2) 掌握专业知识、熟悉本单位业务。(3) 具有良好的职业道德，工作中要细心、耐心，做到口勤、手勤和腿勤；要实事求是，如实反映货币资金的收支事项；要洁身自好，清正廉洁，遵纪守法，注意保守机密。(4) 工作中还要具有协作精神，积极协助其他岗位的工作。我还在以后的教学中随时强调、处处培养，从而培养他们的责任意识，形成良好的职业习惯。

我校在实习教学中始终贯彻“实习现场6S管理制度”，也是让学生养成良好的职业习惯。即实习现场必须随时保持以下状态：(1) 整理(Seiri)：随时将现场物品分为有用和无用两类，及时将无用的物品清出现场。(2) 整顿(Seition)：将有用的物品分类定置摆放，保持数量、质量清晰，井然有序，取放方便。(3) 清扫(Seiso)：自觉地把生产、工作的责任区域，设备、工装、工位器具清扫干净，保持整洁、明快、舒畅的生产、工作环境。(4)清洁(Seiketsu)：认真维护生产、工作现场，确保清洁生产，杜绝职业危害，防止环境污染。师生也要做到着装、仪表、精神清洁。(5) 素养(Shitsuke)：爱岗敬业，尽职尽责，循规蹈矩，提高素质，养成自我管理、自我控制的习惯。(6) 安全(Safety)：始终贯彻“安全第一、预防为主”的方针，在生产、工作中必须确保人身、设备、设施安全，严守国家机密。如此循序渐进、潜移默化地训练，让学生最终形成良好的规则意识、责任意识和执行意识，养成良好的职业习惯，尽快适应现代企业的要求。

因此，在中职教育中，应通过不同学科、不同专业教学，始终贯彻对学生规则意识、责任意识和执行意识的培养，使学生养成良好的职业习惯，尽快成长为合格的职业人。

4. 引导学生学会自我心理调控，使学生成为真正心理健康的职业人

各种研究发现，现在的职校学生基本上都是90后，大多数来自农村。这些学生的父母一般都在外打工，孩子从小在农村跟着爷爷、奶奶或外公、外婆长大，没有跟随自己的父母。因此在物质条件都不会很差的今天，他们在心理上普遍存在孤独、寂寞的现象，容易产生焦虑和忧郁的情绪。在心底没有真正的倾诉对象，精神空虚，并存在一定的心理压力和有负担时就不容易化解。再者，中职学生毕业后初入职场，一般从事基层操作工作，劳动强度较大，工作简单、枯燥，学生面临生存环境改变，面对上司的压力、同行的挑战和情感生活的考验，都容易出现心理问题。因此在学校期间引导学生学会自我心理调控，学会排解心理压力尤为重要。

教师在教学中，不仅要教会学生掌握各种知识，还应该辅导他们养成良好的自我调节、自我控制的习惯，使他们认识到每个人都会有面临困境、情绪低落的时候，只要生活态度是积极向上的，人是乐观的，就会逐步从低落的情绪中走出，面对新的挑战。

总之，中职学校的学生在老师的引导和关爱下，一定能重新树立自信心，养成良好的职业习惯，成为心理健康的现代化建设的专业人才。

（作者：重庆市机械高级技工学校　张敏）

班级建设启迪：

中职学生在校期间便开始学习相关的专业课程，提前学习专业课是他们的优势，我们作为老师更应该引导他们在学习专业课的过程中培养自己的职业意识，为今后走上工作岗位、更好地工作打下坚实基础。在班级建设过程中，作为班主任更要注重对学生良好职业行为习惯的培养。正如文章中所提到的，首先给予学生足够的了解与关爱，使他们形成初步的职业意识；然后帮助学生树立自信心，使学生具有职业尊严感；接着加强对学生职业道德的培养,使他们养成良好的职业习惯;最终引导学生学会自我心理调控,使学生在走上工作岗位后能成为真正心理健康的职业人。经过这样的过程,才能真正达成培养学生职业意识的目标。

第二节 聪明人永远不拒绝需要的东西

理论探源

安德烈·焦尔当在《学习的本质》一书中阐述:学习者是其自身教育真正的“创造者”,当学习者的心智活动和他所处的环境之间建立起丰富的互动时,他的知识水平就会有所进步,环境能刺激学习,并赋予学习以意义。学习是互动的结果,只有当我们在自身思维系统内对所知进行阐述时,我们才真的在学习。在学习领域,班主任和任课教师不仅是知识的传播者,更应该是学生聪明才智和潜能的培育者。教师启发诱导得越好,学生的逻辑思维能力就发展得越好,对事物认识的能力就越强,自学能力、自制能力和自立能力也就越强,这将对学生的终身发展起到良好的促进作用。

实战举隅

高二下学期,班上学生要去企业顶岗实习。李某是班级里出了名的“小霸王”,仗着以后可以直接到自己家公司就业,平时小错不断:上学迟到、上课不认真听讲、作业抄袭、顶撞任课老师等。果然不出所料,刚去企业的第三天,班主任就接到了企业负责人电话:三天中,没有一天按时到岗;师傅教授的操作技能不熟练,有一天竟然趁着师傅忙提前走了,等到师傅下班来到宿舍时,发现他竟然已经躺在床上打游戏,气得师傅说了他几句,没想到他当场辞职。反观李同学的状态,一脸无所谓的样子,还说:“不就是打个游戏嘛,至于这么生气吗?”家长得知这一消息,一脸无奈地对班主任说:“老师,我儿子一直很任性,我们做父母的也拿他没办法。不给他手机,他说要离家出走,我们现在说话也是非常小心。”

很多职业院校都有这样的“李某”,他们仗着年轻,肆意挥霍着青春美好时光,完全没有“年轻很值钱,努力更值钱”的理念,他们在《王者荣耀》游戏中被“农药”毒害,在智能手机里失去了思考的能力,还有的在疯狂追剧中,沉迷“醉剧”的世界不能自拔。总之,他们没有理性思考过生命的意义——生命并不是活了多少日子,而是你记住了多少日子。

现在的职校生所生活的时代与过去相比发生了翻天覆地的变化,他们没有体会过饿肚子的感觉,没有经历过睡觉没有空调的日子,唾手可得的东西太多,生活上的安逸让他们忘记了奋斗,家长的说教不能让他们信服,不思进取的生活源于没有形成理性思维。错误的家庭教育助长了孩子的骄纵任性,以致于一步步演变到今天这样的局面。

从现代社会的主流变化来看,理念在变、知识在变、技术在变、生活方式在变、生产方式也在变,而职业院校的学生,大部分毕业后直接就业进入社会,从学校到职场、从校园到社会、从学生到员工，角色跨度变化很大，学生一时难以适应这样的角色转变。在处理这样的问题时，首先要与家长联合起来，充分了解学生心理的同时，帮助学生慢慢认识到自身存在的问题，做到理性与感性相结合。

知识领航

一、我需要什么

> **智慧语录**
>
> 宁可受苦而保持清醒，宁可忍受痛苦而思维，也胜似不进行思维。
>
> ——奥地利作家　茨威格

上海市著名特级教师毛荣富曾说过："认识的肤浅和思想的苍白正是这一代中学生的通病，不加强理性思维的训练，就会降低整整一代人的水平。"这句话直观地指出了理性思维的重要性。

理性思维是对事物或问题进行观察、比较、分析、综合、抽象和概括的一种思维。现在的职校生往往重直觉、重个人感知，从而表现出一种非逻辑的特点。理性思维是一种建立在证据和逻辑推理基础上的思维方式，它也是人区别于动物的各种能力之母。班主任老师只有帮助学生认识到自己需要什么，帮助他们从学习、将来的工作考虑，从自己终身发展考虑，学生才会认识到聪明人永远不会拒绝培养自己的理性思维。因此，问学生你需要什么比我们要给他们什么更重要，只有自我实现需求被发现时才能发挥其最大功效。

二、如何形成理性思维

（一）民主平等的气氛是理性思维形成的基础

> **智慧语录**
>
> 把课堂还给学生，让课堂充满活力；把班级还给学生，让班级充满气息；把创造还给教师，让教师成为充满智慧的事业。
>
> ——叶澜

营造民主平等的气氛，是教育教学活动中学生生动活泼、积极主动发展的基础，也是使学生形成良好理性思维的重要条件。只有这样，才能满足学生心理需要，发挥学生主体作用，形成民主和谐的课堂氛围。学生在这样的氛围中才会质疑问难，独立思考，逐步培养思维能力，同时注重培养思维的发散性、灵活性、逻辑性和深刻性等良好品质。

1. 营造民主平等的气氛，培养思维发散性

班主任在班级管理中需要引导学生从多角度思考问题，求异求佳。只有激发学生的探索欲望，训练思维的发散，才能有力地培养学生思维的广阔性和深刻性。

2. 营造民主平等的气氛，激发学生兴趣，重视思维的独创性

兴趣是推动学习的强大动力，是激发求知欲，开发智力的催化剂。因此激发学习兴趣，重视思维的独创性十分重要。班主任应在管理班级时多鼓励学生发表看法和观点，提出自己的想法，以激发他们学习的兴趣，使学生敢想、敢说、敢做。

3. 营造民主平等的气氛，加强语言训练，培养思维的逻辑性

职业院校学生的语言表达能力不佳，营造一个民主和谐的语言氛围，让他们动口说，训练他们大声地说、完整地说、准确地说、流利地说，有利于逻辑思维的培养。

4. 营造民主平等的气氛，创设情景，注重思维的深刻性

中职学生的注意力不集中，因此要通过营造民主和谐的气氛，注重思维深刻性的训练。班级日常管理中或班会课时，创造故事情境、游戏情景、操作情景，让学生通过动手、动脑、动口，在寓教于乐的环境中训练思维。

（二）培育职业素养是形成理性思维的重要内容

“职业素养”作为职业教育的核心素养，必然是一个既包含职业态度，又包含职业能力的一系列综合性的能力集合与行为表现，简而言之，就是指在职业过程中表现出来的综合品质。

古人云：“马不伏历，不可以趋道；士不素养，不可以重国。”素养，作为一种由训练和实践而获得的道德修养，不独为古人所重视，在强化“立德树人”的人才培养战略的今天更要重视。可以说，强化学生“核心素养”的培养，既是新的历史时期下高屋建瓴落实立德树人战略目标的重要途径，也是以人为本的时代特征对教育本质认识的催化，更是面向学习者个性化、多样化学习和发展的需求，促进学习者释放潜能、建立以学习者为中心的人才培养模式的需要。

要培养学生的理性思维，首先要培养学生科学的世界观、人生观、价值观，养成良好的职业素养，用勤奋、乐观、坚毅来守望初心，形成自己的理性思维。

智慧语录

马不伏历，不可以趋道；士不素养，不可以重国。

——《汉书·李寻传》

“老师，我要调座位。”“为什么？”“小伟上课不听讲，还老是逗我说话，有时非拉着我陪他玩游戏。”

小伟是我班典型的假富二代，他爸爸是包工头。早在初中时，家里人就为他做好了打算——以后跟他爸爸一起做工程。中考过后，小伟来到学校读建筑专业。因为早已有了工作保障，他上课不听讲，不写作业，都是家常便饭，父母也总是无所谓的样子。这已经是第四位同学不愿意跟他做同桌了。他爸爸来学校时当着我的面恨不得抽他三鞭子才解恨，可小伟只是瞪大了眼睛盯着他爸爸。

“小伟，这已经是第四位同学不愿意跟你坐在一起了，你想过原因没有？”“老师，我跟你说他们就是假积极，看他们学习也就是‘三天打鱼’式的心血来潮，最终肯定是‘两天晒网’的半途而废。”“那你的意思是让他们跟着你一起混日子喽？不知道你混日子的目的是什么，如果是为了拿文凭，好像也没有这个必要。可我听说最近学校刚刚有一位在省技能大赛中获得金牌的学生跟你还是小学同学呢，他爸爸还是你爸爸工作单位的老总。我就在想，比你厉害的人都依然在努力，你好像没有理由不去奋斗吧？”小伟惭愧地低下了头，悄悄地说：“老师，你说我现在努力还能来得及吗？”

面对小伟的错误，家长的教育方法一点都不奏效。而老师通过小伟身边活生生的例子来教育他：任何成功都要靠平日里勤奋的积累和顽强的拼搏。这让小伟对自己的行为进行了理性思考与判断，意识到自己以前认识上的浅陋与无知。

良好品德的培养是人们一种内在的人格魅力，是形成理性思维的重要条件，学生必须要培养良好的品德，如勤奋、乐观、坚毅、合作意识、责任心等，才能为将来从事社会实践和职业活动打下基础。

（三）创新思维是理性思维形成后的升华

在理性思维形成后，中职学校教学的重点是培养学生的创新思维能力。作为班主任，应确立三种意识，树立三个观念，只有这样才能较好地在班级管理中培养学生的创新思维。

1．确立三种意识是培养学生创新思维的前提

(1) 位置意识。班主任在班级管理中不仅要把自己看成是管理者，还应把自己看成是被管理者。教师在尊重学生的基础上发挥主导作用，指导学生的学习和工作，善于听取学生的呼声，体会学生的实际需要，才能促使学生形成积极思维。

(2) 参与意识。只有积极、主动、平等地参与活动，班主任才能真正体验班级活动的成功与不足，才能全面发掘学生的兴奋点、闪光点，和德育工作的盲点；而只有抓住学生的兴奋点、闪光点，才能在各项活动中激发学生的参与欲望，营造勇于创新的氛围，才能使学生有所发现，有所创新。

知识链接

陶行知先生说：

“让我们解放眼睛，扔掉有色眼镜，要看事实，看未来；解放头脑，撕掉精神的裹头巾，要想得通，想得远；解放嘴巴，享受言论自由，谈天，谈地，谈出真理来；解放双手，甩去无形的手套，大胆操作，向前开辟；解放空间，把学生从这文化的鸟笼里解放出来，飞向大自然，大社会去寻觅，去捕捉。”

学校一年一度的运动会开始了，但班主任张老师却在为铅球项目没有人报名而头疼。为了能够让同学们积极报名，班主任参与了同学们的一节体育课，在体育课上和同学们进行投掷铅球的比赛。大家玩得不亦乐乎，班主任还特地给予了成绩好的同学以表扬。第二天，便有学生主动报了名，并在后期的比赛中取得了较好的成绩。

(3) 竞争意识。班主任应有意识地运用竞争机制，使学生在潜移默化中学会竞争，进而学会创新。

2．树立三个观念是培养学生创新思维的基础

(1) 教育观念。班主任应从学生的认知水平出发，树立教育观念，帮助学生多角度、多层次认识事物，分析问题，激发学生的进取欲望，为其创新意识的培养奠定基础。

(2) 发展观念。班主任应站在时代高度及时向学生传递各种先进信息，使学生的一言一行、一举一动都充满时代气息，都能体现跨世纪学生的风貌。否则，我们培养的学生将是墨守成规、故步自封的一代。

(3) 持久观念。班主任必须树立持久观念，把培养学生的创新意识当成一项长期、艰巨的任务来抓。努力营造培养学生创新意识的氛围，为创新意识的萌发创造有利的外部环境，同时要使每项班级活动充满生机，充满新意，使学生在参与中感受创新的喜悦、创新的魅力。

总之，面对形形色色充满个性的学生，我们要用爱心、耐心、恒心去教育学生。正如陶行知先生说的："教育不能创造什么，但它能启发儿童创造力以从事于创造工作。"所以，作为班主任要勇于发掘孩子们的创新潜能，弘扬人的主体精神，促进学生个性和谐发展。

活动设计

做文明职业院校学生，筑未来职业梦
——在企业做个好员工

［适应年级］

中等职业院校二年级。

［理念阐述］

1. **理论背景**

教育教学层面

(1) 俄罗斯教育家乌申斯基说过："好习惯是人在神经系统中存放的资本，这个资本会不断增长，一个人毕生都可以享用到它的利息。而坏习惯是道德上无法偿清的债务，这种债务能以不断增长的利息折磨人，使他最好的创举失败，并把他引到道德破产的地步。"

(2) 我国著名的教育家叶圣陶先生在改造中国教育的实践中提出了"生活教育理论"，重视在做中学，主张在做中养成习惯，即实践中养成习惯。

职校生层面

90 后乃至 00 后职业院校学生在思维意识、行为习惯上往往存在很多问题，很难形成较好的职业素养，且不易纠正。

班级学生层面

高二酒店服务与管理的学生学习专业知识已经两年了，在这两年的时间里，他们从酒店专业的"门外汉"到如今已经对本专业知识有了一定的认识和了解。但是，他们没有良好的理性思维意识，行事冲动，坏习惯较多。

2. **设计思路**

本次主题班会安排了三个环节。第一是"仪容仪表篇"，以情景剧《龚小姐的投诉》引出"职业习惯"这个话题，通过九宫格"大家来找茬"的游戏明确职场中仪容仪表的要求。第二是"仪态举止篇"，通过观看视频和小组讨论等多种形式巩固酒店职员仪态举止的要求，明确作为一名酒店专业学生的仪态标准。第三是"职业习惯篇"，通过视频、小组讨论和现场技能展示等形式，明确职业素养的要求。课后，以黑板报和评选活动等拓展活动形式，对本次主题班会加以巩固。

［活动目标］

1. 培养学生良好的理性思维，正确认识本专业的职业素养要求，找寻自身不足。

2. 能够发现校园生活中存在的问题，提出观点，结合所学专业知识，加以纠正，逐步形成好的职业思维与意识，做一名满足企业需要的合格员工。

3. 能够养成良好的职业素养，形成良好的职业习惯，加深对本专业职业素养的理解，为即将到来的顶岗实习奠定基础。

［活动准备］

录制视频、情景剧道具。

［活动设计］

教学环节与主要内容	具体教学目标	教学活动
活动准备 1. 确定主持人。 2. 酒店专业服务礼仪操。 3. 各类视频的拍摄筹备。 4. 布置教室及座位。	激发学生主动参与的意识与热情，同时在参与的过程中引发内心的思考。	1. 班主任提前两周召集班委，分析班情，确定本次班会主题，布置本次主题班会相关事宜。 2. 班委会组织服务礼仪操排练。 3. 班主任和班长根据学生情况，编写剧本，挑选演员，排练情景剧。 4. 班委会做好相关视频拍摄工作。 5. 班主任和同学们布置教室。
导入 情景剧《龚小姐的投诉》	激发学生的参与兴趣。	1. 班主任开场白。 2. 主持人揭开本次班会主题，情景剧表演。 3. 主持人提问：情景剧中反映了员工职业素养中的哪些问题？（学生回答）很多习惯都是在学校养成的，那么，在校学习时要注意哪些问题呢？引出班会第一篇。
仪容仪表篇 1. 播放酒店管理班同学在校穿着制服的图片视频。 2. 展示五星级酒店工作人员的仪容仪表图片视频。 3. 活动环节——大家来找茬：找出九宫格中八名同学仪容仪表存在的问题，最终明确本专业仪容仪表的要求。	再现问题、了解与解决问题，学生能真正体悟到酒店人员规范的仪容仪表。	1. 主持人播放本班学生在校时的仪容仪表视频。（学生观看） 2. 主持人展示五星级酒店工作人员的仪容仪表图片视频。（学生观看） 3. 主持人提问：“作为在校生，我们的仪容仪表还有哪些不规范的地方？”（学生回答） 4. 主持人：为了将问题进行放大，进行“大家来找茬”游戏。 5. 学生现场进行点评。 6. 主持总结。
仪态举止篇 1. 播放视频：两位同学与老师谈话时，倚靠墙壁，姿态不雅。 2. 请同学们谈一谈视频中存在的问题。 3. 酒店专业服务礼仪操展示。	学生能够共同去发现问题并提出举止规范的要求，加深体会。	1. 主持人播放视频，提问：“视频中出现了哪些问题？”（学生回答） 2. 主持人介绍本专业仪态举止的要求。 3. 酒店专业服务礼仪操展示。
职业习惯篇 1. 播放实训时操作视频。 2. 请同学们谈一谈平时在实训时还有哪些常见错误。 3. 班主任和学生一起进行技能展示。	发现实训中所犯错误，加深了解，提高认识。	1. 主持人播放视频，“提问：在刚刚的视频中出现了哪些问题呢？”（学生回答） 2. 主持人请学生总结实训中常犯的错误。 3. 主持人请班主任和学生一起展示餐巾折花、托盘斟酒、茶艺服务。

续表

教学环节与主要内容	具体教学目标	教学活动
课堂小结 1. 情景剧《龚小姐的表扬》。 2. 播放酒店专业工作视频。 3. 班主任总结。	反转情景剧，再次加深学生对职业习惯的理解。	1. 主持人介绍情景剧表演。 2. 主持人播放酒店专业工作视频。 3. 学生交流总结。 4. 班主任总结。
拓展延伸 1. 出一期以"做文明职业院校学生，筑未来职业梦"为主题的黑板报。 2. 在班级开展"职业习惯好学生"评比活动，激励学生继续完善自身修养。	巩固本次主题班会的教育成果。	班主任布置任务，学生课后完成。

[活动反思]

活动亮点：主题明确，活动中以学生为主体，班主任适时总结，形式多样，参与性强；从生活实例着手，让学生自己发现问题、分析问题、解决问题，帮助学生形成理性的思维意识；同时结合专业特点，让学生在活动中意识到良好职业素养的重要性，对于今后的实习工作都大有裨益！

拓展阅读

真正的好学生

班级上一位学生叫小轩，在本学期的机械基础课上，他常常在我还在黑板上带同学计算分析时便已早早完成题目，可完成后的他不是继续看书，而是不停地与周围的人讲话。有一次我质问他："你怎么在课堂上不停地讲话？"

"题目我早已经做好了。"小轩答道。

我教育他："虽然你的题目已经完成，但你要遵守课堂纪律，尊重老师和其他同学。"第二天上课，我在教学生画曲柄摇杆机构的极限位置，大部分同学在按部就班地画着，小轩却扭头讲话。

我火冒三丈，心想：昨天才批评过，今天又犯老毛病，真是屡教不改。

我走到小轩的面前，拿起小轩的作业本，小轩的作图全对，而其他同学还在画着。于是我对小轩画图的美观做出了要求，要求他重画。小轩对我鸡蛋里挑骨头的要求没有拒绝，将画好的擦干净重画。课后我找了小轩周围的同学谈话，我问他们："你们上课为什么老跟小轩讲话？"

小轩的同座位小宇说道："我也不想跟他讲话，可他理科好，解题速度快，题目一做好就引我讲话。"

我问小宇："那你觉得有什么办法让他上课别讲话？"

小宇说道："老师，我与小轩初中就是同学。他一向如此，理科好、做题快，就算上课不认真听讲，考试依然好。"我陷入了思考中，如何让这个孩子遵守上课纪律，能将自己的最好水平展现出来呢？

很快就到了期中考试，试卷批改好，小轩考了 72 分，同座位小宇考了 62 分，班级均分

61.56分。小轩知道成绩后,调侃其他同学:“你们天天上课那么认真,有用吗?”班级中不少纪律好、很认真的同学听后都很郁闷。小轩又对小宇说:“只要我考试考得好不就行了,反正老师和我爸爸就要个考试成绩。”

小轩的成绩与他有点“狂妄”的话,刺伤了班级中不少同学,也深深刺伤了我。老师的职责是教育人,我们不仅要传授知识、教授技能,更要育人,帮助学生成功走向社会。

教师的职业道德让我决定走进小轩的内心世界,去尊重他、去帮助他。在与小轩交流过几次之后,我发现其实他只是希望用这些行为引起老师和同学们的注意。

我对小轩说:“我们除了要引起别人的注意,我们还要得到别人的尊重。其实你的机械基础课程的成绩已经得到许多同学的赞赏,如果你的劳动纪律也同解题能力一样强,在学校中你就是一个值得尊重的学生。”经过几次交流,他已经不再像从前那么抗拒我的说教了。小轩向我表态期中考试后他一定表现很好,不再违反课堂纪律。

小轩的个例也使我对过去的学生课堂评价产生了怀疑,因此,我对机械基础课程的学生评价进行了改革,评价中加入了学生劳动纪律、职业素养的评分。

我也单独找了小轩谈话,把评价的细则给小轩解读了一番并对他提出了要求。小轩自信地对我说:“老师您放心,本学期我的期末考试成绩一定要超过72分,比期中考试还要高。”

在下半学期的机械基础课堂上,小轩的表现特别好,他的解题能力依然名列前茅。值得称赞的是,他在职业道德和职业素养两项打分中,也排在班级中游,整个下半学期都没有迟到早退、旷课等现象发生,在课堂上、课堂外对老师和同学都很有礼貌。班主任对我说,我们班学生变得很懂礼貌了。我听了很欣慰,我深深感到一个好的评价模式对学生的影响。学生也明白了,什么样的表现才是真正的好学生。

(案例作者:南京六合中等专业学校　黄健)

班级建设启迪:

教学工作中,许多班主任往往只重视学生的成绩,成绩好的学生可以忽视一切不足与缺点,成绩不好的学生则往往得不到过多的关注。但作为职业院校的学生,不仅要有扎实的专业知识,更要具备良好的理性思维能力。

而生活实践是理性之源、理性之本,班主任要直面现实生活中的各类问题,创设平等民主的氛围,紧密结合学生关心的问题,在生活实践中培养学生的理性思维。同时,当学生出现对某些存在的问题或现象比较关注、比较困惑的时候,班主任应站在一定的理论高度,用理性引领学生走出困惑。

教无定法,学也无定法。如果班主任一直注重对学生理性思维的培养,那么对学生今后的生活会有极大的益处,能促使学生形成良好的道德素养和职业素养,更好地适应日后的工作与生活。

第三节 鸟欲高飞先振翅

理论探源

创业精神是人具有的开创事业的思想、观念、个性、意志、作风和品质。马斯洛认为人类有生理需求、安全需求、爱和归属感、尊重和自我实现五大需求层次。创业从哲学意义来讲，就是通过创业的成功完成自我的实现。创业是自立、自主、自强、自我塑造的过程，在创业过程中也会登高望远，实现人生价值。班级建设过程中，班主任要有意识地激发学生的创业梦想，培养创业意愿，让创业教育行走在学生的成长路上。

实战举隅

喜、怒、哀、乐是每个人的表情，可是在深圳有一个初中都没毕业的穷女生，却异想天开地想开家“微笑吧”，并靠卖“微笑”发财致富，很多人都说她是想钱想疯了，痴人说梦。一年过去了，她的梦想竟神奇般地实现了，不仅店面越开越大，而且靠卖“微笑”狂赚一百万。那么，她究竟是怎么成功的呢？

郭春香今年25岁，湖南桑植县人。郭春香从小就很有动手天赋，经常能做一些小巧的玩意儿，拿去镇上卖钱。初三那年，因为父亲出了车祸，学费一下子没了着落，原本就不喜欢读书的郭春香便退学了。

2008年9月，郭春香来到深圳，几经周转后，终于在宝安区的一家珠宝公司找了份文员的工作。

2008年11月，一位女同事拉着她去做心理咨询，赶到门诊，排了两个小时队，只面谈了半个小时，就收费700元。同事告诉她，像这样的心理咨询都要预约，而且拖的时间久，费用又高。

在回寝室的路上，郭春香边走边琢磨这事。接下来的一周，郭春香利用休息时间做了大量市场考察。她相中了一家正想转让的饭店。这个地方，距离市中心不远，人潮密集，旁边是工业园区，正好合适。

经过一番讨价还价，郭春香最终以每月2 800元的价钱租下了那家饭店，为了节省费用，郭春香干脆辞职，自己搞起了装修。她将上下两层楼，分成了三格。楼下分为倾诉格、消遣格，倾诉格有专门的工作人员与之交流，消遣格则可以点上自己钟情的饭料或点心，彻底放松心情。楼上为影视格，影视格里配备了一台40英寸的电视，以及一些心理健康专家的专题片。

为了开张后的生意能够一炮打响，郭春香聘请了几个大学生到处发传单，还打出了一个响亮的宣传词——“放松心灵，美在身边”。她还招聘了三名有丰富心理咨询经验的大学生。这一招果然有效，吸引了不少都市白领。这些人离开时，都对郭春香的“微笑吧”赞不绝口。

生意好了,人也就更加地忙碌,但每天郭春香都过得充实而新鲜。因为年轻,郭春香店面的员工们也都有初生牛犊的闯劲。很快,就有老板找上门来,希望能在"微笑吧"聚会。聪明的郭春香立即捕捉到了其中的商机,她将邻家即将到期的店铺也买了下来,简单装修后,再配上温暖活泼、明快的黄色,这样一来,"微笑吧"一次能达到接待50人的规模。另一方面,郭春香也建立了顾客档案,并及时追踪,每个季度她都将顾客的信息仔细进行清理,总结经验,提高服务。她还选择在元旦、除夕、端午等中国传统节日时,给顾客送去温暖的祝福,一封邮件,一条短信或者一个电话。这些温馨的举措收到了很好的效果,给郭春香带来了大批忠实的顾客。郭春香还把发泄格的一面墙做成了"心声墙",每个前来"微笑吧"的顾客都可以在心声墙上书写自己的感受。

生意做得风生水起的郭春香并不是坐等顾客的到来。2010年2月,郭春香联系厂家,赶制了一批心理健康、阳光心态知识宣传图册,低价卖给顾客。因为内容充实,图文并茂,一问世就受到了顾客的喜爱。

3月底,一位顾客找到郭春香说:"你的'微笑吧'创意的确不错,我每个周末都要来坐坐,但是我总觉得少了些什么,不太完美。"顾客的话让郭春香顿时茅塞打开。现在都市人的压力这么大,大家来"微笑吧"的目的就是想让心灵放个假。而且根据顾客档案来看,来这里的大都是回头客,成为了一种持久的消费。如果能提升"微笑吧"的品位和档次,那不是更能让顾客把这里当成他们的第二个家吗?

郭春香是一个想到做到的人,她马上去电器商场订购了一套音响设备,又与花卉租赁公司签下合同,每天都让他们送来紫罗兰、百合、茉莉花等十多种赏心悦目的时令鲜花,摆在大门和每个桌位上。

随着郭春香的不断努力,她的"微笑吧"每天都在演绎精彩,每天都在快乐地成长。如今,她已经在深圳开了第二家分店,职员达到了12名,她也从一个曾为生计奔波劳累的蓝领变成了让人羡慕的时尚创业达人。

(案例来源:学习啦网站《职业院校学生创业典型案例》 编辑:晓敏)

郭春香成功了,她的成功告诉我们,将想象力经营到极致,同样能变成生产力。这个世界上,谁不微笑?可是谁像郭春香那么富有想象力,能把微笑也包装成产业?因此一个人要成功,可能与本身的学历、出身无关,只在于敢于去创造、去拼搏。面对成功,没有做不到,只有想不到。

知识领航

一、职业院校学生创业

如今我们常常听到"创业"二字,可是大家真正了解什么是创业吗?

东汉的张衡在《西京赋》中就有了"创业"一词,提到"高祖创业,继体承基"。这里的"创业"是指开创基业,而现代社会赋予"创业"更多的含义。创业是一个人发现了一个商机并加以实际行动转化为具体的社会形态,获得利益,实现价值。

也许不少职业院校学生认为大学生创业才是主流。自己是职业院校学生，年龄小、知识少、阅历又浅，创业谈何容易？

其实，职业院校学生创业的意义更大。职业院校学生这个群体是直接面向社会的最大的学生群体，就业竞争压力巨大。创业就是为自己干事业，能促使职业院校学生充分挖掘自己的潜能，获得事业的成功，并成为终身发展的重要组成部分。

智慧语录

对所有创业者来说，永远告诉自己一句话：从创业的第一天起，你每天要面对的是困难和失败，而不是成功。我最困难的时候还没有到，但有一天一定会到。

——马云

二、如何提升创业能力

知识链接

马云说，很多人创业的目的不同，他创业的目的就是为了让自己的生活有所改变。“当年我的领导对我说：‘马云，好好干。再过一年你就有煤气瓶可以发了，再过两三年你就可能有房子了，再过五年你就能评副教授了。’于是我在他身上看见了我以后的样子——每天骑着自行车，去拿牛奶，买菜。等到在创业的路上越走越远的时候，我发现自己的梦想越来越大，也越来越现实。每个人都有梦想，梦想未必要很大，但一定要真实。”

看过前面郭春香的真实事例，有些职业院校学生可能开始对创业跃跃欲试，但是苦于不知道如何入手，也担心自己不具备创业的能力。

作为在校学习的职业院校学生，如何才能提升自己创业的能力呢？这里有几个不错的建议。

1. 培养良好的生活习惯

良好的生活习惯往往是一个人走向成功的基础，“细节决定成败”，一个成功的人必然有其过人之处。我们很多中职学生在初中时基础相对比较差，数学、英语最少有一门比较差，不愿意去学，这就使他们在上这些课的时候不愿意听讲，甚至不愿意上课。有些学生认为自己不学好专业知识，一样能够成才，这种错误的观点使很多学生养成了懒散的生活习惯，缺乏时间观念，没有纪律性等，这成为职业院校学生成功路上的绊脚石。因此，在日常教育教学中，培养学生良好的生活习惯尤其重要。

这里的生活习惯包括学生日常生活的方方面面。每天按时起床、按时睡觉，上课不迟到，上课时不打瞌睡，作业不拖拉，有意识地规划每一天、每一周的生活和学习，每天睡前总结反思一天的得与失等等，这些生活细节看似简单，却决定了职业院校学生今后能否成才。

2. 培养积极的创业意识

在日常的教育教学中，教师要经常通过各种创业案例，让学生对创业有一个清晰的认识。平时可以多问问学生毕业后想要做什么，不少学生嘴上说着要创业，但是问起具体的创业计划时，却基本没人能回答上来。

学生都认为创业是一件充满激情的事情，但事实却不是这么简单。调查显示，盲目的创业者有90%一年后都是失败的。这个数据告诉我们，创业光靠激情是不够的，还要有冷静的头脑和敏锐的嗅觉，更要有坚忍不拔的创业精神和行动，否则是不可能成功的。所以要让学生明白丰富的知识和经验是创业成功的保障，应重新唤起学生的学习热情，使学生在学习过程中不断提高自己的知识水平，为今后的创业打下基础。

智慧语录

回头看我的创业历程，是不断寻找、不断纠正的过程。

——吴锡桑

3. 培养竞争意识，转变就业观念

很多职业院校学生缺乏竞争意识，还在“等、靠、要”，所以班主任就要一点一点地培养学生的竞争意识。可以从竞选班干部、入团名额和评优开始，让学生感受到自己想要的东西必须要积极去争取才可能得到，而被动等待的人在今后则很难有好的工作。另外，初入社会的职业院校学生的工作能力和经验积累都不够，很难找到自己满意的工作，所以应该先考虑生存问题，在工作中不断学习积累，自己才有选择工作的机会。案例中创业成功的郭春香也是在工作一段时间积累了一定的工作和生活经验后，才在合适的契机下选择创业的。因此，职业院校学生不能抱有“一毕业就花钱创业”的盲目想法，应从长计议。

知识链接

马云说：“在创业之路上，每个人都会有很多的老师，但我其实不是大家的老师。我经常说，我很多年以前把比尔·盖茨当成榜样，当成自己的老师。后来我发现比尔·盖茨做不了我的榜样，因为我不知道该怎么向他学习。但是隔壁开店的老张、老王可以作为我的榜样。”马云觉得学习身边的人比信仰那些遥不可及的榜样更可靠。他说，每个创业者要学会学习身边的人，欣赏身边的人。每个创业者都要通过欣赏别人、学习别人来提升自己。一个优秀的创业者看别人的眼光应该是欣赏的眼光，怀有的是羡慕、谦卑的态度。

班主任要清楚地了解，职业院校学生普遍基础课程知识比较差，缺乏良好的学习习惯，但是他们的动手能力普遍比较强，思维活跃，发散性思维比较强。我们在平时的班主任工作中，要培养学生的创业意识和创业精神；要提高学生的创业实践能力，可以通过学校的各种兴趣小组，组织学生到企业工厂去参观、实习；还可以鼓励学生参加各种技能竞赛活动，来提高他们的动手操作能力，把学习的知识运用到实际中去。

联合国教科文组织在《教育——财富蕴藏其中》中指出，“教育既能使人们的学习能力获得提高，也能使人们获得积极参加社会生活的基本能力”。所以，把创业教育融入整个教育教学活动中去，让职业院校学生在学习专业知识的同时，受到创业教育，激发创业激情，增强创业意识，为以后创业成功打下坚实的基础。

活动设计

书写你的创业计划书

——学校创源超市零食小铺创业计划

[适应年级]

中等职业院校一、二年级。

[理念阐述]

现代创业的三重理念

1. 创业的风险承担

创业总是包含风险，需要确立起强烈的风险承担和敢为人先的理念与信念，并且表现出显著的风险行为倾向。在创业中讲求适度风险偏好与有测算的风险应对。注重在风险中识别机会、防范误判、警觉前瞻、争取前行。

2. 创业的创新驱动元素

要展示出持续创新举措和创新行为风格。创新并非发明创造，而是指在创业过程中，对现有程序技术、产品服务、知识产权、操作方法、架构模式、政策条件等进行创造性组合、系统性改变或独特性利用，而不是照章办事、模仿照搬、固着僵化，从而使新品层出不穷，服务不断增值，业务持续更新，市场价值节节提升。

对于职业院校学生而言，创新显然是创业中最核心的理念之一，学生不仅需要致力于研发创新，而且必须擅长于理念创新、队伍创新、管理创新和工作模式创新。

3. 创业的行动领先元素

创业从一种精神转变为一种开拓性的行为活动，成为近 30 年来最重要的创业理念与创业要素概念的转型。离开行动领先和行动推进，就谈不上完整的创业精神、创业能力和创业成效。

[活动目标]

1. 认识创业活动需要考虑的问题。

2. 了解一份完整的创业计划书应包含哪些环节。

[活动设计]

参照下面的创业计划书目录，完成你的创业计划书。

目　录

策划书概要提示
- 商业想法
- 项目概述
- 团队部门协作与执行
- 校园营销环境分析
  （一）宏观环境分析
  （二）微观环境分析
- SWOT 分析
- 4PS 分析
  （一）产品策略
  （二）分销、进货渠道策略
  （三）定价策略
  （四）促销策略
- 财务分析
- 风险分析及避免方案
- 公益计划
- 项目评估

附件 1：SWOT 分析法的阐述与说明

S(Strengths)是优势，W(Weaknesses)是劣势，O(Opportunities)是机会、T(Threats)是威胁。所谓 SWOT 分析，即基于内、外部竞争环境和竞争条件下的态势分析，就是将与研究对象密切相关的各种主要内部优势、劣势和外部的机会及威胁等，通过调查列举出来，并依照矩阵形式排列，然后用系统分析的思想，把各种因素相互匹配起来加以分析，从中得出一系列相应的结论，而结论通常带有一定的决策性。

运用这种方法，可以对研究对象所处的情景进行全面、系统、准确的研究，从而根据研究结果制定相应的发展战略、计划以及对策等。

按照企业竞争战略的完整概念，战略应是一个企业"能够做的"（即组织的强项和弱项）和"可能做的"（即环境的机会和威胁）之间的有机组合。

附件 2：调查问卷样稿

问卷调查

我们想在学校开一家零食小铺店，为更好地服务同学们，我们做出以下几个问题希望同学们认真答复，给我们最真实的答案，谢谢！

1. 你是男生还是女生？　　（　　）

A. 男生　　B. 女生

2. 你一周会去几次创业一条街？ (　　)

A. 一次　B. 两次　C. 三次　D. 三次以上

3. 你在创业一条街一次性消费多少元？ (　　)

A. 0～5 元　B. 5～10 元　C. 10～15 元　D. 15 元以上

4. 你倾向于哪一类的小袋包装零食？ (　　)

A. 糕点(麻薯、松塔千层酥等)　B. 肉类(猪肉脯、酱鸭脖等)

C. 鱼片类(鳗鱼丝、鱿鱼片等)　D. 糖果(牛轧糖、鲜乳球软糖等)

E. 话梅(干果、蔓越莓、纤体梅等)　F. 其他＿＿＿＿＿＿＿＿

5. 若本店所进的零食与超市相同，你会选择去哪儿？ (　　)

A. 超市　B. 零食小铺

6. 你对本店还有什么意见？＿＿＿＿＿＿＿＿＿＿＿＿＿＿＿＿

[活动反思]

职业院校学生创业能力的培养仅靠一两次活动设计是远远不够的，班级创业教育需要落实在平时的点滴之中。班主任可以多分享一些创业成功的实际案例，供学生学习借鉴，激发学生的创业热情，相信他们的创业能力一定会有很大的提升。

拓展阅读

职业院校学生 3 000 元开自行车租车行赚 60 万元

投资 3 000 元开自行车租车行盈利 60 万元，湖北工业职业学校的郭敬佩俨然成为职业院校学生创业的“神话”。毕业季启幕，校园里的每一场创业分享会都不想错过他。主管学院创业工作的谭蔚老师笑言“他已是声名远扬”。实现 200 倍收益的创业故事在职业院校校园里的确够传奇，只因在人海中多关注了一眼“单车”，郭敬佩的 4 年职业院校生涯就打上了“单车迷”的烙印——2012 年开自行车租车行，2014 年转向创办自行车资讯互动网站。

相比拥有自行车固定资产的租车行，创办网站简直就是“烧钱”——从线上研发、线下活动到公司大小事宜、员工薪水、流水的花销，一旦不成功一切都将化为乌有的风险让郭敬佩“没有退路，只能一路向前”。历经艰辛，郭敬佩更愿意说：“这一次，才终于开始了真正意义上的创业。”

郭敬佩出生于河北衡水一个商人之家，父亲开了一家当地最大的面粉厂。从小耳濡目染，郭敬佩一直心怀创业梦，跨入职业院校校园，他暗暗给自己定下了目标：首先要顺利毕业，其次是在学校里开家公司，毕业前开上一辆比亚迪 F0。这款车当时的售价是2.99万元，“不想依靠家里，为了凑足这笔钱我总得干点什么”。

学习艺术设计的郭敬佩最早也动过开家广告公司或装修公司的念头，但思前想后，“有太多类似的公司了，打开市场太不容易”。

对创业的关注让他把握了先机。大一到安徽黄山写生时，喜欢户外骑行的他注意到一个现象：当地提供自行车租赁的店很少，而且租金很高。回到武汉后，郭敬佩开始在学校周边转悠，“高校密集的武汉有广阔的自行车租赁市场，却缺少好的租车服务公司”，他为自己的发现欣喜不已。

“我们开一家租车行吧。”郭敬佩在寝室“卧谈会”上说出了自己的想法。室友们纷纷叫好,可最后敢于筹钱实干的只有郭敬佩一个人。他从家里借了3 000元,买了10辆普通自行车,在学校附近租了一间小店面,通过张贴小广告吸引顾客前来,每辆车每天租金15元。最初,他每天早上6点钟就匆忙赶去车行,晚上等到小店关门再回宿舍往往已经到了门禁时间。就这样,仅仅一个月时间,他就把3 000元的本金全部挣了回来。

“这个生意可做!”摸到门道的郭敬佩开始雇同学帮忙,除去工资和房租,他把其他的钱全部用来扩大车行规模。处于上升期的市场给了郭敬佩一个成长的空间。自行车数量从20辆到100辆,再到300辆,档次也从最初的一两百元一辆提高到几千元一辆的都有。

自行车被盗的现象在高校校园里屡见不鲜,更何况是几千元一辆的高档自行车。“再好的防盗措施也挡不住偷车贼的惦记。”郭敬佩想到了一个两全其美的方法,“我把所有自行车的锁都下掉了,这样做不仅节约了给自行车安防盗锁的成本,而且因为没有锁,租车人就会做到车不离人,也防止了被盗现象。”从此,郭敬佩再也没有丢过一辆车。

为了提高租车行的知名度,郭敬佩积极和各高校的社团开展合作,为社团的户外活动免费提供自行车。郭敬佩的业务渐渐越做越大,除去人力成本和车辆维修清洗费用等,他不仅还清了家里支持的费用,还拥有了一批固定资产。在谭蔚老师眼中,这是校园里一位难得的眼界开阔者:“他和其他学生创业者不同的是,他不是为了玩玩票,赚点零花钱换个苹果手机,是把创业当作事业在做。”

然而,单纯的租车盈利模式的脆弱性逐渐显露,易被复制的租车模式让郭敬佩开始思考后续的发展。后来,他尝试向更专业的户外骑行业务发展,提供帐篷等露营设备租赁,把盈利重心放到专业爱好者的身上。

大三那年,郭敬佩已拥有了150辆山地车,附带出租的帐篷等露营设备达30套,在武昌、洪山等10余所高校设立了租车点。2013年,其租赁业务带来的销售收入超过30万元。

张腾是郭敬佩的班长,也是他在班上最好的朋友。在张腾眼里,郭敬佩积极向上,具有掌控能力。实际上,创业的每一天,郭敬佩都身处高压状态,但无论如何他总能给身边人带来“积极、乐观、好脾气”的印象。

对于掌控情绪,郭敬佩有自己的一套方法,“来一段长途骑行,一路上静到只能和自己对话”。每逢不堪重负时,他都会投入一段长途骑行,在释放压力中思考未来。从武汉到咸宁、宜昌、长沙甚至老家河北,他在一路的骑行中迸发了新颖的创意,比如在单车租赁之外增加露营项目,创办“单车迷”网站。

武汉的租车市场渐渐趋于饱和,租车行生意如何发展成为困扰郭敬佩的一道难题。2014年春节,郭敬佩选择从武汉骑行回几百公里之外的河北老家。在路上,他想起从武汉骑行到长沙的经历,那是他第一次骑长途,带了很多东西,但等到车胎爆了的时候才发现,真正需要的东西都没有准备。创建一个平台,打造服务于“单车迷”的网络之家的想法随之催生。

受互联网汽车营销平台“汽车之家”的启发,他发现目前国内还没有供单车爱好者交流的专业平台,于是他决定办一家专业的自行车资讯互动网站。

郭敬佩说,在普通人眼里,自行车只是代步工具,而在骑行爱好者眼中,自行车从品牌到配件,从保养到维修,有很多值得分享交流的话题,单车迷们“迷”的就是这些。“比如有人打算从武汉骑车到拉萨，他需要准备备胎、打气筒等备用工具，还要提前计划好路线和露营地点，如果把相关的整车、配件销售植入进来，就能达到宣传和推广的目的。”

通过在北京风投公司工作的姐姐，郭敬佩认识了一位同样爱好骑行的天使投资人，并递交了商业策划书，几轮交流下来，他获得了 200 万元的风投资金。

有了这 200 万元，加上个人投资的 60 多万元，郭敬佩心里有底了。他和计算机学院的朋友冯文杰认真研究“汽车之家”的商业模式，分析自行车用户群体的兴趣热点，规划网站构架并调试更新，2014 年 11 月，郭敬佩的“单车迷”网站正式上线，网站定位是提供买车、用车、养车信息以及与之相关的全程服务的营销平台。

早在高中阶段，为了自己的艺术梦，郭敬佩曾三度高考，但仍与八大美院失之交臂。他始终没有忘记自己的“笔头功夫”，至今他的出租房里一直放着画板，没事儿的时候他最喜欢涂涂画画。

因为创业，郭敬佩成了学校课堂的稀客，每个月仅在月初和月末才现身教室，但平时他会准时上交作业，他也没忘记要“在工作中学习，在创业中运用艺术设计的知识”。

在租车行的时候，他利用专业优势，设计了一份“点车菜单”，学生们可以根据菜单选择车型和时间。后来，在“单车迷”网站的发展过程中，公司名片、网站广告、宣传广告等各方面，郭敬佩都发挥优势，设计得和别人不一样，有自己的特色。

创办网站之初，缺乏市场考察与技术能力的郭敬佩一度将网站外包给专业公司，却常遇到后台维护难题。最终他下决心把网站收回来自己做，重新组建技术团队，因为资金问题聘请以学生为主的技术团队，又让网站摸黑走了一阵子。他说：“学生没经验，流动性大，给网站的技术造成了很大的困扰。后期聘请专业人员，又因为公司规模等原因，很多人面试完就走了。”

面对“单车迷”网站一路走过的弯路，郭敬佩第一次真正意识到创业的风险与艰辛。技术遭遇难关、网站至今未达投资标准、技术人才难以招募……每一样都牵动着郭敬佩的心。

为了留住难得的技术人才，郭敬佩为每个技术员工分了公司的虚拟股份，他觉得只有这样大家才能拧成一股绳。现在，公司拥有一支 14 人的队伍，每个人各司其职、加班加点护着“单车迷”一路成长。让“单车迷”网站发展为中国的“单车之家”是郭敬佩目前最大的心愿。

等完成上线修正和抗压测试后，郭敬佩会重新开始寻找新一轮的投资，一个利好的消息是，“单车迷”在各大搜索引擎同类网站搜索中排名第一。“环保是一种趋势，单车的普及与网站的发展也是必然的，我不会退缩，相信‘单车迷’可以迎来春天。”

（案例来源：学习啦网站《创业故事》　编辑：弘达）

班级建设启迪：

我国现在的职业教育是传统意义上的就业教育，也就是通过培养学生的知识和技能使其谋得一份工作，这属于被动就业。如果把中职学生就业的包袱转化成创业的人力资源，通过创业教育激发职业院校学生的创业积极性，把职业院校学生从被动就业和等待谋生的就业者变成满怀激情的创业大军，那么职业教育才能真正走进硕果累累的秋天。

班主任在工作中，往往会忽视对于职业院校学生创业能力的指导，或者觉得无从入手。其实通过前面的分析，从培养良好的生活习惯做起，在日常的班级教育中，慢慢地去培养创业意识，通过分析一些职业院校学生创业成功的案例帮助他们培养竞争意识，转变就业观念，那么我们会发现班级的创业教育并不难开展。

第八章　收获——让感动永远漾在心间

章节导读

一粒种子经过播种、出苗、分蘖、拔节、孕穗、开花、结实，终于迎来了收获的季节。学生经过学校教育、班级教育茁壮成长起来。教育是培养人的一种社会活动，19 世纪末在德国出现的文化教育学指出：人是一种文化的存在，人类历史是一种文化的历史；教育过程是一种历史文化过程。可见，教育与文化密不可分。学校教育更是“以文化人”的重要教育形式。学校是文化传承的场所，教育是“文化的别名”，在我国，学校教育更是主流文化传承之所。随着社会的发展，职业教育的作用越来越重要，得到了国家和社会的高度重视，职业教育发展迅速，职业院校规模不断扩大，关注职业教育就不能忽视对职业院校班级的研究。班级是学校的细胞，是学生在学校期间成长和发展的最基本平台，班级文化是影响职校生个体发展的重要文化之一，要促进学生的全面发展，就要加强班级建设。同时，加强班级建设有利于提高学校的教育教学品质，有利于创建特色职业院校。班级建设对职业院校德育、学生管理和校园文化建设有着重要的理论意义，对班主任的班级管理工作有一定的引导作用。班级建设不是目的、不是结果，而是一个教育契机。

校园里的班集体不仅是教育对象，而且是巨大的教育力量。教育家杜威提出“教育即生活”“学校即社会”，最好的教育就是从做中学，即“从生活中学习”“从经验中学习”；康德认为“教育隐含着人性完善的重大秘密，正是通过教育带来了人类全部的善”；蔡元培先生认为“教育是帮助被教育的人，给他能发展自己的能力，完成他的人格”。班集体为学生提供了发展自己的机会，使每个学生都有可能获得社会生活必要的经验和发展自己最好的个性品质，班主任需要充分利用班集体对学生心理素质形成和发展的作用，通过营造融洽、积极向上的班级氛围，以集体带动个体，促进全体学生发展。

近代以来一些著名的教育家和教育思想家，如卢梭、杜威、罗杰斯和赫钦斯等，都十分强调创造一种适合学生成长的氛围或者环境，以提升学生的人性品质和人的价值。伟大的革命导师马克思、列宁，苏联教育家马卡连科、苏霍姆林斯基等也都曾论述过“集体”对于个人成长发展的重要意义。马卡连科曾说过，“建立一个有力的——如果需要的话，一个严格的受崇高理想鼓舞着的集体，而且把全部希望完全寄托在集体上”。职业院校班级建设的良好实施可以营造出浓郁的专业氛围，使学生在潜移默化中了解并喜爱所学专业，树立正确的就业观和创业观，养成良好的职业道德和职业素养。建设一个好的班级，不仅能让学生健康快乐地成长，更能让师生提升人性品质和人的价值，收获成功和幸福！

法国思想家帕斯卡尔说："人是一枝脆弱却有思想的芦苇。"中国社会的独生子女政策，使越来越多的家长在孩子的教育问题上走向迷失，过多的包办和过多的呵护，让越来越多的孩子失去了健康的"行走"能力。"芦苇"越来越"脆弱"，孩子们冷漠、自私、脆弱等人格弱点的形成，关键在于缺乏对他人、对社会、对自然和对负面经历的感恩心态。因此，这就要求班主任老师在教育过程中，应做到"以理服人，以情感人，情理交融，感人心灵"，让学生在不知不觉中受到教育，使其知、情、意、行在情理交融中实现自我完善，最终回报母校，回报老师，回报社会。

第一节　母校——你一生应该留恋的地方

理论探源

刘铁芳教授提出：每个人的生命实现总是与他人的生命实现联系在一起，个人走向他者的过程并不仅仅是把爱传递给他者，并不是向他人显明自我存在的优越感，而恰恰是扩展和提升个体的生命品格与人性境界。在一个充满爱的集体里，彼此传导的一定是正能量，有利于形成富含活力和温情的共同体，有利于体谅、感恩、奉献情怀的生成。班级建设过程中，班主任要善于运用各种资源，采取不同的实践方法拨动学生心灵中最柔软的部分，让善的种子在班集体里生根发芽，开花结果，这样的班级一定会"无为而治"。

实战举隅

六月，又是一年灿烂的夏季，又是一年毕业季。作为今年对口单招高考建筑专业南京市状元，徐池以骄人的成绩向母校递交了令人满意的答卷，为自己的职业高中生涯画上了圆满的句号。

今年夏天在同一个地方，新一届的准高三建筑生开始了技能训练。建筑专业的技能训练是艰苦的，水准测量都是露天作业，夏天烈日当空，冬天寒风凛冽；钢筋工是在一间冬凉夏暖的操作室，双手满是锈迹和磨出的老茧。相信经历过这样技能训练的学生，没有人愿意再来一次；可是徐池，这个平日里看起来大大咧咧，爱开玩笑的小伙子，本该享受着他愉快的假期，等待着去大学报到，却又回到了母校的校园，再一次投身到技能训练的浪潮中。

只不过，这一次，他的身份不是学生，而俨然是一名小老师。学校建筑专业老师少，技能训练时，老师们一站就是半天、一天，连续工作一周才能休息，却仍是一丝不苟地耐心指导着技能训练的学生们。班主任张老师常常会抽出宝贵的时间去看望认真训练的学生们，用温柔的微笑和鼓励的话语带给学生们关心与信心。徐池在校技能训练时，就深深体会到老师的辛苦，总是在自己完成后去帮助其他同学，减轻老师负担。炎热的夏天里，班主任老师也总会自己花钱给学生们买来一箱箱饮料，为他们带来清凉的慰藉。看到老师夏天时常常满身大汗地指导着学生训练，徐池总是给老师买来矿泉水，悄悄地放在操作室唯一的一张桌子上。

现在，他又主动回到这个他热爱的校园，协助老师，指导学弟学妹们进行技能训练。校外的大路一直在修，晴天一身灰，雨天一身泥，这些并没有阻挡徐池的步伐，他早早地来到学校，全程陪伴，耐心讲解，亲自操作，挂着微笑的脸上看不到一丝的不耐烦。中午休息的时候，只要有学弟学妹在练习，他都会在旁帮忙。下午放学，他让其他人早点回去休息，第二天可以有充沛的精力继续训练，而他自己是最后离开的，帮老师收拾工具，整理操作室。虽然已经毕业，但徐池一直都是学校最值得骄傲的学子之一，不仅仅是因为他创造了辉煌的成绩，更是因为他秉承了学校的校训，用那颗善良的心发扬助人为乐的精神，在生命的旅程中不断为自己添光彩！

青少年时期以青春期为转机，思维发展加快了速度。根据皮亚杰的研究，这个时期青少年的特点是：思维活跃惊人，已开始对学术的、文化的、有价值的世界寄以关心并非常感兴趣了。如果这个时期引导得好，不仅能极大地丰富他们的智力生活，而且对青少年确立自我、形成完美的人格也具有决定性的作用。班主任老师应该抓住这个时机，用潜移默化的方式教育学生，促进学生全面发展。

作为我国职业教育体系的有机组成部分，中等职业教育担负着向社会输送合格的劳动者和应用型技术人才的重要任务。中等职业院校的德育状况直接关系到新世纪劳动者思想道德素质的高低，成为影响劳动者整体素质的重要因素。但是目前，由于多种因素的综合影响，职业院校学生存在着一些令人担忧的不良现象：精神空虚，缺乏动力，不求上进，一些学生以自我为中心，漠视父母的养育、老师的教育、学校的栽培。这在一定程度上反映出职业院校学生的传统美德的缺失，缺乏感恩意识、感恩行为。因此，职业院校学生的感恩教育与其他人群的感恩教育相比，不仅更具有迫切性，而且更具有特殊性。职业院校学生的感恩教育就是通过社会教育、学校教育和家庭教育等途径，引导学生逐渐确立感恩意识，培养感恩情感，养成感恩行为，学会感恩他人、感恩学校、服务社会。

知识领航

一、学会感恩

智慧语录

天地之性，人为贵。人之行，莫大于孝，孝莫大于严父。

——《孝经·圣至章》

儿童教育专家郭建国教授说："感恩之心是一种美好的感情，没有一颗感恩的心，孩子永远不能真正懂得孝敬父母、理解他人，更不会主动地帮助别人。"当我们的孩子能心怀感恩之心，他们的生活将因此而更加美好，这也是我们教师最大的心愿。

1. 感恩父母

感恩教育首先要从家庭开始。古人云："百善孝为先，孝为德之本。”父母给了我们生命，又谆谆教导地把我们养大。孩子对父母的感激之情应当是发自内心的，这是一个人良知的表现。假如一个人连自己的父母都不孝顺、不尊重，他又怎么可能尊重他人，又怎么可能热爱我们的国家？没有一颗感恩之心，永远都不会交到真心的朋友，永远不能真正懂得关爱他人、帮助他人。

当前大多数中职生是独生子女，他们往往是家庭关注的中心，享受了太多的关爱与给予，父母不仅为他们创造了优越的生活条件，更提供了众星捧月式的生活氛围。家长只知道一味地给予孩子“爱”，而忽略了教育孩子如何去关爱别人，久而久之，家庭小环境促成了孩子以“我”为中心、唯我独尊、目中无人的心态和习惯，导致感恩意识严重缺失。

小明的爸爸打来了电话，小明和父母吵架，离家出走了。

小明家是一个幸福的三口之家，父母都是大学毕业，工作稳定，而且十分溺爱自己的孩子。小明在家衣来伸手、饭来张口，父母对他的要求无一不满足。最近一段时间，小明迷上了网络游戏，耽误了自己的学习，导致学习成绩大幅度下降。他还经常为了买一些游戏道具向父母索要大量零用钱，父母知道后批评了他，他便与父母大吵一架，离家出走了。父母找了他整整一天，终于在一个网吧找到了他。回家之后，他仍然拒不悔改，以绝食威胁父母要钱玩游戏。

小明的父母对他的教育显然是不成功的，孩子内心深处没有对父母的感恩之情，所以把向父母伸手要钱视为理所当然。作为班主任，我们应该在班级积极倡导“感恩文化”，营造感恩氛围，用身边事去教育学生，用身边人去感染学生，让学生在潜移默化中学会感恩。陶行知老先生曾说：“生活就是教育，教育就是生活。”那么，如何让感恩教育深入学生们的心中，升华为他们灵魂深处最高尚的道德修养呢？首先，要让学生们知道什么是感恩，为什么要感恩。为了让感恩行动看得见、摸得着，我们可以运用以大见小、以点带面的方法，如送父母一句温馨的祝福，给父母讲一个开心的故事，让他们分享你成长的喜悦。同时，家庭是孩子的成长殿堂，家长是孩子的心灵导师。苏霍姆林斯基说：“教育的效果取决于学校和家庭影响的一致性。如果没有这种一致性，那么学校的教学和教育的过程就会像纸做的房子一样倒塌下来。”所以，学校实施感恩教育，家庭、社会也应承担起相应的责任，与学校形成一致的要求，学生的感恩意识与行为才能得到充分的培养和塑造。我们可以充分运用母亲节、父亲节等节日契机，与家长联手举办各种感恩活动，实现学校、学生、家长的互动，共同促进学生感恩之心的发展。

知识链接

卧冰求鲤

晋朝时期，琅邪临沂人王祥特别孝顺父母。父母生病的时候，他一直都衣不解带地伺候在父母身边，汤药要自己先尝后再给父母喝。有一次母亲想吃活鱼，正值冬天，王祥便赤身卧于冰上。忽然间冰化开，从裂缝处跃出两条鲤鱼，他赶紧抓住，回家去孝敬父母。人们都称赞王祥是人间少有的孝子。

教育就是要触动学生心中最柔软的地方，美好的东西才会在学生心中沉淀，伴随学生一生，并且会不断发酵、壮大，达到“细雨湿衣看不见，闲花落地听无声”的理想教育境界。

2. **感恩老师、学校**

学校教育是个人一生中所受教育最重要的组成部分，个人在学校里接受计划性的指导，系统地学习文化知识、社会规范、道德准则和价值观念。学校教育从某种意义上讲，决定着个人社会化的水平和性质，是个体社会化的重要基地。学校教给了学生文化知识、从业技能以及做人的道理，给学生提供了发展自我、提升自我的机会，学生应该懂得感恩。古往今来，许多名人都对自己的老师、母校怀着感恩的心。

智慧语录

不管一个人取得多么骄傲的成绩，都应该饮水思源，应该记住是自己的老师为自己的成长播下了最初的种子。

——居里夫人

子贡，孔子杰出弟子，后弃官从商，成为孔子弟子中最富有者，商界历来公认他为“儒商始祖”。公元前479年，中国古代伟大的思想家、教育家孔子溘然长逝。孔子死后，众弟子皆服丧三年而去，独有子贡结庐墓旁，守墓六年，足见其师徒情深、尊师之诚，实属中华尊师孝道楷模第一人。

毛宇居，毛泽东小时候的私塾老师。1959年，已是国家主席的毛泽东重回故乡韶山，亲自向毛宇居老师敬酒，毛宇居老人说：“主席敬酒，岂敢岂敢！”毛泽东却说：“尊老敬贤，应该应该！”徐特立老人是毛泽东一直非常敬重的另一位老师，1937年徐老60寿辰时，毛泽东写了一封热情洋溢的贺信，信中说：“您是我20年前的老师，您现在仍然是我的老师，将来必定还是我的老师。”1947年徐老70寿辰时，毛泽东又题词“坚强的老战士”送给他，表示尊敬和祝贺。伟大领袖毛主席在尊师方面，也为我们树立了光辉的榜样。

作为班主任，我们在教育学生成才的过程中，一定不能忽视了学生心智的教育，而感恩则是其中浓墨重彩的一笔。孔子曰：“仁者爱人”。只有懂得爱的人才会懂得珍惜，才会善待自己，善待他人。感恩教育是培养学生责任感的重要基础。只有懂得感恩的人才会懂得付出，有了感恩之心，才会觉得自己有责任去回报社会，对自己所做的事负责，所以不仅仅是感知恩德，它更重要的是一种责任意识、自立意识和公共意识。可见，教会学生学会感恩是多么重要。

“唉……这些学生，简直不识好歹！”

“真可恨！我为他们的前途着想，反倒……”

“喂，你说现在的家长是怎么教育子女的，怎么就这么不知羞耻呢？上课时居然出口成‘脏’？”

……

这些是近年来班主任们下课后回办公室最热门的话题，越来越多的班主任抱怨现在的学生太难教，太不识好歹，太不上进了。是的，班主任们苦口婆心的教育往往收效甚微。其实，一味地埋怨是不行的，班主任应该先教会学生如何做人，而“学会感恩”是学会做人的第一课。学生懂得了感恩辛苦养育自己的父母，懂得了感恩精心培育自己的老师、学校，懂得了感恩身边的同学，就已经达到了做人之根本。这样的一个学生，何愁他今后不感恩母校，不感恩社会，不感恩国家呢？

小陆是班级学习委员，成绩好，人缘也很好，但是向老师问问题时有一种理所当然的傲慢态度，老师如果正好有事要晚一点回答，她还很不高兴。第一学期期中考试后，班级内实行“一帮一”活动，希望学有余力的学生能帮助基础差的学生。小陆帮助的对象是小樊。过了几天小陆就眼泪汪汪地来反映，说这个同学太难帮。小樊的特点是做作业不经过思考，也不等小陆做完，马上就问问题，回答晚了就不高兴。班主任老师先宽慰了小陆，说会找小樊谈谈，希望她要友好感恩，注意态度和方法；再希望小陆自己尽量耐心，顺便提了一下她问老师题目时候的心态。小陆一点即通，马上意识到了自己以前不懂感恩的问题。从此以后任课老师反映，小陆问老师问题时态度好了很多，少了当初的理所当然，会跟老师先商量是否有空，每次问完都会说“谢谢你”，少了原来的傲慢，多了层敬意。而小樊的改变就没有这么大了。可见，有切身体验的感恩教育效果更好。

知识链接

《江泽民和他的母校上海交大》一书记录，江泽民主席在讲话中说：“人呢，不管怎么样，不管坐到什么位子，他不能不回忆起曾经培养过他的母亲和曾经培育过他的老师，他不可能忘掉她！”

让学生亲身经历某些事件，以他们的切身体验作为感恩教育的切入点，能引起学生的共鸣，比光靠苦口婆心的说教效果要好很多。班主任在生活、学习中要多观察、思考，要有“发现的眼睛”，要注意寻找这样的切入点，让学生在潜移默化中开启感恩之心，养成感恩老师、学校的习惯。

具备了良好的发自内心的感恩意识，学生就会自觉保护环境、爱护公物，因为他们知道这些优美环境、公物来之不易，都渗透着劳动者辛勤的汗水；具备了良好的发自内心的感恩意识，学生就会自觉遵守校规校纪、尊敬师长，因为他们理解学校、老师的良苦用心，对学校、对老师就有深深的感激之情；具备了良好的发自内心的感恩意识，学生之间就会自觉维护团结，少闹矛盾，因为他们能意识到同学的友谊、帮助的珍贵；具备了良好的发自内心的感恩意识，学生就会自觉孝敬父母，因为他们能体会到父母无私、伟大的爱……这些都能促进学生思想道德素质和整体素质的提高。

二、回报母校

我国自古以来就是一个“礼仪之邦”，古人历来重视道德修养和文明礼貌，自古就有“施恩不图报”的美德，也有“知恩不报非君子”的古训。全球畅销图书《致加西亚的信》一书的作者阿尔伯特·哈伯德在其巅峰之作《自动自发》中也提到：“生而为人，要感谢父母的恩惠，感谢国家的恩惠，感谢师长的恩惠，感谢大众的恩惠；没有父母养育，没有师长教诲，没有国家爱护，没有大众助益，我们何能存于天地之间？所以，感恩不但是美德，感恩还是一个人之所以为人的基本条件！”由此看来，感恩不仅是一种美德，更是一个心理健康、人格完整的人所

智慧语录

无论你走得多远，你的心总和我连在一起；无论黄昏时，树的影子有多长，它总是和树根连在一起。

——泰戈尔

必须具备的一种情感。社会中的每一个人，对他人、对社会甚至对周围环境都要常怀感恩之心。但是这需要教育来点拨和引导，要通过教育帮助学生发现身边的美好事物，并对其回馈以感恩的眼光，从而形成一种感恩的心态、品德和责任，进而外化为感恩的行为。

C君，就读于某职业院校，读书期间，他性格稳重，富有亲和力，一直担任班级里的团支书和英语课代表职务。经过江苏省对口单招考试，他考入某大学，在大学期间多次参加社会志愿者活动及旅游服务工作，注重理论与实践相结合，踏实努力，成绩优秀。大学毕业后他放弃了优厚的待遇，主动回到母校任教。

自参加工作以来，他始终战斗在教学第一线，认真完成学校布置的各项教学任务，教学业绩突出，多次获得教学类奖项。在做好教学工作的同时，他还积极从事班主任工作，班级管理井然有序，形成良好的班级风貌，取得了骄人的业绩，荣获“校优秀班主任”称号。C君用自己在母校学到的专业知识和技能收获了丰硕的教学成果，同时也把奉献的汗水洒向母校，他用自己的实际行动向我们践行了“今天我以母校为荣，明天母校以我为荣”的誓言。

中等职业院校的任务是在九年义务教育的基础上培养高素质的初、中级技术人才。这些人才不仅要掌握一定的专业知识和专业技能，更重要的是具备较高水平的道德素质，其中就包括对他人、对社会、对自然的感恩意识，并把这种意识落实到行动中，做出有益的行为，回报母校，服务社会。

知识链接

阿里巴巴集团董事局主席马云向母亲杭州师范大学捐赠1亿元人民币，设立“杭州师范大学马云教育基金”。马云说：“老师是最伟大的职业，永远希望别人比自己好。一个好的老师足以影响一个人的一生。感谢杭州师范大学及我人生中的所有老师，我这一生都是一名学生。”

三、服务社会

鲁洁先生曾说过：“道德存在于人的整体、整个生活之中，不会有脱离生活的道德。品德的培养应当遵循一种生活的逻辑，而不是一种纯学科的逻辑。”对广大职校生来说，感恩绝不是简单地回报父母的养育之恩、回报老师的教育之恩，它更是一种责任意识、自立意识、自尊意识和健全人格的体现。歌德说：“你要欣赏自己的价值，就得给世界增加价值。”因此，我们应从日常生活入手，激发学生的责任意识、自立意识、自尊意识，培养学生的感恩之心，塑造学生的健全人格，使他们更好地服务社会。

Y同学是某班副班长，校学生会纪检部部长。作为班长，他能积极帮助班主任做好班级的各项常规管理；作为纪检部部长，他能尽心尽力地管理好部门，并积极配合团委做好各项常规检查，如每周的校服和胸卡的检查、食堂的管理、文体部的查操等；他同时也是校学生会安全小组组长，能够经常协助安全处排查学校的各处安全隐患；他也曾多次参加志愿者活动，如某地铁站服务活动、敬老院服务活动等等，并深受好评，他也因此被学校授予“十佳青年志愿者”称号。

Y同学用积极的心态面对生活，怀着一颗感恩的心回报社会，起到了很好的模范带头作用，是同学们学习的好榜样。

职业院校学生在学习、成长过程中，特别要开展社会实践。学校通过引领学生参与社会实践，使学校教育拓展为社会教育，一方面使学生认同社会规范，形成正确的意识形态；另一方面，学生通过服务社会，发现自身的价值，或是自身素质与社会要求之间的差距，找到前进的方向。学校通过志愿者活动、社会调查让学生体会到人与人之间的互助、友爱，不仅能锻炼学生的实际动手能力，还能让学生更好地服务社会。

5月17日上午，南京市某小区广场前，由某职业院校10余名师生组成的便民服务小组在此“摆摊设点”，开展“职教活动周之技能服务社区行”活动，吸引了众多社区居民，场面十分火爆。

本次活动充分利用某职业院校电子技术应用、计算机技术应用、雨花石雕刻工艺等自身专业品牌的优势，免费为社区居民提供家电检测维修、电脑与手机终端维护、雨花石鉴赏指导以及心理辅导等多项便民服务，通过现场服务的形式，向社会展示职业教育的办学成果。

“小伙子技术真不错，这么快就把我家的电风扇修好了！没想到职业教育这么实用。”在家电检测维修台前，学生一会儿工夫就修好了居民李阿姨的电风扇，引得她不住夸奖。

“很久以前买的老式血压计，坏了放家里好久了，一直没舍得扔，拿去请人修，结果都劝我买个新的。今天看这里有免费维修，就拿来试试看，没想到居然修好了，真是太感谢他们了。”秦阿姨兴奋地告诉身边的朋友。

除了提供免费的便民服务外，现场还开展了有奖问答活动。居民们先看学校宣传材料，再回答相关问题，答对者可免费获赠印有精美雨花石图案的文化衫一件，还可以现场拍照，把自己的照片印在文化衫上。看着印有自己孩子头像的文化衫，张女士心里美滋滋的。

通过职业教育周活动，学校组织师生“走出去”，走进企业、部队、社区等，使学生们加深了对社会的了解；走进社区，开展为民服务活动，也让学生们体验到回报母校、回报社会的自豪感。

把感恩教育贯穿于德育工作始终，将感恩教育融入生活，营造以“感恩”为主题的人文氛围，使学生常怀感恩之心。我们应教育学生只有经常怀着感恩之心，才会心地坦荡、胸怀宽阔，自觉自愿地给人以帮助。使学生认识到感恩不是一种义务，而是一种让心灵获得满足的享受，让学生真切感受到播一粒“感恩”种，孕一朵“报恩”花，结一颗“施恩”果，才能让自己的生命之芽迸发出真正的光华。

活动设计

名人与母校

[适应年级]

中等职业院校一年级。

[活动目标]

1. 学生会用已掌握的资料去收集与处理名人与母校的相关信息。
2. 学习母校名人身上的优秀品质,并会联系自身实际畅谈感受。
3. 培养学生"今天我以母校为荣,明天母校以我为荣"的情感。

[活动准备]

多媒体课件、视频。

[活动设计]

活动环节	活动过程	注意事项	设计意图
播放校歌导入课题	每个人的成长离不开学校的培养,一路留下我们成长足迹的校园,便是我们最亲最爱的母校。前两天老师请同学们回家收集一些古今中外名人与母校的故事,大家都收集好了吗?请先在小组里交流一下。播放校歌。 导入活动的主题"名人与母校"。		暖场活动,活跃气氛,拉近学生和老师的距离,为进入主题做好铺垫。
分享名人成长故事	把收集到的故事与全班一起分享。	PPT 展示	强调学生的主体性、参与性,目的是为了使学生通过活动初步了解名人身上的优秀品质并进一步有所体验和感悟。
今天我以母校为荣	1. 刚才我们听了同学们介绍了那么多的名人,接下来,老师也带你们来认识一下从我们学校毕业的老校友吧! 2. 刚才媒体中出现的人物都是我们学校已经毕业的师兄、师姐们,他们现在在各自的领域中都取得了非常大的成绩,他们也是我们社会的公众人物,也可以说是"名人"。你们看了这些介绍,觉得自豪吗?看了刚才这些我们学校的名人,一定有很多感触吧,谁来说说?选择一部分学生,请他们谈谈自己的感受。	PPT 展示 校友风采	采用 PPT 展示的方式,播放音乐创设良好、宽松的氛围,有利于学生交流分享。
校友成长故事	1. 虽然他们现在已经成为了名人,但是他们职高时期也和我们一样,在这个校园里学习知识,你们想不想了解他们当时的生活呢?那就让我们来看一看。 两段视频:① 刻苦训练,不畏艰难;② 学习孜孜不倦。 2. 看了刚才的故事,你们觉得这两位师兄、师姐有什么值得我们学习的地方?请大家在组内进行讨论。 3. 全班交流。 4. 这些师兄、师姐今天能够获得如此的成绩,与学校的培养、老师的教育以及自己的勤奋刻苦是分不开的。 远在美国的师兄给我们送来了祝福。(播放寄语)	播放视频	通过视频展示知名校友在校期间的刻苦学习情景,为学生们树立榜样。

续表

活动环节	活动过程	注意事项	设计意图
感恩老师 感恩母校	1. 诗歌朗诵:《感恩母校》 2. 小游戏:击鼓传花 主持人背对观众喊开始,苹果在同学们手里依次往下传,主持人喊停时,正好接到苹果的同学即为被"惩罚"的对象。"真心话""大冒险",被罚同学任选其一。 选"真心话":可让此同学对他(她)最想感激的人说出感激之言,或者与班上某同学有何误会,也可借此机会说明,等等。 选"大冒险":可让此同学唱一首感恩歌曲,或说几句感恩名言,或做几个搞笑动作,等等。		通过诗歌朗诵和游戏,引导学生感恩老师、感恩母校。
明天母校 以我为荣	1. 刚才师兄的话,肯定对你们有所帮助和启发,今天你们应该以作为学校的学生感到自豪,那明天学校便将以你为荣,你现在应该怎样做呢?我们每个同学可以自己思考一下。 2. 小组交流。 3. 全班交流讨论,制定各自的学习目标。	制定目标	培养学生"今天我以母校为荣,明天母校以我为荣"的情感。
展望未来	学生畅谈: 1. 将来从事的职业需要具备哪些条件? 2. 从现在起,需要做哪些准备?		学以致用,层层递进,达到教育的目的。
反思总结	在这节课中,你有哪些收获和启示呢? 老师总结:今天课上,我们交流了很多名人与母校的故事,体会到他们与母校之间浓浓的情谊。更认识了几位从我们学校毕业的老校友,他们现今活跃在各个领域,都是值得我们学习的榜样。 不过,要成为名人并不容易,我们大多都是平凡的普通人,但只要我们怀着一颗感恩之心铭记母校、老师,在以后的学习工作中脚踏实地、努力进取,一定会创造出属于自己的美好未来!		教学反馈,反思教学。

[活动反思]

本次主题班会主要分为三个环节:"今天我以母校为荣""感恩老师,感恩母校""明天母校以我为荣",通过讨论法、游戏法让学生学习母校名人身上的优秀品质,树立榜样意识和感恩意识。整个主题班会层次清晰,循序渐进地引导学生从现在开始为自己的将来做好准备,养成"今天我以母校为荣,明天母校以我为荣"的情感,达到了预期的效果。

拓展阅读

生欲正其装,必先转其心

——教育学生爱学校、着校服的那点事

[背景]

学校明文规定,学生进入校园必须穿校服。所以,学生在校学习时间是否穿校服,是否穿整洁的校服,是否把校服穿端正,成了班主任工作不可缺少的一部分。

记得校长曾在开学典礼上说过:"校服是学生身份的象征,穿校服,是对自己身份的认可;而不穿校服,或不好好地穿校服,恰是对学生身份的否定。这是不允许的。"所以在我们班,从高一开始我就一直重视对于学生穿着校服问题的处理,并在班会上多次强调:原则上在校期间必须穿着校服,并且不允许在校服上书写图画任何文字和图案。

现在校园中不少学生的校服上图画了各种各样的图案,其中多以卡通为主,书写的语言也是个性十足。这种现象在高三更为严重,难道说年级越高学生越不懂得遵规守纪了吗?这种做法极大地损害了学校的形象,并且干扰了学生正确价值观的确立,所以我是要坚决杜绝此类现象的。

[问题]

高一上学期,有一次课间操时,我偶然发现班上有个叫做陈××的男生在校服左侧胳膊上用碳素笔画了一只骷髅头。这是目前我们班出现的第一次也是唯一的一次学生图画校服的事例。课间操结束后,我找到了那位男同学,要求他立刻清洗校服。

师:"不允许在校服上乱涂乱画,你不知道吗?"

生:"知道。"

师:"画上一个骷髅是不是让你觉得与众不同?让你的个性飞扬?你不觉得这与黑社会纹身很类似吗?学生应该有个学生的样子。试想,如果每个人都画个骷髅在校服上,那我们班不是成了黑社会了吗?"

生:"问题是,别人也没画呀!我也没画多!很小的骷髅,谁也不影响啊!"

师:"就是因为别人没画你画了,你更应该察觉到错误之处。再说,如果有人在国旗上乱涂乱画,相信没有一个同学会同意的。校服不是国旗,但也代表着你是我们学校的学生。莫非你自己先否定了这个身份?"

生:"老师,也洗不掉了,用特殊染料画的。"

师:"那你认识到错误了吗?不是不让画,是因为这种行为与你的学生身份不符,是因为这种彰显个性的行为是不理智的。"

生:"对不起老师,我知道错了。我回去把它漂白了。实在不行再买一套。"

第二天课间操时,我特意查了一下他校服的胳膊,果然没有了骷髅画。我以为他认识到了错误。

又是两天后的体育课,我偶然在操场上看到了他的校服,仍然有那个骷髅头存在。难道他又重新画了一个?当我问他时,他告诉我说,那天知道我要检查,所以向外班同学借了一件敷衍我。很明显,他并没有认识到错误!

对此,我采用强硬的态度勒令他必须清洗或重新购买校服。

两周里,他对这件事一直耿耿于怀。为此,又一个中午,我们有了下面的对话。

师:"你是不是到现在还不理解我为什么不让你穿那样的校服?"

生:"是,我又没碍着别人什么事,也没影响学习,为什么不行?"

师:"好吧,陈××。首先,这件事我不是针对你,哪位同学如此我都是这种态度,这一点你能相信我吧?"

生:"我相信。我也知道你的出发点,但我就是不理解,学校管那么多干嘛?"

正在这时,我的手机铃响了,原来是学工处找我有事,我只得中断了谈话,让这个学生先走了。

［策略］

我陷入了沉思：十七八岁的孩子自我意识已初步建立，他们强烈要求精神独立和社会阅历不足的矛盾促使他们坚持自己的错误言行；师生之间缺乏信任，要让学生听进老师的劝告，老师就得尊重学生，想方设法取得学生的信任，成为学生的朋友；空洞的说教苍白无力，要用事实说话，要让学生心悦诚服。

苏联教育家苏霍姆林斯基说过："人类只能由人来建设，我们工作的对象是正在形成中的个性最细腻的精神领域，即智慧、感情、意志、信念、自我意识，这些领域也只能用同样的东西即智慧、感情、意志、信念、自我意识去施加影响。"可见，教育过程就是师生之间心灵与心灵的沟通、心理与心理的交融。所以我想，要让学生真正认可学生穿校服这项举措，就要让他们从心理上接受个中道理。

我想到了一个方法：让陈××和几个同学一起，穿上画着夸张图画的校服到公众场合去亮个相，让更多的人来客观评价这种行为。当然，我也担心街上的人对此都没有太大的反应，所以为了能达到目的，我事先安排好，让朋友路过我们身边时对着他们的校服指指点点。

［解决］

第二天中午，我又把这名同学叫了过来，继续我们昨天未完的谈话。

师："又过了一天，你的想法有没有改变？"

生："老师，你是要我说真话还是说假话？"

师："当然想听听你的真实想法喽。"

生："我还是觉得我没错，学校这样的要求没道理。"

师："那好，这样吧，你周末找几个要好的同学穿上校服，都在上面画上能清洗掉的骷髅画像。然后你们几个集体去广场或商场这样的公共场合走上一圈，留心听听周围人的话，注意观察他们看你们校服的眼神。"

周末的时候，他便和另三个男生，还有我，一起出去走了一圈。事实证明我的担心是多余的！我们走在街上没多久，就有异样的眼光在他们的校服上停留。一开始，他们几个还若无其事地谈笑，觉得很有个性。但渐渐地，飘忽的目光越来越多，还多了不少批评的话，甚至有人指责学校的教育有问题。他们看在眼里，听在耳朵里。渐渐地，他们也不再谈笑，头越来越低，陈××更是用求救的眼神看着我，似乎在问我是不是可以把校服脱下来。终于走到一个人较少的地方，他们几个很一致地迅速把校服脱了下来，还长舒了一口气。

回来后陈××只说了一句话："老师，我绝不再画了！"我什么也没说，因为我知道，此时此刻，我什么也不需要再说了。

［成效］

在班会课上，我让陈××同学自己把这件事告诉给了全班同学，他讲得很有感染力，让大家明白了校服所代表的是什么：它代表的不仅仅是学生个人，还代表着学校这个集体，代表着作为学生的荣誉和尊严！从这以后我们班再也没有一个学生不穿校服，或者在校服上乱涂乱画。

（案例作者：南京六合中等专业学校　钱莹）

班级建设启迪:

学校是教书育人的地方,我们在帮助学生学习各种文化知识的同时,还要帮助他们树立正确的人生观和世界观,其中有关纪律意识、团队意识的培养尤为重要。学生统一穿校服,有利于培养学生的团队精神,美化学校的整体形象,增强集体荣誉感。班主任在教育学生的过程中不能光靠说教,要创设情境,在体验活动中真正扭转学生的心灵,要让学生真正从心底热爱学校,真正做到"今天我以母校为荣,明天母校以我为荣"。

第二节　我们一起写班史

理论探源

雅思贝尔斯指出:对历史负责,这是教育的使命。一所学校以历史的眼光看待自己的发展,就会从历史中看见自己,就好像站在时间中的某一点,审视着过去和未来,对过去我们看得越清晰,未来发展的可能性就越大。缩小到一个班级,"班史"也是师生的一面镜子。学生将自己的过去与现在对照一下,进步了吗?退步了吗?还有哪些不足?教师在品读班史中,深入细致观察学生、了解学生,想学生所想,忧学生所忧。

班史中可以记载班级成立、发展过程中的人,比如班级成员(班主任、任课教师、学生、家长、其他人士);也可以记载班级成立、发展过程中的事件,比如一次普通的课堂、一次考试、一次班会、一次家长会等。既有积极向上能够激励人、鼓舞人的,也有一些小过错、小失误能够教育人、挽救人的。班史对一个班级很重要,它是班级文化建设的一个重要载体。

实战举隅

2015 年 9 月 5 日,新生报到,同学们陆续走进教室,坐下,我作为班主任,自我介绍,交代注意事项,收拾行囊,跟车来到军训基地……所有同学开始过上了军训的集体生活。至此,一个班级正式组成了,接下来需要同学和班主任共同学习生活,一起书写属于这个班的班史。

2015 年 9 月 5 日至 9 月 14 日,我们一起在军营度过了十天的光阴,一起排队训练、吃饭。生活枯燥乏味,但却是我们这个班级在一起的第一个十天。本以为这十天会顺利而又充实地度过,哪知道,还是遇到了"麻烦"。在军训开始的第二晚,已经快要休息了,突然接到一名家长的电话,家长在电话里用质问的语气问:"你们学校是怎么回事?我家孩子反映有教官骂她……"我听了第一反应是不太相信,但也能理解家长的心情,不断安抚,然后立即与军训基地的值班老师联系,了解整件事情的来龙去脉。了解完事情后,又跟家长联系,说明情况,教官并没有骂孩子,只是在训练过程中态度较为严肃,说话语气严厉罢了。可是家长不依不饶,一定吵闹着要把孩子接回家,怎么说道理都不听。结果,第二天一大早家长就驱车赶到军训基地将孩子接回家了。一个孩子走了,其他孩子本就因为军训的"苦"而"蠢蠢欲动”，现在更是不得了，也有家长不断打电话来关心询问孩子的情况。我一遍遍地向家长解释军训对于孩子的意义，同时还得安抚同学们的情绪，这时候军训仅仅才过去三天。我仿佛看到未来日子的艰难。

好不容易熬到军训结束前一晚，基地组织了篝火晚会，每个班级都要出节目，我们班因为想参与的同学较多，节目较多，所以X同学的节目被删了。经过反复协商，节目依旧是被删了，当时这位同学哭了，哭得十分伤心，作为班主任的我此时没有心思再去关注表演，而是不断安慰，安慰的同时也产生了一种深深的无力感。

新班级班史第一章——无力。

知识链接

无　力

1. 没有力气；没有力量。《周礼·考工记·梓人》：“锐喙决吻……若是者谓之羽属，恒无力而轻。”唐代杜甫《茅屋为秋风所破歌》：“南村群童欺我老无力，忍能对面为盗贼。”

2. 没有能力；无能为力。唐代刘沧《怀汶阳兄弟》诗：“书信经年乡国远，弟兄无力海田荒。”

在新学期一开始，对新班级就产生了无力感，这绝对不是一个好现象，作为班主任，不仅要与学生沟通，同时还要擅于跟家长联系沟通，要能取得家长最大限度的信任与配合，才能共同把孩子教育好。

前文中那个孩子的家长如果当时再耐心点，或者我再详细点讲解第一次集体活动对于孩子未来三年高职生活的意义，也许就不会出现中途把孩子接走的情况。军训这样一种集体活动，一旦有同学提前离开，其他同学也会跟着动摇。现在的孩子怕吃苦，军训旨在锻炼他们的意志，培养吃苦耐劳的精神；同时，开学初组建的新集体，大家都是陌生的，军训这样的集体活动也有助于孩子们尽快融入集体，真正地建立一个班集体。

另外，在最后的篝火晚会中，X同学因为节目被删而伤心的问题，事后想想，未尝不是一件好事。其实，当时就应该跟她多沟通，说清楚道理，所有的事情都是这样，不是你想参与就一定会有机会，所以只要有机会，我们一定要抓住。当时我仅仅是安慰学生，这样的安慰反而让学生更加委屈，甚至有可能让孩子对以后参加活动失去信心。

现在看来，这十天的“无力”更多的还是因为我没有很快地进入自己的角色，因为班级是新组建的，孩子也都是新面孔，家长更是第一次接触，所以沟通不足，由此导致了许多问题。

沟通能够解决许多看似“无力”解决的问题，这也是所有班主任在班级工作中需要重点关注的一个方面。

军训的时光看似很长，其实也就是一眨眼的工夫。军训结束了，所有同学都回到学校，开始正式进入高职的学习生活。由于专业特点，我们这个班级全部都是女生。女生的特点就是嘈杂、话多，在初建班级的陌生感退去后，同学们越来越“大胆”。学校对于学生的常规管理一直采用“量化考核”制度，简而言之，就是对每个班级学生一天的表现情况进行打分，并且每天公示。在开学一个月后，同学们也互相熟悉了，渐渐地，班级中许许多多的问题便暴露出来了,最直观的就是表现在每天的量化考核分数上。意识到问题后,我开始想方设法地去解决问题。尤其是有部分同学,将以前养成的陋习全部带到了学校。我反复强调晚自习是学习时间,不允许玩手机、讲话,但依旧有部分同学不听,直接导致班级晚自习经常被扣分。

一次次说服教育并没有起到什么作用,反而有愈演愈烈之势,越来越着急的我也想不出什么特别好的方法,只能采取"简单粗暴"的压制。终于有一次,被我抓到C、M及Z等几名同学晚自习期间在班级公然聊天并且玩手机。在掌握了证据之后,第二天早自习我直接把几位同学叫到讲台上,让他们面对全班同学说明昨天晚自习的情况。几位同学均低头沉默,时间一分一秒地过去,终于在全班的注视下,C开口了:"昨晚我们因为作业做完了,就一起聊天了。后来还因为没控制住自己玩了手机。"反复提醒,不断劝说,依旧无效,想到这,我的火气直冲头顶,发怒道:"你们是来玩还是来学习的?晚自习该干什么不知道吗?还是作业太少?"全班同学都低着头默不作声。我心想,这次绝对不能再心软了,必须惩罚。"所有同学今晚作业加量!"一句话下去,班级同学表面上没有异议,或者说根本不敢有异议,后来晚自习、午自休的纪律都有所改善。虽然效果很明显,但后续也带来许多问题,学生内心并不服气,所以并不能从根本上解决问题。

进入正式集体学习生活,班史第二章——惩罚。

知识链接

惩罚,具有动词和名词词义,表示惩戒、责罚、处罚,或者施加鞭挞或体罚使之服帖、受辱或以苦行赎罪。出处《魏书·西域传·于阗》:"其刑法,杀人者死,馀罪各随轻重惩罚。"

作为一名教师,我在新学期开学知道自己要担任一个新班级的班主任时,内心一直是忐忑的。但同时也有所期待,希望能向一个大姐姐一样跟他们好好相处,大家一起度过充实的高职三年学习生活。从一开始,我也是这么做的,给孩子们留有充分的适应期。班级出现问题了,有同学违纪了,我都是以说服教育为主,谈话、沟通,力求能让他们理解,然后自主从内心愿意去改变。但屡教不改,多次犯同样的错误,让我意识到,作为一名班主任,一味地讲道理,学生也许根本没有听进去。那到底应该采取什么样的方式,才能真正起到作用呢?经过跟那些经验丰富的班主任交流,我发现他们总会提到"惩罚"这个词,说实话,一开始我是不希望用这样的方式去处理班级问题,但越来越多的问题以及其他班主任的"经验之谈",让我不得不相信这也许是个解决问题的好方法。

后来,我采取了"惩罚"的方法来管理班级,也确实产生了一些效果,但在后来与班级同学闲聊中我才知道,原来这样的做法其实已经伤害到了他们,表面上的"表现好"仅仅是因为怕变本加厉的惩罚。经过这次的事情,我自己也总结反思了,如果说惩罚完全没有用,那也是片面的,至少通过这样的方法,班级风气确实有了改变,但想要管理好一个班级不能仅仅通过简单粗暴的惩罚手段,还是要把握度。将惩罚运用好,也能起到事半功倍的效果。

随着时间的推移，班级常规问题管理初见成效，我又发现班级学习风气不够浓厚，部分同学对学习不够认真，并没有意识到学习才是自己的第一要务。尤其是班级出现部分同学不但自己不学习，还影响身边的同学。

小瑞就是一个成绩较差并且行为习惯也欠佳的孩子，平时在课堂上不注意听讲，甚至在专业课上偷偷看课外书，而且经常不遵守校纪校规、任性而为。多次说服教育甚至处罚都没有产生明显效果，反而让小瑞出现了“破罐子破摔”的心理。有一次更是被我逮个正着，怒火中烧的我当着全班同学的面严厉地批评了她。然而批评并没有起到任何效果，反而让小瑞和我的关系恶化。因为急于解决这个问题，课后，我又把小瑞单独叫到办公室，不等小瑞开口，直接对她的行为提出了严肃批评，说明来学校的首要任务就是学习，然后让她先反思自己的行为。过了好一会儿，小瑞依旧站在旁边，脸上挂着无所谓的表情。面对小瑞这样的态度，我更是气不打一处来，严词教育道：“你这样像是来好好学习的吗？还有点学生的样子吗？”小瑞的反应也很出乎我的意料，她对于我的批评表现出不屑一顾的态度，直接反驳道：“上课太没劲，一点意思都没有，而且我们现在学的以后都没用，那我为什么还要浪费时间？”听完小瑞的话，我的内心甚至出现了要放弃这个孩子的想法，因为在我看来这个孩子简直是冥顽不灵。

幸运的是，另外一次谈话让我发现这个孩子还是有希望的，同时也下定决心要通过教育引导的方式来感化小瑞。转眼到了期中考试，小瑞的考试成绩差得惊人，某门专业课竟然只考了 27 分。看到这样的成绩我一开始依然是生气，放弃的想法又一次钻进我的脑海。后来静下心来，我拿出小瑞的试卷从头到尾又仔细看了一遍，发现她对之前学习的知识点掌握得还是很牢固的，问题主要出在本门专业课的一个难点——第五章，从那以后的所有知识点小瑞都不懂，导致大部分题目也都不会做。发现这个之后，我也开始反思自己：是不是我的课上得不好？还是孩子接受不了我的教学方式？为什么之前能学好的，到后来出现了这么大的问题？我一夜未眠，第二天决定再找小瑞耐心地谈谈，希望能找到问题的原因，对症下药，去帮助小瑞。小瑞来到办公室，依旧一副不耐烦的样子。这次我没有发火，反而让小瑞端来板凳坐着，面对面地沟通交流。“你这次期中考试怎么会考成这样？自己认为是什么原因呢？”我柔声问道。明显感到小瑞对我的态度有点不知所措，呆愣在一边。这时候我又说道：“老师就想听听你自己针对这次考试的看法，放心大胆地说吧。”小瑞低头沉默着，我也没有催促，静静地坐着。过了好一会儿，小瑞抬头看了看我，我向她投去了鼓励的目光，然后她才支支吾吾道：“我考试之前想复习的，但是一打开课本发现从第五章开始真的都不会，毫无头绪，无从下手……我也很着急，但每次看到自己的成绩，再加上总是被批评，我就更没有信心和动力去学习了。而且感觉老师和同学都不喜欢我，甚至讨厌我，所以我就破罐子破摔了。”说着说着，小瑞委屈地哭了。看到孩子哭了，我发现这个孩子还是很有希望的，同时也意识到很多问题需要用耐心和爱心来解决。既然发现了问题，那解决起来也就容易多了。我耐心地安慰小瑞，告诉她：“老师并没有讨厌你，一次次地批评教育只是希望你能改变，做一个更好的自己。每一位同学在老师心里都是平等的，老师的严厉也只是希望你可以改掉不好的毛病。”小瑞抬起头，仿佛不相信我说的话似的。这时候，我看着她的眼睛，握着她的手又说道：“老师相信你一定可以的，不管是学习还是日常表现，你一定可以做好！当然你自己也要相信自己一定可以做到。"小瑞渐渐地也开始有了信心,眼神愈加坚定,并且也保证以后一定努力做好每一件事。这时候,我拍着小瑞的肩膀,柔声道:"你一定可以的,老师相信你!"

小瑞的信心是重拾回来了,但是专业课的学习上仍然存在很大的问题。后来,为了帮助小瑞提高专业课成绩,我利用每天中午的时间帮小瑞单独辅导,耐心而又详细地讲解书上每一道例题。小瑞也很认真,不时地动笔记录,有不会的总是能第一时间来提问。课后补习持续了一个多月,小瑞终于把前面遗漏的知识都差不多补回来了,书上的例题也能全部掌握了,成绩更是有了质的飞跃。她也变得较为活泼开朗,有些话都愿意主动跟我沟通交流,跟我的关系也越来越亲近,很多时候都能像朋友一样相处,并自愿协助班委管理班级的各项事务,成为了我的得力小助手。

在每天的学习生活中,书写下了班史第三章——耐心。

知识链接

耐　心

1. 不急躁,不厌烦。《朱子语类》卷十一:"如前途等待一人,未来时,且须耐心等待。"

2. 指不急躁、不厌烦的性格。茅盾《子夜》十:"我们弄那八个厂,最不济也要学学那些专项房子的精明鬼!不过我们要有点儿耐心。"

小瑞的转变,让我明白了:耐心能够感化学生,也能够改变学生,同时在与学生耐心交流沟通的过程中,自己也能与学生共同成长。耐心的力量大过任何一种处罚与批评,只要有足够的耐心,每个孩子都是有希望的。作为班主任,我们必须用自己的耐心和爱心去引导他们、教育他们,与他们共同成长,每一个学生都能长成茁壮的参天大树,并且与学生成为朋友!

班级管理工作中,班主任必须学会发现问题、解决问题,并且最后能从个别的问题中去总结在班级管理工作中存在的共性问题,在总结中才能更好地完成管理班级的任务。通过编写班史,我们要回忆与学生经历的许多事情,在回忆中会发现班主任的管理也存在问题,所以我们更要学会总结反思,力求在总结反思中提高,与学生共同成长。

担任一个班级的班主任,与整个班级的同学共同成长,前三章的班史——无力、惩罚与耐心,是我作为班主任,从班主任的角度经过对班级发生的各种情况以及解决问题的方法的总结书写出来的,是班主任对于班级管理的经验与教训、感悟与心得。那么换个角度,对于这个班级的每一位同学来说,这个班级意味着什么?学生们已经或者未来想要在这个班级的史册中留下什么样的足迹呢?

知识领航

一、什么是班史

班史是关于班级及其成员的成长史,班史的记载是将班级及其成员的发展有目的、有计划、有组织地由教师或学生加以记载,是一部将每天的感悟、思想用文字、图像、数据等形式展现出来的历史。

二、班史的内容及对班级建设的作用

1. 班史的内容

班史，一个班级的成长史。一个班级是由班级里的每一位学生、家长、任课老师及班主任组成的，学生与学生之间、学生与老师之间、老师与家长之间的相处点滴及沟通交流都是这个班级班史的重要组成部分。除了人以外，班史当中更为重要的内容便是这个班级所发生的大小事件，可以是班级常规、大型活动或者重要事件，比如新生入学的军训，第一次全班的主题班会，第一次集体参加活动，第一次考试，第一次家长会……每一个“第一次”对班级来说都是必须记录下来的重要事件。当然除了众多的“第一次”以外，其他的活动事件也要有选择性地记录。记录下来时常翻看，既能增强班级凝聚力，也能从中发现不足，争取在下一次活动中有更好的表现。班级同学做了好人好事、获得荣誉，都要专门记录，同时对于违纪行为也要明确记录。班史记录过程中，既有积极向上、激动人心的内容，也会有一些小问题、小错误的存在，无论什么内容，都是班史不可或缺的重要组成部分。

2. 班史对班级建设的作用

班史的记载对奠定学生在班级的主体地位有重要作用。班史的记载由学生来主持撰写，让每一名学生都能成为班级历史的一个组成部分。他们在日常的学习过程中，参与了班史的撰写，也见证了班史，更为班史提供了素材与资料。这些都能突显出学生是班级的主人翁，同时更能充分调动学生参与班级管理与建设的积极性和主动性。因为班史的编写是由学生自己主导，所以他们更会非常重视，这就能促进学生规范自身行为、发扬自身优点、乐于展示自我，为学生未来的发展奠定良好的基础。

> **智慧语录**
>
> 教育的核心就其本质来说，就在于让学生始终体验到自己的尊严感。
>
> ——苏霍姆林斯基

班史的记载具有为班级管理及师生共同成长服务的重要意义。对于学生来说，班史的记载是为学生学习而服务的。班史由学生自己的真情实感构成，学生希望自己能被记入班史，而且是以优秀的表现被记入，想成为班史中最亮眼的那一笔。因为有这样的想法，他们会约束自我，尽量做到最好，努力学习、积极参与活动、遵守校纪校规，这样就起到很好的教育作用。当然班史中记录的关于违法违纪的行为，也是对学生的一种督促。对于班主任来说，班史是对前面工作的总结、后面工作的指导，它就是一本“活教材”，指导教师继续服务、继续思考、继续编写，不断改进，积极去开启一部新的历史。

班史更是为班级文化建设奠定了坚实的基础。学生通过文字记录下班级发生的大小事件，长期的记录形成了有自己特色的班级文化。记录班史的过程，不仅锻炼了学生的写作能力、思维能力和团队协作能力，还为班级建设奠定了坚实的文化基础，班级文化具有重要的教育力量，有利于班级的发展以及班集体的形成。

三、如何书写班史

那么，班史到底该如何书写呢？

1. **专人负责撰写,班主任从旁指导**

在班级内部要安排一位学生专门负责日常记录的工作,同时每位学生都有机会参与其中。由学生主笔,班主任从旁动员、指导,应该充分尊重学生、调动学生、培养学生,要放手让学生自己谱写属于自己的班史,充分调动并发挥出学生们的主人翁意识。

2. **以班级日志为基础,丰富内容**

班史的书写以平时的班级日志为基础,从中筛选有意义的事件与行为,可以是一次集体活动、一次主题班会、一次好人好事,甚至是一次违纪违规。坚持记录,对学生起到督促作用,同时通过记录班级情况,随时翻看回忆,增强班级凝聚力。

3. **编写形式多样,形成亮点**

在编写班史的过程中,单纯地利用文字形式肯定会显得有些单一,所以丰富班史写作形式是十分必要的。以文字记录为主,加以图表进行形象说明,更为直观具体。同时还可以让有绘画才能的学生进行简单的创作,让班史具有自己班级的特色。例如班级的各项活动可通过照片和视频来记录,更为生动直观,而且也可以让学生自己来拍摄照片和视频,然后评比谁拍得更好,让他们更多地参与到其中来。

4. **利用信息化平台,建立电子班史记录**

在信息化高速发展的今天,网络已经普及,我们的班史也应该跟上时代的潮流,生成电子班史。这样既能督促学生积极查阅、留言,同时也方便更新、留存。电子班史能很快融入同学们的日常生活,可以在里面搭建专门的平台,供大家分享每天的趣事与心情,这也是构成班史的重要组成部分。

活动设计

班史大家写

[适应年级]

中等职业院校三年级。

[理念阐述]

班史,就是对这个班集体所发生事情的记录,既然是班级内部发生的事情,那就必须由班级的同学和班主任老师共同完成。

在大家共同完成班史的过程中,能够回忆过去的点点滴滴,在回忆中,会发现自己曾经犯过错,也受过表扬,同时能够增强整个班级的凝聚力。

通过"班史大家写"活动,师生还可以从中总结经验,不断提升自我。

[活动目标]

1. 通过这次活动,懂得容忍、宽容,使学生相互有更多的了解,增进友谊;同时,有效地培养他们的集体观念,增强班集体的凝聚力和向心力,促进班集体的团结向上。

2. 在集体生活中,无论是得还是失,无论是成功还是失败,无论是经验还是教训,为了更高阶段的学习有个良好的开头，总结目前的学习和生活。

3. 通过这次综合性学习活动，一方面锻炼学生的写作、口语交际能力，另一方面展示和培养学生多才多艺的活动能力。

［活动准备］

白纸、笔。

［活动设计］

活动环节	活动过程	注意事项	设计意图
导入课题	1. 老师先播放事先利用班级参加各项活动照片制作好的视频，让每个同学回忆起大家一起经历过的时光。 2. 导入本节课——《我们一起写班史》。	播放视频	播放视频，活跃气氛，营造温馨的氛围，拉近学生和老师以及学生与学生之间的距离，同时为这堂课的学习埋下伏笔。设置悬念，引发探究的欲望。
畅谈想法	在投影仪上播放从我们入学之初，刚刚组建这个班集体，一直到现在我们共同经历的具有意义的不同的时间点。让每位同学回忆，自己在这个时间点为班级做了什么，与其他同学一起经历了什么印象深刻的事情，如军训、第一次考试、第一次元旦文艺汇演……		通过讨论，激发学生参与的积极性与主动性，促使每一位同学都能畅谈自己的想法，在班史中写下属于自己的一笔。
留下痕迹	1. 写写在三年里碰到的最高兴或最不愉快的事。 2. 讲讲三年来同学、老师之间的逸闻趣事。 3. 总结在你学习、交友、个人生活和家庭生活等方面的得失。		每位同学写出各自的经历，写完之后，读出来，大家一起分享。全班共同投票，选出比较有纪念意义的事情，包括活动感悟、学习总结、生活体会，以及同学、老师间的逸闻趣事等记入我们的“班史”中。
活动小结	1. 将我们所要记录的事情全部写入班史中，让同学们共同为这本班史取名字，并且设计封面、排版。 2. 所有同学以及班主任在班史扉页签名。 3. 属于我们的班史终于完成了。		共同完成班史的制作，拉进班级同学间的距离，增强班级凝聚力。

［活动反思］

本次活动通过视频导入，带领同学们回忆三年在班级的学习生活，能唤起学生对班级的热爱之情。以重要的时间节点串起学生三年的班级生活，让学生在活动中参与进来，动手写下自己印象深刻的事情。最后将这些重要事情都记入我们的班史中，让学生参与其中，能够培养班级凝聚力和学生个人的能力。而本次活动中也存在一些小问题，比如活动形式略显单调。今后的班级活动中，需要更多种的形式，这样才能更好地调动学生的积极性。

拓展阅读

我愿做你生命中的一束阳光

心灵的触碰——教育是人和人心灵上最微妙的相互接触。

走入学生的心灵世界中去就会发现那是一个广阔而又迷人的新天地，许多百思不解的教育难题，都会在那里找到答案。对学生细致入微的了解，使教师的教育工作如同有了源头的活水，常做常新。学校像地，学生像种子，像苗；校领导、教师像农民，像园丁。

——魏书生

午饭过后，漫步在校园里，看着墙角一棵倔强的小草，它在努力地向上伸展着嫩芽，努力地去触摸头顶的一束阳光。我突然想到了那个像远处冰山的小丫头——荣。

荣，一个特别的女孩，对她的关注来自开学第一天，她家就在学校旁边，可是她却仍然坚持要住校。随后的学习生活中，她表现得极其内向，从不愿参加集体活动，也不愿与人交流。每次老师提问时，她最多看你一眼，然后迅速地把头扭向一边，就像一只受过伤的小动物，会不自觉地往墙角蜷缩，每次和荣交流都特别费劲。

后来我了解到，这一切都是源自她的童年。因为父母要生个儿子，所以把她送给了远在安徽农村的大伯。直到她要上高中了，才将其接到身边。荣的父亲偷偷告诉我，除非是生活费不够了，不然女儿绝不会回家，而且每周回家两天只做三件事情：吃饭、睡觉和看电视。最近女儿一直在提想要退学，出去打工！父亲不知该怎么办。

这样的午后，看着那一束阳光，我突然觉得这个困扰我多时的难题有了解决的方法：山不来，那我就过去，就从小事开始吧！

班级的教室地面是白色的瓷砖，所以卫生特别容易被扣分。但今天，我发现，地上没有一根头发，没有一摊水迹，阳光照进来，反射出耀眼的光芒。我十分好奇地问道："今天谁拖地的？真的很干净！"大家的目光顿时全都集中在荣身上，小丫头低下头时，偷偷地瞄了我一眼。我突然感到荣就像那棵小草，正在抬头渴望阳光。

第二周，在走过她身边时，我悄悄地说了一句："不错哦，地面没有一根头发。"

第三周，荣拖完地从我旁边走过时，用渴望的眼神看了我一眼。我心里很高兴，马上说道："丫头，你拖地很干净啊！"

第六周，我特意走到她面前，说道："丫头，老师发现你每次拖地都很用心！"出乎意料，这次荣没有向后蜷缩，而是低声地说："原来在农村，经常做。"我随即笑着说："你看，班级里面还没有同学愿意负责管理班级卫生，我觉得你很合适，你愿意帮帮老师吗？"荣手里的拖把在轻微地来回晃动，看得出她很犹豫。我决定乘胜追击："要不，你考虑考虑。今晚我上晚自习，你想好了，可以过来找我。哪怕拒绝我，也请你自己告诉我。可以吗？"小姑娘点了点头。

当天晚上，时间在我的忐忑中一分一秒地过去，我不知道"赏识教育"有没有在荣的心中留有痕迹，起到作用，但我却愿意期待。终于，门被推开了，我屏住了呼吸，十几秒后，只见荣小心翼翼地探出半个身体，轻轻地告诉我，愿意帮我管理班级卫生。虽然她没有走进办公室，但这是她第一次主动和我说话。我松了口气，笑了，我想这是一个非常好的开始。

当多年以后，毕业了的小姑娘与我分享这段回忆时，她哽咽着对我说："老师，我曾经觉得我就是一个多余的东西，觉得自己很没有用，但你让我看到自己的价值。"我当时无比庆幸自己的坚持。

著名的教育家雅斯贝斯说过："教育的本质就是心灵的教育，是一棵树摇动另一棵树，一朵云推动另一朵云，一个灵魂唤醒另一个灵魂！"如果没有那块洁白的瓷砖，我不会发现她的闪光点，也就不会有一位优秀的劳动委员。"一个都不能少！"是的，每一位班主任都是学生心里的那一束阳光，给予他们温暖和怀抱。而这群孩子就像小草，只要有泥土就能生根，只要有雨露就能发芽，只要有阳光就能成长。就让我们做一束阳光，静听每朵花开的声音吧！

（选自《2016 年江苏省中职学校春蕾班班主任培训手册》）

班级建设启迪：

“爱心与赏识”是实现荣同学成功转化的两大支柱。作为一名班主任，要搞好教育工作，首先要有一颗赤诚的爱心，对于那些特殊的孩子，教师应给他们更多的爱，经常鼓励、帮助、督促他们，使他们增强自信心。管理一个新班级之初，必然会遇到很多问题，“无力感”也会充斥心中。面对一开始的无力，班主任一定要调整自己的心态，同时针对班级情况找出解决问题的方法。大部分班主任最开始采用的手段就是惩罚，但惩罚也只能解决表面问题。随着时间的推移，一个班级的发展，最需要的其实是班主任的耐心。

在这个案例中，班主任能耐心详细地分析学生在校的表现及其原因，与家长共同商量解决孩子不良心理状况的办法，并根据她的家庭情况选择适当的教育方式，为孩子提供表现自己的机会，不管干什么，都从中发现进步的地方，并马上夸奖她的闪光点。在评价中，荣同学从他人的肯定中得到了满足，增强了自信。

最终，师生共同书写了属于自己的班史，共同成长！

第三节　走自己的路

理论探源

关于职业选择，霍兰德提出了人职匹配思想，在其著作《做出职业选择》中全面阐述了他的理论，他按劳动者职业兴趣将职业选择分为现实型、研究型、艺术型、社会型、企业型和常规型等六种类型，形成了一套理论与技术相融合的可操作测评方法。爱德华·沙因的职业锚理论认为：每个人都有自己的工作倾向，人们对职业的优先选择倾向和价值观都不同，个人进入工作情境后，根据实际工作经验，会做出与自己内省的动机、需要、价值观、才干相符合的，能满足自我的长期稳定的职业定位。著名的职业生涯规划大师萨柏拓宽和修改了他的终身职业生涯发展理论，设计了“生涯彩虹图”，他提出了一个更为广阔的新观念——生活广度、生活空间的生涯发展观，将生涯发展阶段与人的角色彼此间交互影响的状况，描绘成一个多重角色生涯发展的综合图形。他认为个人在发展历程中，随年龄的增长而扮演不同的角色，一个人一生中扮演的许许多多角色就像彩虹同时具有许多色带。凡事“预则立，不预则废”，班级建设过程中，班主任要帮助学生确立职业意识，进行职业生涯规划，理性地进行职业选择，为走上职业坦途打好基础。

实战举隅

那是一次 09 级护理某班的职业生涯规划课，内容是“职业理想的作用”，教学重点是让学生了解职业理想的概念和作用,初步树立自己的职业理想。这是我给他们上第三次课,我对他们还不太熟悉。导入新课后,我问道:“小时候,每个同学应该都被问到过自己的理想对吗?都有自己的一些理想,对不对呀?”我满心自信地以为,孩子们的想法往往很多,这么简单的问题,大家都会答“是”,如此的话,我可以马上进入下一个环节了。没想到,全班60来个同学,竟然只有稀稀拉拉几个同学说“是”,而且声音还挺小,其中还夹杂着许多的不自信、不确定和一些程序式的附和。其他的同学有的呆呆看着我,而更多的是低头不语,神情呆漠。课堂出现了我意想不到的冷场。我扫视全班,一个戴眼镜的女孩引起了我的注意。这个女孩长得比较文静,在我印象中上课比较认真,也有一定的语言表达能力。此时,她的眼睛正好也望着我,似乎有什么要说。让她回答,一定能打破僵局,给我一个满意的答案!我暗暗高兴了起来。我看了看花名册,朝她笑着说:“王丽,你来给我们说说你有什么理想好吗?”她有点不好意思地笑笑,但还是很快站了起来:“老师,我没有理想。”此话一出,很多同学都笑了起来。啊!我吃了一惊,怎么她竟会如此回答?但我还是故作镇定地微笑着问她:“那你想成为一个怎么样的人呀?”“我想成为一个平凡的人,没有人认识我,我可以默默无闻地过自己的生活。”她有一点点不好意思地回答,然后,大大的眼睛,又望着我了。也许,她觉得这样的答案,老师会不喜欢吧!也许,她觉得老师该会说她是个没有理想、没有追求的人吧。女孩的回答令我非常意外。但很快,我意识到,也许,我对这个女孩的了解还远远不够,而是盲目做出了主观臆断;甚至,我对全班学生似乎也完全没有了解。现在90后职业院校学生的学情,似乎远远比我想象的要复杂……

(案例来源:《德育课教学案例:“老师,我没有理想。”》 余婧)

一开始出现的冷场是班主任事先没有做好学情准备导致的,老师忽略了职业院校学生的学情:我们的学生大多是中考失利者,很多同学对未来比较迷茫,对自己缺乏自信,理想缺失、人生目标缺乏,甚至不了解、不喜欢所学专业及即将从事的职业,进入职业院校是他们无可奈何的选择。有些学生羞于见以前的同学,不愿见自己的亲友,不得不进入职业院校的他们,感到前途无望、低人一等。

但是班主任也应当看到,那些感到前途无望的学生,那些“当一天和尚撞一天钟”甚至“不撞钟”的学生,并非没有积极的一面,只是消极心态暂时占据了矛盾的主要方面,发挥了主导作用。例如王丽同学的“理想”不正体现了她对她认为的美好生活的追求吗?因此,如何提高学生学习的积极性,激发他们的潜能,这是当前班主任工作的重点。在当今市场经济大潮的背景下,人们的价值观已趋于多元化,学生已经难免被各种铺天盖地的媒体宣传所影响,作为德育工作者,我们应该怎么教呢?我想,我们不应该责怪他们,更不能直接给他们戴上“没有理想”“没有出息”的帽子,而是该反思我们的社会、我们的教育怎么了?如何让新时代的90后学生们树立正确的职业理想,进而学会规划自己的职业生涯,这也是我们需要深入思考的问题。因为,职业理想的树立,对学生的职业生涯发展有着积极而重要的作用,职业理想教育对于以“失败者”心态进入职业院校、感到前途无望的学生来说,有着特殊重要的作用。要想增强德育工作针对性,提高德育工作实效,必须首先加强职业理想教育的工作。

知识领航

一、什么是职业生涯规划

> **智慧语录**
>
> “职业规划实际上一是个持续不断的探索过程，根据习得经验和自省，不断整合和变化，达到自我满足和补偿的稳定的职业定位”。
>
> ——施恩

职业生涯规划，顾名思义，就是一个人对自己职业生活的一种计划和设想，是一种开发个体潜力，发展个体能力并实现个体预设目标的一种综合性活动。美国职业生涯理论专家韦伯斯特指出：职业生涯指人一生的职业、社会与人际关系的总称，即个人终生发展的历程。台湾学者林幸台指出：职业生涯包括个人一生中所从事的工作，以及其所担任的职务、角色，同时也涉及其他非职业的活动，即个人生活中衣、食、住、行、娱乐各方面的活动与经验。李晓红认为，职业生涯规划(管理)是指个人与组织相结合，对决定个人职业生涯的主客观因素进行分析、总结和测定，确定其事业奋斗目标，选择实现这一事业目标的职业，编制相适应的工作、教育和培训计划，并对每一步骤的时间、顺序和方向做出合理的安排。简单来说，职业生涯规划就是我们对自己将来的人生走哪条路，工作单位在哪个地区，在工作单位从事哪种职务，工作职务的类别和性质等的一系列计划。当然一个人一生的职业生涯不是一成不变的，根据自己的工作能力和水平、自己的兴趣爱好、专业特长，在不同的时期有不同的规划，目前的工作可能不适应自己以后的发展，可以重新选择岗位、单位、行业等。一个人的作用可能不足以实现岗位工作目标，更需要有团队合作精神，并要考虑职业生涯中社会、家庭、组织机构各种因素的影响，甚至包括自然、宗教文化等因素。职业生涯规划不是一朝一夕就可实现的，它是一个长期发展变化的过程，贯穿个体发展的全部过程。职业生涯规划可以帮助个体认识自身和环境，在对自身特质和周围环境有清醒的认识的基础上，合理调配和使用所拥有的各种资源，预先设定未来职业发展的目标，分析达到目标的途径，寻找实现目标的方法并付诸实践，并且用预设的目标激励、维持奋斗的动力和动机，并最终实现职业目标。

职业生涯规划教育是有目的、有计划、有组织的教育活动。职业生涯规划教育的最终目的在于促进个体职业生涯的发展。各项活动的开展均是围绕最终目的或阶段目标而设计、组织和实施的，活动之前制订详细的活动方案或计划。职业生涯规划教育并不单单是教学生制作职业生涯规划书，更重要的是培养学生规划职业、实现目标的能力，是一种综合性的培养学生能力的教育活动。它主要是为了培养学生分析自身的潜能和职业特性的能力，培养学生科学合理地选择职业的能力，提高学生将自身素质发展成为相关的职业素质，提升职业技能，并修正和完善职业规划的能力，并且提升学生的抗压能力、综合职业能力和职业素养等。因此，引导学生做好职业生涯规划是我们每一位班主任应尽的责任，我们应该尽快行动起来，勇于肩负起这一责任。

知识链接

霍兰德在《做出职业选择》一书中，将个人职业选择分为六种“人格性向”，相应的职业类型也有六种：现实型、研究型、艺术型、社会型、企业型、常规型。

“最理想的状态是个体能够找到与其人格类型重合的职业环境。”

二、职业院校学生为什么要进行职业生涯规划

众所周知，选择专业的实质是确定自我的职业方向与领域。专业选择适合自我、适合社会经济发展的人才需求，能实现专业与职业的有效对接，有助于学生职业生涯快速、健康地发展；反之，则会制约学生职业生涯的成功，导致教育教学资源的浪费。调查发现，职业院校学生的专业选择表现出较大盲目性。有近 27%的学生不是自己选择专业，而是由父母代为选择或由老师推荐，体现不出自我的主体性；仅 7.3%的学生对自己所选专业很了解，高达 26.9% 的学生对所选专业不了解；71.2%的学生没有测试过自我的职业兴趣、职业能力等。由此，直接导致学生对专业的满意度较低，只有 45.3%的学生对自己现读专业很满意。如此低的专业满意度，怎能期待学生学习主动性的充分发挥，怎能期待学生职业潜力的充分挖掘？

另外，职业院校学生处于从依赖向独立、从学校向社会过渡的时期。此时的他们，对职业生活倍感兴奋与好奇，却缺少理性的思考与规划，这将影响其职业生涯的发展。调查发现，职业院校学生的职业生涯处于任其发展的状态，缺乏有意识的规划。由于职业院校学生对自我职业目标、社会职业环境、自我职业发展潜力等方面的认识模糊，导致大多数职业院校学生在学习中得过且过，无主见地盲目跟风，随波逐流，学习上抓得不紧，心想只要能混个文凭就行。由此可见，职业院校学生的职业生涯规划意识与技能都较弱，急需加强教育与引导。

托尔斯泰曾经说过：“理想是指路的明灯，没有理想就没有坚定的方向，就没有生活。”职业理想是实现人生价值的导航灯。职业理想体现了人们为了实现人生理想对未来发展目标的向往和追求，决定着一个人的生活方向和道路，是人们进行有目的的实践活动的一种强大的精神动力。

1. 可以帮助学生就业和创业

职业生涯规划是一个人对自己未来的规划，开设职业生涯规划课程，可以帮助学生树立明确的目标，发现自己的兴趣，培养对未来的责任感。进行职业生涯规划教育，引导学生正确认识自己，不仅可以使学生明了自身的优势和劣势，正确合理地评价自己，还可以培养学生的自信心，帮助学生确立明确的目标，引导学生有目的、有意识地培养自己的职业素养和职业技能，提升学生的综合素质，增强学生在就业时的竞争力，促进学生有目的、有计划地就业和创业。

智慧语录

在职业生涯规划中有这样一句发人深省的话：你今天站在哪里并不重要，但是你下一步迈向哪里却很重要。

2. 有利于学生一生的职业发展

目前不少学生在选择专业时很盲目，对自身所选择的专业没有明确的认识，在以后的学习中缺乏努力的方向。通过职业生涯规划教育，可以使学生对专业和职业有明确的认识和了解，及早确立就业的方向，分析自身素质与职业所需素质之间的差距，根据职业需要有意识地锻炼自己，提升自己的职业能力和适应能力，从而避免就业的盲目性，提高学生职业发展的目的性和连续性。

3. 有利于提高学生能力，促进学生的全面发展

教育的目的主要是为了促进人的全面发展，使人能更好地适应社会生活并促进社会的发展。进行职业教育，并不仅仅是为了让学生掌握一门技术，能够养家糊口，更重要的是要通过教育培养学生适应社会生活的能力，促进学生全面健康地发展。

学生小张（化名），是班里出了名的"皮蛋"，他在班里以搅得所有老师上不下去课为傲。他在自己的职业生涯规划里曾经这么写道："……我年少轻狂，什么事也不放在眼里，对于老师、家长的教诲我也不以为然，依然我行我素。喜欢玩乐，脾气不好，易怒，不会克制自己的心情，并且很嘴碎，太爱说话，经过老师、家长多次教育仍不改正。我非常喜爱计算机，因此我选择计算机专业……"这是他的第一次专业选择，但是选择专业之后，他却不能适应计算机专业的学习，后来在教师的指导下，重新对自身情况进行了分析，发现自己除了对计算机比较喜爱之外，其实还有很多兴趣，因此他二次选择了电子商务专业，对于职业生涯规划进行了重新定位："……现在的我，性格活泼开朗，乐观、潇洒、真诚；喜欢交朋友；比较独立，喜欢富有挑战性的事情……比较擅长计算机的操作……对网络比较熟悉……在电子商务飞速发展的现代社会，我认为电子商务专业能够使我一展所长……"选择了自己喜欢和适合的专业后，小张的改变特别大：主动报名参加电子商务技能大赛的培训，在课堂上再也不是让老师们头疼的学生了，而且与老师的关系特别好，喜欢跑来问老师问题，在班里时总在埋头学习，空闲时间呆在机房里，为了商品有一个好看的展示图片就连续调整图片好几个小时，他还作为学校代表参加了电子商务技能大赛，并获得了优秀的成绩，成为今年的拔尖人才。现在的他已经从当初入校的"年少轻狂"变成了现在的"成熟稳重"，重新修订的职业生涯规划里已经将"创业，做大，做强"更改成了"先考取一所理想的大学，学到更多知识，为自己积攒更多筹码"了。

知识链接

四十多年前，一个十多岁的穷小子，身体非常瘦弱，却在日记里立志长大后做美国总统。如何能实现这样宏伟的抱负呢？经过思索，他拟定了一系列目标并付诸行动。22岁时，他踏入了美国好莱坞，十年时间在演艺界声名鹊起。2003年，年逾57岁的他退出影坛，转而从政，成功竞选为美国加州州长。他的下一个目标就是美国总统。他就是阿诺德·施瓦辛格。

现在社会竞争日趋激烈，新技术、新发明迅猛发展，对人才也提出了更高的要求。社会的快速发展，使得个人在学校所学习的知识和技能随时面临着被淘汰的危险，一成不变，终生从事一种职业的时代已经一去不复返了。面对复杂多变的职业环境，学生不能仅仅以毕业之后找到一份合适的工作作为学习的目标，而应该立足社会大环境，立足于整个人生来思考和计划自己的职业生涯，紧紧跟随时代的步伐，不断提高完善自己，成为一名有发展潜力的人。

三、职业院校学生职业生涯规划教育的实施途径

职业院校学生职业生涯规划教育的途径应是多种多样的，这里着重提出三大类的实施途径：

（一）在思想道德教育中凸现职业生涯规划的指导

1. 以心理健康教育活动帮助学生客观认识自我

> **智慧语录**
>
> “一次幸运并不可能带给一个人一辈子好运，人生还需要你自己来规划。”
>
> ——杨澜

（1）职业生涯规划的首要任务是“知己”

班主任在职业生涯规划指导过程中，要通过心理健康教育活动来帮助学生化解心中的疑惑、困扰和迷茫，解开他们的心灵之锁，战胜自卑，让自信的光芒照亮内心；摘下灰色眼镜，走出阴影；正视挫折，做生活的强者。可以通过多种方法引导学生正确认识“现实的我”。例如举办“如何认识和接纳自我”的专场报告会和团体咨询会，让学生通过“比较法”“他评法”“自评法”“心理测验法”等方法明白“我是谁”“我的优势与劣势”“我与众不同的特点”“我的未来在哪里”等问题，让每一个学生发现真实的自我。

（2）合理预测“明天的我”

“知己”不但要了解现在的我，更要预测明天的我。班主任要引导学生在综合自己各方面条件的基础上，帮助学生确定自己想成为什么样的人，并考虑如何实现这个目标。这既是确定职业生涯目标的重要依据，也是实现目标的具体措施的基础。

（3）帮助学生树立崇高的人生目标

有了理想，就有了奋斗目标。我们要让学生明白：人生目标对于个人的成长有着重要的作用。首先，班主任要结合学生自身的实际情况，引导他们确立自己的奋斗目标。其次，班主任应该抓住理想教育的有利时机，提供向理想接近的实践机会。再次，班主任应用正面、积极的评价来鼓励和引导学生按照自己的发展及时修正目标。这样，学生就能更好地明确前进的方向，锲而不舍地不断进取，最终实现自己的人生理想。

2. 依托社会实践大舞台帮助学生认识所处的职业环境

职业生涯规划的第二步要“知彼”。在职业生涯规划指导中，班主任要多渠道帮助学生了解其生存的社会环境、将来的从业环境，主要有社会经济状况、职业变化趋势、技术发展、所处的国际环境、面临的国家政策等。

（1）阅读相关书籍，了解相关从业知识

职业生涯规划指导老师要有意识地为学生提供校图书馆可借阅的有关职业分类和职业

标准的书目，让学生通过阅读了解各职位的名称、职责、工作环境、工作程序、工作内容以及工作对个人的兴趣、资质、身体条件、受教育程度等方面的各项要求。当然，指导教师对推荐的书目，一定要精挑细选，不仅要做到少而精，更要注意学生的认知水平。

(2) 浏览各类人才市场网站，了解职业发展趋势

当今社会是信息的时代、网络的世界，各类专业的人才网站非常多，并且提供了丰富的内容。据相关机构统计，目前国内人才与就业网站总数超过 200 家，比如中华英才网、中国北方人才网、中国南方人才市场网、上海人才市场网……当然，这些网站主要是针对高校毕业生、社会中高级人才的二次就业等。但这些网站不仅提供了各类用人信息和求职信息、就业政策、人才培养、人才测评、人事代理、就业新闻、就业指导等内容，而且还有各类职业发展方面的分析与预测，对各类职业的现状、需求、用人条件、工资待遇、未来变化等都有比较详细的介绍。学生可以选择对自己有用的信息进行浏览，从宏观上把握职业发展的大趋势，为自己的就业、创业服务。

知识链接

经过奥运会开闭幕式的洗礼，张艺谋已经成为中国电影界的一面旗帜。张艺谋导演拍摄的电影不仅好看，他的职业发展历程也值得同学们借鉴。

前半生——从农民到摄影师和演员；后半生——从《红高粱》到奥运会开闭幕式总导演。插队劳动的农民—工人—学生—摄影师—演员—导演，一次次巨大的职业跳跃和转型，最终造就了一个成功的导演。

(3) 以社会实践活动为平台引领学生了解社会从业环境

班主任要以社会实践活动为平台引导学生认识到职业生涯规划是要受到社会环境的制约的。比如，班主任可以指导职校生选定一家自己生活范围内的电子企业，拟定调查提纲，对这家电子企业的创办、发展、主打产品的变换等方面，进行认真仔细的调查、分析研究，以此为窗口教会学生对社会大环境进行分析，了解社会的政治、经济发展趋势，帮助学生了解所选专业在社会环境中的地位，社会发展趋势对该职业的影响及人才需求。让学生在充分了解的基础上，认识到自己的知识、技能是否为社会所需，自己该如何努力才能适应社会的需求。

3. **以主题教育活动引导学生确立可行的职业目标**

职业生涯规划的第三步是确定职业目标。在学生职业生涯规划指导中，教师要有意识地引导学生确立切实可行的职业目标。

(1) 以理想为主题的征文、演讲比赛，点亮学生的心灯

理想也就是志向，是人生奋斗的目标，是对未来的向往与追求。职业院校可以借助以理想信念为主题的全校性征文活动来点亮学生的心灯。在征文的基础上，进一步举办演讲比赛，树立榜样，形成氛围，让每一个学生都有一个明确的职业目标。

(2) 以团体辅导来帮助学生确定职业大方向

通过举办专题讲座、教学沙龙等形式对学生进行团体辅导，让他们明白职业目标的确立

不是主观随意的，而是要结合自身条件、社会经济发展需求、职业变化趋势等众多因素综合考虑才行，忽视了其中的任何一个，都会影响目标的正确选择，指导学生先确立一个大的职业方向、范围。

智慧语录

如何在把握好自己专业方向的基础上，进入一个合适的行业，选择一个好的企业，做自己喜欢做的职业，是个值得思考的问题。

——郝建

（3）以个别指导来帮助学生明确具体的职业目标

世上没有两片相同的树叶，也就没有完全相同的两个人。每个学生的情况迥异，所以还必须遵循差异性原则，对他们进行耐心的个别指导。班主任和学生一起来分析、权衡利弊，使学生最终确定一个能施展其才华的“职业锚”。

（4）以成功范例来激励学生坚定自身的职业理想

榜样的力量是无穷的，以本地成功知名校友回校作报告或参观他们的创业成果等形式来引导、激励他们，使他们增添信心，坚信世上无难事，只怕有心人。职校生并不低人一等，只要坚定信念，确定目标，脚踏实地，同样是职场的佼佼者！

（5）帮助学生设计职业生涯规划

随着经济社会的发展，社会对人才的要求越来越高，这就要求学生从入学开始就要有一个明确的方向，对自己的未来有所思考。中职学习的三年将不再是努力适应校园，而是转为努力适应社会，适应自己未来的职业。学生在制定自己的职业生涯规划时，一定要正确考虑自己的个人因素，考虑社会和企业环境的要求与发展趋势。

第一步：帮助学生认真分析发展条件：分析社会、行业的基本情况与需求；分析学生自身的优势和劣势（可以结合个性方面，学历、学识方面，职业测评方面，家庭背景等分析）。

第二步：帮助学生确定可行的、可信的、明确的、属于自己的职业目标。

第三步：帮助学生制定职业阶段性目标和具体的措施。

（二）在课程教学中贯穿职业生涯规划指导

1. 指导学生树立职业生涯规划意识，理解和掌握好职业生涯规划的步骤。

2. 指导学生形成个人的职业生涯规划方案。

3. 结合专业课教学有机地进行职业生涯规划指导。

在专业课教学中，教师可以通过介绍与本专业相关的职业群对从业人员的素质要求，对职业生涯规划指导进行渗透式教育，

知识链接

每次职业转身，正因王牌在握，李开复才能真正追随我心。

2009 年 9 月初，李开复亲口承认自己与 Google 缘分已尽，挥手告别，开始以创业者的身份面对大众。这也是李开复职业生涯中最值得学习的一点——任何一个职业阶段，不要让自己职业生涯的“瓶颈”产生恶果之后，再去采取对策。

提高学生的职业素质。如果学生对所学专业产生了关注和兴趣，势必就会关心从业者的素质要求。此时，专业课教师如果进行有意识渗透，就会达到水到渠成的效果。

（三）在专业实践中强化职业生涯规划指导

专业实习、实训是职业院校教育和教学的一个重要组成部分，也是职业院校进行职业生涯规划教育的有效途径。

（1）在模拟的仿真环境中，感受职业生涯

仿真的实训，可以说为开展职业生涯规划指导活动插上了有力的翅膀，培养了学生的社会岗位意识，增强了他们学习与训练的自觉性、积极性和主动性。

（2）在企业真实的环境中实习，体验职业生涯

在企业实习，为学生提高能力、弥补不足提供了良好的机会。

活动设计

把握你的发展命运

——职业规划主题班会

[适应年级]

中等职业院校一年级。

[活动目标]

通过多种形式，在热烈的氛围下，让同学们开怀畅谈自己的未来职业，憧憬未来生活。同时让他们对自己的职业有一个规划，使他们明确自己在学校的学习目标以及今后人生的方向。

[活动准备]

多媒体。

[活动设计]

活动环节	活动过程	设计意图
暖身活动 导入课题	播放歌曲《我的未来不是梦》，班长主持发言：这是一个就业竞争十分激烈的年代，在选择空间更大的环境下，我们有更多的可能将未来的发展纳入自己设计的轨道中，而做好职业生涯规划、提升职业能力，则是我们把握命运的有效途径。 导入活动的课题“把握你的发展命运”。	暖身活动，活跃气氛，导入课题。
认识职业 生涯	我们先来了解一下职业生涯发展的 5 个阶段：成长期，探索期，建立期，维持期，衰退期。 职业生涯规划究竟是怎么样的呢？我们可以这么理解：它包括“我是谁？”“我在哪里？”“我往何处去？”“我如何到达？”这四个内容。	使学生通过活动初步了解职业生涯规划的内涵，为进一步探索做好铺垫。

续表

活动环节	活动过程	设计意图
探索职业兴趣，明确职业生涯	1. 让学生做 MBIT 职业性格测试。 2. 通过刚才的认识自我，大家可能大概知道自己适合从事什么职业。现在你要做的是，通过完整的规划操作，亲手绘制自己的未来蓝图，写下自己的职业生涯规划。	本环节通过职业性格测试帮助同学们认识自己的职业兴趣，并规划好自己的职业生涯。
明确职业生涯规划的重要性	1. 通过小品《遇见》讲述不同人的人生历程，阐明职业生涯规划的重要性。 小品《遇见》主要讲述的是一个人与未来的自己相遇所引发的一系列不同的故事。 2. 引入：三个同学给自己的未来写信。 小组讨论问题：怎样才能知道自己未来的样子？ 分别回答，最后主持人总结：我们必须给自己进行职业生涯规划。	通过游戏，了解职业生涯规划的重要性。
明确职业生涯规划	1. 请 6 位同学手上拿好一个移动幕板，上面分别写着：(1) 自我评价；(2) 确立目标；(3) 环境评价；(4) 职业定位；(5) 实施策略；(6) 评估与反馈。主持人给大家展示这些幕板，并说明这个就是职业生涯规划的六个基本步骤，请每个同学思考一下，并用简短的语言抢答。 2. 合唱歌曲《我的未来不是梦》。 3. 班主任总结。 4. 课后每位同学写好自己的《职业规划书》。	通过活动，明确自己的职业生涯规划。

[活动反思]

通过这次班会，我们为同学们提供了专业的建议和指导，并通过 MBIT 职业性格测试使同学们了解到自己真正的性格以及兴趣。小品和抢答环节让同学们认识到进行职业生涯规划的重要性。课后布置同学们写好自己的《职业规划书》，是让他们明确自己在学校的学习目标以及今后人生的方向。班会以后，很多同学开始重新考虑毕业之后的选择方向，并且对于自己理想的职业或就业单位的选择有了更加理性的认识。职业生涯规划教育让同学们懂得需要有一个适合自己的职业规划。成功人士之所以成功，很大的原因在于他们对自己未来的发展有一个明确的规划；而失败者之所以失败，很大的原因在于他们朝三暮四，今天想做这个，明天想做那个，在不同的行业、不同的职业间来回跳槽，结果什么都接触过，也什么都不专业。同学们认识到越早拥有一个职业规划会成为自己的一个筹码，他们开始重视社会发展的趋势，考虑社会对各类人才的需求，以及每类人才所应具备的技能，他们还认识到自己现阶段所必须掌握的知识，应有重点地学习，努力提升自己的综合素质和能力。此次“职业生涯规划”主题班会使同学们意识到丰富知识和专业技能的重要性，激发了他们的学习积极性，同时鼓励了他们树立信心，客观地对待自己，从实际出发规划未来，扎实前行，开拓进取。

拓展阅读

为理想插上腾飞的翅膀

——一个迷茫职业院校学生职业生涯规划设计案例分析

刚刚迈进中等职业学校大门的学生，大部分虽然经历了中考的失利，但花蕾一样的他们也有自己的理想，也想绽放自己未来的梦！职业生涯规划设计立足学生个人实际，可以帮助他们寻找实现梦想的途径，帮助他们开启充满希望的职业旅程！

一、案例讲述

小李，女，17 岁，中职一年级，会计专业，担任班级生活委员，做事较严谨、仔细，有责任心。面临的问题：专业成绩较好，但是总是找不准努力方向，学习态度相对消极；对没有充分把握的事过于谨慎，易错失机会；遇到困难、指责，缺乏自信，容易放弃既定目标；对于未来的职业、生活状态时常会感到恐惧不安。

二、解决措施

要求小李在两个月内设计一份适合自己的职业生涯规划书。根据职业生涯规划写作的内容、步骤和方法，将总任务分解为下列分任务，要求明确具体目的、要求和完成任务的路径，做到以下几点：

（一）深刻意识到职业生涯规划设计的必要性并初步形成任务意识，让小李通过咨询会计专业教师、朋友、老乡或走访校友，调查了解并收集本校前两个年级的会计专业学生在校期间是否做过职业生涯规划设计及毕业后工作情况的成功案例。

（二）了解自我，分析自身发展条件——“我能做什么？”

在笔者指导下，小李完成了霍兰德职业倾向心理测试：其职业兴趣倾向为常规型，说明她较适合从事会计相关工作。笔者让小李向任课教师、家人、同学、朋友了解他们对自己的评价：喜欢研究制度、对数字敏感；有较好的交际能力；有较强的团队合作精神，能吃苦耐劳；有正确的人生价值观。

（三）对职业目标可行性的分析——“社会客观环境支持我做什么？”

小李通过上网查阅收集有关信息资料、学习会计专业和职业的内容、请教会计专业教师等途径学习会计相关知识，并积极利用网络和其他媒体了解社会环境、会计行业、职业基本要求——会计专业学生就业前景良好，但是对从业者的资格要求较高。

（四）确定职业发展目标——“我的职业目标是什么？”

小李通过整理以上资料，根据多方发展条件的分析，在笔者的指导下，她按预测、衡量、比较三个步骤选择并确立职业发展目标——成为一名注册会计师。

（五）构建发展台阶和制定具体发展措施——“我应该怎么做？”

指导小李制订一个如何实现职业发展目标的行动计划。在她明确自己的职业目标之后，所有的思考最终需要转化为实际行动：为实现职业目标做好知识、能力、观念等方面的准备，并以此行动计划来指导日常学习和生活。对于职业院校在校学生来说，行动计划的具体措施需遵循“近细远粗”的原则，即在校期间的近期目标措施要详细，远期目标措施相对可简略。

（六）及时进行反馈调整和跟踪调查

1. 职业目标可行性。针对短期目标，可行性很大，但是作为职业院校学生，考注册会计师的难度更大，想在预期时间内通过六门考试非常艰难。因此，当小李对考试失去信心时，注意指导其在各个阶段做出针对性调整。

2. 职业路径评估。当小李想考取其他职业资格证时，譬如注册资产评估师、注册税务师，劝其不要放弃原有目标，建议她获得注册会计师资格后再考虑考其他资格证。

3. 其他因素评估。当小李的身体条件不允许她从事会计行业时，可以让其选择放弃。

4. 评估的时间。一般情况下，3 个月进行一次评估。当出现特殊情况时，让小李随时评估并进行相应的调整。

班级建设启迪：

这位老师通过半年具体细致的工作，让小李更加清楚地认识到了自身的优、劣势和会计专业目前的就业形势，明确了以后努力的方向，进而确定了各阶段的具体行动任务、时间和细则。小李在各方面都有了较明显的转变，进一步扫除了内在障碍，以己为荣，树立自信，注重开发潜能，提高沟通技巧，增强实力，专业成绩进步明显。班主任在指导学生职业生涯规划设计前应该让学生走到社会中去，进行职业体验，开展社会调查，根据学生自己的职业兴趣和倾向访问相关从业者，增加对社会职业生活的感性认识与深入了解，全方位渗透以巩固课堂内的教学效果，为学生提供切实有效的帮助。实践证明，参加过实训实践活动的学生在做职业生涯规划时会更加理性、务实、有效。同时，要让学生认识到：世上没有绝对的成功，只有不断地努力，才能不断进步；企业未来唯一持久的竞争优势就是比竞争对手学习得更快更好，个人也是一样。在知识经济蓬勃发展的新时代，要取得事业上的成功，重要的是要不断更新知识、提升能力，只有这样才能保持自己的职业竞争力，逐步达到设定的职业目标。

总之，对职业院校学生进行职业生涯规划教育既是社会发展的必然要求，也符合科学发展观的基本要求。职业院校学生也是人才，三百六十行，行行出状元，设计一套系统合理的职业生涯规划，等于为自己的理想插上了一双腾飞的翅膀，相信他们都能在自己的职业生涯中飞得更高。

第四节　设计好我们的班级纪念册

理论探源

冯友兰先生说："由于一个学校所特有的特性，由那一个学校毕业的学生，在他的脸上就印上了一个商标，一个徽章，一看就知道他是哪一个学校毕业的。"学校生活会让学生珍藏起点点滴滴，在这里有过欢笑，流过眼泪，努力过，拼搏过。三年的爱与感动将是宝贵的人生财富。设计一套班级纪念册，把爱与感动汇集起来吧！

实战举隅

爱心照片

去年冬运会期间，我当裁判，比赛快要开始了，这时我听到了一个声音："陈老师！请您转过来！"我应声而动，看见我班的一个学生正拿着相机对着我说："陈老师！我给您拍张照片！"那语气不容我考虑，说着就蹲下，摆弄起他手中的相机，同时还要求我左偏右转地调整自己的姿势，直到他满意才说："行了！陈老师！您看，我照得多好啊！"同时把他拍的照片给我看，照得我脸红红的，圆圆的。他说："您看像不像一个红红的大苹果！"我当时还真有点激动，不由自主地拍拍他的脸蛋儿说："同学，谢谢你！照得真好！"他笑着跑去执行他小记者的任务了。第二天，他又为我拍了一张，好像比第一天更高兴！

比赛结束后，我细细回味那个同学给我照相时的表情、动作、话语，是那么真切，那么动人！我仔细想啊想，我对他没有什么特殊的照顾，只是在他回答问题后给予了表扬。他的确很优秀，每次遇到违纪的同学，我就让那些同学向他学习。也许就因为这样，他更愿意亲近我。记得有一次我看见他玩魔术，我不会，真想学，请他教我，他边表演边解说还真把我教会了。我高兴啊！他自豪啊！

后来课上讲到"家庭和睦相处"时，他对我说出了他生活在单亲家庭，其实他很想跟妈妈在一起，可现在是跟爸爸在一起。此时我才感悟到单亲家庭的孩子更需要关爱，哪怕是一句平常的话，一个随意的动作，一次轻轻的微笑，都会成为他们快乐的理由。单亲家庭、隔代家庭、寄养家庭的孩子比健全家庭的孩子更需要他人的关爱。关爱学生，同时让学生学会关爱他人，是我们一切工作的出发点和归宿。我想只要人人都学会关爱，生活就会因美好的氛围而变得更加丰富和精彩！

阅读了这对师生之间感人的小故事，你是否也很有感触呢？

时光匆匆，三年的职校时光转眼就过去了。三年里有那么多欢笑与泪水，那么多充满爱和感动的瞬间，这是属于师生的共同财富。在临近毕业的时候，让我们尝试着把那些爱和感动汇集起来，打造一套属于自己班级的纪念册吧！

知识领航

一、班级纪念册只是买现成的吗？

讲起班级纪念册，不少班主任马上想起了文具店或者礼品店随处可见的那种活页纪念册。每个人取下一张来，填上姓名、爱好、寄语等等信息就完事儿了。这样的班级纪念册简单方便，可是缺失了班级自身的特色，也并没有把职高三年那些真正美好的点滴记录下来，总让人觉得少了点什么。可是想打造一个有班级特色的纪念册又往往觉得无从下手，心有余而力不足。

要想让班级的纪念册独一无二并且充满班级特色，原始素材的积累必不可少。很多班主任之所以觉得班级纪念册难以制作,是因为平时不太注意收集班级日常生活中那些美好的瞬间。

智慧语录

疾学在于尊师。

——《吕氏春秋》

大数据时代背景下,生活中的点点滴滴越来越容易被记录下来,从QQ空间到微博再到微信朋友圈,人们用各种各样的方式来记录自己生活中有趣的或者美好的瞬间。这样的形式也完全可以借鉴到班级纪念册的制作中来。

知识链接

周恩来不忘师恩

1951年2月,南开大学老校长张伯苓突患脑血栓逝世,周总理参加了治丧委员会并送了花圈,挽联上写着:"张伯苓老师千古,学生周恩来敬挽。"张伯苓病故后,周总理一直惦记着张家的生活,自然灾害时期,周总理把自己的购物证给张伯苓夫人,还派人给张夫人送去500元,并嘱咐交际处对张夫人及其子女的生活要倍加关照。

建立属于自己班级的博客就是一个非常好的方法。平时班上的大小活动都可以安排宣传委员及时用相机记录下来,配上相应的文字,更新在班级博客中。现在的手机相机本身像素就挺高的,加上手机美图软件日益强大,制作出来的相片质感相当高,是非常好的班级纪念册制作工具。

此外,多组织一些有趣和有意义的班级集体活动,也是打造班级美好瞬间的重要手段。各位班主任的班会课在不知不觉之间,是否已经慢慢沦为批斗课或者消息通知课了呢?那么赶紧改变一下班会课的沉闷气氛吧!

班主任在班会课上开展的活动应形式多样,比如:每个月可以在班上组织集体生日会;针对学生普遍语文读写水平低的情况,可以举办班级汉字听写大赛;举办一次班级美食节,等等。让这些丰富有趣的活动净化过去死气沉沉的班会课时间吧,你们会惊喜地发现班级气氛更融洽了,爱与感动的瞬间也更多了,这些都是班级纪念册极好的素材。

二、制作班级纪念册的实用建议

目前班级纪念册的形式主要有实体纪念册和电子纪念册两种,班主任可以根据实际情况来选择制作哪一种形式的纪念册。

1. 实体纪念册

如果是实体的班级纪念册的话,要想让纪念册有属于自己班级的特色,一定要多插入一些班级点滴的照片。由于班级纪念册是留给师生的一段回忆,它的排版和美感就非常重要。

以下提供一些具体的小建议:

(1)第一招:文字

平时爱码字的话,用自己觉得最舒适的文笔就对了!仔细书写班级那些点滴细节,记录下你一天的所见所闻等等,甚至是师生之间有趣的对话,都值得记录下来。

(2) 第二招：画画

爱画画的班主任，画画的方式一定适合你。用一些有趣的小插画去丰富班级纪念册的版面。如果你不擅长画画，也可以用手机拍照，把这些照片洗出来，剪裁好，贴在底稿上。这些画面都会成为师生最美好的回忆。

(3) 需要的小工具及技能

需要用到剪刀、美工刀、贴纸、彩笔、胶水、纸、胶带、尺子等等，还可以配上自己打印的照片、班级活动时的拍立得相机等等。需要的技能也很简单，会剪纸、贴东西就行。擅长画画、排版与色彩搭配，写字好看的更佳。

当底稿设计完毕，就可以送去印刷公司印刷成册了。

2. 电子纪念册

电子纪念册和实体纪念册的最大区别在于成品的动态性，电子纪念册可以放一些动态的小视频，增加纪念册的视觉效果。

在这里推荐类似 Camtasia Studio 这样的视频制作软件，简单易学，网上都有相关的使用入门教程，很容易上手。制作一套属于自己班级的短视频，把日常生活的点滴和欢声笑语剪辑进去，非常具有感染力。

活动设计

设计班级专属的纪念册

[适应年级]

中等职业院校三年级。

[理念阐述]

本活动通过尝试制作实体或者电子的班级纪念册，帮助师生收集三年来的点点滴滴，让爱和感动成为美好的回忆。

[活动目标]

了解有纪念意义的班级纪念册是如何制作的。

[活动准备]

Camtasia Studio、剪刀、美工刀、贴纸、彩笔、胶水、纸、胶带、尺子等等

[活动过程]

1. 小组合作进行班级纪念册创意设计。
2. 集体研讨，修改设计。
3. 设计定型。
4. 制作班级纪念册。
5. 展示评比，推出最具特色的班级纪念册。

［活动反思］

想要制作一套精致的班级纪念册，首先要在平时的校园生活中积累好的素材，像照片、短视频都可以记录学生们校园生活的精彩瞬间。除此之外，尝试运用一些视频、图片编辑软件，也会给纪念册增色不少。

拓展阅读

师生之间的感人故事

人们总是把我们学生比喻成祖国的花朵，而老师就是辛勤劳作的园丁，默默无闻且无私奉献。没有园丁的辛勤劳作，花儿不能盛开；花朵的盛开，正彰显出园丁存在的意义。老师用知识、爱心哺育着我们，其中少不了关心的话语，关切的动作，更少不了操劳的心；我们也会对老师报以关爱、敬佩、感激，更少不了思念的心。老师和学生之间的关系，就像园丁和花朵那样相互依存、密不可分。我们班的师生关系更是如此，老师和学生之间发生的感人故事数不胜数。虽然现在我们是毕业班的学生，但是我依然清晰地记得刚进入职高三年级新学期开学那天的情景。

听说我们的班主任又换人了，正当我们坐在教室里猜测不定，内心期待而又有一点烦躁甚至反感时（因为这是第三次换班主任了），一位秀丽、端庄、充满活力的大姐姐模样的人走进了教室。这难道是我们的班主任老师？正当我们疑惑不解时，她说了第一句话："同学们好，我姓李，是你们班的班主任兼语文老师。虽然现在我们不太熟悉，但我相信我们很快就会成为好朋友的！"说完后对我们展开了一个很灿烂的笑靥，这个甜美而又坦率的笑容给了我们些许安慰和轻松，要知道"笑容"在以前的几任班主任脸上那是不见踪影的！

由于我们两年来频繁地换班主任，班里的同学都不太守纪律。俗话说得好，"没有规矩不成方圆"，因此，我们班不仅秩序比较乱，而且学习风气不浓厚，各方面表现均不理想。自从李老师来了以后，通过李老师的精心教导，我们班的秩序得到了明显改善，同学们在各方面的表现包括学习成绩，就像掉进热水里的温度计一般猛地往上蹿，近期还不断得到其他老师的好评呢！李老师是一位非常细心的老师，她总是把她的关心播散在学生生活的每一个角落，细致而又周到，像春雨般"润物细无声"。

一天，我们班有一位一向来学校很早的同学，却来得很晚，无精打采地走进教室，只见他脸颊通红，嘴唇发干，连作业都没交就像烂泥巴似的趴在了课桌上。上课铃响了，李老师走了进来，这位同学勉强打起精神，但不得不用手撑着脑袋，昏昏欲睡的样子。这一反常现象马上引起了李老师的注意，她走到这位同学身边，弯下腰，轻声问道："怎么了？哪儿不舒服？"说完，便用手轻轻地抚摸了一下他的手，又摸了摸他的额头。"呀！好烫！你发烧了，怎么不早说啊？还硬撑着？"边说边拨通了他父母的电话，一边帮他收拾书包，并叮咛着："回家一定要好好休息，把学习先放一放，不要着急，等身体完全恢复了，我们再给你补课。"等那位同学被其父母接走后，李老师紧接着又给我们上起了课。有了老师母亲般的关怀，虽然生病的不是我，可我却真真切切地感受到了有一股母爱的暖流穿越了我的心间。

下午放学后，正好轮到我们这一小组扫地，当我们扫完地后，一个个都已经累得腰酸腿疼，汗直流。教室里的灰尘像雾一般弥漫在空气中，我们走出教室，呼吸一下新鲜空气，才发现学校里的人已经走得所剩无几了，天也渐渐黑了。我们走之前，发现办公室的灯还亮着，便蹑手蹑脚地走到门前，眼睛往门缝里看了看，老师们都在认认真真地批改着我们的作业，灯光下，手中的笔在纸上飞快地滑动着。"吱呀！"门开了，李老师走了出来，看见我们站在门口不免有些吃惊。我突然发现门把手上李老师的那双手，那双手不是白嫩纤细，而是贴满了创可贴的"粗糙"的双手，这一定是李老师为了把板书写得更详细些，为了我们能对课文有更加深入的理解，粉笔字写得特别多。我们见李老师突然出来，一愣，然后紧张得语无伦次地说："我们地扫完了，李老师再见！"我也随声附和着对老师说："地扫完了，李老师您这么晚还没回去，也早点回去吧，再见啦！"李老师听了，不禁欣慰地面带微笑地说："你们也早点回去休息吧，明天还要上课呢！再见！"在回家的路上，我心想：李老师好辛苦啊！每天先我们到学校，最后离开学校，就像一头默默无闻而又勤劳肯干的老黄牛，平凡又高尚，普通却很感人。想到此我的鼻子酸酸的，心里却又很满足。

过了几天，天下起鹅毛般的大雪，大地好像盖了一条巨大的羊毛毯。上课时，同学们的注意力全部都在外面那银白的世界里。一下课，同学们就分成男女两队开始打雪仗，雪球像流星般在天空中不停地上冲下蹿，时不时击中对方的队员，操场上不时传出我们班同学的欢声笑语。正当我们玩得高兴时，突然——"啊，好痛啊！"一个声音，将我们的目光都吸引了过去，原来有一位男同学正准备扔一个大雪球，却不知被谁推了一把，重重地摔在坚硬的冰地里，发出"呼"的一声，一条腿被融化的雪水浸湿了，而那个雪球不偏不倚被他抛起，落在了他自己的头上。同学们立刻把这一情况报告给了老师。李老师踩着厚厚的积雪踉踉跄跄地从教学楼赶到操场，看着他满头雪水和那痛楚的神情，一把将他拉起，用手按了按他的腿，用略带责备又有点心痛的语气说道："怎么这么不小心？很疼吧？"接着李老师用她娇小的身子将他艰难而又小心翼翼地带进办公室。李老师灌了一个热水袋，怕太烫，就用毛巾包好轻轻地放在他的腿上，并细心地将暖风扇向他这边移了移。老师真的像母亲一样照顾着我们！

记得一个星期五下午的最后一节课，李老师上课时不时咳嗽，嗓子还有些沙哑，我们听了不免有些心疼。为了减轻老师的痛苦，我们尽量做得好一些，让老师少说几句话，这样我们心里会好受得多。一下课，同学们就全都围上前去，有的送一片润喉咙的药片和糖果；有的送上一杯充满爱意的白开水；有的说一两句关心的话语。然而，仅仅就是这样一两句关心的话语，一个简单的动作，李老师却幸福地笑了，因为她感受到了集体、我们大家的温暖和爱！老师和学生，虽然没有血缘关系，但我们彼此之间的关爱、关心却让我们胜似亲人！

班级建设启迪：

职高三年的学习生涯，留给学生的不仅仅是书本上的知识，还有师生之间、同学之间充满爱和感动的点点滴滴，这是人生的一笔宝贵财富。多年后，学生们回想起曾经的职高生活，肯定能会心一笑。那些感动师生的瞬间，让感动永远荡漾在师生的心间！

后 记

教育经验告诉我们，班集体要发挥积极作用，必须依靠班主任的培养与管理。班主任有着不同于一般任课教师的特殊性，他通过班集体建设对班级学生进行组织、教育和管理，是对班级学生进行教育的主要责任人，是全面关心学生发展的主任教师，是学生主要的精神关怀者。在关心学生全面发展的过程中，班主任更加关心学生的精神生活和精神成长。因此，开展班级建设，既是班主任的工作目的，也是进行教育的重要手段。

《生长与收获》秉承“从实践中来，到实践中去”的宗旨，在深入了解职业教育班主任工作实际需求的基础上，积极吸纳了职业教育班集体建设研究与实践的最新成果，以大量职业院校班集体建设实战案例为素材，筛选了大量班集体建设的鲜活经验，以期能够帮助、引导、促进职业院校班主任的发展，努力提高职业院校班主任的专业化水平。

《生长与收获》一书由教育部文化素质教育指导委员会委员、南京六合中等专业学校校长、许本洲“角色教育”名师工作室领衔人许本洲担任第一主编。主要编写人员均为该校教育教学经验丰富的骨干教师，具体的章节分工如下：

第一章由袁婷婷、王乐云、吕燕老师编写；第二章由袁婷婷、钱莹老师编写；第三章由马越、钱莹、汤巧叶老师负责编写；第四章由吴万永、戴珍宏、汤巧叶老师负责编写；第五章由王乐云、陶德林、聂荣军老师负责编写；第六章由钱莹、汤巧叶老师负责编写；第七章由王蓉、徐森老师负责编写；第八章由王蓉、王映霞、禹贤玥老师负责编写。许本洲主编对全书进行了统稿，对各章节进行了重要修改，尤其是就各章节的“理论探源”部分作了有针对性的修改。本书编写人员大部分为许本洲“角色教育”名师工作室成员，编写人员实践经验丰富，有南京市德育学科带头人 2 名，南京市德育工作带头人 1 名，南京市德育工作优秀青年教师

1 名，南京市六合区学科带头人 1 名，南京市优秀青年教师 2 名。

要特别感谢的是江苏省职教学会德育工作委员会李国龙副秘书长，她对本书期待了许久，并一路扶持，最后亲自担当审读的任务，提出了极为宝贵的建议，对本书的成功出版给予了重要的支持。她还亲自为本书撰写了序言，对本书进行了充分的肯定和推荐，在此表示诚挚的谢意！感谢东南大学出版社诸位编辑对本书出版付出的辛勤劳动，也感谢书稿中部分实战经验案例的原作者在班集体建设过程中卓有成效的实践探索，给本书稿增添了许多令人惊艳的亮色！

我们期待本书的出版，可以成为促进广大职业院校班主任进行班集体建设、加强自身建设的一本参考指南，同时也期待正在阅读本书的专家与同行多与我们联系，并给我们提出宝贵的意见及建议，1047851618@qq. com 永远期待您智慧的声音！

许本洲

2017 年金秋于南京